Das dicke DDR-Buch

Das dicke DDR Buch

Weltbild

Inhaltsverzeichnis

In der DDR gab es auch ...
Vergessene Fakten — 6

Chronik der DDR
Die Ereignisse der Jahre 1945-90, kommentiert mit Witzen der Zeit — 26

Die Strasse der Besten
Die führende Klasse und ihre Prominenten — 114

Made in GDR
Gut gekauft – gern gekauft. Qualitätserzeugnisse für unsere Werktätigen — 146

Wortschatzkammer
Die deutsche Sprache der DDR — 156

Kuriositätenkabinett
Unsere DDR ist die grösste DDR — 168

Unser Weg ist gut
Geschichten von unseren Menschen — 178

Fragen eines lesenden Arbeiters
Erinnerungs- und Wissensquiz — 208

In der DDR gab es auch ...

Vergessene Fakten

In der DDR gab es auch ...
eine Bevölkerung

Was heute als Ossi, Zonendödel, Bewohner aus den fünf neuen Bundesländern oder kurz Neubundi bezeichnet wird, war einst der DDR-Bürger. 1989 legte er großen Wert darauf, dass er als solcher das Volk repräsentierte, erst »das Volk«, dann »ein Volk«. »Einen aus der Zone« nannte er sich selbst höchstens dann, wenn der Onkel in München an seine Paketpflichten gegenüber den notleidenden Brüdern und Schwestern im Osten erinnert werden musste.

Der ältere ehemalige DDR-Bürger harrt noch immer bevorzugt in der ehemaligen DDR aus. Das mag an mangelnden Angeboten von Professoren-, Geschäftsführer- oder Beamtenstellen für ehemalige Ostkader im Wessi-Land liegen. Die jüngeren ehemaligen DDR-Bürger hingegen zieht es scharenweise aus ihren sanierten Stadtkernzentren und Plattenbauten in die Alten Länder: Sie verlassen ihr angestammtes Umfeld und integrieren sich räumlich und mental auf dem Gebiet der ehemaligen BRD.

Der ehemalige DDR-Bürger heute unterteilt sich in Verlierer oder Gewinner der Einheit, Opfer oder Täter, Widerständler oder Mitläufer, Altlast oder »wir sind doch alle Deutsche«.

Im Gründungsjahr der DDR wurden 18 Millionen und 793tausend zu neuen DDR-Bürgern, 20 Jahre später gab es 17 Millionen 75tausend DDR-Bürger und 1989 noch 16 433 796.

Hat der Ossi eine Zukunft?

Im Durchschnitt schafft es der durchschnittliche Neubundi auf 0,8 Kinder. So sehen die Ostfrüchtchen dann aber auch aus! Sie sind 0,5 Zentimeter kleiner als ihre Schwestern und Brüder im Westen (jedoch kräftiger behaart) und in der Regel auf die Realisierung ihrer Grundbedürfnisse reduziert. Westdeutsche Dichter – Goethe, Ernst Jünger, Hera Lind – erschließen sich ihnen zeitlebens nicht. Sie taugen generell nicht mal für die mittlere Beamtenlaufbahn, die deshalb auch im Osten von Westlern eingeschlagen werden muss, geschweige denn, dass sie es ohne außerordentliche Nachhilfe aus dem Westen (Evangelische Akademie Tutzing, ZDF-History bei Guido Knopp) je zum ostdeutschen Fernsehintendanten schaffen.

Aus der Reproduktionsquote von 0,8 folgt natürlich, dass die Ostler langsam aussterben, was auch durch Erfolge in der Schweinezucht im Kreis Demmin nicht aufgehalten werden kann. Aber, Kopf hoch!, das ist kein Grund, Trübsal zu blasen, verwirklicht sich doch durch das allmähliche Verschwinden der Ostler eine wichtige Zielstellung der Deutschen Einheit. Man sollte also als Ossi seine Kinder so erziehen, dass man sterbend sagen kann: Es könnten die Letzten gewesen sein!

Dazu gehört natürlich auch, den Kindern gegenüber eine richtige Haltung zur Diktatur einzunehmen. Wenn unsere Sprösslinge selbstvergessen ein Pionierlied trällern, zum Beispiel das verlogen-triefige »Die Heimat hat sich schön gemacht, und Tau blitzt ihr im Haar«, sollte man sie auf keinen Fall schlagen, sondern mit den Worten »Das ist Pfui, Pamela!« das Gespräch mit ihnen suchen.

Ihrer natürlichen Bestimmung gemäß gehen unsere Kinder mit Eintritt der Volljährigkeit auf Nimmerwiedersehen in den Westen; nur die Doofen bleiben zurück. Wenn sie dort einen Fortpflanzungspartner finden, kann man sicher sein, dass sich die spezifisch ostdeutschen genetischen Defekte – Neigung zu Spreewaldgurken und Puhdyklängen sowie allergisches Jucken beim Aufsuchen von Gotteshäusern – in der zweiten Generation verwachsen.

Mathias Wedel

Vergessene Fakten

In der DDR gab es auch ...
viele Feiertage

Der DDR-Bürger war eine Feierfrohnatur. Das Feiern wurde ihm mit der Muttertrockenmilch Marke »Milasan« eingetrichtert. Vierzig Jahre lang feierte er, dass die Schwarte knackte. Er ließ nichts aus. Privat und im Kollektiv.

Er feierte den Tag der Mitarbeiter des sozialistischen Handels, den 50. von Lutz Jahoda, die Anerkennung der DDR durch die Malediven, den Hektarertrag, Katis Olympiasieg, den Bezugsschein für Schornsteinklinker, den Vaterländischen in Bronze.

Der Ostler feierte krank, er feierte freitags rot und montags blau!

Am 9. November feierte er den Mauerfall. Geil!

Dann die Deutschmark. Endgeil!

Und dann?

Pumpe!

Der Normalo unter den Ostlern war urplötzlich seiner Identität und Liquidität zum Feiern beraubt: der Stellplatz zum 1. Mai von einer Döner-Bude besetzt, die Karte für Union so teuer wie ein M&S-Pneu, als Winkelement bestenfalls ein Flyer vom Pizza-Service – das ist die grausame Realität.

In puncto Feiern gehört der überparteiliche bekennende Neubundesländler zu einer Problemgruppe der neuen Bundesrepublik.

Gabriele Stave

Vater Staat versorgte seine Bürger großzügig mit Feiervorgaben, den »Ehrentagen« für die Werktätigen des Landes, und hatte hierfür ein Schema aus festen und alternierenden Terminen. Arbeitsfreie Feiertage gab es nur zum 1. Mai, zum Tag der Republik und zu Neujahr, Weihnachten und Karfreitag. 1967, mit der Einführung der 5-Tage-Woche, waren der Oster- und Pfingstmontag, der Himmelfahrtstag, der Buß- und Bettag und auch der Tag der Befreiung als arbeitsfreie Tage gestrichen worden.

So sah der Ehrentagskalender des DDR-Bürgers aus:

Tag der Werktätigen des Post- und Fernmeldewesens – zweiter Sonntag im Februar

Tag der Zivilverteidigung – 11. Februar

Tag der Mitarbeiter des Handels – dritter Sonntag im Februar

Tag der Nationalen Volksarmee – 1. März

Internationaler Frauentag – 8. März

Tag des Metallarbeiters – zweiter Sonntag im April

Internationaler Kampf- und Feiertag der Werktätigen – 1. Mai

Vergessene Fakten

Tag der Befreiung vom Hitlerfaschismus – 8. Mai

Tag der Jugendbrigaden – Freitag vor Pfingsten (ab 1978)

Internationaler Tag des Kindes – 1. Juni

Tag des Eisenbahners und der Werktätigen des Verkehrswesens – zweiter Sonntag im Juni

Tag des Lehrers – 12. Juni

Tag der Werktätigen der Wasserwirtschaft – dritter Sonnabend im Juni

Tag der Genossenschaftsbauern und Arbeiter der sozialistischen Land- und Forstwirtschaft – dritter Sonntag im Juni

Tag des Bauarbeiters – vierter Sonntag im Juni

Tag der Deutschen Volkspolizei – 1. Juli

Tag des Bergmanns und des Energiearbeiters – erster Sonntag im Juli

Weltfriedenstag – 1. September

Tag der Werktätigen des Bereichs der haus- und kommunalwirtschaftlichen Dienstleistungen – dritter Sonnabend im September

Tag der Republik, Nationalfeiertag der DDR – 7. Oktober

Tag der Seeverkehrswirtschaft – 13. Oktober

Tag der Werktätigen der Leicht-, Lebensmittel- und Nahrungsgüterindustrie – dritter Sonnabend im Oktober

Sieg der Großen Sozialistischen Oktoberrevolution – 7. November

Weltjugendtag – 10. November

Tag des Chemiearbeiters – zweiter Sonntag im November

Internationaler Studententag – 17. November

Tag des Metallurgen – dritter Sonntag im November

Tag der Grenztruppen der DDR – 1. Dezember

Tag des Gesundheitswesens – 11. Dezember

Pioniergeburtstag – 13. Dezember

Doch damit nicht genug: In den Kindergärten feierte man den Geburtstag von Teddy Thälmann, in der Schule den Besuch der Patenbrigade, in den Hausgemeinschaften die Verleihung der Goldenen Hausnummer, in den Laubenpieperveinen den Siedlerball, in den Sportvereinen alles Mögliche, in den Arbeitskollektiven die Brigadefeier, die Planerfüllung, den Frauentag, die Jahresabschluss- also Weihnachtsfeier und den Geburtstag eines jeden Kollegen. Weil man in den Arbeitskollegen meist nicht den Konkurrenten sah und sich zudem mangels »Phasen beruflicher Neuorientierung« manchmal ein Berufsleben lang kannte, standen den Kollegen auch die Türen zu Familienfesten offen. Die wiederum beschränkten sich nicht auf Hochzeiten und Geburtstage. Rauschende Feste gab es insbesondere zur Einschulung und zur Jugendweihe. Und so weiter und so fort. Und wenn das Land nicht abhanden gekommen wäre, dann feierten sie noch heute.

Vergessene Fakten

In der DDR gab es auch ...
Orden & Auszeichnungen

... und zwar in Hülle und Fülle. Die Jungpioniere kämpften um den *Goldenen Schneemann*, die FDJler um das *Abzeichen für gutes Wissen*, die Bestschüler erhielten die Auszeichnung *Für gute Leistungen in der Schule*, und um das *Sportabzeichen* rangen alljährlich Jung und Alt millionenfach. Die *Lessingmedaille* erhielt ein Schüler, der eine hervorragende Abschlussprüfung oder ein ausgezeichnetes Abitur hinlegte, vorausgesetzt, er hatte auch aktiv am gesellschaftlichen Leben teilgenommen.

Den *Lessing-Preis* gab es für jene, die sich um die Bühnendichtung oder die Kunstkritik verdient machten.
Die Lehrer bekamen auch ohne besondere Leistungen den Durchhalteorden *Pestalozzi-Medaille* in Bronze für 10 Jahre, in Silber für 20 Jahre, in Gold für 30 Jahre, und länger hielt sowieso keiner durch. Wer die *Verdienstmedaille der Kampfgruppen der Arbeiterklasse* oder die *Medaille für ausgezeichnete Leistungen in den bewaffneten Organen des Ministeriums des Inneren* erhielt, sagen schon die Namen, wie eben auch den *Kunstpreis* die Künstler bekamen und die *Medaille für Kämpfer gegen den Faschismus 1933-1945* die, die dabei-, also dagegen gewesen waren. Selbst eine *Medaille für Teilnahme an den bewaffneten Kämpfen der deutschen Arbeiterklasse in den Jahren 1918-1923* war für alle Fälle verfügbar. Es gab den *Preis für künstlerisches Volksschaffen* und den für das *Hervorragende Jugendkollektiv der Deutschen Demokratischen Republik*. Und wer den *Heinrich-Greif-Preis* für eine Auszeichnung der Staatssicherheit hält, liegt falsch; er war der Profession seines Namensgebers entsprechend für die Filmschaffenden bestimmt.

Es standen die Namen: Hans Beimler *Für Verdienste im national-revolutionären Befreiungskampf des spanischen Volkes 1936/39*, Helene Weigel *Für vorbildliche Leistungen sozialistisch-realistischer Darstellungskunst*, Artur Becker für *Hervorragende Leistungen im Jugendverband*, Clara Zetkin *Für große Leistungen beim Aufbau der sozialistischen Gesellschaft*, sofern sie von Frauen oder zum besonderen Nutzen der Frauen vollbracht wurden, Johann GutsMuths *Für wissenschaftliche Arbeit auf dem Gebiet der Körperkultur*, Johannes R. Becher für *Werke der deutschen Lyrik, die einen würdigen Beitrag zur sozialistischen deut-*

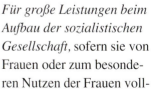
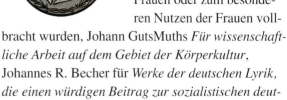

Vergessene Fakten

schen Nationalliteratur leisten, Christoph Wilhelm Hufeland *Für besondere Leistungen bei der medizinischen und sozialen Betreuung*, Preußengeneral Scharnhorst für *Militärische Verdienste beim zuverlässigen Schutz der DDR* und so weiter und so fort.

Die Leistungen der Werktätigen wurden mit Auszeichnungen als *Aktivist*, gegebenenfalls *Jungaktivist* oder *Verdienter Aktivist* gewürdigt – und die ganz Tüchtigen konnten sogar *Held der Arbeit*  werden. Zum Beispiel, wenn man Adolf Hennecke hieß. Zu den rareren Auszeichnungen gehörte auch das *Banner der Arbeit*, das an Einzelpersonen, Kollektive oder Betriebe verliehen wurde. Außerdem kämpfte man um den Titel *Kollektiv der sozialistischen Arbeit*. Davon gab es 1984 stolze 278 913, in denen knapp 5 Millionen Werktätige ihren Friedenskampf am Arbeitsplatz kämpften.

Zum 7. Oktober wurde der *Nationalpreis* in den Sparten Kunst und Literatur, Wissenschaft und Technik und – damit jeder mal rankommen konnte – für außerordentliche Leistungen schlechthin verliehen. Es gab ihn I., II. oder III. Klasse, was die Zweit- und Drittklassigen kränkte, aber eine hübsche Medaille mit Goethes Konterfei bekam jeder.

Darüber hinaus aber machte sich jede Berufsgruppe verdient um das Wohl des Volkes, Weswegen man auch werden konnte: *Verdienter Arzt des Volkes, Verdienter Eisenbahner der Deutschen Demokratischen Republik, Verdienter Erfinder, Verdienter Seemann, Verdienter Meister, Verdienter Bergmann der Deutschen Demokratischen Republik, Verdienter Tierarzt, Verdienter Lehrer des Volkes*, nicht aber Verdienter Züchter des Volkes, sondern eben nur *Verdienter Züchter*. Warum man nicht »verdienter«, sondern nur *Hervorragender Genossenschaftler* wurde, ist eine der ungeklärten Fragen, die uns das System hinterließ. Dann gab es auch noch *Leistungsmedaillen* für die »ausgezeichneten« oder auch »hervorragenden« Leistungen bei der Planerfüllung in allen möglichen Bereichen, zum Beispiel im *Finanzwesen der DDR, in der Volkswirtschaftsplanung, in der chemischen Industrie, im Verkehrswesen, im Handel* oder *in der Bewegung der Messe der Meister von morgen*.

Vergessene Fakten

Fleißige Ordeneinsammler saßen auch in den Reihen des Politbüros. Da sollten es schon der *Karl-Marx-Orden*, die höchste Auszeichnung der DDR, oder der *Stern der Völkerfreundschaft* oder der *Vaterländische Verdienstorden* sein. Beliebt war in diesen Reihen auch der *Held der Arbeit*. Nach dem Motto: Tausche Karl-Marx-Orden gegen Lenin-Orden beglückten sich die Funktionäre der Bruderparteien gegenseitig. So reisten denn auch Breshnew nach Berlin und Honecker nach Moskau, um den Bruderkuss zu tauschen und die Orden auszuhändigen.

Nur mit Ruhm und Ehre und einem blechernen Ding – wiewohl im geschmackvollen Design – war aber selbst der genügsame DDR-Bürger nicht zufrieden zu stellen. An manchen Orden hing ein hübsches Sümmchen Geld – von 300 Mark aufwärts am Aktivisten (je nachdem, was der betriebliche Fonds hergab) bis zu 100 000 Mark am Nationalpreis I. Klasse.

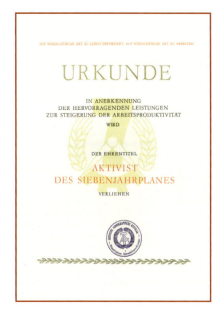

Der Strom der Orden und Auszeichnungen ergoss sich so gewaltig, dass es den normalen DDR-Bürger nicht sonderlich beeindruckte, wenn man ihm etwas ans Revers heftete. In der Regel nahm er das gute Stück nebst dazugehöriger Urkunde entgegen, begoss es ausgiebig im Kollektiv, aber dann war's auch gut, jedenfalls bis zum nächsten Jahr. Nur als Erich Honecker Nicolae Ceaucescu 1988 den Karl-Marx-Orden verlieh, gefiel das den DDR-Bürgern gar nicht, denn Sinn, ob einer eines Ordens würdig war, den hatten sie durchaus.

Vergessene Fakten

In der DDR gab es auch …
eine Grenze

»Sie hat ihre Besonderheiten, die 2758 Kilometer lange Grenze unserer Heimat. Im Norden mit 338 Kilometern Seegrenze, im Osten und Südosten auf 881 Kilometern Nahtstelle zwischen befreundeten Nationen, wird sie im Süden und Westen zur 1378 Kilometer langen Trennlinie zwischen zwei entgegengesetzten Weltsystemen, und das ist sie sogar auf 161 Kilometern inmitten unseres Territoriums.«

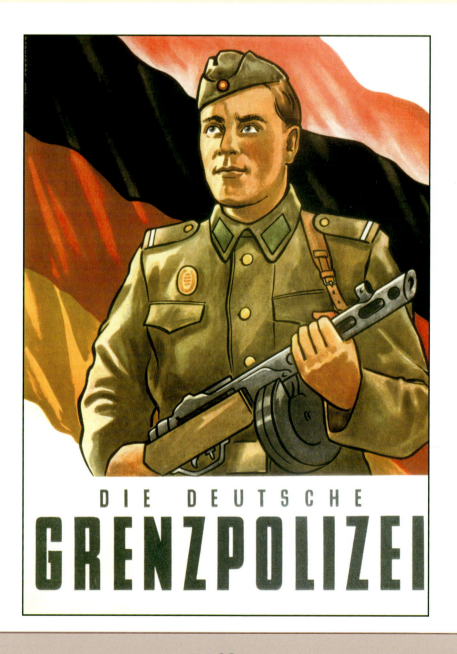

Vergessene Fakten

In der DDR gab es auch ...
Zeitungen und Zeitschriften

39 Tageszeitungen mit einer Gesamtauflage von 8,9 Millionen Exemplaren.
31 Wochenzeitungen und Illustrierte mit 9,3 Millionen Exemplaren wöchentlich.
523 Zeitschriften mit 2,5 Millionen Exemplaren darunter 31 zur Kunst und Kulturpolitik, 74 zur Bildung und Erziehung, 14 Kinder- und Jugendzeitschriften, 60 zum Bereich Gesundheit und Soziales, 61 zu den Naturwissenschaften, 14 zu Mode und Wohnkultur und 32 theologische und kirchliche Periodika der verschiedenen Glaubensgemeinschaften mit jährlich 12,5 Millionen Exemplaren.
Hinzu kamen 653 Betriebszeitungen mit einer Gesamtauflage von 2 Millionen.
Zusammen mit rund 370 örtlichen Periodika betrug die Jahresauflage aller Zeitungen und Zeitschriften 3 Milliarden Exemplare. Damit entfielen auf je 1000 Einwohner der DDR 494 Exemplare. (Nach der UNESCO-Statistik lag der Weltdurchschnitt damals bei 192 Exemplaren.)
Außerdem gab es 4 zentrale und 11 regionale Programme des Hörfunks mit zusammen 129 Stunden Sendezeit täglich. Das DDR-Fernsehen sendete 2 landesweite Programme unterstützt von mehreren Regionalstudios und einem Dutzend Auslandsbüros mit täglich ca. 20 Programmstunden.
Und wem dies alles in »Weite und Vielfalt« oder Inhalt und Aussagen nicht genügte, der hatte über die offene Grenze im Äther – je nach örtlichen Empfangsbedingungen – Zugang zu 5 bis 20 Radio- und Fernsehprogrammen der Bundesrepublik und Westberlins, deren Sendemaste und Richtstrahler entlang der Grenze zur DDR die doppelte Dichte und Reichweite hatten, um fast 90 Prozent des ostdeutschen Territoriums abzudecken. Das war nett und außerdem gebührenfrei.

Vergessene Fakten

In der DDR gab es auch ...
Bezirke und volkseigene Betriebe

Bezirk (1982)	Fläche in km^2	Einwohner (Taus.)	Einwohner je km^2
Berlin	403	1 173	2911
Rostock	7 074	894	126
Schwerin	8 672	591	68
Neubrandenburg	10 948	621	57
Potsdam	12 568	1 120	89
Frankfurt (Oder)	7 186	707	98
Cottbus	8 262	885	107
Magdeburg	11 526	1 260	109
Halle	8 771	1816	207
Erfurt	7 349	1 238	168
Gera	4 004	742	185
Suhl	3 856	550	143
Dresden	6 738	1 800	267
Leipzig	4 966	1396	281
Karl-Marx-Stadt	6 009	1911	318

Die Autokennzeichen

I	Berlin, Hauptstadt der DDR
A	Bezirk Rostock
B	Bezirk Schwerin
C	Bezirk Neubrandenburg
D oder P	Bezirk Potsdam
E	Bezirk Frankfurt (Oder)
Z	Bezirk Cottbus
H oder M	Bezirk Magdeburg
K oder V	Bezirk Halle
L oder F	Bezirk Erfurt
N	Bezirk Gera
O	Bezirk Suhl
R oder Y	Bezirk Dresden
S oder U	Bezirk Leipzig
T oder X	Bezirk Karl-Marx-Stadt

Vergessene Fakten

Die Bildung von Bezirken wurde auf der II. Parteikonferenz der SED 1952 beschlossen, um »die politisch-territoriale Gliederung den wirtschaftlichen Erfordernissen anzupassen, die einheitliche Staatsgewalt zu stärken und die sozialistische Demokratie breit zu entfalten.« Jeder dieser 14 Bezirke – Berlin kam als 15. Bezirk 1961 dazu – hatte eine Bezirkshauptstadt, die dem Bezirk ihren Namen gab und kulturelles und Verwaltungszentrum war.

Rostock

Im Norden der Republik grenzte der Bezirk Rostock an die Ostsee. Er war das größte Erholungsgebiet und favorisierte Urlaubsziel. Rostock hatte mit einem Anteil von 3,4 Prozent an der industriellen Bruttoproduktion der Republik zwar keine wirtschaftliche Spitzenposition, dafür gab es einiges nur hier: zum Beispiel den VEB Ostseefischerei in Saßnitz. Moderne Fangschiffe der Fernfischereiflotte kreuzten im Südatlantik und sogar im arktischen Ozean. Die Deutfracht/Seereederei Rostock (DSR) zählte zu den größten europäischen Schiffahrtsbetrieben und verfügte über 170 Schiffe. Schiffe wurden unter anderem auf der »Mathias-Thesen-Werft« in Wismar und der Warnowwerft in Rostock-Warnemünde gebaut. Der Rostocker Überseehafen verbuchte 75 Prozent des gesamten Seegüterumschlags der DDR. Auf der Insel Rügen wurde Kreide abgebaut.

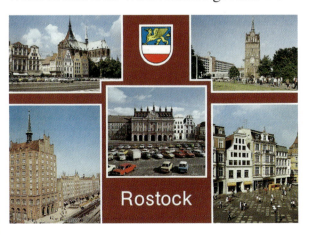

Schwerin

Die südliche Grenze zu Rostock bildeten die Bezirke Schwerin und Neubrandenburg. 18 Prozent der Einwohner lebten in Gemeinden von unter 1000 Einwohnern. Aus einem jahrhundertelang zurückgebliebenen Gebiet entwickelte sich dieses Territorium vom typischen Agrarbezirk zu einem Agrar-Industrie-Bezirk und schließlich zu einem Industrie-Agrar-Bezirk – mit den Haupter-

zeugnissen Plast- und Elastmaschinen, Starkstromkabel, Viskosefasern, Wandfliesen, im Maschinen- und Fahrzeugbau, in der Elektrotechnik/Elektronik, der chemischen Industrie und der Leicht- und Lebensmittelindustrie, Leder aus dem VEB Lederwerk »August Apfelbaum« in Neustadt-Glewe, das der größte Schweinslederproduzent Europas war, und Zuckerindustrie. Die Güstrower Zuckerfabrik »Nordkristall« war landesgrößter Zuckerproduzent. In Wittenberge gab es den VEB Zellstoff- und Zellwollewerke, in Parchim ein Gasbetonwerk, in Güstrow Landmaschinenbau, in Grabow Dauerbackwerke und in Lübz eine Brauerei.

Neubrandenburg

Der Bezirk war Schwerins westlicher Nachbar und grenzte seinerseits im Osten an die Volksrepublik Polen. Er wurde auch »Bezirk der 800 Seen« genannt und verfügte mit der Müritz über den größten Binnensee der DDR mit dem größten Naturschutzgebiet an dessen Ufern. Mit nur 57 Einwohnern pro Quadratkilometer hatte der Bezirk die geringste Einwohnerdichte in der DDR. Er hatte noch andere Superlative aufzuweisen: die stärkste Buche – bei Groß Gievitz –, die höchste Kiefer – bei Serrahn – und die 1 200 Jahre alten Eichen bei Ivenack. Die allerdings waren lediglich touristisch zu

verwerten. Hier gab es aber auch das größte Niederungsmoor, die Friedländer Große Wiese, Anfang der 60er Jahre durch FDJler in fruchtbares Land verwandelt. So konnten in der Landwirtschaft Neubrandenburgs pro Jahr etwa 1,2 Millionen Tonnen Getreide, 0,9 Millionen Tonnen Kartoffeln, 0,8 Millionen Tonnen Zuckerrüben, 690 Kilotonnen Milch, 311 Millionen Eier und 158 Kilotonnen Schlachtvieh produziert werden. Lebensmittelindustrie und Landwirtschaftsbetriebe wie das Käsewerk Altentreptow, die Rindermast Hohenwangelin, das Kartoffelveredlungswerk Stavenhagen, das Kombinat Getreidewirtschaft/Kraftfuttermischwerk Neubrandenburg, der VEB Schweinezucht und -mast Haßleben, der VEB Schlacht- und Verarbeitungsbetrieb Pasewalk, die Stärkefabrik Friedland waren neben Industriebetrieben wie den VEB Elektromotorenwerken Demmin und Eggesin, dem Reifenwerk Neubrandenburg, dem VEB Gießerei und Maschinenbau »Max Matern« Torgelow und den Bekleidungswerken Templin im Bezirk ansässig.

Magdeburg

Von den sanften, bewaldeten Bergen des Harzes erstreckte sich das Magdeburger Land bis zu den elbhavelländischen Niederungen im Nordosten. Wie sein nördlicher Nachbar grenzte Magdeburg im Westen an die BRD. Rund 1,25 Millionen Menschen lebten in dieser fruchtbaren Region, der Magdeburger Börde. Zwei Drittel des Territoriums wurden landwirtschaftlich genutzt. Der Bezirk war der größte Agrarproduzent der DDR. In deren Landwirtschaft hatte der Zuckerrübenanbau lange Tradition. Im Be-

zirk waren wichtige Betriebe des Schwermaschinen- und Anlagenbaus ansässig – der VEB Schwermaschinenbau »Karl Liebknecht«, der VEB Armaturenwerke »Karl Marx, das Schwermaschinenkombinat »Ernst Thälmann«, VEB Traktoren- und Dieselmotorenwerk Schönebeck, der VEB Elektromotorenwerke Wernigerode. Außerdem gab es im Bezirk die Burger Schuhfabrik »Roter Stern«, die Genthiner Waschmittelfabrik, den VEB Kcramische Werke Haldensleben, den VEB Erdgasförderung Salzwedel.

Potsdam

Der Havelbezirk, wie er genannt wurde, lieferte landwirtschaftliche Produkte: ein Sechstel des Obstes, nahezu 14 Prozent der Kartoffeln und fast 11 Prozent des Gemüses der ganzen Republik kamen aus Potsdam, dem größten industriemäßig bewirtschafteten Obst- und Gemüseanbaugebiet des Landes. Mit 416 000 Hektar besaß der Bezirk darüber hinaus die größte Waldfläche der

DDR (fast 15 Prozent). Landschaftliche Schönheit und historische Sehenswürdigkeiten machten den Bezirk zu einer Hochburg der Naherholung. Namhafte Industriebetriebe waren der VEB Rathenower Optische Werke »Hermann Duncker«, der VEB Stahl- und Walzwerk »Wilhelm Florin« in Hennigsdorf, der VEB Mikroelektronik »Karl-Liebknecht« in Stahnsdorf, der VEB Chemiefaserwerk »Friedrich Engels« in Premnitz, der VEB Geräte- und Reglerwerke »Wilhelm Pieck« in Teltow, der VEB Maschinenbau »Karl Marx« in Potsdam und der VEB Ofenkacheln und Keramik Velten.

Frankfurt/Oder

Der Bezirk umfasste das Gebiet östlich Berlins bis zur Oder-Neiße-Friedensgrenze und

wird traditionell die märkische Streusandbüchse genannt. Doch von Sand allein kann keiner lange leben. Das Oderbruch wurde zum »Gemüsegarten Berlins« lange vor DDR-Zeiten. Für die Versorgung der Hauptstadt mit hochwertigen Argrarprodukten arbeiteten in der DDR hier 266 volkseigene und genossenschaftliche Betriebe der Pflanzen- und Tierproduktion sowie 4 Kombinate der Nahrungsgüterwirtschaft. Durch seine Wasserwege – namentlich die Oder –, seine Transitstraßen und den Grenzbahnhof war der Bezirk Frankfurt vornehmlich für den internationalen Verkehr – vor allem mit den RGW-Staaten – von größter Bedeutung. Mit dem Petrolchemischen Kombinat Schwedt, dem VEB Papier- und Kartonwerke Schwedt, dem VEB Kranbau Eberswalde, dem VEB Walzwerk Finow, dem Reifenkombinat Fürstenwalde und den Rüdersdorfer Zementwerken entwickelte er sich zu einem wichtigen Industriestandort.

Erfurt

Im Südwesten des Landes, zwischen den Mittelgebirgen Harz und Thüringer Wald, den Flüssen Werra und Saale lag der Bezirk

Erfurt. Im Norden und Osten grenzte er an die Bezirke Magdeburg und Halle, im Südosten und Süden an Gera und Suhl. Im Westen an die BRD. Fast ein Drittel der über 1 Million Einwohner wohnte in den größten Städten Erfurt, Weimar, Gotha und Eisenach. Erfurts Traditionen im Gemüse-, Obst- und Zierpflanzenbau wurden auch in der DDR fortgeführt. In Sondershausen war der drittgrößte Kaliproduzent der Welt angesiedelt. Der VEB Kombinat KALI Sondershausen lieferte jährlich 3,8 Millio-

nen Tonnen der begehrten Kalidüngemittel an landwirtschaftliche Betriebe unserer Republik sowie in über 50 Länder der Welt. Bedeutende VEB waren: die Automobilwerke Eisenach, die Baumwollspinnerei und Zwirnerei Leinefelde, die Uhrenwerke Ruhla, die Thüringer Obertrikotagen Apolda, die Nachrichtenelektronik »Ernst Thälmann« in Arnstadt, die Gummiwerke Thüringen in Waltershausen, Robotron-Büromaschinen »Ernst Thälmann« in Sömmerda, die Eichsfelder Zementwerke Deuna, die IFA-Motorenwerke Nordhausen.

Karl-Marx-Stadt

Der am dichtesten besiedelte Bezirk war Karl-Marx-Stadt (die Stadt mit den drei »o« – Gorl-Morx-Schdodd). Im Süden der DDR grenzte er an die CSSR und die BRD und war umgeben von den Bezirken Gera, Leipzig, Dresden. Der große industrielle Ballungsraum Freiberg-Karl-Marx-Stadt-Zwik-

kau-Reichenbach-Plauen lieferte 12,2 Prozent der industriellen Bruttoproduktion. Daran hatten der Trabant aus Zwickau ebenso Anteil wie die Esda-Strümpfe aus Thalheim, die Plauener Spitze, die Musikinstrumente aus Markneukirchen/Klingenthal, die Oberbekleidung aus Lößnitz, die Kühlschränke und Haushaltsgeräte aus Schwarzenberg, die Werkzeugmaschinen aus dem Kombinat »Fritz Heckert« oder die Produkte aus dem Kombinat Erzgebirgische Volkskunst in Olbernhau. Nicht zu vergessen das Bergbau- und Hüttenkombinat »Albert Funk«, das im traditionsreichen Bergbauort Freiberg seinen Sitz hatte.

Halle

Der Bezirk Halle erstreckte sich vom Harz bis zum Fläming, lag zwischen Dübener Heide und Goldener Aue und wurde von den Flüssen Elbe, Saale, Unstrut, Mulde und Weiße Elster durchzogen. Industriegiganten wie Leuna, Buna, das Chemiekombinat Bitterfeld und das Fotochemische Kombinat Wolfen produzierten hier. Der Bezirk gehörte mit zu den am dichtesten besiedelten Gebieten des Landes und hatte den Beinamen »Chemiebezirk«. Er hätte aber auch Theaterbezirk heißen können, denn in keinem anderen Bezirk gab es so viele Theater wie hier. Neben Obst- und

anderen landwirtschaftlichen Produkten kamen aus dem Bezirk Halle außerdem: Schuhe aus Weißenfels, Agrochemie aus Piesteritz, Förderanlagen und Kräne aus Köthen, Kinderwagen und Eisengießerei-Produkte aus Zeitz, Waggons aus Dessau. Und auch das Mansfelder Land mit seinem Kupferschieferbergbau war ein bedeutender Industriestandort.

Leipzig

Der Bezirk, in der Übergangszone vom Tieflandbecken im Norden und der Mittelgebirgsschwelle im Süden gelegen, war durch das traditionsreiche Handelszentrum Leipzig mit seiner Messe geprägt. Sie brachte Leipzig seinen internationalen Ruf

als Stadt des weltoffenen Handels ein. Etwa 50 Prozent der Außenhandelsumsätze des Landes wurden hier angebahnt. Chemie gab es auch in diesem Hallenser Nachbarbezirk, im Eilenburger Chemiewerk. Außerdem den VEB Braunkohlentagebau Borna, das Flachglaskombinat Torgau, das Kombinat Polygraph »Werner Lamberz«, die VEB Verlade- und Transportanlagen »Paul Fröhlich«, die VEB Nahrungsmittelwerke »Albert Kunz« in Wurzen, das Chemieanlagenkombinat Leipzig-Grimma, die Nähmaschinenwerke Altenburg, das Kombinat Süßwaren Delitzsch.

Cottbus

Im Nordwesten des Bezirks Leipzig lag, zwischen Elbe und Neiße, dem unteren Spreewald und dem Oberlausitzer Heideland, der Bezirk Cottbus, der über zwei

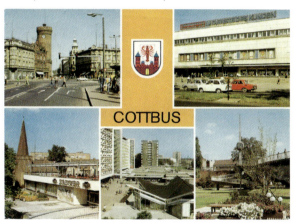

Drittel der Braunkohle-Vorkommen verfügte und auch als Kohle- und Energiebezirk bekannt war. Braunkohlegruben, Kraftwerke, Brikettfabriken und das volkswirtschaftlich bedeutsame Gaskombinat »Fritz Selbmann« Schwarze Pumpe prägten den Bezirk ebenso wie der mit 1 300 Hektar flächenmäßig größte Wasserspeicher der DDR – der Senftenberger See mit seinem Naturschutzgebiet. Und natürlich der Spreewald mit seinen touristischen Attraktionen sowie

Vergessene Fakten

den berühmten Gurken aus dem VEB Spreewaldkonserve Goßen. Andere wichtige VEB waren: das Chemiefaserwerk »Herbert Warnke« in der Wilhelm-Pieck-Stadt Guben, der Schwermaschinenbau Lauchhammerwerk, das Kombinat Lausitzer Glas in Weißwasser, der Anlagenbau Impulsa in Elsterwerda, das Aluminiumwerk »Albert Zimmermann« in Lauta.

Suhl

Die Hälfte dieses flächenmäßig kleinsten Bezirkes war mit Wald bedeckt, und mitten hindurch führte der Rennsteig auf einer Länge von 120 Kilometern, das sind drei Viertel seiner Gesamtlänge. Auf rund 6 500 Kilometern Wanderwegen konnten Wanderer den Thüringer Wald bis zur Rhön durchstreifen. Für Handwerkstradition standen die achtzehnmal mit Messegold prämierten

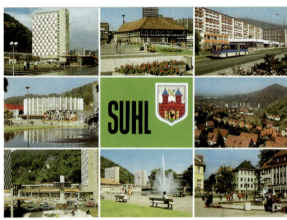

Suhler Jagd- und Sportwaffen aus dem VEB Jagdwaffenwerk »Ernst Thälmann« und die 1856 gegründeten Simson-Werke, wo nach dem Auslaufen der AWO-Produktion SR2, Star, Sperber, Schwalbe hergestellt wurden, der VEB Henneberg-Porzellan in Ilmenau, das Kombinat Spielwaren in Sonneberg. Im Bezirk Suhl produzierten außerdem: Der VEB Kalibetrieb »Werra« in Merkers, die Kaltwalzwerke in Bad Salzungen, der VEB Schrauben- und Normteilewerk Hildburg-

hausen, VEB Robotron-Elektronik Zella-Mehlis, das Kombinat Technisches Glas Ilmenau, das Thüringer Möbelkombinat und das Werkzeugkombinat Schmalkalden.

Gera

Der Bezirk Gera lag inmitten der sanften Höhen des Thüringer Waldes, des Thüringer Schiefergebirges und des Vogtlandes, zwischen den Flusstälern der Saale und der Weißen Elster. Die Gegend war bis ins 20.

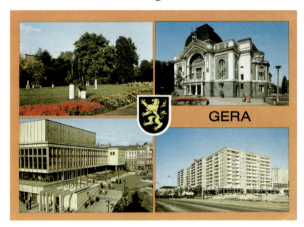

Jahrhunderts hinein von feudaler Kleinstaaterei gezeichnet, die Bürger blickten deshalb »mit berechtigtem Stolz« auf das beachtliche volkswirtschaftliche Gewicht, das ihr Bezirk in unserer DDR erreichte. Allein im Bereich Elektrotechnik/Elektronik/Gerätebau steuerte er mehr als 11 Prozent der DDR-Produktion bei. Mit dem Chemiefaserkombinat »Wilhelm Pieck« Schwarza, dem Kombinat Feinkeramik Kahla, der Max-Hütte Unterwellenborn, dem VEB Werkzeugmaschinenfabrik Union in Gera, natürlich mit dem Kombinat Carl Zeiss Jena wurden vorhandene Industrien entwickelt und neue Standorte aufgebaut. Aus dem Bezirk kam auch der Marmor aus Saalburg, der den Palast der Republik und die Deutsche Staatsoper in Berlin sowie das Moskauer RGW-Gebäude und auch das »Haus der Kultur« in der Bezirksstadt schmückte.

Vergessene Fakten

Dresden

Der Bezirk Dresden, im Südosten gelegen, wurde im Osten von der VR Polen und im Süden von der CSSR begrenzt. Die abwechslungsreiche Landschaft mit den Flussauen der Elbe, dem Zittauer und Elbsandsteingebirge und die zahlreichen historischen Baudenkmäler machten den Bezirk und vor allem die Bezirksstadt zu einem beliebten Ausflugsziel. Traditionell waren hier auch wichtige Industriestätten angesiedelt. Es produzierten die VEB: Robotron, Stahl- und Walzwerk Riesa, Staatliche Porzellanmanufaktur Meißen, Pharmazeutisches

Kombinat Germed, Starkstromanlagenbau »Otto Buchwitz«, Edelstahlwerk »8. Mai« Freital, Kunstblume Sebnitz, Luft- und Kältetechnik ILKA, Oberlausitzer Textilbetriebe Neugersdorf, Robur-Werke Zittau, Transformatoren- und Röntgenwerk »Hermann Matern«, Kamera- und Kinowerke, Polygraph Druckmaschinenwerk Planeta Radebeul, Elektronikmaschinenbau »Sachsenwerk«, Waggonbau Bautzen, Niesky und Görlitz, Kunstseidenwerk »Siegfried Rädel« Pirna, nicht zu vergessen die VEB Radeberger Exportbrauerei Naturressourcen waren Braunkohle, Zinn und Uran. 10,6 Prozent der industriellen Bruttoproduktion kamen aus dem Bezirk.

Berlin

Berlin als Hauptstadt der DDR war nicht nur Verwaltungssitz, Kulturzentrum, Touristenattraktion, sondern auch Industriestandort, der 5,6 Prozent Anteil an der Bruttoproduktion hatte.

Dieser Anteil wurde erwirtschaftet von den VEB: Bergmann-Borsig, Berliner Aufzugs- und Fahrtreppenbau, Werkzeugmaschinenkombinat »7. Ok-tober«, Elektrokohle Lichtenberg, Deutrans Internationale Spedition, Herrenbekleidung »Fortschritt«, Kombinat Narva »Rosa Luxemburg«, Glaswerk Stralau, Berlin-Kosmetik, Elektro-Apparate-Werke »Friedrich Ebert«, Kabelwerk Oberspee »Wilhelm Pieck«, Funkwerk Köpenick, Berliner Bremsenwerk, Schienenfahrzeugbau, Applikationszentrum, Deutsche Schallplatten und anderen. 1,0 Prozent der Bevölkerung arbeiteten in der Landwirtschaft und bewirtschafteten in 3 volkseigenen Gütern, 6 landwirtschaftlichen und 5 gärtnerischen Produktionsgenossenschaften 5436 Hektar.

Vergessene Fakten

In der DDR gab es auch ...
Sport

Bekanntlich war die DDR eine »führende Sportnation«, womit nicht nur die Medaillenbilanzen der Leistungssportler gemeint sind. Damit »Jedermann an jedem Ort jede Woche einmal Sport« treiben konnte – später wurde Ulbrichts schöne Losung dahingehend korrigiert: »Jedermann an jedem Ort, mehrmals in der Woche Sport« –, war das Grund-

recht auf Körperkultur, Sport und Erholung in die Verfassung aufgenommen. Sport diente »der allseitigen körperlichen und geistigen Entwicklung der Bürger«. Sport war Grundfach an der Schule. Das Staatssekretariat für Körperkultur und Sport und der Deutsche Turn- und Sportbund organisierten nicht nur den Spitzen-, sondern auch den Massensport. Mehr als dreieinhalb Millionen DDR-Bürger trainierten in Sportgemeinschaften. Die meisten Aktiven konnten die Fußballvereine verzeichnen – gefolgt von rund einer halben Million nicht minder aktiver Angler. 400 000 Sportler waren in Turnvereinen, je 200 000 kegelten oder trieben Leichtathletik. Handball, Volleyball und Tischtennis standen als Nächstes auf der Beliebtheitsskala.

Die Sportclubs hießen nach ihren Trägerbetrieben:

Aktivist	– Bergbau
Aufbau	– Bauindustrie
Chemie	– Chemische Industrie
Dynamo	– Volkspolizei, Staatssicherheit
Einheit	– Staatliche und kommunale Verwaltungen
Empor	– Handel und Versorgung
Fortschritt	– Textil- und Lederindustrie
Lokomotive	– Deutsche Reichsbahn
Medizin	– Gesundheitswesen
Motor	– Metallverarbeitende Industrie
Post	– Postwesen
Rotation	– Presse, grafische Betriebe, Bühne, Film und Funk
Stahl	– Hüttenindustrie und Maschinenbau
Traktor	– Land- und Forstwirtschaft
Turbine	– Energiebetriebe
Vorwärts	– NVA
Wismut	– Wismut-Erzbergbau
Wissenschaft	– Universitäten und Hochschulen

Vergessene Fakten

In der DDR gab es auch ...
Parteien

SED: Sozialistische Einheitspartei Deutschlands. Auf dem Vereinigungsparteitag von KPD und SPD am 21./22. April 1946 gegründet. Führende Kraft beim Aufbau des Sozialismus. Erste Vorsitzende Wilhelm Pieck (KPD) und Otto Grotewohl (SPD), ab 1950 Walter Ulbricht, ab 1971 Erich Honecker. Mitgliederzahl Ende der 80er Jahre: 2,3 Millionen. Zentralorgan »Neues Deutschland«.

> Sie hat uns alles gegeben, Sonne und Wind,
>   und sie geizte nie.
> Wo sie war, war das Leben, was wir sind,
>   sind wir durch sie.
> Sie hat uns niemals verlassen, fror auch die
>   Welt, uns war warm.
> Uns schützt die Mutter der Massen, uns trägt
>   ihr mächtiger Arm.
>
> Die Partei, die Partei, sie hat immer recht
> und, Genossen, es bleibe dabei,
> denn wer kämpft für das Recht,
> der hat immer recht gegen Lüge und
>   Ausbeuterei.
> Wer das Leben beleidigt, ist dumm oder schlecht,
> wer die Menschen verteidigt, hat immer recht.
> So aus Lenin'schem Geist wächst von Stalin
>   geschweißt
> die Partei, die Partei, die Partei.
>   (Louis Fürnberg)

CDU: Christlich-Demokratische Union Deutschlands. Am 26. Juni 1945 gegründet. Vorsitzende: ab 1948 Otto Nuschke, ab 1966 Gerald Götting. Die Parteimitglieder nannten sich »Unionsfreunde«. Als mitgliederstärkste Blockpartei vereinte die CDU 1989 rund 140 000 Unionsfreunde. An verdiente Parteimitglieder wurde das »Otto-Nuschke-Ehrenzeichen« verliehen. Landesweit erschien die CDU-Tageszeitung »Neue Zeit«.

DBD: Demokratische Bauernpartei Deutschlands. Am 29. April 1948 in Schwerin gegründet, belegte das feste Bündnis der Genossenschaftsbauern mit den Arbeitern. Ende der 80er Jahre rund 120 000 Mitglieder. Vorsitzende: 1948 Ernst Goldenbaum, ab 1982 Ernst Mecklenburg, ab 1987 Günter Maleuda. Die landesweit erscheinende Tageszeitung: »Bauernecho«.

LDPD: Liberal-Demokratische Partei Deutschlands. Am 5. Juli 1945 gegründet. Gründungsmitglieder: Wilhelm Külz, Johannes Dieckmann, Hans Loch. Rund 110 000 Mitglieder. Vorsitzender: ab 1967 Manfred Gerlach. Zentrale Tageszeitung »Der Morgen«.

NDPD: National-Demokratische Partei Deutschlands. Gründung am 25. Mai 1948 in Berlin, Mitglieder – Ende der 80er Jahre – etwa 110 000 – waren hauptsächlich Angehörige der Mittelschicht. Vorsitzende: 1948 Lothar Bolz, 1972 Heinrich Homann. Zentrales Presseorgan »National-Zeitung«.

Chronik der DDR

Die Jahre 1945-48

1945

25.4. Einheiten der Sowjetarmee und der US-Army begegnen sich an der Elbbrücke in Torgau.

30.4. Die »Gruppe Ulbricht« der Exil-KPD trifft in Berlin ein.

8.5. Das Oberkommando der deutschen Wehrmacht unterzeichnet die bedingungslose Kapitulation im Stab der Roten Armee in Berlin-Karlshorst.

13.5. Der Berliner Rundfunk sendet wieder.

15.5. Die »Tägliche Rundschau«, Organ der SMAD, erscheint in Berlin als erste deutsche Nachkriegszeitung.

21.5. Die erste Nummer der »Berliner Zeitung« erscheint.

5.6. Berliner Deklaration: »In Anbetracht der Niederlage« übernehmen die Regierungen der 4 Mächte die »Oberste Regierungsgewalt in Deutschland«, teilen Deutschland in vier Besatzungszonen und richten den Kontrollrat ein.

9.6. Die Sowjetische Militäradministration in Deutschland mit Sitz in Berlin-Karlshorst wird gebildet.

10.6. Befehl Nr. 2 der SMAD erlaubt Bildung antifaschistischer Parteien.

10.6. Kontrollrat ordnet die Arbeits- und Meldepflicht für alle Männer von 14-65 und für alle Frauen von 15-50 Jahren an.

11.6. Wiedergründung der KPD in Berlin, Aufruf »An das schaffende Volk in Stadt und Land«.

15.6. Gründungsaufruf des Freien Deutschen Gewerkschaftsbundes (FDGB).

26.6. Gründung der CDU in der SBZ.

1.7. Erste Einheiten der Volkspolizei werden gebildet.

3.7. Gründungsversammlung des Kulturbundes zur Demokratischen Erneuerung Deutschlands.

5.7. LDPD-Gründungsaufruf in Berlin.

11.7. Alliierte Militärkommandantur übernimmt die Kontrolle über die Verwaltung Berlins.

14.7. KPD, SPD, CDU und LDPD bilden in der SBZ die »Einheitsfront der antifaschistisch-demokratischen Parteien« (Antifa-Block).

15.7. Neugründung der jüdischen Gemeinde in Berlin.

17.7.-2.8. Potsdamer Konferenz. Beschluß, Deutschland zu entmilitarisieren, zu entnazifizieren, zu demokratisieren, zu dekartellisieren und nach dem Prinzip der Selbstverwaltung zu dezentralisieren.

23.7. Schließung aller privaten Banken und Versicherungen durch die SMAD.

17.8. Der Berliner Friedrichstadtpalast wird als Varietétheater eröffnet.

1.9. Gründung der DEWAG.

2.9. Wilhelm Pieck verkündet in Kyritz die Bodenreform.

1.10. Wiederaufnahme des Schulunterrichts.

10.10. Der Alliierte Kontrollrat verfügt das Verbot und die Auflösung aller NS-Organisationen.

14.10. Gemeinsamer Aufruf von KPD und SPD für eine Schulreform.

15.10. Als erste Hochschule in der SBZ wird die Universität Jena wiedereröffnet.

24.10. Gründung der Volkssolidarität.

1946

7.3. Gründung der Freien Deutschen Jugend.

21./22.4. Vereinigungsparteitag von SPD und KPD zur Sozialistischen Einheitspartei Deutschlands.

23.4. Als Zentralorgan der SED erscheint erstmals das Neue Deutschland.

8.5. Wiedereröffnung der Leipziger Messe.

17.5. Gründung der Deutschen Film-AG (DEFA) in Potsdam-Babelsberg.

1.7. Wiedergründung der Deutschen Akademie der Wissenschaften.

24.7.-16.8. Verordnungen der Landes- und Provinzialverwaltungen in der SBZ über die Enteignung der Kriegsverbrecher und Naziaktivisten.

17.9. Der sowjetische Außenminister Molotow bezeichnet die Oder-Neiße-Linie als endgültige deutsch-polnische Grenze.

1.10. Das Alliierte Militärtribunal verkündet die Urteile in den Nürnberger Kriegsverbrecherprozessen.

10.10. ADN, der erste Nachrichtendienst, wird gegründet.

15.10. Erste DEFA-Filmpremiere mit Wolfgang Staudtes »Die Mörder sind unter uns« mit Hildegard Knef.

20.10. In der SBZ finden Wahlen zu den fünf Landtagen, den Kreistagen und Stadtverordnetenversammlungen statt.

1947

30.1.-7.2. Erstmals reist eine Delegation der SED nach Moskau.

25.2. Formelle Auflösung Preußens.

1.3. Aufruf des Parteivorstandes der SED zu einem Volksentscheid über die Bildung eines deutschen Einheitsstaates.

8.3. Gründung des Demokratischen Frauenbundes Deutschlands.

10.3.-24.4 Moskauer Konferenz des Rats der Außenminister scheitert an der Deutschlandfrage und an wachsenden Ost-West-Spannungen.

30.5. Die SMAD verstaatlicht den Bergbau in der SBZ.

5.6 Der Marshall-Plan wird vom US-amerikanischen Außenminister verkündet.

30.6. Gründung der Gesellschaft zum Studium der Kultur der Sowjetunion, später Gesellschaft für Deutsch-Sowjetische Freundschaft.

20.-24.9. II. Parteitag der SED: Manifest an das deutsche Volk mit Forderung nach politischer und wirtschaftlicher Einheit.

6./7.12. 1. »Deutscher Volkskongress für Einheit und gerechten Frieden«.

18.12. DEFA-Filmpremiere »Irgendwo in Berlin«.

»Den Opfern des Faschismus« von Hans Grundig, entstanden 1946/48

1948

23.2.-6.3. und
20.4.-2.6. Außenminister der Westmächte verhandeln über eine längerfristige Deutschlandpolitik.

17./18.3. Zweiter Deutscher Volkskongress.

17.4. Bildung von Vereinigungen Volkseigener Betriebe (VVB) – Abschluss der Enteignung privater Unternehmen der NS- und Kriegsverbrecher.

29.4. Gründung der Demokratischen Bauernpartei Deutschlands.

19.5. Die erste Ausgabe der Pionierzeitung »Trommel« erscheint.

23.5.-13.6. Das Volksbegehren für eine unteilbare deutsche demokratische Republik findet in der SBZ statt.

25.5. Gründung der Nationaldemokratischen Partei Deutschlands.

1.6. DEFA-Filmpremiere »Chemie und Liebe«.

18.-20.6. Währungsreform in den Westzonen.

23.6. Währungsreform in der SBZ.

23./24.6. Warschauer Acht-Mächte-Konferenz (UdSSR, Albanien, Bulgarien, Jugoslawien, Polen, Rumänien, CSR, Ungarn) beschuldigt die Londoner Konferenz, Deutschland zu spalten.

24.6. Schienenverkehr nach Westberlin auf der einzig verbliebenen Strecke nach Helmstedt wird unterbrochen. Die Blockade West-Berlins beginnt.

30.6. Verabschiedung des ersten Zweijahrplans 1949/50.

3.7. Bildung der Kasernierten Volkspolizei.

5.8. FDGB und DBD werden in den Antifa-Block aufgenommen.

18.8. Das Alexandrow-Ensemble tritt auf dem Berliner Gendarmenmarkt auf.

28.8. Eröffnungsvorstellung des wiedererrichteten Deutschen Nationaltheaters in Weimar.

3.10. DEFA-Filmpremiere »Ehe im Schatten«.

> Wilhelm Pieck zeichnet einen Arbeiter aus und überreicht ihm die goldene Aktivistenmedaille. Der sagt: »Du, Genosse Pieck, das mit dem Gold, das ist aber großer Schwindel!«
> Entgegnet Pieck: »Deine 300 Prozent Übersoll aber auch.«

13.10. Adolf Hennecke übererfüllt sein Soll mit 387 %. Die Aktivistenbewegung entsteht.

15.11. Am Postplatz in Dresden eröffnet die erste HO-Verkaufsstelle. In Schloss Golßen bei Luckau nimmt das erste Landambulatorium seine Arbeit auf.

3.12. DEFA-Filmpremiere »Affaire Blum«.

4.12. Die SAG Awtowelo erteilt den Motorradwerken Suhl den Auftrag zur Entwicklung eines Viertakt-Motorrades.

13.12. Gründung der Kinderorganisation Junge Pioniere.

Das Jahr 1949

Wir haben beim Fußball-Länderspiel gegen die UdSSR gewonnen.
Und haben uns auch schon entschuldigt.

1.1. Aufnahme des FDGB in den Weltgewerkschaftsbund.

17.1. Der FDJ-Zentralrat beantragt, alle Jugendherbergen des ehemaligen Jugendherbergsverbandes der FDJ zu übereignen.

25.1. In Warschau gründen die Sowjetunion, ČSSR, Polen, Ungarn, Rumänien und Bulgarien den »Rat für gegenseitige Wirtschaftshilfe«.

25.-28.1. Die I. Parteikonferenz der SED berät weitere Maßnahmen zur Festigung des antifaschistisch-demokratischen Aufbaus.

6.2. Erste Berliner Meisterschaften im Eisschnellauf auf dem Karpfenteich im Treptower Park.

8.2. Die »Universität Berlin« erhält den Namen Humboldt-Universität.

11.-13.2. Erste Wintersport-Zonenmeisterschaften in Oberhof.

18./19.3. Der Deutsche Volksrat billigt den Verfassungsentwurf für eine deutsche demokratische Republik.

1.4. Die Wasserleitung für die Max-Hütte Unterwellenborn wird in Betrieb genommen.

4.4. Gründung der Nordatlantischen Verteidigungsgemeinschaft (NATO) in Washington.

4.4. Die ersten von 1000 sowjetischen Traktoren treffen in Frankfurt (Oder) ein.

15.4. Boxen wird als Berufssport verboten.

1.5. Inkrafttreten der Rechts- und Strafordnung des Deutschen Sportausschusses.

8.5. Zum Jahrestag der Befreiung wird das Ehrenmal für die gefallenen Sowjetsoldaten im Treptower Park eingeweiht.

10.5. Der Parlamentarische Rat in den Westzonen bestimmt Bonn als Hauptstadt der künftigen Bundesrepublik.

12.5. Ende der Blockade Westberlins. Die Westalliierten führen die Luftbrücke noch bis September fort.

15./16.5. Erstmalig Wahlen in der SBZ zum Volkskongress nach einer Einheitsliste des Demokratischen Blocks.

18.5. Das Nationaltheater Weimar zeigt die deutsche Erstaufführung von Arthur Millers »Alle meine Söhne«.

21.5. Die Zwickauer Horch-Werke liefern den ersten Traktor vom Typ »Pionier« (40 PS).

23.5.-20.6. Auf der letzten Konferenz des Rates der Außenminister der Alliierten wird lediglich Übereinkunft darin erzielt, den Interzonenhandel wieder aufzunehmen.

23.5. Erste Zonenmeisterschaften im Tischtennis, bei den Männern gewinnt die Mannschaft der BSG Carl Zeiss Jena, bei den Frauen die BSG Post Magdeburg.

27.5. DEFA-Filmpremiere »Quartett zu fünft«, ein heiterer Film über den »Männermangel« nach dem Krieg.

29./30.5. Der III. Volkskongress bestätigt den Verfassungsentwurf für eine deutsche demokratische Republik.

31.5. Eröffnung der Ausstellung »Mensch und Arbeit« im Großen Saal des Berliner Stadtkontors.

18.6. Wiedereröffnung der Nationalgalerie in Berlin.

> Ulbricht in der Gemäldegalerie: »Herrlich, ja herrlich dieser van Gogh.«
> »Nein, Genosse Ulbricht, das ist ein Rembrandt.«
> »Ja, herrlich, ja diese Bergzicke hier.«
> »Genosse Ulbricht, das ist ein Spiegel.«

26.6. In der Fußball-Zonenmeisterschaft schlägt die Zentrale Sportgemeinschaft Halle Fortuna Erfurt mit 4 : 1.

29.6. Einweihung der Landessportschule Thüringen in Bad Blankenburg.

3.7. Im Potsdamer Lustgarten wird das Ernst-Thälmann-Stadion eingeweiht.

8.7. DEFA-Filmpremiere »Die Buntkarierten« von Kurt Maetzig, die Geschichte einer Berliner Arbeiterfrau vom Kaiserreich bis zum Dritten Reich.

23.7. Das erste Zentrale Pionierlager Georgi Dimitroff wird in Prora auf Rügen eröffnet.

24.7. Erstmals nach Kriegsende sind Leichtathleten aus Ostzone und Westzonen am Start im Berliner Poststadion.

14.8. In den Westzonen wird der erste deutsche Bundestag gewählt.

25.8. Erstmalige Verleihung von Nationalpreisen durch den Deutschen Volksrat in Weimar, u. a. an Johannes R. Becher, Friedrich Wolf, Erich Weinert.

28.8. Erstmalige Vergabe des FDGB-Pokals an BSG Waggonbau Dessau-Nord im Spiel gegen die BSG Gera-Süd (1 : 0).

28.8. Erstes Bergringrennen für Motorräder nach dem Krieg in Teterow.

3.-4.9. Auch auf der Dessauer Rennstrecke finden wieder Motorradrennen statt.

9.-18.9. Hunderttausende Zuschauer beim ersten Deutschen Amateuretappenrennen der Radsportler seit 1928 über 1186 km in sieben Etappen.

10.9. Eröffnung der 2. Deutschen Kunstausstellung in der Dresdener Nordhalle mit rund 680 Exponaten aus allen vier Zonen Deutschlands.

10.9. Der erste Interzonenzug fährt von Berlin nach Hamburg.

16.9. Ein weiterer DEFA-Film von Wolfgang Staudte kommt in die Kinos: »Rotation«, die Geschichte eines unpolitischen Arbeiters im Dritten Reich.

25.9. Paul Greifzu gewinnt das erste Nachkriegsrennen für Motorräder und Sportwagen auf dem Sachsenring.

1.10. An der Humboldt-Universität werden die ersten Studenten der Arbeiter- und-Bauern-Fakultät immatrikuliert.

7.10. Gründung der Deutschen Demokratischen Republik. Der Deutsche Volksrat konstituiert sich als Provisorische Volkskammer, setzt die Verfassung in Kraft und bestimmt Ost-Berlin zur Hauptstadt.

7.10. Die Regierung Adenauer protestiert gegen die Gründung der DDR.

8.10. Abkommen mit der BRD über den innerdeutschen Handel.

9.10. Der erste internationale Sportwettkampf der DDR ist ein Fußballspiel zwischen einer ungarischen Auswahl der Gewerkschaften gegen eine Sachsen-Auswahl und endet 2 : 1.

10.10. Auflösung der SMAD und Gründung der Sowjetischen Kontrollkommission (SKK). Die Verwaltungsfunktionen werden von der SMAD der Provisorischen Regierung der DDR übertragen.

11.10. Die Provisorische Volkskammer und die Provisorische Länderkammer wählen einstimmig den SED-Vorsitzenden Wilhelm Pieck zum Präsidenten der DDR.

»Hast du schön gehört? Skatspielen soll verboten werden!«
»Wieso denn das?«
»Pieck darf nicht gereizt werden!«

11.10. Erich Honecker überreicht Wilhelm Pieck das »Gelöbnis der deutschen Jugend«.

12.10. Die Provisorische Volkskammer bestätigt die Provisorische Regierung der DDR aus Vertretern der SED, LDP, CDU, NDPD und DBD unter Leitung von Otto Grotewohl.

15.10. Die Sowjetunion nimmt als erster Staat diplomatische Beziehungen zur DDR auf, bis zum 25.10. wird die DDR von Albanien, Bulgarien, China, Nordkorea, Polen, Rumänien, der Tschechoslowakei und Ungarn anerkannt.

15.10. Erstes internationales Abkommen der DDR: Handelsabkommen mit Finnland.

16.10. Dr. Marcellus Markus (Leipzig) erzielt mit 44,82 m im Hammerwerfen den ersten DDR-Rekord in Pirna.

7.11. Die Nationalhymne der DDR wird erstmals vom Zentralen Orchester des Ministeriums des Innern auf dem Berliner August-Bebel-Platz öffentlich vorgetragen.

9.11. Slatan Dudwos Film »Unser täglich Brot« hat Premiere: Deutschland 1946, alte Prinzipien und die Entscheidung für den neuen Aufbau führen zum Familienkonflikt.

12.11. Das Berliner Ensemble eröffnet an seiner vorläufigen Spielstätte im Deutschen Theater mit der Erstaufführung von Brechts »Herr Puntila und sein Knecht Matti«. Erwin Geschonneck als Matti.

»Madame Ulbricht«, sagt die Hausangestellte.
Lotte unterbricht: »Aber, wie redest du mich an?«
Die Hausangestellte korrigiert sich: »Genossin Ulbricht. Ich habe heute meinen freien Abend, da gehe ich in die Oper und sehe mir ›Genossin Butterfly‹ an.«

21.11. Die Berliner Frankfurter Allee wird in Stalinallee umbenannt.

1.12. Erstmals wird das FDJ-Abzeichen »Für gutes Wissen« verliehen.

Im Automobilwerk Zwickau werden 527 Fahrzeuge der Marke IFA F 8 gebaut, in Eisenach rund 1800 BMW 321. Die Produktion des Kleintransporters V501/2 beginnt; in drei Jahren werden 1242 Stück gebaut.

 Willi Bredel, Die Söhne
Otto Gotsche, Tiefe Furchen
Stephan Hermlin, Die Zeit der Gemeinsamkeit
Anna Seghers, Die Toten bleiben jung
Bodo Uhse, Die heilige Kunigunde im Schnee
Elfriede Brüning, Damit du weiterlebst

Das Jahr 1950

1.1. Als Hersteller für Medikamente wird der Betrieb »VEB Jenapharm« in Jena gegründet.

17.1. Auflösung der Internierungslager für ehemalige Naziaktivisten in der DDR.

20.1. Gesetz über den Volkswirtschaftsplan 1950.

21.1. Die Mannschaft von Berlin-Weißensee gewinnt die I. DDR-Meisterschaft im Hallenhandball der Männer in Leipzig.

24.1. Gründung der Zollverwaltung als »Amt für Kontrolle des Warenverkehrs«.

8.2. Gründung des Ministeriums für Staatssicherheit (MfS).

> Werbeslogan der Stasi:
> Kommen Sie lieber zu uns – ehe wir zu Ihnen kommen.

8.2. Das erste Jugendgesetz der DDR wird verabschiedet und regelt unter anderem die Förderung des Sports.

15.2. Grundsteinlegung für das Stahl- und Walzwerk Brandenburg (Havel).

17.2. Das musikalische Lustspiel »Der Kahn der fröhlichen Leute« kommt in die Kinos.

1.-9.3. Erste DDR-Meisterschaften in Wintersportdisziplinen in Schierke, SG Frankenhausen wird DDR-Meister im Eishockey.

2.3. Die erste Briefmarke, auf der »DDR« steht, erscheint.

19.3. Bach-Ehrung der Jugend in Weimar.

24.3. Gründung der »Deutschen Akademie der Künste«, Präsident Arnold Zweig.

27.3. Die Preise für Lebensmittel werden um 28 Prozent, die für Fertigwaren um 32 Prozent gesenkt.

> Anfrage an den Sender Jerewan: »Kann ein Analphabet Mitglied der Akademie der Künste werden?«
> Antwort: »Im Prinzip ja, aber kein korrespondierendes.«

25.3. Die UdSSR entlässt die DDR in die Souveränität.

> Sind die Russen unsere Brüder oder unsere Freunde?
> Na, unsere Brüder. Freunde sucht man sich selber aus.

30.3. Das Ministerium für Volksbildung ordnet die Aufnahme des Sport- und Schwimmunterrichts in den Schulen an.

4.4. Das Ministerium für Volksbildung verbietet das Abspielen von anglo-amerikanischer Tanzmusik in der Öffentlichkeit.

8.4. Prozess gegen die Gladow-Bande – der Al Capone von Berlin wollte Werner Gladow werden. Zwei Morde, fünfzehn Mordversuche und 34 schwere Überfälle werden von der Volkspolizei aufgeklärt. Mit 20 Jahren stirbt er unter dem Fallbeil.

15.4. Ab sofort wird täglich eine warme Mahlzeit an den Schulen ausgegeben.

15.4. Premiere von Lenz' »Der Hofmeister« am Berliner Ensemble mit den meisten Proben (über 200), die Brecht je für eine Inszenierung brauchte.

16.4. BSG Horch-Zwickau gewinnt in Dresden I. DDR-Meisterschaft im Fußball gegen Favorit SG Dresden Friedrichstadt mit 5 : 1 und wird somit zum ersten Fußballmeister der DDR.

19.4. Das »Gesetz der Arbeit« wird verabschiedet und garantiert das Recht auf Arbeit.

21.4. Der 8.5. als »Tag der Befreiung« und der 7.10. als Tag der Staatsgründung werden zu Staatsfeiertagen erklärt.

2.-9.5. Erstmalige Teilnahme einer DDR-Mannschaft an der Friedensfahrt Warschau-Prag, 8. Platz in der Mannschaftswertung.

9.5. In der Sowjetunion wird der 5. Jahrestag des Sieges über den Hitlerfaschismus feierlich begangen.

12.5. DEFA-Filmpremiere »Der Rat der Götter« von Kurt Maetzig nach Akten aus dem Nürnberger Prozess gegen die IG-Farben.

15.5. Die Sowjetunion erlässt der DDR die Hälfte der noch zu zahlenden Reparationsleistungen.

> »Kollegen, was macht ihr denn da?«
> »Wir reißen die Ziegelei ab.«
> »Aber wir brauchen doch Ziegel!«
> »Na eben.«

17.5. Herabsetzung der Volljährigkeit von 21 auf 18 Jahre.

22.5. Uraufführung der »Neuen Deutschen Volkslieder« von Brecht/Eisler.

24.5. Eröffnung des Pionierparks »Ernst Thälmann« in der Wuhlheide in Berlin.

27.-30.5. Erstes Deutschlandtreffen der Jugend in Berlin mit 700000 Teilnehmern. Das Walter-Ulbricht-Stadion, später Stadion der Weltjugend, wird eingeweiht.

1.6. Die erste Kindereisenbahn der DDR wird in Dresden eröffnet, ab 1. 5.1951 als »Pioniereisenbahn«.

2.6. Kinopremiere des Films »Semmelweis – Retter der Mütter«.

6.6. Polen und die DDR erklären in Warschau die Oder-Neiße-Linie zur endgültigen deutsch-polnischen Grenze. Unterzeichnung des Görlitzer Abkommens am 6.7.

11.6. Erster Spatenstich für den Bau des Fernsehzentrums in Berlin-Adlershof.

21.6. Eröffnung des Zoologischen Gartens in Magdeburg.

24./25.6. Austragung der I. DDR-Meisterschaften im Judo in Dresden.

29.6. 350000 Berliner demonstrieren gegen die USA-Aggression und für Nordkorea.

4.-6.7. Gründungsversammlung des Deutschen Schriftstellerverbandes, Bodo Uhse wird zum Vorsitzenden gewählt. Motto: »Das neue Leben verlangt nach Gestaltung.«

5.7. Aus dem mecklenburgischen Ribnitz und dem vorpommerschen Damgarten wird Ribnitz-Damgarten.

9.7. In Mecklenburg findet erstmals ein »Sporttag der Landjugend« statt.

12.7. Der Schachverband der DDR ist der erste, der in einen internationalen Verband aufgenommen wird.

14.7. Die Demontage des Reiterstandbilds Friedrichs II. Unter den Linden beginnt. Es wird im Park von Sanssouci aufgestellt.

20.7. Das wiedererrichtete Stahl- und Walzwerk Brandenburg liefert den ersten Stahl.

20.-24.7. Auf dem III. Parteitag wird in einem Fünfjahrplan der »planmäßige Aufbau des Sozialismus« beschlossen.

22./23.7. Erste DDR-Meisterschaften in der Leichtathletik in Halberstadt, im Bahnradsport (Männer) in Zwickau und im Kanurennsport in Pirna.

23.7. Die Deutsche Bachfeier beginnt in Leipzig unter der Ehrenpräsidentschaft von Albert Schweitzer.

24.7. Erstmals erklingt Louis Fürnbergs »Die Partei, die Partei, die hat immer recht ...«

Anfrage an den Sender Jerewan: »Kann die Partei auch irren?«
Antwort: »Im Prinzip ja, aber Sie irrt nie!«
Frage: »Woher wissen Sie das so bestimmt?«
Antwort: »Wir haben die Partei gefragt!«

28.7. Die Gebeine von Johann Sebastian Bach werden in der Leipziger Thomanerkirche beigesetzt.

1.8. Gründung des Progress-Film-Vertriebs.

4.-7.8. Erste DDR-Meisterschaften im Schwimmen und Wasserspringen in Pirna.

17.8. Die Regierung der DDR verabschiedet den Ersten Fünfjahrplan, der eine zentrale staatliche Planwirtschaft zur Verdoppelung der Industrieproduktion und Steigerung der Arbeitsproduktivität vorsieht.

18.8. Der wiederaufgebaute U-Bahnhof Kaiserhof in Berlin wird als U-Bahnhof Thälmannplatz für den Verkehr freigegeben.

21.8. Beginn des Aufbaus des »Eisenhüttenkombinats Ost«.

25./26.8. I. Deutscher Nationalkongress der »Nationalen Front« in Ost-Berlin. Der Staatspräsident der DDR, Wilhelm Pieck, verkündet ein 12-Punkte-Programm des Nationalen Widerstands gegen die Besatzungsmächte in der Bundesrepublik Deutschland.

31. 8. Die »Zeugen Jehovas« werden per Erlass des Innenministeriums aus der Liste der zugelassenen Religionsgemeinschaften gestrichen.

2.9. Uraufführung des »Mansfelder Oratoriums«, Text Stephan Hermlin, Musik Ernst Hermann Meyer.

3.9. Das Planetarium in Jena wird wiedereröffnet.

6.9. Gesetz über die Errichtung des Patentamtes der DDR.

7.9. Sprengung der Ruinen des Berliner Stadtschlosses.

15.9. Die 16 Grundsätze des Städtebaus werden verkündet: »national in der Form, sozialistisch im Inhalt«.

15.9. Wilhelm Pieck eröffnet die 1. Landwirtschaftsausstellung in Markkleeberg.

27.9. Gesetz zum Schutz von Mutter und Kind und der Rechte der Frau.

28.9. Die DDR wird Mitglied im Rat für Gegenseitige Wirtschaftshilfe.

1.10. Eröffnung der Berliner Hochschule für Musik »Hanns Eisler«.

5.10. Der amerikanische Sänger Paul Robeson tritt in Berlin auf.

15.10. Wahlen zur 1. Volkskammer, zu den Landtagen, Kreistagen und Gemeindevertretungen; gewählt werden die Kandidaten der Einheitsliste der Nationalen Front.

15.10. In Berlin in der Französischen Straße eröffnet das »Café Praha«.

22.10. Gründung der Deutschen Hochschule für Körperkultur (DHfK) in Leipzig, 10 Lehrkräfte, 96 Studenten nehmen ihr Studium auf.

29.10. Erste DDR-Meisterschaft im Billard.

1.11. Das erste »Parteilehrjahr« wird eröffnet, rund eine Million SED-Mitglieder und Kandidaten nehmen daran teil.

»Dem Parteilehrjahr verdanke ich meine schönsten Abende!«
»Du bist doch gar nicht in der Partei!«
»Ich nicht, aber meine Frau.«

8.11. FDJ-Funktionärskonferenz unter der Losung »Stürmt die Festung Wissenschaft«.

16.11. Eröffnung des Theaters der Freundschaft Berlin mit dem FDJ-Stück »Du bist der Richtige«.

19.11. In der neuerbauten Werner-Seelenbinder-Halle in Berlin wird die erste Winterbahn für Amateure im deutschen Radsport eröffnet.

20.11. Die Vereinigung der gegenseitigen Bauernhilfe wird gebildet.

30.11. Ministerpräsident Otto Grotewohl schlägt der Bundesregierung die Bildung eines »Gesamtdeutschen Konstituierenden Rates« vor.

8.12. DEFA-Kinderfilmpremiere »Das kalte Herz« von Paul Verhoeven mit einer Paraderolle Erwin Geschonnecks als Holländer-Michel.

15.12. Die Volkskammer beschließt das »Gesetz zum Schutz des Friedens«.

Der Lehrer fordert: »Bildet einen Satz mit den beiden Substantiven Partei und Frieden!« Fritzchen meldet sich: »Mein Vater sagt immer: ›Laß mich mit der Partei in Frieden.‹«

 Eduard Claudius, Vom schweren Anfang
Hans Fallada, Der Trinker
Stefan Heym, Kreuzfahrer von heute
Erich Loest, Jungen, die übrigblieben
F. C. Weiskopf, Abschied vom Frieden

Das Jahr 1951

1.1. Der erste Fünfjahrplan wird in Angriff genommen. Symbolischer Akt ist die Grundsteinlegung für den Hochofen im Eisenhüttenkombinat Ost durch Minister Fritz Selbmann.

2.1. Grundsteinlegung für das Edelstahlwerk Freital.

> Der Lehrling: »Entschuldige Meister, ich hab heut meine Schaufel vergessen.«
> »Macht nichts, stütz dich mit auf meine.«

11.-14.1. Die I. DDR-Meisterschaften im Wintersport für Junge Pioniere finden in Oberhof statt.

13.1. Die LEUNA-Werke, größter Produktionsbetrieb der DDR, erhalten den Namen »Walter Ulbricht«.

19.1. Bildung des Staatssekretariats für Hochschulwesen. Einheitliche Leitungen und das zehnmonatige Studienjahr werden festgelegt, Marxismus-Leninismus und Russisch als Pflichtfächer eingeführt.

> Einem Studenten der Tiermedizin werden zur Abschlußprüfung 3 Knochen vorgelegt.
> Der Professor fragt: »Können Sie diese Knochen bitte zuordnen?!«
> Der Student kann die Frage nicht beantworten, überlegt.
> Professor: »Na, was haben Sie denn bei uns die ganze Zeit studiert?«
> Jetzt fällt es dem Studenten ein: »Sagen Sie bloß, das sind die Knochen von Marx, Engels und Lenin!?«

21.1. Deutsche Erstaufführung von Pogodins »Das Glockenspiel des Kreml« am Staatstheater Dresden, Regie Martin Hellberg.

23.-28.1. DDR-Jugendmeisterschaften im Wintersport in Altenberg-Geising.

31.1. Appell der Volkskammer an den Bundestag: »Deutsche an einen Tisch.«

1.2. Die freiwillige Schutzimpfung gegen die Volkskrankheit Tuberkulose beginnt.

23.2. Die Rationierung von Textilien wird aufgehoben.

3.3. »Sonnensucher«, ein Film über den Uranabbau in der Wismut, verschwindet nach der Premiere (bis 1971).

17.3. Die Uraufführung der Oper »Das Verhör des Lukullus« von Brecht/Dessau wird in der Berliner Staatsoper mit Ovationen gefeiert und trotzdem nach wenigen Vorstellungen abgesetzt. Das Zentralkomitee der SED beschließt den Kampf gegen den »Formalismus« in Kunst und Literatur.

Bert Heller, Helene Weigel, 1951

25.3. Erika Fuchs gewinnt das erste Straßenradrennen für Frauen in der DDR (über 22 km).

22.4. Gründung des Nationalen Olympischen Komitees (NOK) im Roten Rathaus in Berlin, Präsident wird Leichtathlet Kurt Edel, Generalsekretär Heinz Dose.

26.4. Der Ministerrat der DDR überträgt die Leitung und Kontrolle der Sozialversicherung dem Freien Deutschen Gewerkschaftsbund (FDGB). Die Sozialversicherungsanstalten der Länder werden aufgelöst.

27.4. »Deutsches Sportecho« kürt nach Umfrage die Fußballer Fritz Gödicke und Werner Oberländer zu den »populärsten Sportlern«.

5.5. 120 Teilnehmer besuchen die erste Sportärzte-Tagung der DDR.

8.5. Anerkennung des NOK für Deutschland (BRD) durch das IOC auf seiner 45. Tagung in Wien. Ablehnung der Anerkennung des NOK der DDR, Forderung eines gesamtdeutschen Olympischen Komitees.

11.5. Premiere des Kinofilms »Das Beil von Wandsbek« nach Arnold Zweig. Der Film wird nach wenigen Tagen verboten.

16.5. Eröffnung des ersten deutschen Kulturkongresses mit Teilnehmern aus beiden deutschen Staaten in Leipzig.

26.5. An der Rostocker Universität wird die Schiffbautechnische Fakultät in Anwesenheit von Wilhelm Pieck eröffnet.

> In einem DDR-Zuchthaus sind die Häftlinge zum Appell angetreten. »Mal herhören!«, verkündet der Wärter. »Morgen kommt unser Staatspräsident Wilhelm Pieck.«
> »Siehst du«, flüstert ein Häftling dem anderen zu, »ich habe immer gesagt, dass es mit dem kein gutes Ende nimmt!«

3.6. DDR-Sportler nehmen zum ersten Mal am Internationalen Eifelrennen auf dem Nürburgring teil.

4.6. Alfred Kantorowiczs Stück »Die Verbündeten« wird an den Berliner Kammerspielen uraufgeführt, Regie Wolfgang Heinz.

5.6. Der Zentralrat der FDJ übergibt unter Vorsitz von Erich Honecker sein »Stalin«-Aufgebot in Vorbereitung der Weltjugendfestspiele. Hauptinhalt ist die Verpflichtung zur Planerfüllung.

26.6. Die Bundesregierung verbietet die sozialistische »Freie Deutsche Jugend« (FDJ) und begründet das Verbot mit ihrer Verfassungswidrigkeit.

12.7. Die Arbeitsämter werden in der DDR abgeschafft.

3.8. Das erste Stalin-Denkmal wird in Berlin enthüllt.

> »Wer war der erste Mensch, Fritz?«, fragt der Lehrer.
> »Unser geliebter Stalin, Herr Lehrer«, brüllt Fritz.
> »Nein, so war es nicht gemeint«, erklärt der Lehrer, »der erste Mensch war Adam.«
> »Jaaa«, antwortet Fritz erstaunt, »wenn Sie die Kapitalisten mitrechnen!«

5.8. In Leipzig eröffnet die zweite Pioniereisenbahn der DDR.

5.-19.8. Die »III. Weltfestspiele der Jugend und Studenten« finden erstmals in Ost-Berlin statt. Es nehmen rund 2 Millionen Jugendliche aus beiden Teilen Deutschlands und 26 000 Delegierte aus 104 Ländern an den politischen, sportlichen und kulturellen Veranstaltungen teil.

»Eben hat mir ein Ausländer meine Uhr gestohlen«, meldet ein Mann auf einer Ostberliner Polizei-Wache. Der Polizist zuckt die Achseln. »Ein Ausländer? Ein Amerikaner wohl?«
»Nein, ein Amerikaner war's nicht.«
»Na, dann ein Tommy?«
»Nein, auch nicht.«
»Also ein Franzose?«
»Nein, auch nicht.«
»Na, was für ein Ausländer soll es dann gewesen sein?«
»Ich glaube, ein Finne!«
»Quatsch, Finnen haben wir hier gar nicht, Sie meinen wohl, ein Russe?«
»Stimmt, aber das haben Sie gesagt!«

16.8. Ministerrat beschließt Gründung eines »Amtes für Literatur« zu Erteilung von Druckgenehmigungen.

24.8. Laut Ministerratsbeschluss vom 22. Februar wird der obligatorische Studentensport an allen Universitäten und Hochschulen der DDR zunächst für die beiden ersten Semester angeordnet.

31.8. DEFA-Filmpremiere »Der Untertan« nach Heinrich Mann von Wolfgang Staudte. Der Film erhält auf dem Filmfest in Karlovy Vary einen Sonderpreis.

15.9. Appell der DDR-Volkskammer an den Bundestag, gesamtdeutsche Beratungen der Vertreter Ost- und Westdeutschlands über die Abhaltung gesamtdeutscher Wahlen und den Abschluss eines Friedensvertrags durchzuführen.

20.9. In Berlin wird das Interzonenhandelsabkommen zwischen der Bundesrepublik Deutschland und der DDR (Berliner Abkommen) unterzeichnet.

20.9. Nach achteinhalb Monaten Bauzeit wird der erste Hochofen des Eisenhüttenkombinats Ost angeblasen, bis 1954 folgen 5 weitere.

27.9. Zwischen der DDR und der Sowjetunion werden Handelsabkommen für die Jahre 1952-55 und ein Abkommen über die wissenschaftlich-technische Zusammenarbeit geschlossen.

8.10. In der DDR werden die Rationierung aller Produkte bis auf Fleisch, Fett und Zucker aufgehoben und Preissenkungen für Textilien und Backwaren eingeleitet.

15.10. In Calbe wird der erste Niederschachtofen der Welt in Betrieb genommen.

24.10. Auf der Jahreshauptversammlung des Deutschen PEN-Zentrums spaltet sich die bisher gesamtdeutsche Schriftstellervereinigung in ein PEN-Zentrum Ost, ein PEN-Zentrum West.

1.11. Die Volkskammer beschließt das Gesetz über den Fünfjahresplan 1951 bis 1955. Damit beginnt die zentrale staatliche Planwirtschaft für langfristige Wirtschaftslenkung. Die Volkseigenen Betriebe werden dem DDR-Industrieministerium unterstellt. Die »Deutsche Notenbank« wird zur »Staatsbank der DDR«.

7.-8.12. Gesamtdeutsche Sportkonferenz in Berlin mit 700 Teilnehmern.

14.12. DEFA-Filmpremiere »Die Meere rufen« mit Kurt Jung-Alsen und Martin Flörchinger.

Wilhelm Pieck und Otto Grotewohl fahren im Taxi durch Berlin. »Wenn ich jetzt Zigaretten zum Fenster rauswerfe, laufen mir alle Männer hinterher«, sagt Pieck.
»Wenn ich jetzt Damenstrümpfe aus dem Fenster werfe, laufen mir alle Frauen hinterher«, sagt Grotewohl.
Sagt der Taxifahrer: »Und wenn ich euch jetzt beide zum Fenster rauswerfe, läuft mir das ganze Volk hinterher!«

21.12. Eröffnung des Zentraltheaters Magdeburg mit Ernst Fischers »Der große Verrat« (über den Bruch Titos mit Stalin).

22.12. Das »Nationale Komitee für den Neuaufbau Berlins« konstituiert sich im Rahmen des »Nationalen Aufbauwerks«.

Die Produktion des Kleintransporters V 901 /2 beginnt. Bis 1961 werden 29 378 Stück gebaut.

 Eduard Claudius, Menschen an unserer Seite
Stephan Hermlin, Die erste Reihe
Erwin Strittmatter, Ochsenkutscher
Erich Weinert, Memento Stalingrad
Liselotte Welskopf-Henrich, Die Söhne der großen Bärin

Das Jahr 1952

1.1. Beginn des Nationalen Aufbauwerks in Berlin. Sonntag, der 2.1., ist der erste zentral organisierte Aufbausonntag. 50 000 Berliner räumen um den Strausberger Platz herum die Trümmer weg.

> Der Brigadier ruft seine Kollegen zusammen:
> »Heute muss nach Feierabend die Baustelle aufgeräumt werden. Wer keine Lust hat, vortreten!«
> Alle treten vor, bis auf einen.
> »Und warum trittst du nicht vor?«
> »Keine Lust.«

4.1. »Barlachs Bauern sind dumpfe, tölpelhafte Urwaldbären«, schreibt das Neue Deutschland zu einer Ausstellung der Akademie der Künste.

> Was ist der Unterschied zwischen einer Fuhre Langholz und der Kulturpolitik der DDR?
> Bei einer Fuhre Langholz kommt erst das dicke Ende und dann die rote Fahne.

9.1. Volkskammer verabschiedet Gesetzentwurf für Durchführung von Wahlen zur Nationalversammlung.

18.1. DEFA-Filmpremiere »Roman einer jungen Ehe« von Kurt Maetzig.

19.1. Richtfest des in Ziegelbauweise errichteten Hochhauses an der Weberwiese in Berlin.

5.2. DDR-Ministerpräsident Otto Grotewohl legt den Grundstein für den Bau der Stalinallee in Ost-Berlin.

1.3. Die Zeitung »Junge Welt« erscheint ab sofort als Tageszeitung. Sie wird die auflagenhöchste Tageszeitung der DDR.

9.3. Die BSG Stahl Hennigsdorf gewinnt in Leipzig die I. DDR-Meisterschaft im Rugby.

10.3. Die UdSSR unterbreitet in einer Note an die Westmächte den Entwurf eines Friedensvertrages (Stalin-Note).

15./16.3 In Berlin werden gesamtdeutsche Tischtennismeisterschaften ausgetragen.

19.3. Die Schriftstellerin Anna Seghers wird in Moskau mit dem Internationalen Friedenspreis der UdSSR ausgezeichnet.

29.4. Stapellauf des ersten Hochseehandelsschiffes der DDR in Rostock.

1.5. Die Sowjetunion übereignet der DDR das Simson-Werk.

1.-13.5. Zum ersten Mal führt die Friedensfahrt durch die DDR; die sechs DDR-Sportler belegen den dritten Platz in der Mannschaftswertung.

8.5. Die Regierung kündigt den Aufbau nationaler Streitkräfte an.

10.5. Der Autorennfahrer Paul Greifzu aus Suhl verunglückt beim Training auf der Dessauer Schleife tödlich.

17.5. In Anwesenheit Walter Ulbrichts wird in Leipzig der Grundstein für den Bau der Deutschen Hochschule für Körperkultur (DHfK) gelegt.

22.-25.5. Auf dem dritten deutschen Schriftstellerkongress konstituiert sich der »Deutsche Schriftstellerverband« als eigenständige Institution. Zur Präsidentin wird Anna Seghers gewählt.

25.5. Premiere von Benno Bessons erster eigenständiger Regiearbeit in der DDR, Molières »Don Juan«, am Volkstheater Rostock.

26./27.5. An der innerdeutschen Demarkationslinie wird eine Sperrzone geschaffen.

3.6. Vertrag zwischen der Sowjetunion und der DDR über die Rückgabe von 66 SAG-Betrieben.

3.6. Britische Militäreinheiten und West-Berliner Polizei blockieren den Deutschlandsender, der in der Westberliner Masurenallee steht.

8.6. 24 Neubauern gründen die erste LPG in Merxleben bei Bad Langensalza.

> »Schon fertig mit Holzhacken?«, fragt ein LPG-Bauer den Nachbarn, der im Schatten liegt.
> »Ja«, erwidert der, »heut Nacht hat ein Blitz das Holz kurz und klein geschlagen.«
> »Und was machst du jetzt?«
> »Jetzt warte ich, dass ein Erdbeben die Kartoffeln aus dem Boden schüttelt.«

13.-15.6. In Altenburg finden die I. DDR-Meisterschaften im Fechten statt.

14.6. In Lauchhammer nimmt die erste Braunkohlen-Großkokerei der Welt die Arbeit auf.

5.7. Beginn der ersten Händel-Festspiele in Halle und damit der Händel-Renaissance in der DDR.

6.7. Feierliche Eröffnung des »Museums für Deutsche Geschichte« im Zeughaus in Berlin.

9.-12.7. Die II. Parteikonferenz der SED tagt in der Werner-Seelenbinder-Halle und beschließt die »planmäßige Errichtung der Grundlagen des Sozialismus in der DDR«. Die Kollektivierung der Landwirtschaft wird eingeleitet und der Vorrang der Schwerindustrie festgelegt.

Was heißt Meinungsaustausch in der Partei?
Wenn man mit seiner Meinung zum Parteisekretär reingeht und mit der Meinung des Parteisekretärs wieder rauskommt.

19.7.-3.8. DDR-Sportler können nicht an XV. Olympischen Sommerspielen in Helsinki teilnehmen, da das NOK der BRD eine aus beiden deutschen NOK bestehende Olympiavertretung ablehnt.

23.7. In der DDR tritt das Gesetz über die »Demokratisierung des Aufbaus und der Arbeitsweise der staatlichen Organe« sowie die Aufhebung der Länder und die Neugliederung der DDR in 14 Bezirke und 217 Kreise in Kraft.

24.7. Der Ministerrat der DDR beschließt Vergünstigungen für Landwirtschaftliche Produktionsgenossenschaften (LPG).

24.7. Manfred Ewald wird Vorsitzender des neugegründeten Staatlichen Komitees für Körperkultur und Sport.

7.8. Gründung der Gesellschaft für Sport und Technik (GST) als Massenorganisation für vormilitärische Ausbildung und zur Förderung von Wehrsportarten.

14.8. Gründung des »Staatlichen Rundfunkkomitees« als zentrales Leitungsorgan aller Sender der DDR.

DDR-Radioansage: »Nu-nu-nu-nu-nu-nuuu ...
Beim letzten Nu unseres Staatsratsvorsitzenden war es genau 12 Uhr ... Wir bringen Nachrichten ...«

18.8.-25.8. Rund 60 000 Kinder nehmen am 1. Pioniertreffen teil. Am 23.8. erhält die Pionierorganisation den Namen »Ernst Thälmann«.

1.9. In Berlin, Leipzig, Brandenburg und Halberstadt werden die ersten Kinder- und Jugendsportschulen eröffnet.

21.9. Im ersten Länderspiel der DDR-Fußball-Nationalelf unterliegt die Mannschaft 0 : 3 gegen Polen.

2.10. Die Volkskammer verabschiedet das »Gesetz über die Verfassung der Gerichte«. Mit dieser ersten Justizreform (weitere folgen 1958 und 1963) wird die Gerichtsverfassung von 1879 aufgehoben.

7.10. Neue Uniformen und militärische Dienstgrade für die Kasernierte Volkspolizei.

14./15.10. Festakt zu Ehren des 100. Todestages von Friedrich Ludwig Jahn und Eröffnung des Jahn-Museums in Freyburg/Unstrut.

23.10. Auf Anweisung des Ministerrats wird das »Deutsche Rote Kreuz der DDR« gegründet.

30.10. Eröffnung des Maxim-Gorki-Theaters Berlin (Intendant Maxim Vallentin) mit Lawrenjows »Für die auf See«.

Frau Grotewohl ruft Lotte Ulbricht an. »Du, Lotte, kommste mit, wir gehn zu Figaros Hochzeit?«
»Ach nein, ich kenn die Leute doch gar nicht!«

16.11. Der Verkauf von Fernsehgeräten – Typ »Leningrad«, gebaut im Sachsenwerk Radeberg – beginnt.

8.12. Ministerpräsident Grotewohl konstatiert Versorgungsprobleme bei den Grundnahrungsmitteln.

Frage: Was gab es früher, das Ei oder die Henne?
Antwort: Früher gab es beides.

19.12. Einführung des obligatorischen Sportunterrichts in allen Berufsschulen auf Beschluss des Ministerrates.

21.12. Aufnahme des offiziellen Fernseh-Versuchsprogramms; die erste »Aktuelle Kamera« wird vom Fernsehzentrum Berlin-Adlershof ausgestrahlt.

Ein Sowjetsoldat kommt zum Uhrmacher und legt eine Sprungdeckeluhr auf den Ladentisch.
»Bitte Reparatur.«
Der Uhrmacher öffnet die Uhr. Sie ist vollständig verdreckt. Mit einer Pinzette entnimmt er eine tote Laus und legt sie neben die Uhr.
Darauf der Sowjetsoldat: »Ah, verstehe, Maschinist kaputt.«

Im VEB IFA Automobilwerk Eisenach werden 8 770 Modelle des BMW 340 gefertigt.

 Erich Loest, Die Westmark fällt weiter
Hans Marchwitza, Die Heimkehr der Kumiaks
Karl Mundstock, Helle Nächte
Ludwig Turek, Anna Lubitzke
Wolfgang Schreyer, Großgarage Südwest (der erste Kriminalroman der DDR)

Das Jahr 1953

1.1. Ab sofort Erfassung aller Geschwulst-Erkrankungen im Nationalen Krebsregister, wichtig für Prophylaxe und Forschung.

3.1. Zum ersten Mal wird der Titel »Meister des Sports« verliehen.

7.1. Die ersten 70 Wohnungen der Stalinallee in Berlin werden bezogen.

»Aufbau der Stalinallee« von Heinz Löffler, 1953

15.1. Verhaftung des Außenministers und stellvertretenden Vorsitzenden der DDR-CDU, Georg Dertinger, unter dem Vorwurf der Spionage.

23.1. DEFA-Filmpremiere »Geheimakten Solvay« in der Regie von Martin Hellberg mit Wilhelm Koch-Hooge und Ulrich Thein. Thema: Wirtschaftssabotage im Kalten Krieg.

25.1. Beginn der ersten gesamtdeutschen Mannschaftsmeisterschaften im Ringen in Hamburg.

30.1. Grundsteinlegung zum Neuaufbau Rostocks im Rahmen des Nationalen Aufbauwerks.

4.2. Johannes R. Becher wird in Moskau mit dem »Internationalen Stalinpreis für die Festigung des Friedens zwischen den Völkern« ausgezeichnet.

4.2. Otto Grotewohl fordert vor der Volkskammer alle Werktätigen zu strenger Sparsamkeit auf.

> Auf einer Parteikonferenz erläutert Otto Grotewohl die schwierige Lage in der Versorgung und endet mit den Worten: »Aus diesem Grund, Genossen, den Riemen enger schnallen.«
> Da meldet sich ein Genosse: »Und wo gibt's Riemen, Genosse Grotewohl?

1.3. Eröffnung der dritten »Deutschen Kunstausstellung« in Dresden, die Werke des sozialistischen Realismus zeigen soll.

5.3. Der 73jährige sowjetische Partei- und Regierungschef Josef Stalin stirbt in Moskau an den Folgen eines Schlaganfalls.

> Stalin kommt nach seinem Tod sofort in die Hölle. Niemand will ihn dort zum Nachbarn haben. Da klopft der Teufel an ein abseits gelegenes Verlies an. »Hier Karl Marx«, tönt es von innen.
> »Du bist doch der, der ›Das Kapital‹ geschrieben hat?«, fragt der Teufel.
> »Allerdings«, sagt Marx.
> Der Teufel schließt auf, schiebt Stalin rein und meint: »Hier hast du die Zinsen!«

14./15.3. Bei der ersten DDR-Hallenmeisterschaft der Frauen im Faustball gewinnt die BSG Rotation Dresden-Mitte.

21.3. Eine Gruppe von Agenten wird im Carl-Zeiss-Werk Jena verhaftet.

> »Auf dem Leipziger Hauptbahnhof hat die Stasi einen Schaffner verhaftet.«
> »Warum denn das?«
> »Er hat beim Einfahren von Ulbrichts Sonderzug gerufen: Bitte zurücktreten!«

27.3. Gründung der Sportvereinigung Dynamo.

30.3. 58600 Bürger haben im Monat März die DDR verlassen.

1.4. Der von Ernst Busch gegründete Musikverlag »Lied der Zeit« wird zum Volkseigenen Betrieb VEB Deutsche Schallplatten.

1.4. Erstmals läuft im Fernsehen eine Kabarettsendung (mit Gottfried Herrmann und Irmgard Düren).

9.4. Aufhebung der Rationierung von Schuhwaren und Textilien.

10.4. Der DEFA-Film »Die Unbesiegbaren« hat Premiere, ein Zeitpanorama über das Kaiserreich, mit Erwin Geschonneck als Wilhelm Liebknecht, Karl Paryla als August Bebel und Hanns Groth als Kaiser Wilhelm II.

20.4. Der Arbeiterdichter Erich Weinert stirbt.

30.4. Erlass der »Verordnung über körperliche Erziehung der Schüler an den allgemeinbildenden Schulen«, Körpererziehung wird zum Hauptfach.

30.4. Stiftung des Karl-Marx-Ordens in der DDR für »besondere Verdienste beim planmäßigen Aufbau des Sozialismus.«

7.5. Das Wohngebiet des Eisenhüttenkombinats erhält den Namen Stalinstadt.

9.5. Erste Eigeninszenierung des Deutschen Fernsehfunks, Büchners »Der hessische Landbote«, mit Eduard von Winterstein und Edwin Marian.

9.5. Sieg der DDR in der Mannschaftswertung der Friedensfahrt, Täve Schur auf Platz 3 der Einzelwertung.

10.5. Chemnitz wird aus Anlass des 135. Geburtstages von Marx in Karl-Marx-Stadt umbenannt.

17.-24.5. Ulrich Nitzschke erkämpft den Titel im Halbschwergewicht bei der Europameisterschaft im Boxen.

23.5. Am Berliner Ensemble hat das Stück »Katzgraben« des Nachwuchsautors Erwin Strittmatter in der Regie von Brecht Premiere.

28.5. Der Ministerrat der DDR ordnet in Folge eines Beschlusses des ZK der SED eine Erhöhung der Arbeitsnormen um 10,3 % an.

9.6. Das Politbüro der SED berät Korrekturen und Rücknahme einiger Maßnahmen, um mehr Rechtssicherheit und bessere Lebensbedingungen zu schaffen.

16.6. Bauarbeiter der Baustellen Krankenhaus Friedrichshain und Stalinallee legen die Arbeit nieder und ziehen zum Haus der Ministerien.

17.6. Der Streik gegen die Normenerhöhung in Ost-Berlin weitet sich aus. Über insgesamt 167 Städte und Landkreise wird der Ausnahmezustand verhängt.

> Steht ein Panzer mit amerikanischem Hoheitszeichen auf der Schönhauser Allee. Die Leute rufen: »Hurra, Hurra, Freiheit in der Ostzone!« Geht die Panzerluke auf, schaut ein Russe raus und sagt: »Nix Freiheit, Fasching!«

21.6. Das ZK der SED beschließt eine Kurskorrektur. Die Normenerhöhung wird zurückgenommen, Fahrpreisermäßigung, Erhöhung der Mindestrenten und Forcierung des Wohnungsbauprogramms werden beschlossen.

25.6. Die erste Ausgabe der FRÖSI erscheint, bis 1955 alle 6 Wochen, dann monatlich.

28.6. Mit Heinar Kipphardts »Shakespeare dringend gesucht« hat in den Berliner Kammerspielen das erste satirische Zeitstück der DDR in der Regie von Herwart Grosse Premiere.

1.7. Die Stromsperren für Haushalte werden abgeschafft.

> Die DDR ist ein Staat mit höchster Energie-Ökonomie: Sie blendet, ohne zu leuchten.

15.7. Amtsenthebung von Justizminister Max Fechner, Nachfolgerin Hilde Benjamin.

24.7. Das Ministerium für Staatssicherheit wird dem Ministerium des Inneren als Staatssekretariat angegliedert, Minister Wilhelm Zaisser von Ernst Wollweber abgelöst.

24.-26.7. Auf der 15. ZK-Tagung der SED wird der »Neue Kurs« bestätigt: Hauptziel: Hebung des Lebensstandards. Walter Ulbricht wird zum 1. Sekretär (bisher Generalsekretär) des ZK gewählt.

6.8. Gründung der Nationalen Forschungs- und Gedenkstätten der klassischen deutschen Literatur in Weimar.

14.-19.8. Eine gesamtdeutsche Mannschaft belegt bei den Weltspielen der Gehörlosen und Taubstummen in Brüssel den 1. Platz.

19.8. Mit 2:12,6 min über 880 Yards erzielt Ursula Jurewitz in Budapest den ersten DDR-Weltrekord, der von der IAAF anerkannt wird.

21.-30.8. Gustav-Adolf Schur gewinnt die 5. DDR-Radrundfahrt.

1.9. In Erfurt nimmt das Pädagogische Institut in einem Neubaukomplex seine Arbeit auf, ab 1965 trägt es den Namen »Dr. Theodor Neubauer«.

13.9. Nikita Chruschtschow wird zum Ersten Sekretär des Zentralkomitees der KPdSU gewählt.

29.9. »Wie wir heute arbeiten, so werden wir morgen leben!« überschreibt Frida Hockauf ihren Wettbewerbsaufruf. Sie ist Weberin im VEB Mechanische Weberei und webt 45 Meter über den Plan.

1.10. Lothar Bolz, NDPD, wird Minister für auswärtige Angelegenheiten.

2.10. Das Berliner Kabarett »Die Distel« stellt das erste Programm vor, »Hurra, Humor ist eingeplant«.

6.10. Der Bildhauer und Grafiker Fritz Cremer erhält den Nationalpreis.

7.10. Einstimmige Wiederwahl Wilhelm Piecks zum Präsidenten der DDR.

7.10. Beginn der Sendereihe »Aus unserer Wunschmappe«.

24.10. Ministerrat beschließt die bis dahin umfangreichste Preissenkung für Lebensmittel, Genussmittel und Verbrauchsgüter.

24.10. Der DDR-Keglerverband wird in den internationalen Sportkeglerverband aufgenommen.

24./25.10. Das ZK der SED beruft eine »Zentrale Konferenz werktätiger Frauen« in Ost-Berlin ein. Verstärkt sollen Frauen für den Arbeitswettbewerb gewonnen werden.

17.11. In Güstrow wird die Ernst-Barlach-Gedenkstätte eröffnet.

21.11. Aufhebung des Interzonenpasszwanges. Damit ist der Personalausweis ausreichend für Reisen zwischen der Bundesrepublik Deutschland und der DDR.

12.12. Gründung des VEB Sport-Toto.

13.12. Wilhelm Pieck gratuliert zum 5. Jahrestag der Pionierorganisation.

23.12. Einer der erfolgreichsten Kinderfilme der DEFA hat Premiere: »Die Geschichte vom kleinen Muck« in der Regie von Wolfgang Staudte.

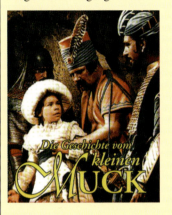

28.12. Walter Ulbricht besucht die LPG Merxleben.

> Ulbricht besucht eine LPG. Auf dem Feld sagt er zum Vorsitzenden: »Nu ja, dieser Roggen, ja, ist aber kurz.«
> »Das ist Gerste, Genosse Ulbricht.«
> »Nu ja, Hackfrucht bleibt Hackfrucht.«

Der Radsportler Gustav-Adolf Schur wird bei einer erstmaligen Umfrage der Zeitung »Junge Welt« zum populärsten Sportler des Jahres gewählt.

Die Produktion des IFA F 9 in Eisenach beginnt. Bis 1956 werden 38 783 Stück gefertigt.

Willi Bredel, Die Enkel
Anna Seghers, Der Bienenstock
Franz Fühmann, Die Fahrt nach Stalingrad (Poem)
Stefan Heym, Goldsborough

Das Jahr 1954

1.1. Die letzten 33 Betriebe der Sowjetischen Aktiengesellschaften (SAG), mit Ausnahme der Urangruben Wismut-AG, werden an die DDR zurückgegeben und in Volkseigene Betriebe (VEB) umgewandelt.

> Was ist der Unterschied zwischen dem Sozialismus und einem VEB?
> Im VEB sind die Fluchtwege gekennzeichnet.

7.1. Der Ministerrat der DDR bildet den »Ausschuss für deutsche Einheit«, der bis 1965 existiert. Bildung des Ministeriums für Kultur in der DDR, erster Minister wird der Schriftsteller Johannes R. Becher.

17.1. Beschluss der sowjetischen Führung, ab sofort 1600 wegen Kriegsverbrechen verurteilte Häftlinge aus DDR-Gefängnissen zu entlassen.

27.-31.1. Austragung der I. DDR-Meisterschaften im Bobsport in Oberhof.

4.-7.2. Die I. DDR-Meisterschaften im Rodeln werden in Oberhof veranstaltet.

9.3. DEFA-Filmpremiere »Ernst Thälmann – Sohn seiner Klasse« in der Regie von Kurt Maetzig. Thälmanndarsteller ist Günther Simon. Der biografisch-historische Film endet mit dem Hamburger Aufstand 1923.

25.3 Die Sowjetunion erklärt die DDR für souverän.

30.3.-6.4. Der IV. Parteitag der SED gibt sich ein neues Statut. Die Mitgliedschaft währt lebenslang, nur ein Parteiausschluss beendet sie. Walter Ulbricht wird als Erster Sekretär des ZK bestätigt.

> Vor der Parteikontrollkommission muss sich der Genosse Lehmann verantworten. Er habe sich vor Versammlungen gedrückt und abfällige Bemerkungen über die Partei gemacht. Ausführlich führt ihm der Vorsitzende der Kontrollkommission seine Verfehlungen vor Augen, lenkt aber schließlich ein und sagt: »Weil du ein guter Arbeiter bist, sprechen wir nur einen Verweis aus. Du darfst weiterhin Genosse unserer Sozialistischen Einheitspartei bleiben.«
> »Ist gut«, sagt Lehmann, »ich nehme die Strafe an.«

1.4. Die Reparationszahlungen an die Sowjetunion werden erlassen.

21.4. Die Volkskammer stiftet den »Vaterländischen Verdienstorden«.

21.4. Eröffnung der wiederaufgebauten, kriegszerstörten Berliner Volksbühne am Rosa-Luxemburg-Platz mit Schillers »Wilhelm Tell«.

22.4. Alfred Spengler stellt in Dresden über 400 m Lagen den ersten Weltrekord für den Schwimmsport der DDR auf.

19.3. Das Berliner Ensemble zieht in ein eigenes Haus, das Theater am Schiffbauerdamm. Eröffnung mit Molières »Don Juan« in der Regie von Benno Besson, Hauptdarsteller Erwin Geschonneck.

> Geschichtsunterricht. Der Lehrer fragt: »Warum lieben wir unsere sowjetischen Freunde?«
> Fritzchen antwortet: »Weil sie uns vom Hitlerfaschismus befreit haben.«
> »Sehr gut. Und warum«, fragt der Lehrer weiter, »hassen wir die Amerikaner?«
> Fritzchen. »Weil sie uns nicht befreit haben.«

29.4. DEFA-Filmpremiere »Kein Hüsung« von Artur Pohl über das Leben einer mecklenburger Bauernfamilie im 19. Jahrhundert.

1.5. Maidemonstrationen erstmalig unter Teilnahme der »Kampfgruppen der Arbeiterklasse« mit der Losung »Bereit zur Arbeit und zur Verteidigung der Heimat«.

1.6. Gründung der »Deutschen Lufthansa«, 1958 in »Interflug« umbenannt.

»Wir sammeln uns« von Gottfried Richter, 1954

9.6. Der im Januar 1953 verhaftete DDR-Außenminister Georg Dertinger (CDU) wird wegen »Verschwörung und Spionage« zu 15 Jahren Zuchthaus verurteilt.

> Ein Mann geht durch die Stadt und murmelt leise vor sich hin: »Scheiß Staat, Scheiß Staat …«
> Ein Polizist hört das, klopft ihm auf die Schulter: »Sie haben Scheiß Staat gesagt, ich muss Sie verhaften.«
> »Sie können mich gar nicht verhaften«, sagt der Mann, »es gibt ja viele Staaten, und Sie wissen nicht, welchen ich meine.«
> »Da haben Sie recht«, antwortet der Polizist und lässt den Mann gehen. Nach 10 Metern klopft er dem Mann erneut auf die Schulter und sagt: »Ich muss Sie doch verhaften, es gibt ja nur einen Scheiß Staat.«

27.-29.6. Volksbefragung zu einem Friedensvertrag, 93,6 Prozent der gültigen Stimmen sprechen sich für einen Abzug der Truppen und einen Friedensvertrag aus.

7.-11.7. Am 1. Evangelischen Kirchentag in Leipzig nehmen 5 000 Besucher teil.

23.7. Der bisherige Präsident des Bundesverfassungsschutzes Otto John gibt in einer Rundfunkansprache aus Ost-Berlin seinen Wechsel in die DDR bekannt.

24.-25.7. Die ersten DDR-Meisterschaften im Kunstreigenschwimmen finden in Magdeburg statt.

31.7.-8.8. XII. Akademische Sommerspiele in Budapest, DDR-Sportler bringen 14 Gold-, 7 Silber- und 6 Bronzemedaillen nach Hause, Ursula Jurewitz läuft über 400 m Weltrekordzeit.

5.8. Ab sofort dürfen DDR-Bürger nur noch 12 Pakete jährlich in den Westen senden und genauso viele erhalten. Bestimmte Mengen- und Inhaltsbeschränkungen werden vorgegeben.

> Liebe West-Oma, hab Dank für Dein Paket. Die Pistole ist gut angekommen, ich habe sie sofort im Garten vergraben, auch die Munition …
> Zwei Wochen später.
> Liebe West-Oma, so, jetzt kannst du die Tulpenzwiebeln schicken, die Stasi hat mir zweimal den ganzen Garten umgegraben …

19.-22.8. Erstes Deutsches Turn- und Sportfest mit 35 000 Teilnehmern, darunter 5 000 aus der BRD und Westberlin, in Leipzig.

27.8. DEFA-Filmpremiere »Alarm im Zirkus« von Gerhard Klein über den Pferdediebstahl im Berliner Zirkus Barlay.

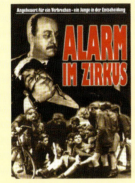

27.8. Beschluss des Magistrats von Berlin, den verwilderten Schlosspark Friedrichsfelde in einen Tierpark umzuwandeln.

29.8. Zum ersten Mal nach Kriegsende findet wieder der traditionelle Brockenlauf statt.

3.9. Umfangreiche Preissenkung für Lebensmittel und Gebrauchswaren. Senkung der Postgebühren: Brief 20 Pfennig, Postkarten 10 Pfennig. Diese Gebühren gelten bis zum Ende der DDR.

12.9. Premiere des ersten eigenproduzierten Films des DDR-Fernsehens, »Tilman Riemenschneider«.

24.9. DEFA-Filmpremiere »Stärker als die Nacht«, Regie Slatan Dudow, Drehbuch Jeanne und Kurt Stern, ein Film über menschliches Verhalten im NS-Alltag.

6.10. Heinrich Mauersberger, der Erfinder der Malimo-Technologie, erhält den Nationalpreis.

> Zwei Kollegen gehen in einen Laden, in dem es gerade Bananen gibt. Sie reihen sich ein. Der eine von ihnen bittet um drei Pfund.
> »Es gibt nur ein Pfund pro Kopf!«, raunzt die Verkäuferin.
> »Gilt das auch für Nationalpreisträger?«, fragt der Kunde.
> Die Verkäuferin packt drei Pfund ein.
> Wieder draußen fragt sein Kollege erstaunt: »Hör mal, du bist doch gar kein Nationalpreisträger!«
> »Nein, aber man wird doch mal fragen dürfen!«

11.10. Der auf der Neptun-Werft als Reparationsleistung gebaute 3000-Tonner »Rostock« bleibt in DDR-Besitz, nachdem die Sowjetunion auf weitere Reparationen verzichtet hat.

17.10. Wahlen zur 2. Volkskammer mit einer Wahlbeteiligung von 98,4 % und 99,46 % Zustimmung. Nur 180 der 400 Abgeordneten waren bereits in der vorherigen Legislaturperiode in der Volkskammer vertreten.

> Walter Ulbricht geht mit einem Regenschirm über den Berliner Marx-Engels-Platz. Es ist herrlicher Sonnenschein, aber Walter lässt unbeirrt seinen Regenschirm aufgespannt. Ein freundlicher Passant macht ihn darauf aufmerksam, dass es doch gar nicht regne. Antwortet Walter: »Hier vielleicht nicht, aber in Moskau.«

1.11. Die Volkspolizei erhält grau-grüne Uniformen.

> Was bedeutet ein Streifen an der Uniform eines Polizisten?
> Er kann lesen.
> Was bedeuten zwei Streifen?
> Er kann lesen und schreiben.
> Und drei Streifen?
> Er kennt jemanden, der lesen und schreiben kann.

13.11. Aufruf des neugegründeten »Zentralen Ausschusses für Jugendweihe« an Eltern und Erzieher zur Einführung der Jugendweihe in der DDR.

21.11. Auf der Jugendschanze in Oberhof wird erstmals auf Kunststoffmatten gesprungen.

7.12. In Leuna wird in einer Versuchsanlage Polyäthylen, ein Kunststoff auf Erdölbasis, erzeugt.

9.12. DEFA-Filmpremiere »Carola Lamberti – eine vom Zirkus« mit der weltberühmten Stummfilm-Diva Henny Porten in der Hauptrolle.

10.12. Aufnahme der Zentralen Sektion Judo der DDR in die Europäische Judo-Union in Brüssel.

25.12. Die DEFA-Literaturverfilmung »Pole Poppenspäler« nach Theodor Storm hat Premiere, Regie Artur Pohl.

> Ein Mann geht mit einem großen Kranz über den Marktplatz.
> »Oh, ist jemand gestorben?«
> »Nein, aber heut gab's Kränze in der HO.«

30.12. Edith Keller-Herrmann gewinnt das Große Internationale Schachturnier in Hastings.

Erneut wird Gustav-Adolf Schur zum Sportler des Jahres gewählt.

📖 Bodo Uhse, Die Partrioten
Arnold Zweig, Die Feuerpause
Inge von Wangenheim, Auf weitem Feld. Erinnerungen einer jungen Frau
Georg Lukács, Die Zerstörung der Vernunft
Wolfgang Schreyer, Unternehmen Thunderstorm

Das Jahr 1955

27.3. Im Berliner Stadtbezirk Köpenick finden die ersten Jugendweihen statt.

3.1. Die volkseigene Brauerei »Bärenquell« wird in Berlin in Betrieb genommen.

7.1. Westberliner müssen in der DDR im Verhältnis 1 : 1 mit DM bezahlen.

15.1. Erklärung zur deutschen Frage, in der die Sowjetunion im Falle einer Nichtratifizierung der Pariser Verträge durch die BRD die Wiedervereinigung auf der Basis freier gesamtdeutscher Wahlen zusichert.

23.5. Start der Kinder-Sendereihe »Flax und Krümel« mit Heinz und Ingeburg Fülfe. Auch »Struppi« ist von Anfang an dabei.

25.1. Die Sowjetunion erklärt den Kriegszustand mit Deutschland offiziell für beendet.

29.-30.1. Bei den gesamtdeutschen Meisterschaften auf der Wadeberg-Bobbahn gehen alle Titel an die Rennrodler aus der DDR.

1.2. Neue Stipendienordnung: Studenten erhalten 130 Mark monatlich, Arbeiter- und Bauernkinder 50 Mark extra. Verdienen Eltern über 1200 Mark, wird kein staatliches Stipendium gezahlt.

2.3. »Proklamation an das deutsche Volk« der DDR-Volkskammer gegen die Ratifizierung der »Pariser Verträge« durch den Bundestag.

5.3. Aufnahme der Zentralen Sektion Radsport der DDR als Mitgliedsverband in die Internationale Radsport-Union in Saarbrücken.

17.3. Der erste duroplastbeschichtete PKW der Welt, P 70, verlässt das Zwickauer Werk.

1.4. Die »Sixtinische Madonna« und 750 andere Gemälde aus der Dresdner Nationalgalerie werden von der Sowjetunion zurückgegeben.

6.4. Auf der 1. Baukonferenz wird die Devise ausgegeben: »Besser, schneller, billiger bauen!«

> Auf einer Baustelle. Ein Maurer sagt: »32 Grad im Schatten. Da kann man überhaupt nicht arbeiten.«
> »Blödsinn«, sagt ein anderer, »dann stell dich doch nicht in den Schatten.«

16.4. Die letzten der über 3 000 Wissenschaftler (Atomwissenschaftler, Chemiker, Flugzeugtechniker), die im Rahmen von Reparationsleistungen in der Sowjetunion arbeiten mußten, kehren zurück.

1.5. Unter der Losung »Bereit zur Arbeit und zur Verteidigung der Heimat« nehmen erstmals Kampfgruppen an der Mai-Demonstration teil.

2.-17.5. Gustav-Adolf Schur gewinnt die VII. Internationale Friedensfahrt, Platz 2 für die DDR-Mannschaft.

5.5. Im Simson-Werk beginnt die Serienfertigung des ersten DDR-Mopeds »SR 1«. Preis: 990 Mark.

9.5. Beitritt der BRD zur NATO.

11.5. Die Umbildung der achtklassigen Grundschule in eine zehnklassige allgemeinbildende Oberschule beginnt.

14.5. Der »Vertrag über Freundschaft, Zusammenarbeit und gegenseitigen Beistand« wird in Warschau geschlossen. Er ist als Gegengewicht zur NATO initiiert. Durch ihren Eintritt in den Warschauer Vertrag erhält die DDR eine multilaterale Bestandsgarantie.

»Wilhelm Pieck« von Will Lammert, 1955

> Frage: Welches ist der wichtigste Buchstabe des Alphabets?
> Antwort: Im Prinzip sind alle wichtig, aber unersetzbar ist das »W«, denn sonst hieße es »Arschauer Vertrag«, »Alter Ulbricht« und »Affenbrüderschaft«.

25.-27.5. Auf dem 5. Parlament der FDJ wird Karl Namokel zum Nachfolger von FDJ-Chef Erich Honecker gewählt. Walter Ulbricht kritisiert die Universitäten: »Arbeitersöhne schicken wir hin, Bürgersöhnchen kommen heraus.«

30.5. Die Festung Königstein öffnet ihre Tore für Touristen.

1./2.6. Das Zentralkomitee der SED verabschiedet ein »Zehn-Punkte-Programm« zur Wiedervereinigung.

18.6. Die 50. IOC-Sitzung erkennt das NOK der DDR an. Beschlossen wird eine gemeinsame deutsche Olympiamannschaft.

25.6. Eröffnung des neuerbauten Kleist-Theaters in Frankfurt/Oder.

2.7. Der Tierpark in Berlin-Friedrichsfelde wird durch Oberbürgermeister Friedrich Ebert in Anwesenheit von Wilhelm Pieck eröffnet.

26.7. Der Generalsekretär der KPdSU, Nikita Chruschtschow, verkündet auf einer Kundgebung in Ost-Berlin die sowjetische Zweistaatentheorie, die von einer Teilung Deutschlands ausgeht. Wiedervereinigung sei eine Sache der Deutschen. Eine Beseitigung der sozialen Errungenschaften der DDR komme nicht in Frage.

29.7. In Co-Produktion mit Schweden bringt die DEFA die Literaturverfilmung »Das Fräulein von Scuderi« in die Kinos.

29.-31.7. Weltmeistertitel für die DDR im Kanu-Slalom bei der WM in Ljubljana.

18.8. Der Ministerrat der DDR ordnet die Bildung von »Produktionsgenossenschaften des Handwerks« (PGH) an.

> »Ist das hier richtig?«, erkundigt sich der Klempner, »bei Ihnen soll der Wasserhahn defekt sein?«
> »Bei uns ist alles in Ordnung«, antwortet die Hausfrau.
> »Merkwürdig, wohnt hier nicht Familie Arnold?«
> »Arnolds? Das ist ja schon ein halbes Jahr her, dass die ausgezogen sind.«
> »Typisch«, entgegnet der Klempner. »Erst die Handwerker bestellen, und dann Hals über Kopf ausziehen.«

27.8. Das NOK der DDR und das der Bundesrepublik beschließen die Entsendung einer gesamtdeutschen Olympiamannschaft zu den Olympischen Spielen nach Melbourne.

31.8. Erster Spatenstich zum Aufbau des Kombinats Schwarze Pumpe und der Wohnsiedlung Hoyerswerda.

> Wohnungsneubau. Ein Brigadier steht draußen auf dem Gerüst, ein Maurer drinnen. Der Brigadier ruft. »Maxe, hörste mir?«
> »Ja!«
> »Maxe, siehste mir?«
> »Nee!«
> »Das sind Mauern, Kollegen, was!«

4.9. Nach dreijähriger Bauzeit Wiedereröffnung der im Krieg zerstörten Deutschen Staatsoper Unter den Linden mit Wagners »Meistersingern«.

11.-17.9. Erste »Kultur- und Dokumentarfilmwoche« in Leipzig. Sie wird zum wichtigsten internationalen Filmfestival der DDR.

16.9. Die Internationale Gewichtheber-Föderation nimmt Sektion Gewichtheben der DDR als Mitgliedsverband auf.

20.9. Nach Regierungsverhandlungen zwischen Otto Grotewohl und der sowjetischen Regierung in Moskau wird die volle Souveränität der DDR bestätigt, das Amt des sowjetischen Hohen Kommissars aufgehoben und ein Beistandspakt geschlossen.

22.9. Mit den Hallstein-Doktrin erklärt die BRD ihren Alleinvertretungsanspruch.

30.9. Gründung des Literaturinstitut zur Förderung junger Dichter in Leipzig.

6.10. Erwin Strittmatter erhält den Nationalpreis.

7.10. Premiere des zweiten Thälmannfilms der DEFA, »Ernst Thälmann – Führer seiner Klasse«.

23.10. Erste Direktübertragung eines Fußballspiels im DDR-Fernsehen.

1.11. Das »Gesetz über Staatswappen und die Staatsflagge der DDR« tritt in Kraft. Danach hat die offizielle Fahne die Farben Schwarz-Rot-Gold; das Wappen (noch nicht Bestandteil der Flagge) besteht aus Hammer und Zirkel, von einem Ährenkranz umgeben.

Bedeutung von Flagge und Staatswappen der DDR: Ich sehe schwarz für die Roten und ihre goldene Zukunft. Wenn sie so weiter zirkeln, bekommen sie den Hammer auf den Kopf und können sich die Ähren von unten ansehen.

2.11. Das Fernsehen übernimmt von nun an regelmäßig die öffentliche Rundfunkreihe »Da lacht der Bär«, präsentiert von Heinz Quermann.

23.11. Erste Sendung »Bei Meister Nadelöhr«, mit Eckart Friedrichson als Meister Nadelöhr und Heino Winkler als Meister Briefmarke.

27.11. Eröffnung einer Ausstellung mit den rund 500 von der UdSSR zurückgegebenen Gemälden der Dresdner Galerie in der Nationalgalerie in Ost-Berlin.

2.-4.12. Erste Motorsport-Rallye zur Wartburg, Sieg für das Rennkollektiv des AWE Eisenach.

13.12. Eine der erfolgreichsten Fernsehreihen startet: Willi Schwabe eröffnet seine »Rumpelkammer«.

23.12. Das erste Mosaik-Heft mit den Digedags erscheint. 1976 lösen die Abrafaxe sie ab.

In Zwickau werden 2 208 PKW vom Typ P 70 gefertigt. In Eisenach beginnt die Produktion des Wartburgs Typ 311. Bis 1965 werden 259 035 Stück produziert.

Sportler des Jahres wird zum dritten Mal Gustav-Adolf Schur.

Franz Fühmann, Kameraden
Otto Gotsche, Zwischen Nacht und Morgen
Ludwig Renn, Der Neger Nobi
Hans Marchwitza, Roheisen

Hits:
Mein Herz ist total verwirrt, Brigitte Rabald
Einsam liegt mein Schiff im Hafen, Fred Frohberg
Zwei Herzen im Mai, Sonja Siewert und Herbert Klein

Das Jahr 1956

»Heizers Geburtstagsständchen« von Albert Ebert, 1956

1.1. Großer Premierenerfolg von Käthe Reichel in der Erstaufführung von Brechts »Der gute Mensch von Sezuan« am Volkstheater Rostock.

3.1. Das Fernseh-Versuchsprogramm ist beendet. Der Deutsche Fernsehfunk nimmt offiziell sein Programm auf.

10.-14.1. Auf dem IV. Schriftstellerkongreß in Ost-Berlin wird die Forderung nach der Durchsetzung des Sozialistischen Realismus in der DDR gestellt.

> Impressionismus ist, wenn ein Maler malt, was er sieht.
> Expressionismus ist, wenn ein Maler malt, was er empfindet.
> Sozialistischer Realismus ist, wenn ein Maler malt, was er hört.

11.1. Hilmar Thate feiert seinen Durchbruch zum Charakterdarsteller bei der Premiere von Ibsens »Gespenster« am Maxim-Gorki-Theater Berlin.

14.1. Stapellauf des 10000-Tonnenfrachters »Frieden« auf der Warnowwerft.

18.1. Die Volkskammer beschließt die Schaffung der Nationalen Volksarmee und des »Ministeriums für Nationale Verteidigung«. Willi Stoph wird erster Verteidigungsminister der DDR.

26.1.-5.2. An den VII. Olympischen Winterspielen in Cortina d'Ampezzo nimmt erstmals eine DDR-Vertretung im Rahmen einer Mannschaft beider deutscher NOK teil. Harry Glaß belegt im Spezialsprunglauf den dritten Platz und holt somit die erste olympische Medaille für die DDR.

27.1. DEFA-Filmpremiere »Heimliche Ehen« in der Regie von Gustav von Wangenheim mit Armin Mueller-Stahl.

28.1. Die NVA wird dem Oberkommando des Warschauer Vertrags unterstellt.

4.2. Die staatliche Fluggesellschaft der DDR nimmt zuächst als »Lufthansa«, dann als »Interflug« ihren Betrieb auf. Die Strecke Berlin-Warschau ist die erste internationale Fluglinie. Im selben Monat wird die erste Inlandfluglinie Berlin-Leipzig eröffnet.

9.2. Die Regierung der DDR beschließt den umfassenden Ausbau der Sportförderung.

14.-25.2. Auf dem XX. Parteitag der KPdSU enthüllt Nikita Chruschtschow von Stalin begangene Verbrechen. Damit beginnen die ersten Ansätze der Entstalinisierung. Eine DDR-Delegation mit Walter Ulbricht und Otto Grotewohl ist zum Parteitag gereist.

> Nach seiner großen Rede auf dem XX. Parteitag erhält Chruschtschow einen anonymen Zettel aus dem Saal: »Warum habt ihr das alles nicht schon früher gesagt?« Chruschtschow liest ihn vor und fragt: »Wer hat das geschrieben?«
> Schweigen. »Ich frage zum zweiten Mal: Wer hat das geschrieben?«
> Als auch die dritte Frage ohne Antwort bleibt, sagt er: »Seht ihr, Genossen: deshalb!«

15.2. FDGB-Beschluss zur vollständigen Übernahme der Sozialversicherung durch die Gewerkschaft.

17.2. Heinrich-Heine-Feiern anlässlich des 100. Todestages des Dichters.

1.3. Das Ministerium für Nationale Verteidigung und die Verwaltung der Militärbezirke der Land-, Luft- und Seestreitkräfte beginnen ihre Tätigkeit. Offizieller Gründungstag der NVA.

4.3. Walter Ulbricht erklärt im »Neuen Deutschland«: »Stalin ist kein Klassiker des Marxismus«.

9.-11.3. Beim Internationalen Skifliegen am Kulm in Österreich gewinnt Werner Lesser.

24.-30.3. 3. Auf der III. Parteikonferenz der SED wird die Direktive für den nächsten Fünfjahrplan festgelegt. Die Zielsetzung lautet »Modernisierung, Mechanisierung und Automatisierung« und sieht eine Leistungssteigerung von 50% bis 1960 vor. Nur einige Aspekte von Chruschtschows Stalin-Kritik kommen zur Sprache.

> Anfrage an Sender Jerewan: Ist es möglich, daß das Zentralkomitee der KPdSU Fehler begeht?
> Antwort: Im Prinzip nein, aber das ZK ist ja auch nur ein Mensch.

20.4. DEFA-Filmpremiere »Der Richter von Zalamea« nach Calderon, Regie Martin Hellberg.

1.5. Auf dem Marx-Engels-Platz findet die erste Militärparade der NVA statt.

2.5. Erste Fernsehsendung mit Karl-Eduard von Schnitzler, »Treffpunkt Berlin«.

5.5. Der Rat für gegenseitige Wirtschaftshilfe tagt erstmals in Ost-Berlin. An die Stelle der vor allem bilateralen Zusammenarbeit tritt zunehmend die »internationale Arbeitsteilung«.

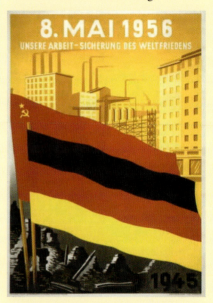

5.5. In Leipzig öffnet die »Iskra«-Gedenkstätte.

12.5. Die Zentrale Sektion Fechten der DDR wird in Mailand in die Internationale Fecht-Föderation aufgenommen.

17.5. DEFA-Filmpremiere »Eine Berliner Romanze« nach einem Drehbuch von Wolfgang Kohlhaase.

31.5. Beginn des Aufbaus des Schwefelsäurekombinats in Coswig.

3.6. Wiedereröffnung der Gemäldegalerie im Dresdner Zwinger.

4.6. Preissenkung für Industriewaren.

5.6. In Halle eröffnet der erste Selbstbedienungsladen.

6.6. Eröffnung der Gerhart-Hauptmann-Gedenkstätte auf Hiddensee.

27.-29.7. Die SED verabschiedet eine Resolution über die »nächsten ideologischen Aufgaben«. Eine erste Liberalisierung, nach Ilja Ehrenburgs Roman als »Tauwetter« bezeichnet, beginnt.

»Maurerlehrling« von Rudolf Bergander, 1956

Die Parteileitung fordert einen Genossen auf, Selbstkritik zu üben. »Genosse, du wirst einen Artikel verfassen, in dem du bekennst, Fehler begangen zu haben ...«
»Was denn für Fehler?«
»Du wirst schreiben, dir sind schwerwiegende Irrtümer unterlaufen ...«
»Was denn für Irrtümer?«
»... dass du ideologische Verfehlungen begangen hast ...«
»Was denn für Verfehlungen?«
»... dass du das Ansehen der SED geschädigt hast ...«
»Was denn für ein Ansehen???«

29.7. Die DDR-Frauen-Laufstaffel stellt während des Internationalen Sportfests in Rostock zwei neue Weltrekorde auf.

2.-5.8. II. Deutsches Turn- und Sportfest in Leipzig mit 100 000 Festteilnehmern.

4.8. Einweihung des 100 000 Zuschauer fassenden Stadions im Sportforum Leipzig, das nach 300 Tagen Bauzeit fertiggestellt wurde.

14.8. Bertolt Brecht stirbt in Berlin.

18.-19.8. Neuer Leichtathletik-Rekord im Zehnkampf durch Walter Meier (SC Wissenschaft Halle).

1.9. In Berlin eröffnet die Staatliche fachschule für Artistik.

9.9. Europa-Rekord in Riesa im 200-m-Lauf der Frauen durch Christa Stubnick.

28.9. Ein neuer DEFA-Kinderfilm kommt in die Kinos: »Das tapfere Schneiderlein« mit Kurt Schmidtchen und Christel Bodenstein.

1.10. In HO-Läden und Konsum-Großverkaufsstellen ist ab sofort Teilzahlung möglich, allerdings nur für ausreichend vorhandene Waren.

»Diese Lederschuhe kann ich Ihnen sehr empfehlen, da gibt es sogar Garantie drauf«, sagt die HO-Verkäuferin.
»Was, garantiert Leder?«
»Nein, garantiert Schuhe!«

30.10. Der von den ungarischen Aufständischen als Ministerpräsident eingesetzte Reformkommunist Imre Nagy verkündet die Abschaffung des Einparteien-Systems und am 1.11. den Austritt Ungarns aus dem Warschauer Vertrag sowie die Neutralität des Landes.

4.11. Sowjetische Panzereinheiten marschieren in Budapest ein und beenden den Versuch Ungarns, sich aus dem Ostblock zu lösen.

»Kollege Schubert« von Eva Schulze-Knabe, 1956

4.11. Fernsehpremiere von »Damals in Paris«, der ersten Koproduktion von DFF und DEFA, mit Gisela Trowe und Wolfgang Kieling.

9.11. Konstituierung des »Hilfskomitees für das sozialistische Ungarn« und des Ausschusses »Freundschaftshilfe Ägypten«.

14.11. Die DDR stellt Ungarn eine Warenhilfe von 22 Millionen zu Verfügung, um die Folgen des Aufstands zu überwinden.

22.11.-8.12. Teilnahme einer DDR-Vertretung mit 37 Sportlern (gemeinsame Mannschaft beider deutscher NOK) an den XVI. Olympischen Sommerspielen in Melbourne. Eine Gold-, vier Silber- und zwei Bronzemedaillen. Die erste Goldmedaille bei Olympischen Spielen für die DDR holt Wolfgang Behrendt im Boxen (Bantamgewicht).

29.11. Der Philosoph Wolfgang Harich, eine Gruppe von Redakteuren der Zeitschrift »Sonntag« und am 6.12. der Leiter des Aufbau Verlages, Walter Janka, werden wegen »Bildung einer konspirativen, staatsfeindlichen Gruppe« verhaftet.

7.12. DEFA-Filmpremiere »Der Hauptmann von Köln« in der Regie von Slatan Dudow nach Carl Zuckmayer.

18.12. Staatliche Anerkennung des Sportarztes als Facharzt.

Zum vierten Mal hintereinander wird Gustav-Adolf Schur zum Sportler des Jahres gekürt.

 Herbert Nachbar, Der Mond hat einen Hof
Brigitte Reimann, Die Frau am Pranger
Peter Hacks, Die Schlacht bei Lobositz (Drama)
Ludwig Renn, Der spanische Krieg
Wolfgang Schreyer, Der Traum des Hauptmann Loy

Hits:
Die Sterne der Heimat, Fred Frohberg
Die Nacht ist viel zu schön, Bärbel Wachholz
Alle Straßen führen heim zu dir, Margot Friedländer

Das Jahr 1957

4.1. DEFA-Filmpremiere »Till Ulenspiegel«, Regie und Hauptdarsteller Gérard Philipe. Es bleibt seine einzige Arbeit für die DEFA.

18.1. Die Volkskammer beschließt das Gesetz zur schrittweisen Einführung der 45 Stunden-Woche.

> In der Mathematikstunde wird eine Textaufgabe gestellt. 2 Brigaden asphaltieren eine 3 Kilometer lange Straße. Brigade A beginnt am Ende a und arbeitet um 20 Prozent schneller als Brigade B, die an Punkt b beginnt.
> Die Lehrerin fragt nun: »Wo treffen sich beide Brigaden?« Fritzchen meldet sich als Erster.
> »Na, Fritzchen, wo?«
> »In der Kneipe.«

26.-27.1. DDR-Rennschlittensportler nehmen zum ersten Mal an einer Weltmeisterschaft (Davos) teil.

29.1. Der erste Band der 39bändigen Marx-Engels-Ausgabe erscheint.

1.2. Studiengebühren für das Direktstudium an Universitäten, Hoch- und Fachschulen entfallen.

8.2. Premiere des DEFA-Zweiteilers »Schlösser und Katen« mit Erwin Geschonneck.

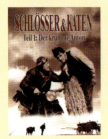 

26.2. Der erste Selbstbedienungsladen Leipzigs eröffnet.

15.2. Erstausgabe des »Bummi«.

26.-28.2. In Rostock beraten LPG-Vorsitzende. 23 % der landwirtschaftlichen Nutzfläche von LPGen bearbeitet.

> Anfrage des Landwirtschaftsministeriums an eine sächsische LPG: »Genossen, könnt ihr die Milchproduktion um 10 Prozent steigern?«
> »Kein Problem.«
> »Genossen, könnt ihr die Milchproduktion um weitere 20 Prozent steigern?«
> »Natürlich können wir auch das, aber dann wird die Milch schon sehr dünn!«

1.3. Das Gesetz über die Verkürzung der Arbeitszeit tritt in Kraft. Vorerst 1,4 Millionen Werktätige in Betrieben der Schwerindustrie, des Schwermaschinen- und Bergbaus und der chemischen Industrie arbeiten nur noch 45 Stunden pro Woche, drei Stunden weniger als bisher.

1.3. Eröffnung des neuen Schauspielhauses in Leipzig mit Schillers »Wallenstein«.

3.3. Helmut Recknagel geht beim Spezialsprunglauf am Holmenkollen als Junior mit Spezialgenehmigung an den Start und belegt den ersten Platz.

7.3. DEFA-Filmpremiere »Betrogen bis zum jüngsten Tag« nach einer Novelle von Franz Fühmann.

7.-9.3. Die Harich/Janka-Gruppe, die für den Marxismus-Leninismus, aber gegen den Stalinismus ist, wird zu Zuchthausstrafen verurteilt.

> Anfrage an den Sender Jerewan: »Wo sitzt derjenige, der in der DDR für die politischen Witze verantwortlich ist?«
> Antwort: »Keine Ahnung, wo er sitzt. Wir wissen nur, dass er sitzt.«

9.3. Das Amt des Staatssekretärs für Kirchenfragen wird eingeführt.

12.3. Vertrag über zeitweilige Stationierung sowjetischer Truppen in der DDR.

29.3. Die DEFA verfilmt Erwin Strittmatters Jugendbuch »Tinko«.

1.4. Gründung der ersten Fips Fleischer Band.

12.4.-31.5. Ausstellung zum Werk von Otto Dix in der Deutschen Akademie der Künste.

14.4. Manfred von Ardenne erklärt im Namen bekannter Ost-Atomwissenschaftler die Zustimmung zur »Göttinger Erklärung« westdeutscher Wissenschaftler, die für Verzicht auf Atomwaffen eintreten.

27./28.4. Gründung des Deutschen Turn- und Sportbundes (DTSB) im Haus der Ministerien in Berlin, Präsident Rudi Reichert.

1.5. Nach Carl Millöckers Operette »Der Bettelstudent« dreht die DEFA den Film »Mazurka der Liebe«.

8.-31.5. Erstes Gastspiel des Berliner Ensembles in der Sowjetunion.

19.5. Beim Qualifikationsspiel zur WM siegt die DDR-Fußballmannschaft über Wales mit 2 : 1 in Leipzig; Manfred Preußger stellt im Stabhochsprung mit 4,52 m einen neuen Europarekord auf.

25.5. Stapellauf des ersten 5500-Tonnen-Frachtschiff der Mathias-Thesen-Werft.

30.5. DEFA-Filmpremiere »Lissy«, Regie Konrad Wolf.

»Arbeiter mit Mainelke« von Arno Mohr, 1957

28.-30.6. DDR-Vertretung wird Mannschaftssieger beim II. Internationalen Reit- und Springturnier in Leipzig.

30.6. Im Stahl- und Walzwerk Hennigsdorf wird die erste vollautomatische Schnellwalzstraße in Betrieb genommen.

> Der Funktionär endet seine Rede vor den Arbeitern mit den anspornenden Worten: »Aus unseren Betrieben ist noch mehr rauszuholen!«

30.6. Ernst Degner gewinnt beim 20. Internationalen Eifelrennen auf dem Nürburgring in der 125-ccm-Klasse.

9.8. Nikita Chruschtschow besucht mit Walter Ulbricht die Landwirtschaftsausstellung in Markkleeberg.

> Anfrage an den Sender Jerewan: »Stimmt es, dass in der Sowjetunion der Mais wie Telegrafenmaste wächst?«
> Antwort: »Im Prinzip ja, aber nicht so stark und so hoch, sondern so weit auseinander.«

24.8. Konstituierung des »Forschungsrates« als zentrales Organ des Ministerrates der DDR für naturwissenschaftlich-technische Forschung.

30.8. DEFA-Filmpremiere »Berlin – Ecke Schönhauser«. Das Team Gerhard Klein und Wolfgang Kohlhaase wendet sich der Problematik der »Halbstarken«-Szene zu.

2.9. Eröffnung der ersten »Berliner Festtage« im Ostteil der Stadt.

13.9. »Der blaue Aktendeckel« – erste Folge des »Fernsehpitavals« von Friedrich Karl Kaul.

14.9. Hans Zierold schwimmt in Leipzig Europarekord 200 m Schmetterling.

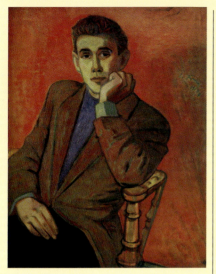

»Student der Arbeiter-und-Bauern-Fakultät« von Eberhard Frey, 1957

4.10. Die Sowjetunion startet den 83 Kilogramm schweren Satelliten Sputnik, der den Erdball 92 Tage lang umkreist.

7.10. Auf Beschluss der Volks- und der Länderkammer wird die Amtszeit von Wilhelm Pieck als Präsident der DDR um weitere vier Jahre verlängert.

13.10. Zweite Währungsreform dient dem Abbau des Geldüberhangs. Ausgabe neuer Geldscheine. Bargeld wird in Höhe bis zu 300 Mark umgetauscht.

Frage: Gibt es im Kommunismus Geld? – Antwort: Nein. – Frage: Wovon sollen wir dann unseren Parteibeitrag bezahlen?

15.10. Die DDR und Jugoslawien nehmen gegenseitige diplomatische Beziehungen auf. Erstmals wendet die BRD die Hallstein-Doktrin an und bricht ihre diplomatischen Beziehungen zu Jugoslawien ab.

19.10. Chruschtschow distanziert sich von der SED-Opposition um Karl Schirdewan und Ernst Wollweber.

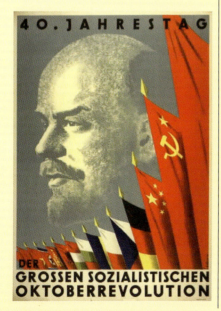

26.10. Erster Spatenstich für den Überseehafen Rostock; landesweite Aktion Steine für den Rostocker Hafen.

1.11. Der bisherige Staatssekretär Erich Mielke wird Minister für Staatssicherheit.

Genosse Mielke fragt den Wachtposten: »Genosse, Sie haben so einen stieren Blick.« »Genosse Generaloberst, habe ein künstliches Auge.« »Welches Material?« fragt Mielke. »Glas, Genosse Generaloberst.« »Hätte ich mir ja denken können, sonst könnten Sie ja nicht durchsehen.«

7.11. Die Produktion des Trabants Typ P 50 beginnt. Bis 1962 werden inklusive des Typs 50/2 131 450 Stück gebaut.

15.11. DEFA-Filmpremiere »Vergesst mir meine Traudel nicht« mit Eva-Maria Hagen.

16.-19.11. Beratung von 64 kommunistischen und Arbeiterparteien in Moskau. Der Revisionismus wird als Hauptfeind gekennzeichnet.

27.11. Der »Montagsfilm«, bei dem hauptsächlich alte UFA-Filme ausgestrahlt werden, findet von nun an seinen festen Programmplatz im Fernsehprogramm.

29.11. Heiner Carows Jugendfilm »Sheriff Teddy« erzählt in den Traditionen des italienischen Neorealismus die Geschichte des 13jährigen Kalle, der in West-Berlin Sheriff der Teddy-Bande war und nun im Ostsektor der Stadt lebt.

15.12. Erstmals entfallen auf einem Bahnhof der Deutschen Reichsbahn, dem Leipziger Hauptbahnhof, die obligatorischen Bahnsteigkarten (20 Pfennig).

Bahnhofsrestaurant: »Herr Ober, ich kaue schon 20 Minuten auf diesem Schnitzel herum.« »Sie können ruhig weiter kauen mein Herr, Ihr Zug hat 40 Minuten Verspätung.«

15.12. Einer der schönsten DEFA-Kinderfilme hat Premiere: »Das singende, klingende Bäumchen« mit Christel Bodenstein.

16.12. In Rossendorf bei Dresden wird der erste Atomreaktor der DDR in Betrieb genommen.

Gustav-Adolf Schur wird zum fünften Mal in Folge zum Sportler des Jahres gewählt.

Die Produktion des Wartburgs Typ 313/1 mit abnehmbarem Coupédach beginnt. Bis 1960 werden nur 469 Stück gefertigt. Der Zweisitzer ist zu teuer (19 800 Mark), für den Export mit 145 km/h Höchstgeschwindigkeit zu langsam (West-Preis 8 625 DM).

📖 Eduard Claudius, Von der Liebe soll man nicht nur sprechen
Erwin Strittmatter, Der Wundertäter 1
Harry Thürk, Die Stunde der toten Augen
Arnold Zweig, Die Zeit ist reif
Stefan Heym, Offen gesagt

Hits:
Du bist so jung, Gitta Lind
Tipitipitipso, Jenny Petra
Meine Frau macht Musik, Trio Harmonie
Dieser Rhythmus reißt uns mit, Ping-Pongs

Das Jahr 1958

2.1. Gesetzesverordnung, dass bei allen Tanzveranstaltungen mindestens 60% der gespielten Titel von Ost-Komponisten stammen müssen.

6.1. Helmut Recknagel gewinnt die Internationale Vierschanzentournee im Spezialspringen.

27.1. Die Pionierorganisation Ernst Thälmann wird sozialistische Massenorganisation für Kinder.

Ein Polizist besucht mit seiner Frau ein Konzert.
»Hier ist aber eine gute Akustik«, sagt die Frau.
Darauf der Polizist: »Ich weiß nicht, ich rieche nichts.«

17.5. DEFA-Filmpremiere »Thomas Müntzer«, nach einem Szenarium von Friedrich Wolf mit Wolf Kaiser.

24.5. Willi Stoph wird stellvertretender Oberkommandierender der vereinten Streitkräfte des Warschauer Vertrags.

29.5. Aufhebung der Rationierung der Lebensmittel auf Karten.

»Bulgarisches Mädchen« von Walter Womacka, 1958

3.-6.2. Auf der 35. Tagung des ZK werden die Funktionäre Karl Schirdewan, Ernst Wollweber und Fred Oelßner ihrer Ämter enthoben. Erich Honecker wird Mitglied des Sekretariats des Zentralkomitees und des Politbüros.

10./11.2 Der Wirtschaftsrat wird durch die »Staatliche Plankommission« ersetzt, die Vereinigungen Volkseigener Betriebe (VVB) werden neu organisiert und der »Staatlichen Plankommission« unterstellt. Die Industrieministerien werden aufgelöst.

Anfrage an den Sender Jerewan: »Worin besteht der Unterschied zwischen einem Gespenst und sozialistischer Leitungstätigkeit?«
Antwort: »Es gibt keinen, alle reden davon, manche beschreiben es auch, aber gesehen hat es noch niemand.«

28.2.-2.3. Auf der dritten Hochschulkonferenz der SED werden die Aufgaben der Universitäten und Hochschulen beim Aufbau des Sozialismus festgelegt.

15.3. Auf dem Volkseigenen Gut Hagelberg wird die erste Dorfakademie der DDR gegründet.

23.3. Zum 10. Jahrestag des Gesetzes der Wahrung der Rechte der Sorben eröffnet in Bautzen ein Museum für sorbisches Schrifttum.

3.4. Die DEFA bringt den Revue-Film »Meine Frau macht Musik« heraus. Musik Gerd Natschinski. Mit Lore Frisch und Günther Simon.

31.5. Zwei Städteschnellverbindungen werden eingerichtet: nach Karlovy Vary fährt der »Karlex«, von Berlin über Warschau nach Brest der »Berolina«.

1.6. Herbert Leide (MC Grünau) holt sich den Europameistertitel im Motorwasserrennsport in Dresden.

29.6. Erstes sozialistisches Pressefest der Zeitung »Neues Deutschland«.

Fritz zu Paul: »Ich stand gestern auf der Titelseite vom ›Neuen Deutschland‹!«
Paul: »Wirklich?«
Fritz: »Ja, mit beiden Füßen!«

5.-13.7. Die erste Internationale Ostseewoche wird in Rostock eröffnet und wirbt für eine Interessengemeinschaft aller Ostseeanliegerstaaten. 1975 findet die letzte statt.

7.7. Die Sowjetunion teilt der DDR mit, daß ab 1.1.1959 der Unterhaltsbeitrag für die Stationierung sowjetischer Truppen in Höhe von 600 Millionen Mark entfällt.

7.7. Preissenkung für Molkereiprodukte sowie Fleisch- und Wurstwaren.

1.2. »1. Maisfest« in Meslin.

10.-16.7. Auf dem V. Parteitag der SED wird der »Sieg der sozialistischen Produktionsverhältnisse« als Hauptaufgabe aller Parteien und Massenorganisationen der DDR festgelegt. Außerdem wird der Beschluss gefaßt, den Lebensstandard der Bundesrepublik bis 1961 zu überflügeln. Walter Ulbricht propagiert die »Zehn Gebote der sozialistischen Moral«.

Ein Kunde verlangt ein paar Herrenschuhe, Größe 44.
»Ham wa nich.«
Dann will er ein paar Damenschuhe, Größe 39.
»Ham wa nich.«
Schließlich will er Kinderschuhe, Größe 22.
»Ham wa nich.«
»Na gut«, sagt er, »werden wir eben den Kapitalismus barfuß überholen.«

19.7. Gerhard Klein dreht den DEFA-Kinderfilm »Die Geschichte vom armen Hassan« mit Ekkehard Schall in der Titelrolle.

20.7. Im Berliner Karl-Friedrich-Friesen-Stadion schwimmt Karin Beyer über 100 m Brust neuen Weltrekord – der erste Weltrekord eines DDR-Schwimmers.

26.7. Die 4 x 200-m-Staffel der Frauen (Sadau, Stubnick, Köhler, Mayer) läuft Weltrekord in Leipzig.

Bei einem Internationalen Leichtathletik-Sportfest wirft ein amerikanischer Hüne den Hammer 84,23 Meter weit.
Die Reporter umringen den Mann und fragen ihn: »Sagen Sie, worauf führen Sie diesen Erfolg zurück?«
»Auf mein College. Dort bin ich ausgebildet und trainiert worden. Ich liebe mein College und schenke ihm diesen Sieg.«
Der russische Konkurrent wirft seinen Hammer 85,26 Meter weit. Wieder sind die Reporter da und fragen: »Wie haben Sie das geschafft?«
»Ich liebe die siegreiche Sowjetunion«, sagt der Russe. »Als ich meinen Hammer warf, hab ich nicht an die Universität, sondern nur an mein Land gedacht. Ihm verdanke ich alles.«
Es tritt ein Sportler aus der DDR an, der schleudert seinen Hammer 87 Meter weit. Wieder eilen die Reporter herbei und sagen: »Weltrekord! Worauf führen sie das zurück?«
»Auf meinen Vater«, sagt der Sieger
»Wieso auf Ihren Vater?«
»Als ich noch ganz klein war, hat mein Vater zu mir gesagt: »Wenn dir jemals einer einen Hammer in die Hand drückt, mein Junge, wirf ihn soweit weg wie möglich.«

9.8. Weltrekord der 4 x 1500-m-Staffel der Männer (Herrmann, Richtzenhain, Reinnagel, Valentin) in in Poznan.

13.-17.8. Der 78. Deutsche Katholikentag findet gleichzeitig in Ost- und West-Berlin statt.

30.8. Gustav-Adolf Schur erkämpft seinen ersten Weltmeistertitel beim Straßenrennen der Amateure in Reims.

1.9. Einführung des polytechnischen Unterrichts.

5.9. Auf der Herbstmesse werden zwei neue Kunstfasern vorgestellt: Wollcrylon und das für knitterfreie Textilien verwendete »Lanon« aus Erdöl.
Auch der neue Kleinwagen »Trabant« vom VEB Sachenering wird erstmals der Öffentlichkeit präsentiert.

Entwurf des Käthe-Kollwitz-Denkmals von Gustav Seitz, 1958

Warum ist Leipzig die frömmste Stadt? Zweimal im Jahr ist Messe, ansonsten ist Fasten.

11.9. Der Maler und Grafiker Hans Grundig stirbt in Dresden.

12.9. Karin Beyer schwimmt in Leipzig Weltrekord über 100 m Brust.

14.9. Einweihung der Mahn- und Gedenkstätte Buchenwald mit der Gruppenplastik von Fritz Cremer auf dem Ettersberg bei Weimar.

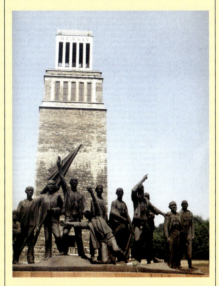

4.10. Die erste zentrale »Messe der Meister von morgen« wird in Leipzig eröffnet.

5.10. Fritz Cremer und Lea Grundig erhalten den Nationalpreis der DDR.

7.10. Der Thüringer Zoopark auf dem Roten Berg in Erfurt, hauptsächlich in freiwilligen Aufbauschichten errichtet, öffnet seine Pforten.

8.10. Erste Fernsehsendung des Abendgrußes, noch ohne Sandmännchen.

11.10. Johannes R. Becher stirbt. In der Grabrede bezeichnet Walter Ulbricht ihn als »größten Dichter der neueren Zeit«.

18.10. Es ergeht die »Richtlinie zur polytechnischen Bildung« (»Den Meißel im Ranzen«).

Wann sagte Lenin: »Lernen, lernen und nochmals lernen«?
Als er Walter Ulbrichts Schulzeugnis sah.

20.10. Im Radio wird die erste Schlagerrevue von Heinz Quermann moderiert.

31.10. DEFA-Filmpremiere »Der junge Engländer« nach Wilhelm Hauff.

3.-4.11. Zentrale Chemiekonferenz in Bitterfeld fasst den Beschluss, die Chemieproduktion zu verdoppeln. Motto: »Chemie gibt Brot, Wohlstand und Schönheit.«

7.11. Die 1946 demontierte Eisenbahnstrecke Halle-Leipzig ist elektrifiziert.

Pressekonferenz zum Bau einer neuen Eisenbahnstrecke. Der Minister hält eine Rede und erlaubt dann, Fragen zu stellen. »Wird diese Bahnlinie ein- oder zweigleisig?« fragt ein Journalist. Der Stellvertreter des Ministers hält eine weitere Rede; die Frage wird nicht beantwortet. Der hartnäckige Journalist wiederholt die Frage, ein Abteilungsleiter setzt zu einer dritten, noch längeren Rede an.
Der Journalist: »Wird die Strecke nun ein- oder zweigleisig?«
Jetzt gibt der Minister ein Zeichen. Ein Ingenieur erhebt sich und sagt: »Der Bau beginnt von zwei Seiten. Treffen sie sich, wird die Bahn eingleisig; treffen sie sich nicht, wird sie zweigleisig!«

9.11. Premiere des DEFA-Films »Das Lied der Matrosen«, Drehbuch Karl Georg Egel und Paul Wiens. Am Schicksal von sieben Matrosen wird die Geschichte der Novemberrevolution 1918 erzählt.

16.11. Bei den Wahlen zur Volkskammer und zu den Bezirkstagen in der DDR erhalten die Einheitslisten 99,7% der Stimmen.

27.11. Die Sowjetunion kündigt das Besatzungsstatut für Groß-Berlin auf und fordert eine entmilitarisierte Freie Stadt West-Berlin innerhalb von sechs Monaten. Im Fall der Nichterfüllung würden die sowjetischen Berlin-Rechte an die DDR übertragen werden. (Erstes Berlin-Ultimatum)

8.12. Die neue Regierung unter Otto Grotewohl tritt ihr Amt an und beschließt die Aufhebung der Länderkammer, die nach Auflösung der Länder 1952 de facto noch bestand.

Zum sechsten Mal in Folge wird Gustav-Adolf Schur zum Sportler des Jahres gewählt. Die Schwimmerin Karin Beyer wird Sportlerin des Jahres.

 Bruno Apitz, Nackt unter Wölfen
Juri Brezan, Der Gymnasiast
Anna Seghers, Brot und Salz
Bodo Uhse, Die Aufgabe
Peter Hacks, Der Müller von Sanssouci (Drama)
Heiner Müller, Der Lohndrücker (Drama)
Manfred Bieler, Der Schuss auf die Kanzel (Parodien)

Hits:
Ein Stern am Himmelszelt, Margot Friedlaender
Novacek-Polka, Lutz Jahoda
Tamarina, Klaus Hugo/Katja Tiller
Eine Welt ohne dich ist keine Welt für mich, Julia Axen
Amigo, Bärbel Wachholz
Heute spielt der Konstantin Klavier, Helga Brauer

Das Jahr 1959

1.1. Die Sowjetunion verzichtet auf die Erstattung der Stationierungskosten ihrer Truppen in der DDR.

3.1. Die Jugendbrigade »Nikolai Mami« im VEB-Elektrokombinat Bitterfeld kämpft erstmals um den Titel »Brigade der sozialistischen Arbeit«.

5.1. Eröffnung der ersten sozialistischen Militärakademie »Friedrich Engels« in Dresden.

6.1. Bei der Internationalen Vierschanzentournee gewinnen Helmut Recknagel und die DDR-Auswahl in der Einzel- und Mannschaftswertung.

15.1. Tanzmusikkonefernz in Lauchhammer: Der »Lipsi« wird gegen den Rock'n'Roll ins Feld geschickt.

15.-17.1. Beschluss der Umgestaltung des Schulwesens: ab 1964 soll die zehnklassige allgemeinbildende polytechnische Oberschule die achtklassige Grundschule ablösen.

> Der Lehrer sagt zum Kind, es soll mit »Freundschaft« grüßen.
> Der Vater sagt, es soll »Guten Tag« sagen. Das Kind schreibt an Walter Ulbricht, um das Problem zu klären. Der antwortet: »Solange ich in der DDR etwas zu sagen habe, wird es keinen guten Tag geben.«

16.1. Filmpremiere »Die Elenden« nach Victor Hugo, eine Co-Produktion der DEFA mit Frankreich und Italien.

22.1. DEFA-Filmpremiere »Sie nannten ihn Amigo« von Heiner Carow.

7.3. Der Ausbau des Zentralflughafens Berlin-Schönefeld wird der FDJ als Jugendobjekt übergeben.

23.3. Am Berliner Ensemble wird Brechts »Der aufhaltsame Aufstieg des Arturo Ui« erstaufgeführt. Ekkehard Schall in der Rolle des Ui.

26.3. In Karl Parylas »Wallenstein«-Inszenierung am Deutschen Theater wird Horst Drinda als Max Piccolomini gefeiert.

26.3. 600 Lehrer aus beiden deutschen Staaten treffen sich in Eisenach zu einer Pädagogentagung.

> Der Staatsbürgerkundelehrer fragt: »Was gab es vor dem Sozialismus?«
> Klaus: »Mein Vater sagt: alles!«

27.3. DEFA Co-Produktion mit Bulgarien: »Sterne«, Regie Konrad Wolf.

31.3. Ein Fernseh-Experiment, das Kinderkabarett »Blaue Blitze«, startet. Mit dabei: Pionier Carmen-Maja Antoni.

18.4. »Das Feuerzeug« mit Rolf Ludwig kommt in die Kinos.

24.4. Mit der 1. Bitterfelder Konferenz Start zur Kampagne: »Greif zur Feder, Kumpel! Die sozialistische Nationalkultur braucht dich!«

30.4. Im Kombinat »Schwarze Pumpe« beginnt vorfristig die Produktion von Braunkohlebriketts. Der erste Strom wird ans Netz abgegeben.

> Frage: Wie erreichen wir, dass alle pünktlich bei der Arbeit sind?
> Vorschlag: Der Letzte, der kommt, muss zum Arbeitsbeginn klingeln.

2.-18.5. Die Fahrer der Internationalen Friedensfahrt starten zum ersten Mal in Berlin. Gustav-Adolf Schur gewinnt die XII. Internationale Friedensfahrt Berlin-Prag-Warschau.

26.5. In Berlin-Treptow wird ein Planetarium der Firma Zeiss/Jena eröffnet.

3.6. Walter Ulbricht verkündet im Friedrich-Ludwig-Jahn-Stadion zu Berlin: »Jedermann an jedem Ort – jede Woche einmal Sport!«

13.-21.6. Die ersten Arbeiterfestspiele finden im Bezirk Halle statt.

23.6. Das 7 000-t-Fährschiff »Saßnitz« wird 100 Tage vorfristig von der Rostocker Neptun-Werft an die Deutsche Reichsbahn übergeben und am 7.7. auf der Linie Warnemünde-Gedser als erste Eisenbahnfähre der DDR in Dienst gestellt, wo es bis 1986 fuhr.

28.1. Zentrale Bäuerinnenkonferenz in Erfurt.

10.2. Die Aktion »6000 FDJler werden Lehrer« startet.

6.3. Auf einem authentischen Fall basiert der spannende DEFA-Film »Ware für Katalonien«.

> Warum gab es in der DDR keine Bankräuber? – Weil man 10 Jahre auf einen Fluchtwagen warten musste.

3.7. DEFA-Filmpremiere »SAS 181 antwortet nicht«.

11.8. Konrad Enke schwimmt in Leipzig über 200 m Brust Europarekord.

13.-16.8. In Leipzig findet das III. Turn- und Sportfest statt.

15.8. Zum zweiten Mal erkämpft sich Gustav-Adolf Schur den Weltmeistertitel im Straßenrennen der Amateure bei den Radsport-WM in Zandvoort.

15.8. Premiere des Freilicht-Massenspektakels »Klaus Störtebeker« mit 1200 Berufs- und Laienschauspielern in Ralswiek/Rügen. Autor: Kuba, Regie: Hanns Anselm Perten.

20.8. Start der ersten Krimi-Reihe des DDR-Fernsehens: »Blaulicht«, mit Bruno Carstens, Alexander Papendiek und Horst Torka als Ermittler.

5.9. Erstmals wird die Fernsehsendung »Zu Besuch bei Prof. Dr. Dr. Dathe« ausgestrahlt.

6.9. Wolfgang Wagner schwimmt in Leipzig über 200 m Rücken neuen Europarekord.

»Rotes Haus« von Paul Wilhelm, 1959

13.9. Die Sowjetunion landet mit »Lunik 2« den ersten Flugkörper auf dem Mond.

14.9. Erste Kinderfernsehen-Sendung mit Professor Flimmrich (Walter E. Fuß).

16.9. »Blitz kontra Knollenschreck« – die FDJ startet eine Aktion zur Kartoffelernte.

> Sagt der Brigadier zu seinen Leuten: »Ich habe zwei Nachrichten für euch, eine gute und eine schlechte. Zuerst die schlechte: Wir müssen morgen 500 Säcke Kartoffeln verladen. Nun die gute: Es sind weder Säcke noch Kartoffeln da.«

20.9. Erste Sendung von »Herzklopfen kostenlos« – bis 1973 stellt Heinz Quermann im Rostocker »National-Café« junge Talente vor.

1.10. Volkskammer ändert die Staatsflagge. Das Staatswappen – Hammer, Zirkel und Ährenkranz – wird nun auch auf der Flagge geführt.

1.10. Die Richter der Bezirks- und Kreisgerichte werden nicht mehr vom Justizministerium ernannt, sondern von den örtlichen Volksvertretungen gewählt.

1.10. Beschluss des Siebenjahrplanes 1959-65, der rückwirkend zu Anfang 1959 in Kraft gesetzt wird.

3.10. Die Rappbode-Talsperre wird nach siebenjähriger Bauzeit fertiggestellt.

4.10. Der Pergamonsaal mit dem Altarfries wird wiedereröffnet. Der Altar war aus Sorge vor Kriegsschäden ausgelagert worden und kam 1958 zurück.

20.10. Beginn des Baus eines weiteren modernen Wärmekraftwerks in Vetschau.

> Walter Ulbricht besucht ein Heizkraftwerk. Der Betriebsleiter führt ihn und weist auf die großen Heizkessel. »Genosse Ulbricht«, sagt er, »wir können mit Stolz behaupten, dass wir die Anlage schon zwei Jahre ohne Kesselstein fahren!« »Nu ja, Genosse«, sagt Walter und klopft ihm beruhigend auf die Schulter: »Kopf hoch, ich glaube, diesen Engpass werden wir auch noch überwinden!«

23.10. Gisela Birkemeyer wird »weltbeste Hürdenläuferin 1959«.

23.10. Das letzte Pferdefuhrwerk der Berliner Müllabfuhr wird verabschiedet.

8.11. Von nun an immer wieder: 15minütige Filme mit Jiří Vrštala in »Clown Ferdinands Abenteuer«, einer Gemeinschaftsproduktion mit dem tschechischen Fernsehen.

9.11. Die DEFA-Literaturverfilmung »Kabale und Liebe« kommt in die Kinos – mit Wolf Kaiser, Otto Mellies, Marion van de Kamp, Willi Schwabe.

22.11. Nach rund 350 Abendgrußsendungen erscheint um 18.50 Uhr erstmals das »Sandmännchen« als Rahmenfigur.

10.12. In Berlin wird der erste Großraum-Straßenbahnzug mit 200 Plätzen eingesetzt.

12.12. Anlässlich einer ZK-Tagung zur Agrarpolitik wird der Kreis Eilenburg als erster »vollgenossenschaftlicher Kreis« gemeldet.

> Ein LPG-Vorsitzender liest seinem Schweinemeister die Leviten: »Also, Kollege, wenn das Ferkelsterben nicht aufhört, raucht's im Karton. Früher im Kapitalismus waren deine Schweine gesund und fett. Hast du eine Entschuldigung?« Der Meister: »Nein, aber eine Erklärung.« – »Und?«, fragt der Vorsitzende. »Vielleicht Selbstmord?«

18.12. Abkommen über den Bau einer Erdölleitung vom sowjetischen Wolga-Ural-Gebiet nach Schwedt.

23.12. Stapellauf des ersten 9500-t-Kohle Erzfrachters auf der Warnowwerft Warnemünde.

Erneut wird Gustav-Adolf Schur bei der »Junge Welt«-Umfrage zum populärsten Sportler der DDR gewählt. Sportlerin des Jahres wird Gisela Birkemeyer und Mannschaft des Jahres die Handball-Nationalmannschaft.

 Franz Fühmann, Stürzende Schatten
Hans Marchwitza, Die Kumiaks und ihre Kinder
Anna Seghers, Die Entscheidung
Wolfgang Schreyer, Das grüne Ungeheuer

Hits:
Posaunenflip, Orchester Günter Gollasch
Weil ich jung bin, Bärbel Wachholz
Heute tanzen alle jungen Leute im Lipsi-Schritt, Helga Brauer

Das Jahr 1960

1.1. Zirkus Barlay und Zirkus Busch werden zum VEB Zentralzirkus, 1961 kommt Zirkus Aeros hinzu.

19.-20.1. Helga Haase erzielt bei internationalen Eisschnelllauf-Wettkämpfen in Davos neuen Weltrekord im Mehrkampf.

23.1. Schreiben Walter Ulbrichts an Konrad Adenauer, in ganz Deutschland Volksabstimmung über Abrüstung, Friedensvertrag und deutsche Konföderation durchzuführen. Das Schreiben kommt ungeöffnet zurück.

30.1. Gründung der »Intervision« zwischen den Fernsehanstalten Polens, Ungarns, der CSSR sowie der DDR.

1.2. Die »Gesellschaft zur Förderung des Olympischen Gedankens« wird gegründet.

10.2. Die Volkskammer beschließt das Gesetz über die Bildung des »Nationalen Verteidigungsrates« (NVR), Vorsitzender wird der Erste Sekretär der SED, Walter Ulbricht.

14.2. Erster Volkssporttag in der DDR.

18.-28.2. Olympische Winterspiele in Squaw Valley/USA. 35 DDR-Sportler nehmen im Rahmen einer gesamtdeutschen Mannschaft teil. Gold für Helmut Recknagel und Gold und Silber für Helga Haase im Eisschnelllauf.

22.2. Schweres Grubenunglück bei Zwickau; nach einer Schlagwetterexplosion werden 172 Kumpel verschüttet, nur 49 Bergleute lebend geborgen.

24.2. Erste Fahrt des FDGB-Urlauberschiffes »Völkerfreundschaft«

26.2. Premiere für einen Science-Fiction-Film der DEFA in Co-Produktion mit Polen: »Der schweigende Stern« nach einer Vorlage von Stanislaw Lem.

1.3. Erste volkseigene Großhandelsgesellschaft wird gebildet, die HO und Konsum mit Gemüse und Obst versorgen soll.

Der Lehrer: »Liebe Schüler, wir wollen in unserer Schule den Wilhelm Tell aufführen.« »Und woher kriegen wir den Apfel?«

4.3. Der Bezirk Rostock arbeitet als erster Bezirk der DDR vollgenossenschaftlich.

9.3. Lieferung des ersten Stromes durch das Großkraftwerk »Artur Becker« in Trattendorf.

20.3. Zum zweiten Mal gewinnt Helmut Recknagel beim internationalen Spezialsprunglauf am Holmenkollen.

21.3. Erste Sendung »Der schwarze Kanal« mit Karl-Eduard von Schnitzler.

Karl-Eduard von Schnitzler geht über die Straße. Kommt ihm ein Mann entgegen und sagt: »Guten Tag, Herr von Schnitz!« Darauf Schnitzler: »Aber ich heiße doch Schnitzler und nicht Schnitz!« Der Mann entgegnet: »Tut mir leid, länger habe ich Ihre Sendung noch nie gesehen.«

11.4. Zum 15. Jahrestag des Aufstandes in Buchenwald wird der Film »Nackt unter Wölfen« nach der Romanvorlage von Bruno Apitz im Fernsehen gezeigt (Fernsehverfilmung von Georg Leopold).

28.4. Auf Anordnung des Ministerrats wird auf Landkarten der Begriff Deutschland nicht mehr verwendet.

29.4. In Abwesenheit wird Bundesminister Theodor Oberländer vom Obersten Gericht der DDR wegen Naziverbrechen zu lebenslangem Zuchthaus verurteilt.

30.4. Im ersten fertiggestellten Bauabschnitt des Rostocker Hafens legt der erste Frachter an.

2.-16.5. Bei der XIII. Internationalen Friedensfahrt Prag-Warschau-Berlin siegen Erich Hagen in der Einzel- und das DDR-Sextett in der Mannschaftswertung (Gustav-Adolf Schur als Kapitän).

7.5. Baubeginn des Chemiefaserwerks in Guben.

Treffen sich 2 Hausfrauen im Treppenhaus und kommen ins Gespräch. Prahlt die eine: »Mein Mann ist nämlich Generaldirektor im Chemiebetrieb und kriegt 4000 Mark. Wo ist denn Ihr Mann?« Die andere: »Der ist bei der Staatssicherheit.« Fragt die eine: »Und was kriegt er da so?« Die andere darauf: »Weiß ich noch nicht, die haben ihn gestern erst geholt.«

8.5. Die rekonstruierte Neue Wache Unter den Linden wird anlässlich des 15. Jahrestages der Befreiung als Mahnmal für die Opfer des Faschismus eingeweiht.

15.5. Hacks umstrittenes Stück »Die Sorgen und die Macht« wird am Theater der Bergarbeiter Senftenberg uraufgeführt. Regie: Klaus Gendries.

17.5. Zum ersten Mal wird der »Tip des Fischkochs« Rudolf Kroboth im Fernsehen gesendet.

31.5. Zum Stichtag bestehen 19345 LPGen, die 83,6 % der landwirtschaftlichen Fläche bewirtschaften. Die Kollektivierung der Landwirtschaft gilt als abgeschlossen.

4.-12.6. Die 2. Arbeiterfestspiele finden im Bezirk Karl-Marx-Stadt statt.

8.6. Erste Konferenz der schreibenden Arbeiter.

19.6. Egon Henninger schwimmt beim Länderkampf DDR-Ungarn in Berlin über 200 m Brust neuen Europarekord.

25.6. DEFA-Filmpremiere »Hochmut kommt vor dem Knall« in der Regie von Kurt Jung-Alsen.

14.7. Willi Stoph wird von seinem Amt als Verteidigungsminister entbunden, nachdem westliche Zeitungen über einen Artikel Stophs für eine NS-Regimentszeitung berichteten.

14.7. Ursula Küper erzielt über 100 m Brust Weltrekord bei den Ausscheidungswettkämpfen für eine gemeinsame deutsche Olympiamannschaft in Leipzig.

19.7. Erster Weltrekord eines DDR-Leichtathleten in Einzeldisziplin der Männer – Siegfried Valentin läuft in Potsdam 1000 m in 2:16,7 min.

22.7. Das »Solidaritätskomitee der DDR« wird unter Teilnahme von Vertretern aus 14 afrikanischen Staaten gegründet.

22.-24.7. Gisela Birkemeyer läuft über 80 m Hürden Weltrekord in Leipzig.

3.8. Weltmeisterschaften im Radsport auf dem Sachsenring. Bernhard Eckstein gewinnt vor Täve Schur.

11.8. Gründung der Gesellschaft für Weltraumforschung und Raumfahrt der DDR.

25.8.-11.9. Bei den XVII. Olympischen Sommerspielen erringen DDR-Sportler 3 Gold-, 9 Silber- und 7 Bronzemedaillen. Ingrid Krämer erkämpft 2 x Gold im Turm- und Kunstspringen.

29.8. Die DDR verbietet anläßlich der Heimkehrer-Tagung in West-Berlin bundesdeutschen Bürgern für fünf Tage das Betreten Ost-Berlins.

7.9. Wilhelm Pieck stirbt. Das Amt des Staatspräsidenten wird durch den Staatsratsvorsitzenden ersetzt, das Walter Ulbricht am 12.9. übernimmt.

8.9. Bundesbürger dürfen generell nur noch mit einer Aufenthaltsgenehmigung nach Ost-Berlin einreisen. Die BRD kündigt daraufhin das Interzonen-Handelsabkommen (setzt es zum 1.1.1961 wieder in Kraft).

15.9.-5.10. Erste »Messe der Meister von morgen« in Leipzig.

17.9. Gründung der Gesellschaft für experimentelle Medizin der DDR.

1.10. »Die Aktuelle Kamera« wird auf 19.30 Uhr vorverlegt, um Überschneidungen mit der »Tagesschau« der ARD zu vermeiden.

2.10. Die Deutsche Reichsbahn nimmt den Städteschnellverkehr zwischen Berlin und den Bezirksstädten Rostock, Dresden, Karl-Marx-Stadt, Leipzig, Magdeburg und Erfurt auf.

4.10. Programmatische Erklärung des Staatsratsvorsitzenden Ulbricht zur »geschichtlichen Mission« der DDR.

> Unter welcher Parole kämpften die römischen Sklaven?
> »Es lebe der Feudalismus, die lichte Zukunft der Menschheit!«

5.10. Der Film »Nackt unter Wölfen« erhält den Kunstpreis der DDR.

6.10. Einweihung des Dresdner Fernsehturmes.

8.10. Eröffnung des neuerbauten Opernhauses in Leipzig mit den »Meistersingern«.

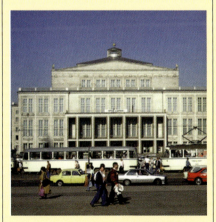

11.10. Der Vierteiler »Flucht aus der Hölle« wird im DFF ausgestrahlt.

14.10. Auf der 15. UNO-Vollversammlung hämmert Chruschtschow mit seinem Schuh aufs Rednerpult, um gegen die Bezeichnung »Moskaus Satellitenstaaten« zu protestieren.

16.10. Uraufführung der Operette »Messeschlager Gisela« von Jo Schulz und Gerd Natschinski in Berlin.

3.11. »Fünf Patronenhülsen« von Frank Beyer hat Premiere. In den Hauptrollen: Erwin Geschonneck, Ulrich Thein, Edwin Marian, Ernst-August Schwill, Armin Mueller-Stahl, Manfred Krug und Günter Naumann.

11.11. Grundsteinlegung für das Erdölverarbeitungswerk in Schwedt, das am Endpunkt der Erdölleitung »Freundschaft« aus der Sowjetunion steht.

1.12.-31.1. Umtauschaktion für SED-Mitgliedsbücher und Kandidatenkarten zur Überprüfung der ideologischen Zuverlässigkeit.

2.12. DEFA-Filmpremiere »Begegnung im Zwielicht« (Co-Produktion DDR/Polen).

23.12. Aufgrund internationaler Proteste wird Walter Janka vorfristig aus der Haft entlassen.

> Stehen zwei am Tresen. Fragt der eine: »Kennst du den Unterschied zwischen Bier und Walter Ulbricht?«
> »Ja«, sagt der, »Bier ist flüssig und Walter Ulbricht ist überflüssig.«
> »Kennst du auch den Unterschied zwischen dir und dem Tresen?«
> »Nein, den kenne ich nicht.«
> »Dann sag ich ihn dir: Der Tresen bleibt stehen, und du kommst mit.«
> Nach zwei Jahren treffen sich beide wieder. Fragt wieder der eine: »Kennst du den Unterschied zwischen einem Schwein und Walter Ulbricht?«
> Der andere, klug geworden, sagt: »Ich kenne keine Unterschiede mehr!«

29.12. Traditionell liefert die DEFA Unterhaltsames zum Jahresende: Filmpremiere »Silvesterpunsch«.

Ingrid Krämer (Wasserspringen), Täve Schur und die Friedensfahrtmannschaft werden zu den Sportlern des Jahres gewählt.

Werner Bräunig, In diesem Sommer
Juri Brezan, Semester der verlorenen Zeit
Adolf Endler, Weg in die Wische
Dieter Noll, Die Abenteuer des Werner Holt 1
Peter Hacks, Die Sorgen und die Macht (Drama)

Hits:
Moskauer Abende, Peter Wieland
Ein Pärchen von damals, Helga Brauer
Damals, Bärbel Wachholz

Das Jahr 1961

1.1. Die vorbeugende Impfung gegen Diphtherie und Wundstarrkrampf wird Pflicht.

8.1. Zum dritten Mal gewinnt Helmut Recknagel die internationale Vierschanzentournee BRD/Österreich.

19.2. Erste Sendung der Reihe »Fernsehakademie«.

1.3. Eröffnung des ersten sozialistischen Armeemuseums in Potsdam im Marmorpalais.

7.3. Mit einer Filmmusik von Dimitri Schostakowitsch hat die DEFA-Co-Produktion mit der UdSSR »Fünf Tage – Fünf Nächte« Premiere, ein Film über die Suche nach den Bildern der Dresdner Gemäldegalerie.

16.-19.3. Das Zentralkomitee der SED beschließt den »Plan Neue Technik«, mit dem nach der Kollektivierung der Landwirtschaft die Entwicklung der Industrie vorangetrieben werden soll.

1.4. Stiftung der Friedrich-Ludwig-Jahn-Medaille als höchste Auszeichnung des DTSB.

12.4. Juri Gagarin fliegt als erster Mensch ins Weltall.

> Schulung in der LPG. »Die Sowjets fliegen schon zum Mond!«, ruft der Parteiredner. Hoffnungsvoll fragt ein Bauer: »Alle?«

12.4. Das Arbeitsgesetzbuch wird von der Volkskammer angenommen, nachdem 23000 Änderungsvorschläge von Werktätigen eingearbeitet wurden. Es tritt am 1. Juli in Kraft. Alle Werktätigen erhalten das Recht auf einen Arbeitsplatz entsprechend ihren Fähigkeiten sowie auf eine Bezahlung gemäß ihrer geleisteten Arbeit.

14.4. Der Empfang Juri Gagarins in Moskau ist die erste Fernseh-Direktübertragung aus der Sowjetunion.

19.4. Protest des Ministerrats gegen den imperialistischen Überfall auf das kubanische Volk (Invasion in der Schweinebucht).

23.4. Einweihung der Nationalen Mahn- und Gedenkstätte Sachsenhausen.

24.4. Das Standbild von Scharnhorst wird als Erstes der Denkmäler von Heerführern der Befreiungskriege Unter den Linden aufgestellt.

28.4. Die I. Internationale Gartenbauausstellung in Erfurt wird eröffnet.

> Wie nennt man das blumenreichste Land der Erde? – Die DDR! 17 Millionen Mauerblümchen und eine Bartnelke.

1.5. Jungfernfahrt der »Fritz Heckert«, des ersten in der DDR gebauten Urlauberschiffes des FDGB.

17.5. DEFA-Filmpremiere »Professor Mamlock« nach Friedrich Wolf.

30.5. Die UdSSR gewährt der DDR einen Kredit über 2 Milliarden Mark.

3./4.6. Chruschtschow und Kennedy treffen in Wien zu einem Meinungsaustausch über Abrüstungsfragen und das Berlin-Problem zusammen. Chruschtschow überreicht das sogenannte Berlin-Memorandum. West-Berlin soll eine neutrale, entmilitarisierte Stadt werden. Adenauer lehnt eine Entmilitarisierung ab; auch die drei Westmächte zeigen eine ablehnende Haltung. Ein separater Friedensvertrag Sowjetunion/DDR wird angekündigt.

10.-18.6. 3. Arbeiterfestspiele im Bezirk Magedburg unter Teilnahme von 20 000 Laienkünstlern.

14.6. Willi Stoph räumt im »Neuen Deutschland« ein, daß es Versorgungsprobleme bei Fleisch und Milch gibt.

15.6. Walter Ulbricht erklärt auf einer internationalen Pressekonferenz: »Niemand hat die Absicht, eine Mauer zu errichten.«

23.6. Hildrun Claus erzielt in Berlin Weltrekord im Weitsprung.

4.7. Am Schweriner Theater wird Max Frischs »Biedermann und die Brandstifter« erstaufgeführt.

6.7. Deutscher Friedensplan der Volkskammer zur Verbesserung der bilateralen Beziehungen zur BRD.

13.7. DEFA-Kinderfilmpremiere »Die goldene Jurte« (Co-Produktion Mongolei).

29.7. Einführung des »Haushaltstages« für berufstätige Frauen.

3.-5.8. Die Mitgliedsstaaten des Warschauer Vertrages beraten in Moskau über »Maßnahmen zur Sicherung des Friedens«. Sie geben ihre unveröffentlichte Zustimmung zur Abriegelung.

6./7.8. Das sowjetische Raumschiff »Wostok 2« mit German Titow an Bord umrundet 25mal die Erde.

> »Die russischen Kosmonauten haben aber ein Pech gehabt!«
> »Wieso?«
> »Da fliegen sie um die ganze Erde und landen ausgerechnet wieder in der Sowjetunion!«

9.8. In Ost-Berlin werden die Grenzgänger, die im Westteil der Stadt arbeiten, registriert.

11.8. Die Volkskammer beauftragt den Ministerrat, die auf der Tagung der Warschauer Vertragsstaaten beschlossenen Maßnahmen zur Grenzsicherung in und um Berlin »vorzubereiten und durchzuführen«.

»Brigade Mamai« von Walter Dötsch, 1961

13.8. Schließung der Grenzübergänge nach West-Berlin. Der Mauerbau beginnt.

14.8. Das Brandenburger Tor wird seitens der DDR zum Westen hin geschlossen. Die Telefonverbindungen zwischen der Bundesrepublik und der DDR werden vorübergehend unterbrochen.

> Treffen sich zwei Maulwürfe an der Mauer. »Los«, sagt der eine zu dem andern. »Wie wir heute arbeiten, so werden wir morgen leben.«

16.8. Für alle Bewohner der DDR und Ost-Berlins wird die Grenze zur Bundesrepublik Deutschland gesperrt.

24.8. Zwei DEFA-Filmpremieren »Der Fall Gleiwitz«, Drehbuch Wolfgang Kohlhaase und Günther Rücker, und »Der Traum des Hauptmann Loy« nach einem Roman von Wolfgang Schreyer.

28.8. Dreharbeiten für »Die Kinder von Golzow« beginnen; bis heute entstehen Golzow-Filme. Es wird der längste Dokumentarfilm der Filmgeschichte.

28.8. Mit dem ZRA 1 von Carl Zeiss Jena wird der erste serienmäßig produzierte Rechenautomat in Betrieb genommen.

4.9. Die FDJ ruft zu ihrer Aktion »Blitz kontra Nato-Sender« auf, die sich gegen das Hören von Westsendern richtet.

5.-14.9. »Gewissen in Aufruhr« mit Erwin Geschonneck wird gesendet, ein Fünfteiler nach den Aufzeichnungen von Rudolf Petershagen, Stadtkommandanten von Greifswald, der zu Kriegsende den Befehl zur Verteidigung der Stadt verweigerte und sie damit rettete.

7.9. Ost-Berlin wird als Hauptstadt der DDR zum 15. Bezirk der DDR erklärt.

15.9. Die bisherige Deutsche Grenzpolizei wird Kommando der Grenztruppen und eine Teilstreitkraft der NVA.

20.9. Die Volkskammer beschließt das Gesetz zur Verteidigung der DDR.

28.9. Verordnung über Pflege und Schutz der Denkmale.

30.9. Heiner Müllers »Die Umsiedlerin« an der Studentenbühne der Berliner Hochschule für Ökonomie wird als »reaktionäres Machwerk« abgesetzt, Müller aus dem Schriftstellerverband ausgeschlossen.

5.10. Die Technische Hochschule in Dresden wird Technische Universität.

8.10. DEFA-Märchenfilmpremiere »Schneewittchen«.

10./11.10. Auf der Wirtschaftskonferenz des Zentralkomitees der SED und des Ministerrates werden Maßnahmen zur »Störfreimachung« der Wirtschaft beraten.

13.10. Erstmals erscheint das knollige DDR-Ampelmännchen in einer Berliner Verkehrsampel.

14.10. Manfred Preußger stellt in Magdeburg im Stabhochsprung mit 4,70 m einen neuen Europarekord auf.

17.-31.10. Eine Delegation unter Walter Ulbrichts Leitung reist nach Moskau zum XXII. Parteitag der KPdSU. Die Abrechnung mit dem Stalinismus geht weiter. Stalins Leichnam wird aus dem Mausoleum auf dem Roten Platz entfernt. Differenzen mit China deuten sich an; die chinesische Delegation reist vorfristig ab.

> Warum nimmt Walter Ulbricht Lotte immer mit auf Reisen?
> Damit er sie zum Abschied und zur Begrüßung nicht küssen muß.

25.10. Am Checkpoint Charlie stehen sich amerikanische und sowjetische Panzer gegenüber. DDR-Grenzer hatten Angehörigen der US-Militärmission den Zugang nach Ostberlin verweigert.

29.10. Im Fernsehen startet die Sendereihe »Erlesenes«.

3.11. DEFA-Kinderfilmpremiere »Küsschen und der General«.

5.11. Auf der 6. Bezirkskunstausstellung in Leipzig werden Werke von Bernhard Heisig, Werner Tübke und Wolfgang Mattheuer präsentiert.

13.11. Mit der Entstalinisierung heißt die »erste Stadt des Sozialismus« nun Eisenhüttenstadt. Die Ostberliner Stalinallee wird umbenannt, das dortige Stalindenkmal verschwindet.

30.11. In einem Brief schlägt DDR-Ministerpräsident Otto Grotewohl Bundeskanzler Adenauer vor, Schritte zur Normalisierung der Beziehungen zwischen der DDR und der BRD einzuleiten. Das Bundeskanzleramt verweigert die Annahme des Briefes.

2.12. Fidel Castro erklärt Kuba zur sozialistischen Republik.

12.12. Grundsteinlegung für das »Haus des Lehrers« am Alexanderplatz.

16.12. Das Politbüro beschließt das Kommuniqué »Die Frau – der Frieden und der Sozialismus«.

30.12. In einem Interview mit der Prawda beziffert Ulbricht die durch Abwerbung und Flucht entstandenen Schäden mit rund 30 Milliarden Mark.

> Wer ist der größte Feldherr der Weltgeschichte? – Walter Ulbricht! Er schlug zwei Millionen Menschen in die Flucht und nahm 17 Millionen gefangen.

Zum neunten Mal in Folge wird Gustav-Adolf Schur zum populärsten Sportler gekürt. Sportlerin des Jahres wird Ute Starke (Turnen). Mannschaft des Jahres ist die Fußballmannschaft des SC Empor Rostock.

Die Produktion des Barkas-Kleintransporters B1000 beginnt. Bis 1991 werden 177537 Stück (plus 75240 für den Export) gebaut.

 Franz Fühmann, Kabelkran und blauer Peter
Karl-Heinz Jakobs, Beschreibung eines Sommers
Erik Neutsch, Bitterfelder Geschichten
Christa Wolf, Moskauer Novelle
Helmut Baierl, Frau Flinz (Drama)
Peter Hacks, Moritz Tassow (Drama)
Eduard Claudius, Die Nacht des Käuzchens
Anna Seghers, Das Licht auf dem Galgen

Hits:
Sári, Fred Frohberg
Reserviert für Pierre, Irmgard Hase
Denk daran, Fanny Daal
Ich möchte so gerne bummeln gehn, Maria Mara
Weiße Wolken, blaues Meer und du, Jenny Petra

Das Jahr 1962

1.1. Die vorbeugende Impfung gegen Keuchhusten wird als Pflichtimpfung eingeführt.

4.1. »Astronautisches Studio« hat Fernsehpremiere.

> Anfrage an den Sender Jerewan: »Stimmt es, daß dem Kosmonauten Gagarin auf dem Roten Platz ein rotes Auto überreicht worden ist?«
> Antwort: »Im Prinzip ja. Nur handelte es sich nicht um den Kosmonauten Gagarin, sondern um einen Arbeiter gleichen Namens. Und es geschah nicht in Moskau, sondern in Kiew. Es war auch kein Auto, sondern ein Fahrrad, und es wurde ihm nicht überreicht, sondern gestohlen.«

4.1. DEFA-Filmpremiere »Auf der Sonnenseite« mit Marita Böhme und Manfred Krug.

5./6.1. Auf der Frauenkonferenz des Zentralkomitees der SED wird beschlossen, die Mitarbeit von Frauen in Staat und Wirtschaft zu verstärken. Bisher sind 46 Prozent aller Beschäftigten in der DDR Frauen.

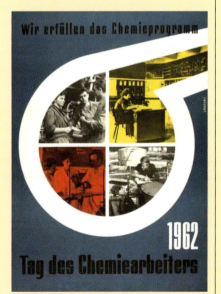

6.1. Die Bauarbeiten am Rostocker Hafenbecken werden abgeschlossen.

> Ulbricht steht an der Mole in Rostock und sieht beim Beladen der Schiffe zu. Er fragt die Seeleute: »Wo fahrt ihr hin?«
> »Nach Kuba.«
> »Was bringt ihr hin?«
> »Maschinen und Fahrzeuge.«
> »Womit kommt ihr zurück?«
> »Mit Apfelsinen.«
> Er fragt die Seeleute eines zweiten Schiffes: »Wo fahrt ihr hin?«
> »Nach Angola.«
> »Was bringt ihr hin?«
> »Maschinen und Fahrzeuge.«
> »Womit kommt ihr zurück?«
> »Mit Bananen.«
> Und die eines dritten Schiffes: »Wo fahrt ihr hin?«
> »In die Sowjetunion.«
> »Was bringt ihr hin?«
> »Apfelsinen und Bananen.«
> »Womit kommt ihr zurück?«
> »Mit dem Zug.«

16.1. In Berlin wird das »Bulgarische Kulturzentrum eröffnet«.

24.1. Die Volkskammer beschließt das »Gesetz über die allgemeine Wehrpflicht« in der DDR und in Ost-Berlin.

10.-11.2. Ilse Geisler und Thomas Köhler erringen bei der Rennschlitten-WM in Krynica (Polen) die Weltmeistertitel im Einsitzer.

> Ein Chef zur Sekretärin: »Tut mir leid, Marianne, im Bericht muss überall ich durch wir ersetzt werden.«
> Die Sekretärin zuckt zusammen: »Wieso denn das?«
> »Weil der Betrieb den Plan nun doch nicht erfüllt.«

22.2. DEFA-Filmpremiere »Die aus der 12b« mit Angelica Domröse, Helga Piur und Peter Reusse.

Der Lehrer fragt die Schüler nach ihren Berufswünschen.
»Ich will Parteisekretär werden«, sagt Hänschen.
»Ich will Gewerkschaftsfunktionär werden«, sagt Frank.
»Und ich, ich weiß es noch nicht«, sagt Fritzchen. »Ich weiß nur, dass ich auch nicht arbeiten will.«

24.-25.2. Beim Skispringen auf der Großen Schanze in Zakopane wird Helmut Recknagel Weltmeister.

22.3. Die DDR-Regierung führt Visa für Bundesbürger ein, die in die DDR einreisen wollen.

28.3. Als Antwort auf ein bereits von der Bundesrepublik eingeführtes Zollgesetz verabschiedet die Volkskammer ein eigenes Zollgesetz, das Westberlin als nicht zum Hoheitsgebiet der BRD gehörend einstuft.

> Worauf waren die DDR-Zöllner ganz besonders scharf?
> Auf Gänsefleisch!
> Sie fragten: »Gänsefleisch ma'n Gofferraum aufmach'n?«

8.4. DEFA-Kinderfilmpremiere »Christine und die Störche«.

14.5. Austragung der ersten Kinder-Olympiade im Stadtbezirk Dresden-West.

1.6. Gründung der ersten Schulsportgemeinschaft (SSG) für körperbehinderte Kinder und Jugendliche in Magdeburg.

16./17.6. Der »Nationalkongress der Nationalen Front« verabschiedet ein »Nationales Dokument«, das unter anderem die Koexistenz beider deutschen Staaten und eine Konföderation vorsieht. Der Beschluss basiert auf der Forderung der SED nach völkerrechtlicher Anerkennung beider deutscher Staaten.

18.6. Der neunzehnjährige Grenzsoldat Reinhold Huhn wird von einem Fluchthelfer an der Berliner Mauer erschossen.

13.7. Ein neuer Märchenfilm hat Premiere: »Rotkäppchen«, mit Blanche Kommerell.

»Peter im Tierpark« von Harald Hakenbeck, 1962

Ein Hauptmann begrüßt die jungen Soldaten.
»Woher kommen Sie denn?«, fragt er einen Neuling.
»Aus Gera, Herr Kompaniechef.«
»Sagen Sie lieber Genosse Hauptmann zu mir.«
»Jawohl, lieber Genosse Hauptmann.«

3.10. Auf der 17. Tagung des Zentralkomitees der SED wird verkündet, dass die »Aufgaben der Übergangsperiode« vom Kapitalismus zum Sozialismus »im Wesentlichen gelöst« seien.

Ein Flugzeug kommt aus Paris und ist kurz vor dem Landeanflug auf den Zentralflughafen Berlin-Schönefeld.
Da ertönt die Stimme des Flugkapitäns: »Sehr geehrte Damen und Herren, wir überfliegen gerade die DDR-Zonengrenze. Bitte stellen Sie Ihre Uhren um 20 Jahre zurück.«

12.10. DEFA-Filmpremiere »Menschen und Tiere« (eine Co-Produktion DDR/UdSSR).

14.10. Premierenapplaus von 45 Minuten bekommt die Uraufführung von Hacks »Der Frieden« (nach Aristophanes) am Deutschen Theater.

16.10. Beschluss zur Bildung von Kommissionen zur sozialistischen Wehrerziehung.

23.10. Die Werktätigen aus dem VEB Büromaschinenwerk Sömmerda rufen zum sozialistischen Massenwettbewerb auf: »Gründlich denken, ehrlich arbeiten, wirtschaftlich rechnen, wissenschaftlich forschen, froh und kulturvoll leben.«

»Wir Hühner verpflichten uns, zu Ehren unseres Vaterlandes DDR nur noch 200-Gramm-Eier zu legen.«
Ein Zwerghuhn: »So ist das immer, die Großen hecken was aus, und wir Kleinen müssen uns den Arsch aufreißen.«

25.10. 250000 Berliner demonstrieren gegen die Kuba-Politik der USA.

28.10. Chruschtschow kündigt den Abbau sowjetischer Raketen auf Kuba an.

3.-5.11. In Magdeburg finden die ersten Telemann-Festtage statt.

»Paar am Strand« von Walter Womacka, 1962

13./14.7. I. Schlagerfestival der Ostseeländer in Rostock.

14.8. Ein spannender Kinderfilm nach einer Erzählung von Max Zimmering läuft an: »Die Jagd nach dem Stiefel«.

17.8. Bei einem Fluchtversuch stirbt der achtzehnjährige Peter Fechter an der Mauer.

6.9. Der Komponist Hanns Eisler stirbt in Ost-Berlin.

12.9. Gründung des »Rates für Industrieform«. 1964 wird die »ästhetische Prüfpflicht« für Konsumprodukte eingeführt.

12.-16.9. Manfred Matuschewski wird als erster DDR-Sportler Europameister über 800 m bei der Leichtathletik-EM in Belgrad.

21.-23.9. I. Gehörlosen-Spartakiade des Deutschen Verbandes für Versehrtensport (DVFV) in Leipzig.

30.9. In allen Betrieben, Verwaltungen, Hoch- und Fachschulen werden Reservisten-Kollektive gebildet.

10.11. Die Berliner Zeitung fragt erstmals nach den »Fernsehlieblingen«, die sie in ihrer Ausgabe vom 16.12. veröffentlicht. Die ersten 10 Plätze belegen: Rolf Herricht, Willi Schwabe, Margot Ebert, Heinz Florian Oertel, Heinz Quermann, das Sandmännchen, Inge Keller, Eberhard Cohrs, Prof. Ullrich und Bärbel Wachholz.

11.12. Als Leiter der Sektion Lyrik der Akademie der Künste hatte Stephan Hermlin zur Einsendung unveröffentlichter Gedichte aufgerufen, die auf einer Veranstaltung vorgetragen werden. Wolf Biermann ist unter den Autoren.

15.12. Im Friedrichstadtpalast findet eine Gala zum zehnjährigen Bestehen des Fernsehens statt – Walter Ulbricht wird begrüßt.

Ulbricht hält eine Hochrede auf die Sowjetunion. »Heute ist ein Fünftel der Erde sozialistisch, bald wird es ein Sechstel, ein Siebentel, ein Achtel sein!«

Die Produktion des Trabants Typ P 60 beginnt. Bis 1965 werden 106 628 Stück gebaut.

Sportler des Jahres:
Helmut Recknagel (Skisport), Ingrid Krämer (Wasserspringen) und die 4 x 100 m-Lagenstaffel der Frauen.

Franz Fühmann, Das Judenauto
Hermann Kant, Ein bisschen Südsee
Max Walter Schulz, Wir sind nicht Staub im Wind
Anna Seghers, Karibische Geschichten
Peter Hacks, Der Frieden (Drama)
Ilse und Vilmos Korn, Mohr und die Raben von London (Jugendbuch)
Joachim Wohlgemuth, Egon und das achte Weltwunder

Hits:
Frühlingsfest auf Kuba, Rica Déus
Treu sein, Bärbel Wachholz
Das Wunder der Nacht, Petra Böttcher
Für dich und für mich, Helga Brauer
Einmal weht der Südwind wieder, Rica Déus

»Fahneneid« von Harald Thiel, 1962

Das Jahr 1964

2.1. Die Ausgabe neuer Personalausweise mit dem Eintrag »Bürger der Deutschen Demokratischen Republik« beginnt.

26.1. DEFA-Kinderfilmpremiere »Lütt Matten und die weiße Muschel« nach Benno Pludras Kinderbuch.

29.1.-9.2. Ortrun Enderlein und Thomas Köhler gewinnen bei den Olympischen Winterspielen in Innsbruck die Goldmedaillen im Rennschlitten-Einsitzer.

1.2. Der Kleinroller KR 51, die »Schwalbe« geht in Serie. Er ist das erste Modell der beliebten »Vogelserie« (Spatz, Star, Sperber, Habicht).

2.2. Einweihung der Großen Aschberg-Schanze in Klingenthal.

15.-16.2. Erstmalige Durchführung eines Volkssporttages im Winter mit 760 000 Teilnehmern.

29.2.–1.3. Europarekord über 100 m Brust durch Egon Henninger bei internationalen Schwimmwettkämpfen in Magdeburg.

1.3. Der Pharma-Betrieb »VEB Berlin Chemie« bringt ein verbessertes Insulinpräparat heraus.

8.3. DEFA-Kinderfilmpremiere »Die Suche nach dem wunderbunten Vögelchen« nach Franz Fühmann.

9.3. Über dem Thüringer Wald schießt ein sowjetischer Abfangjäger ein amerikanisches Militärflugzeug ab.

12./13.3. Robert Havemann, Professor an der Humboldt-Universität und Volkskammerabgeordneter bis 1963, wird wegen seines Eintretens für einen liberalen Marxismus aus der SED ausgeschlossen.

»Schachspieler« von Willi Neubert, 1962

31.3. Die Belegschaft des VEB Chemiefaserwerks »Friedrich Engels« in Premnitz schlägt vor, den sozialistischen Wettbewerb zu Ehren des 15. Jahrestages der DDR unter das Motto »Dem Volke zum Nutzen – der Republik zu Ehren« zu stellen.

> Sozialistische Disziplin: Jeder macht, was er will; keiner macht, was er soll; alle machen mit.

1.4. In der DDR tritt die »Industriepreisreform« als Maßnahme des Neuen Ökonomischen Systems in Kraft.

4.4. Europapokal der Landesmeister für die Volleyballmannschaft der Männer des SC Leipzig.

15.4. Das Zentralkomitee der SED gibt eine Stellungnahme gegen die »Spaltungspolitik der chinesischen Führer« ab.

23.4. Die DEFA-Literaturverfilmung »Viel Lärm um nichts« hat Premiere.

24.-25.4. Die zweite Bitterfelder Konferenz berät über die Aufgaben der Nationalkultur der DDR.

2.5. Die neuen »Grundsätze für die Gestaltung des einheitlichen sozialistischen Bildungssystems« werden veröffentlicht. Sie dienen als Richtlinien für die geplante Schulreform.

> Echowitz: Die DDR hat Weltniveau ... wo... wo ...

4.5. Verabschiedung eines neuen Jugendgesetzes mit dem Titel »Gesetz über die Teilnahme der Jugend der Deutschen Demokratischen Republik am Kampf um den umfassenden Aufbau des Sozialismus und die allseitige Förderung ihrer Initiative bei der Volkswirtschaft und des Staates, in Beruf und Schule, bei Körperkultur und Sport«.

15.5. DEFA-Lustspielpremiere »Geliebte weiße Maus« mit Rolf Herricht.

16.-18.5. Drittes und letztes Deutschlandtreffen der Jugend in Berlin mit 560 000 Jugendlichen, darunter 24 000 aus der BRD. Das Jugendstudio DT 64 nimmt seine Tätigkeit auf und wird künftig das Sprachrohr der Beat-Musik in der DDR.

12.6. Die DDR und die UdSSR unterschreiben in Moskau den auf 20 Jahre befristeten Vertrag »über Freundschaft, gegenseitigen Beistand und Zusammenarbeit«. In dem Vertrag wird erstmals von zwei souveränen deutschen Staaten ausgegangen und West-Berlin als selbständige politische Einheit betrachtet.

18.6. Fünf große DDR-Verlage schließen sich zum »buchclub 65« zusammen. Mitglieder können jeden Monat ein Buch aussuchen und zahlen dafür zwischen 3,80 und 4,80 Mark.

25.-27.6. Erster Frauenkongreß der DDR berät über die Rolle der Frau beim Aufbau des Sozialismus. »Unsere Republik braucht alle Frauen – alle Frauen brauchen die Republik«.

> »Nun hat der Referent zwei Stunden geredet, und nicht einmal wurde Mode vorgeführt«, sagt Erika.
> »Wieso Mode?«, fragt Renate zurück.
> »Na, deswegen bin ich doch gekommen: Die Frau im neuen Staat!«

1.7. Martin Luther King predigt in der Berliner Sophien-Kirche.

15.7. Grundsteinlegung für den Bau der Chemiearbeiterstadt Halle-Neustadt.

25.7. DEFA-Filmpremiere »Mir nach, Canaillen« mit Manfred Krug.

30.7. Der Name der Währung der DDR wird von »Deutsche Mark der Deutschen Notenbank« in »Mark der deutschen Notenbank« geändert.

1.8. Ausgabe neuer Geldscheine beginnt. Die Geldscheine zeigen Alexander von Humboldt, Schiller, Goethe, Engels und Marx.

3.9. Premiere des DEFA-Films »Der geteilte Himmel« nach dem gleichnamigen Roman von Christa Wolf.

6.9. Eröffnung des »Haus des Lehrers« und der Kongresshalle in Berlin.

7.9. In der DDR wird der Wehrdienst ohne Waffe unter der Bezeichnung »Bausoldat« eingeführt.

9.9. In Ketzin bei Nauen wird der größte unterirdische Gasspeicher in Betrieb genommen.

9.9. Der Ministerrat der DDR beschließt die Möglichkeit einer jährlichen Besuchsreise von Bürgern der DDR im Rentenalter in die Bundesrepublik und nach West-Berlin.

21.9. Ministerpräsident Otto Grotewohl stirbt, sein Nachfolger wird am 24.9. Willi Stoph.

Zwei DDR-Bürger unterhalten sich. »Ja«, sagt der eine, »Grotewohl starb eines unnatürlichen Todes.«
»Wieso denn?«, fragt der andere.
»Wie oft hat er die Sowjetunion besucht – und starb zu Haus im Bett!«

26.9. Freundschaftsvertrag mit der Sowjetunion: Schutz der DDR-Grenzen.

1.10. Nach dem Roman »Unser kleiner Trompeter« von Otto Gotsche verfilmt die DEFA das Leben des Fritz Weinecks: »Das Lied vom Trompeter.«

1.10. Einführung der DDR-Postleitzahlen. Da die Bundespost bereits 1961 PLZ einführte, kommt es zu Überschneidungen: 5300 gilt für Weimar und für Bonn gleichermaßen.

2.10. Uraufführung des Musicals »Mein Freund Bunbury« von Helmut Bez/Jürgen Degenhardt/Gerd Natschinski am Berliner Metropol-Theater.

3.10. Der neuerbaute Amtssitz des Staatsrats am Marx-Engels-Platz wird seiner Bestimmung übergeben. Blickfang ist das eingebaute Portal des Berliner Stadtschlosses, von dessen Balkon am 9. November 1918 Karl Liebknecht die sozialistische Republik ausgerufen hatte.

Ulbricht beobachtet, wie vorm Staatsratsgebäude ein Loch für einen Fahnenmast gegraben wird. Der Mast wird aufgestellt, das Loch zugeschüttet, und logischerweise bleibt etwas Erde über. Daraufhin graben die Arbeiter ein neues Loch und schaufeln die Erde rein, aber natürlich bleibt wieder etwas Erde über. Da öffnet Ulbricht das Fenster und ruft: »Nu, Genossen, ihr müsst tiefer graben!«

6.10. Anlässlich des 15. Jahrestages der Gründung der DDR beschließt der Staatsrat die Amnestie von 10 000 Strafgefangenen.

7.10. Zum Republiksgeburtstag beginnt das DDR-Fernsehen eine neue Sendereihe: »Mit dem Herzen dabei« mit Hans-Georg Ponesky.

10.-24.10. Olympische Sommerspiele in Tokio, letztmals bis zur Wiedervereinigung tritt eine gesamtdeutsche Mannschaft an. Ingrid Krämer ist Fahnenträgerin. Die DDR-Sportler holen 3 Gold-, 11 Silber-, 5 Bronzemedaillen.

12.10. Chruschtschow verabschiedet die Kosmonauten des Raumschiffs »Woschod 1« zu ihrem Flug ins All und wird all seiner Ämter enthoben. Hintergrund sind der sich verschärfende Konflikt mit China und der wirtschaftliche Misserfolg. Neuer Regierungschef wird Alexej Kossygin, neuer Parteichef Chruschtschows einstiger Schützling Leonid Breshnew.

13.10. Breshnew begrüßt die Kosmonauten des Raumschiffs »Woschod 1« bei ihrer Rückkehr aus dem All.

Stalin hinterlässt als politisches Testament drei verschlossene Briefe, die nur in ausweglosen Situationen geöffnet werden dürfen. Während der Kuba-Krise öffnet Chruschtschow den ersten Brief. Darin steht »Schiebe alles auf mich. Stalin.«
Kennedy wird ermordet. Chruschtschow öffnet den zweiten Brief.
»Schiebe alles auf die Amerikaner. Stalin.«
Chruschtschow verliert seine Mehrheit im Obersten Sowjet. Er öffnet den dritten Brief:
»Jetzt bist du dran, drei Briefe zu schreiben. Stalin.«

2.11. Ab sofort dürfen Rentner einmal im Jahr für 4 Wochen in die BRD reisen.

13.11. In der Berliner Kongresshalle findet eine legendäre Veranstaltung der Reihe »Jazz – Lyrik – Prosa« mit Eberhard Esche und Manfred Krug statt.

1.12. Die DDR-Regierung führt für alle Besucher aus dem westlichen Ausland eine Mindestumtauschpflicht ein: Es müssen mindestens 5 DM pro Person und Tag bei einem 1:1-Wechselkurs von West- in Ostmark getauscht werden. Von der Regelung werden Rentner und Kinder ausgenommen.

28.-31.12. Die erste Volkszählung nach 1950 ergibt für die DDR eine Bevölkerung von 17 003 645 Menschen, 1,3 Millionen weniger als 1950.

Die Produktion des Wartburgs Typ 312 beginnt. Bis 1967 werden 36287 Stück gefertigt.

Die populärsten Sportler sind Klaus Urbanczyk (Fußball), Ingrid Krämer (Wasserspringen) und die Männer der Fußball-Olympia-Auswahl.

Zum 2. Mal wählen die Leser der Berliner Zeitung die Fernsehlieblinge, diesmal nach Genres:
Margot Ebert (Ansagerin), Erwin Geschonneck (Schauspieler), Gerhard Scheumann (aktuell-politische Sendung »Prisma«), Günter Prodöhl (Autor der Blaulicht-Reihe), Willi Schwabe (Unterhaltungssendung), Heinz Florian Oertel (Reporter), Eckhart Friedrichson (Kinderfernsehen »Meister Nadelöhr«)

 Johannes Bobrowski, Levins Mühle
Juri Brezan, Mannesjahre
Erik Neutsch, Spur der Steine
Peter Hacks, Die schöne Helena (Drama)
Horst Bastian, Die Moral der Banditen (Jugendbuch)

Hits:
Blonder Stern, Frank Schöbel
Oh, Susann, Die Amigos
Halt mich fest, mein Matrose, Rica Déus
Am Abend spielt einer Harmonika, Roland Neudert
Wer an dir vorübergeht, Christian Schafrik
Butlers Boogie, Butlers
Gitarren-Twist, Sputniks

Das Jahr 1965

1.1. Das Institut für Meinungsforschung beim ZK der SED nimmt seine Arbeit auf.

4.2. DEFA-Filmpremiere »Die Abenteuer des Werner Holt« nach Dieter Nolls Roman mit Manfred Karge und Klaus-Peter Thiele in den Hauptrollen.

5.2. Grundsteinlegung für den Bau der Prager Straße in Dresden.

Anfrage an den Sender Jerewan: »Was passiert, wenn der Sozialismus in der Sahara eingeführt wird?«
Antwort: »Die ersten zehn Jahre passiert gar nichts. Dann wird allmählich der Sand knapp.«

6.-7.2. Bei den WM im Rennschlittensport in Davos erkämpfen Ortrun Enderlein bei den Frauen und Wolfgang Scheidel/Michael Köhler im Doppelsitzer der Männer den Weltmeistertitel.

24.2.-2.3. Als erstes nichtsozialistisches Land empfängt Ägypten Ulbricht mit allen Ehren eines Staatsoberhauptes.

»Ulbricht soll in den Nil gefallen sein!«
»Wieso?«
»Weil alle riefen: Nasser – Ulbricht, Nasser – Ulbricht!«

25.2. Nach Motiven von Leonhard Frank und in der Regie von Jo Hasler dreht die DEFA »Chronik eines Mordes« mit Angelica Domröse und Ulrich Thein.

25.2. Die Volkskammer beschließt das »Gesetz über das einheitliche sozialistische Bildungssystem«, das die Organisation der Vorschulerziehung, der zehnklassigen polytechnischen Oberschulen, der Berufsschulen sowie der Universitäten und Hochschulen regelt.

Ein Lehrer fragt seine Schüler, wer das Kommunistische Manifest geschrieben hat. Da sich niemand meldet, wendet er sich an einen der besten Schüler.
Dieser antwortet erschrocken: »Ich war's nicht.«
Er fragt den nächsten Schüler.
»Ich war's auch nicht«, antwortet dieser.
Der Lehrer ist enttäuscht.
Auf dem Heimweg trifft er den Abschnittsbevollmächtigten und erzählt ihm, was er mit der Klasse erlebte.
Darauf dieser: »Na paß auf, morgen bestelln wir uns die Kerle, ich hab schon ganz andere Sachen rausgekriegt.«
Völlig aufgelöst kommt der Lehrer nach Hause, setzt sich an den Abendbrottisch und erzählt seiner Frau, was passiert ist.
Die tröstet ihn: »Mach dir nichts draus, vielleicht warn sie's wirklich nicht.«

27.2. DEFA-Filmpremiere »Der Reserveheld« mit Rolf Herricht, der Filmhit des Jahres.

5.3. Premiere von Rolf Hochhuths »Der Stellvertreter« am Deutschen Theater.

14.3. Der erste Teil der vierteiligen Fallada-Verfilmung »Wolf unter Wölfen« wird gesendet. Die Besetzung ist hochkarätig: Wolfgang Langhoff, Inge Keller, Ekkehard Schall, Armin Mueller-Stahl, Jürgen Frohriep.

20.3. Der US-amerikanische Jazzmusiker Louis Armstrong gastiert in Ost-Berlin. Er ist der erste große US-Showstar, der in der DDR auftritt.

21.3. Premiere der legendären Inszenierung von Schwarz' antistalinistischem Stück »Der Drache« mit Eberhard Esche und Rolf Ludwig am Deutschen Theater.

27.3. Erstaufführung von Peter Weiss' »Marat/Sade« am Volkstheater Rostock.

7.4. Der Dietz Verlag veröffentlicht den ersten Band einer vierzigbändigen Lenin-Ausgabe.

Sowjetischen Wissenschaftlern ist es gelungen, Tote zum Leben zu erwecken. Sofort wird Lenin aus dem Mausoleum geholt und zum Leben erweckt. Kaum erwacht, verfügt Lenin, ihm alle Akten und Dokumente in sein Arbeitszimmer im Kreml zu bringen und nicht zu stören. Zwei Wochen vergehen, Lenin ist immer noch in seinem Arbeitszimmer. Schließlich sieht man nach. Lenin ist verschwunden. Ein Zettel liegt auf seinem Platz: »Genossen, bin in der Schweiz, wir müssen noch einmal von vorn anfangen!«

8.4. Zum ersten Mal erscheint eine Beatles-Langspielplatte bei AMIGA.

16.5. Zwei Weltrekorde für Christoph Höhne im Gehen – über die Distanz von 30 Meilen und über 50 km.

28.5. Der FDGB-Feriendienst meldet den 15millionsten Urlauber.

8.-13.6. Staatsbesuch des jugoslawischen Staatspräsidenten Tito.

18.6. DEFA-Filmpremiere »Entlassen auf Bewährung«.

18.-20.6. Im Bezirk Frankfurt/Oder finden die 7. Arbeiterfestspiele statt.

Eine Katze hat eine Maus gefangen. »Ach, bitte liebe Katze, erfüll mir einen letzten Wunsch, bevor du mich frisst. Lass mich noch einmal tanzen.«
Die Katze ist einverstanden, die Maus tanzt, die Katze sieht ihr zu – und schläft ein.
Als sie wieder aufwacht, ist die Maus verschwunden.
»Scheiß Volkskunst«, maunzt die Katze.

19.6.-4.7. Erste Kreis-Kinder- und Jugendspartakiaden in den Sommersportarten in allen Kreisen der DDR.

24.6. Aus Gesundheitsgründen tritt Außenminister Lothar Bolz (NPD) zurück; sein Nachfolger wird Otto Winzer.

14.7. Abkommen mit Moskau über den Bau von Atomkraftwerken in der DDR.

16.7. DEFA-Märchenfilmpremiere »König Drosselbart« mit Manfred Krug.

17.6. In Neubrandenburg wird das »Haus der Kultur und Bildung« eröffnet.

20.7. Jürgen May über 1000 m Weltrekord.

4.8. Baubeginn des Fernsehturms in Berlin.

5.8. Weltrekord von Siegfried Herrmann über 3000 m in Erfurt.

11.8. Carl Zeiss Jena stellt für Sternwarten in der CSSR und der UdSSR neue Spiegelteleskope her.

27.8. DEFA-Filmpremiere »Lots Weib« von Egon Günther.

4.9. Elisabeth Eichholz gewinnt im Straßenradsport bei San Sebastian den Weltmeistertitel im Straßenfahren.

10.9. »Solange Leben in mir ist« – ein Film von Günter Reisch über Karl Liebknecht – kommt in die Kinos.

25.9. Die Messestadt Leipzig begeht ihr 800jähriges Jubiläum. Der gebürtige Leipziger Walter Ulbricht nimmt an den Feierlichkeiten teil.

5.10. Premiere von Hacks »Moritz Tassow«, im Dezember beim SED-Plenum, als »Pornographie von europäischem Rang« bezeichnet.

8.10. Das IOC beschließt auf Antrag des NOK der DDR, künftig eine eigene Olympiamannschaft der DDR unter gemeinsamer Fahne zuzulassen und erkennt das Nationale Olympische Komitee (NOK) der DDR an.

16.-22.10. Manöver »Oktobersturm« der Warschauer Vertragsstaaten in Thüringen.

20.10. Galerie Neue Meister in Dresden eröffnet.

25.10. Die Sendereihe »Der Staatsanwalt hat das Wort« startet.

12.11. DEFA-Filmpremiere »Ohne Pass in fremden Betten«, Drehbuch Jurek Becker.

15.11. Das Zentrale Institut für Arzneimittelwesen lässt die Anti-Baby-Pille »Ovosiston« von Jenapharm zu.

27.-29.11. Erster Besuch Breshnews nach Chruschtschows Absetzung in der DDR.

Breshnew ist in China auf Staatsbesuch. Nach erfolgreichem Abschluss der Verhandlungen bittet der chinesische Außenminister um Wirtschaftshilfe. Breshnew stimmt zu und fragt, was gebraucht wird.
»Als Erstes«, meint der Chinese, »brauchen wir 10 Traktoren.«
Breshnew überlegt kurz und stimmt zu.
»Als Zweites benötigen wir 500 Fahrräder.« Breshnew überlegt wieder und stimmt schließlich zu.
»Als Drittes«, sagt der Chinese, »benötigen wir 1000 Tonnen Reis.«
Breshnew überlegt: »Reis? Tut mir leid, Reis geht nicht. Soweit ich weiß, wird in der DDR kein Reis angebaut.«

3.12. Der Vorsitzende der Staatlichen Plankommission der DDR Erich Apel erschießt sich in seinem Dienstzimmer. Er sieht sein Werk der NÖSPL durch ein langfristiges Handelsabkommen mit Moskau gefährdet.

4.12. Fernsehpremiere des Fünfteilers »Dr. Schlüter« mit Otto Mellies und Larissa Lushina.

4.12. Die Rekonstruktion des kriegsbeschädigten Leipziger Hauptbahnhofs ist abgeschlossen.

9.12. Ministerratsbeschluss über die Schul- und Kinderspeisung.

Walter Ulbricht hält in einem Kindergarten die Eröffnungsrede.
»Liebe Kinder, Euer Kindergarten wird heute eröffnet. Ihr habt so schöne Spielsachen, Teddys, Autos, Puppen und … und …«
»Bälle, Bälle«, flüstert sein persönlicher Referent.
»… wau, wau, wau.«

13.-18.12. Auf dem 11. Plenum des ZK sagt Walter Ulbricht: »Ich bin der Meinung, Genossen, mit der Monotonie des Yeah-yeah-yeah sollte man Schluss machen.« Erich Honecker propagiert eine »Saubere Leinwand« – Verbot von 12 Filmen. Die zweite Etappe des Neuen Ökonomischen Systems wird beschlossen.

18.12. Bildung des Staatssekretariats für gesamtdeutsche Fragen unter Leitung von Joachim Herrmann.

21.12. Die Volkskammer verabschiedet das »Familiengesetzbuch der DDR«, das unter anderem eheliche und uneheliche Kinder rechtlich gleichstellt und bei Scheidungen das Schuldprinzip abschafft.

21.12. Gründung des FC Magdeburg als erster selbstständiger Fußballclub der DDR.

22.12. Beschluss des Ministerrates der DDR über die Auflösung des Volkswirtschaftsrates und die Einrichtung von neun neuen Industrieministerien. Einführung der Fünf-Tage-Woche in jeder zweiten Woche und Verkürzung der wöchentlichen Arbeitszeit auf 45 Stunden wird beschlossen.

Zu Sportlern des Jahres werden die Leichtathleten Hannelore Suppe und Jürgen May gewählt. Mannschaft des Jahres wird die Fußball-Nationalelf.

1965 werden 8 Fernsehlieblinge nach Genres gewählt: Annemarie Brodhagen, Otto Mellies, Karl-Eduard von Schnitzler, Gerhard Scheumann, Kollektiv Meister Nadelöhr, Prof. Dr. Wolfgang Ullrich, Heinz Florian Oertel

Werner Bräunig, Rummelplatz
Hermann Kant, Die Aula
Joachim Knappe, Mein namenloses Land
Anna Seghers, Die Kraft der Schwachen
Heiner Müller, Der Bau (Drama)
Volker Braun, Provokation für mich (Lyrik)
Rainer und Sarah Kirsch, Gespräch mit dem Saurier (Lyrik)
Horst Beseler, Käuzchenkuhle (Jugendbuch)
C. U. Wiesner, Frisör Kleinekorte

Hits:
Party-Twist, Frank Schöbel
Morgenstunde hat Gold im Munde, Ruth Brandin
Das ist der Bikini-Shake, Andreas Holm
Pech für mich, Ingo Graf
Zwei Küsse beim Nachhausegehn, Ina Martell
Bis zur Hochzeit ist alles wieder gut, Karin Prohaska
Beim Hully Gully bin ich König, Sputniks

Das Jahr 1966

12.1. Kulturminister Hans Bentzien wird wegen »schwerer Fehler« von Klaus Gysi abgelöst.

13.1. Bildung eines Rates für gesamtdeutsche Fragen.

25.1. Die »Gesellschaft zur Verbreitung wissenschaftlicher Kenntnisse« – gegründet 1954 – gibt sich den Namen URANIA.

> Ist der Sozialismus von Wissenschaftlern oder von Politikern erfunden worden? Natürlich von Politikern. Die Wissenschaftler hätten erst einen Tierversuch gemacht!

9.2. Der erste große Dokumentarfilm von Heynowski/Scheumann hat Fernsehpremiere: »Der lachende Mann – Bekenntnisse eines Mörders«, des »Kongo-Müllers«.

15.2. In Berlin gründet sich der »Oktoberklub«, von dem maßgebliche Impulse für die Singebewegung ausgehen.

18.2. Der erste DEFA-Indianerfilm, »Die Söhne der großen Bärin«, hat Premiere.

25.2. DEFA-Kinderfilmpremiere »Alfons Zitterbacke« nach dem beliebten Buch von Gerhard Holtz-Baumert.

28.2. Die DDR beantragt die Aufnahme in die UNO, die Westmächte im Sicherheitsrat legen ihr Veto ein.

1.4. Das Familiengesetzbuch tritt in Kraft.

1.4. Für alle Werktätigen gilt die 45-Stunden-Woche.

> Nach 5 Arbeitsmethoden wurde in der DDR gearbeitet:
> Montags nach der Robinson-Crusoe-Methode: Warten auf den Freitag.
> Dienstags nach der Heidekraut-Methode: Heide graut mir's aber widder.
> Mittwochs nach der Heinrich-Heine-Methode: Ich weiß nicht, was soll es bedeuten.
> Donnerstags nach der Miezekatzen-Methode: Pfoten auf den Tisch und warten auf die Mäuse.
> Freitags nach der Bassow-Methode: Pass off, dass'de den Feierahmd nich verpasst.

8.4. DEFA-Filmpremiere »Reise ins Ehebett« mit Frank Schöbel.

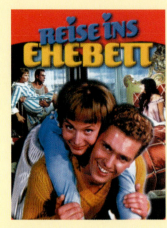

9.4. Der erste arbeitsfreie Sonnabend.

16.4. Die Frauen des SC Leipzig gewinnen den Handball-Europapokal der Landesmeister im Spiel gegen HG Kopenhagen.

29.4. Der erste Wohnblock des Neubaugebiets Rostock-Lüttenklein wird übergeben.

> Familie Müller bestaunt die Neubauwohnung. Frau Müller jubelt entzückt. »Sieh mal, Manne, welch schöne Einbauschränke.«
> Der Mann von der KWV schüttelt tadelnd den Kopf. »Keine Einbauschränke. Das sind die Kinderzimmer.«

3.5. Im Stendaler Milchwerk beginnt die Produktion von »Milasan«-Säuglingsfertignahrung.

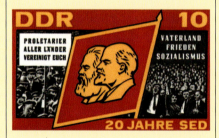

8.5. Unterzeichnung eines Freundschaftsvertrages zwischen Sportleitungen der UdSSR und DDR durch Manfred Ewald und Juri Maschin.

9.5. Das erste mit sowjetischer Hilfe errichtete Atomkraftwerk geht in Rheinsberg ans Netz.

20.5. Heiner Carow dreht nach einem Buch von Benno Pludra den Kinderfilm »Die Reise nach Sundevit«.

26.5. SPD und die SED vereinbaren ein Kommuniqué über den sogenannten Redneraustausch zwischen beiden Parteien, der nicht zustandekommt.

28.5. Neu im Fernsehen: Die Ratgeberreihe »Das Verkehrsmagazin«.

> Womit kann man die Beschleunigung eines Trabants messen?
> Mit einem Kalender.

12.6. DEFA-Filmpremiere »Spur der Steine« mit Manfred Krug und Eberhard Esche. Nach einigen Vorführungen verschwindet der Film in der Schublade.

19.-25.6. Astrid Schmidt und Horst Bräutigam gewinnen den Weltmeistertitel im Asphaltkegeln in Bukarest.

23.-24.6. Konferenz über Rationalisierung und Standardisierung in Leipzig.

> Bei einer internationalen Konferenz unterhalten sich drei Ingenieure über den Tunnelbau in ihren Ländern.
> Ein amerikanischer Tunnelbauer berichtet: »Es wird von beiden Seiten des Berges gebohrt. Wir treffen uns in der Mitte mit einer Abweichung von einem Meter. Diese Ecke sprengen wir weg und basta.«
> Ein russischer Tunnelbauer berichtet: »Wir machen das genauso, aber die Abweichung beträgt nur zehn Zentimeter. Diese Ecke hacken wir ab und basta.«
> Da meldet sich der Tunnelbauer aus der DDR zu Wort: »Wir machen es auch so, und wenn Gott will, ist die Abweichung gleich null.«
> »Und wenn Gott nicht will?«, fragt ein Zuhörer.
> »Nun, dann haben wir zwei Tunnel.«

6.7. Bukarester Deklaration – Forderung der Warschauer Vertragsstaaten nach der Schaffung eines Klimas der Entspannung und der Beseitigung der Überreste des Kalten Krieges.

24.-31.7. Die erste Zentrale Kinder- und Jugendspartakiade findet in Ost-Berlin statt.

26.7. In Weimar wird das erste Restaurant der Kette »Gastmahl des Meeres« eröffnet. Es folgen Berlin, 1967, dann Leipzig, Rostock, Magdeburg, Jena, Erfurt.

24.7.-6.8. Als erster Fallschirmspringer der Welt landet Günter Gerhardt drei »Null«-Sprünge und siegt im kombinierten Einzelspringen bei der Weltmeisterschaft der Fallschirmspringer in Leipzig.

1.8. Das ZK der KP Chinas ruft die »Große Proletarische Kulturrevolution« aus.

Ulbricht und Mao Tse-tung unterhalten sich.
»Wie viele Feinde haben Sie in der Volksrepublik China?«, fragt Ulbricht.
»Es werden so etwa siebzehn Millionen sein.«
»Ja, das ist ungefähr so wie bei uns.«

10.8. Die Montage des ersten Wohnblocks in Jena-Lobeda beginnt.

14.8. Europarekord im Stabhochsprung durch Wolfgang Nordwig mit 5,235 m.

25.8. In Beeskow wird ein Spanplattenwerk in Betrieb genommen.

27.-28.8. Bei der Ruder-EM der Frauen in Amsterdam gewinnt die DDR-Auswahl im Doppelvierer, Doppelzweier und Achter.

1. 10. Volker Brauns umstrittenes Stück »Kipper Paul Bauch« wird in der Zeitschrift FORUM veröffentlicht.

15.10. Die Mannschaft der DDR verlässt vorzeitig die vorolympischen Spiele in Mexico, da ihr vom Internationalen Olympischen Komitee untersagt wurde, unter der Bezeichnung DDR anzutreten und stattdessen die Bezeichnung Ostdeutschland empfohlen wurde.

19.10. Peter Weiss' »Die Ermittlung« erlebt eine Ring-Uraufführung an 16 ost- sowie 5 westdeutschen Bühnen.

12.11. Erste Sendung von »Klock 8 achtern Storm« aus Rostock.

Ochse, Pferd und Huhn stehen an der Mauer und überlegen, ob sie abhauen.
»Ich bleibe«, sagt das Huhn, »hier sind die Eier billiger.«
Das Pferd meint: »Ich bleibe. Hier geht es dauernd bergab und das ist für mich leichter.«
»Ja, meint ihr denn, ich gehe?« sagt der Ochse. »Hau ich ab, bleibe ich ein Ochse, hier kann ich Diplomingenieur werden.«

14.11. Der VEB Strickmaschinenbau Karl-Marx-Stadt ruft zum Wettbewerb unter der Losung: »Rationeller produzieren – für dich, für deinen Betrieb, für unseren sozialistischen Friedensstaat – dem VII. Parteitag entgegen!«

Können Sie mir den Kapitalismus erklären?
Kapitalismus ist die Ausbeutung des Menschen durch den Menschen.
Und wie ist es mit dem Sozialismus?
Da ist es genau umgekehrt.

4.12. Mit Mozarts »Don Giovanni« wird die Komische Oper Berlin wiedereröffnet. Regie: Walter Felsenstein.

Maria Callas tritt in der Staatsoper auf. Walter Ulbricht ist begeistert, schüttelt ihr die Hand und sagt: »Sie haben sich um unser Land verdient gemacht. Gibt es einen Wunsch, den ich Ihnen erfüllen kann, Madame?«
»Ja, Herr Ulbricht«, antwortet die Callas. »Reißen Sie die Mauer nieder!«
Da droht Ulbricht schelmisch mit dem Zeigefinger und sagt: »Na, na, na, Madame ... Sie wollen wohl mit mir allein sein.«

10./11.12. Der »Verband der Theaterschaffenden der DDR« wird gegründet. Präsident ist der Intendant des Deutschen Theaters, Wolfgang Heinz.

14.12. Der neue Bundesminister für gesamtdeutsche Fragen, Herbert Wehner, erklärt, dass eine diplomatische Anerkennung der DDR erst nach deren »demokratischer Legitimation« möglich sei.

15.-17.12. Auf der 14. Tagung des Zentralkomitees der SED wird über den Vorschlag eines Minimalprogramms »zur Normalisierung der Beziehungen DDR-BRD« beraten.

»Mutti kommt heim« von Fritz Skade, 1964

Die Produktion des Wartburgs Typ 353 beginnt. Bis 1989 werden 1 225 429 Stück gefertigt.

Die populärsten Sportler sind der Schwimmer Frank Wiegand, die Eiskunstläuferin Gabriele Seyfert und die Kicker der Fußball-Nationalmannschaft.

10 Fernsehlieblinge nach Genres: Otto Mellies, Hans-Peter Minetti, Hans Jacobus, das Sandmännchen, Heinz Florian Oertel, Hans-Georg Ponesky, Karl-Eduard von Schnitzler, Annemarie Brodhagen, Klaus Feldmann, Prof. Dr. Heinrich Dathe

 Johannes Bobrowski, Litauische Claviere
Franz Fühmann, König Ödipus
Günter Kunert, Unschuld der Natur
Heiner Müller, Herakles 5 (Drama)
Uwe Greßmann, Der Vogel Frühling (Lyrik)
Erich Loest (Pseudonym Waldemar Naß), Ich war Dr. Ley

Hits:
Sag ihm, du bist mein Mädchen, Christian Schafrik
Bin schon vergeben, Andreas Holm
Das schönste Mädchen der Welt, Günter Geißler
Liebe kann man nicht erzwingen, Ina Martell
Du gehörst schon einem andern, Hartmut Eichler
Schlaf, mein kleiner Johnny, Helga Brauer
Baby, du bist okay, Frank Schöbel
Es gibt keine andere, my Darling, Roland Neudert

»Reiche Ernte« von Otto Schutzmeister, 1966

Das Jahr 1967

1.-5.2. Gabriele Seyfert wird Europameisterin bei der EM im Eiskunstlauf in Ljubljana (SFRJ), Bronze im Paarlauf für Heidi Steiner und Hans-Georg Walter.

2.2. Das »Staatssekretariat für gesamtdeutsche Fragen« wird in »Staatssekretariat für westdeutsche Fragen« umbenannt.

8.-12.2. Außenministertagung der Warschauer Vertragsstaaten in Warschau. Die Anerkennung der Oder-Neiße-Grenze wird zur Voraussetzung der Aufnahme diplomatischer Beziehungen gemacht.

> Mao Tse-tung will die Oder-Neiße-Grenze anerkennen.
> Als Westgrenze des Chinesischen Reichs.

8.-12.2. Bei internationalen Skiwettkämpfen in Grenoble gewinnt Ralph Pöhland in der Nordischen Kombination.

10.2. DEFA-Filmpremiere »Das Tal der sieben Monde« nach dem gleichnamigen Roman von Harry Thürk.

»Weltmeisterin Gabriele Seyfert« von Bert Heller, 1969

11.2. Erster 10-km-Massenskilauf in Schmiedefeld, 650 Teilnehmer.

18.-19.2. Bei den WM im Rennschlittensport in Hammarstrand in Schweden gewinnen Ortrun Enderlein, Thomas Köhler und das Doppel Thomas Köhler/Klaus Bonsack alle Titel.

20.2. Die Volkskammer der DDR verabschiedet das Gesetz über die Staatsbürgerschaft der Deutschen Demokratischen Republik und proklamiert damit eine eigene DDR-Staatsnation. Damit reagiert die DDR unter anderem auf den Alleinvertretungsanspruch der Bundesrepublik.

3.3. DEFA-Filmpremiere »Ein Lord am Alexanderplatz«, eine Komödie um einen Heiratsschwindler.

31.3. Beschluss der »Zehn Grundsätze der sozialistischen Jugendpolitik und ihre Verwirklichung«.

1.-2.4. Karl-Heinz Werner siegt im Halbmittelgewicht bei den Junioren-EM im Judo in Lissabon.

13.4. Das Regie-Team Manfred Karge/Matthias Langhoff stellt sich erfolgreich mit der Uraufführung des Brecht-Fragments »Der Brotladen« vor.

17.4. Feierliche Grundsteinlegung für das Heizkraftwerk Winzerla.

17.-22.4. Der VII. Parteitag der SED legt die »Aufgaben für die Gestaltung des entwickelten gesellschaftlichen Systems« fest.

> In der DDR gibt es keine Arbeitslosen. Jeder hat Arbeit, trotzdem arbeitet keiner. Obwohl keiner arbeitet, erfüllen wir die Pläne. Obwohl wir die Pläne erfüllen, gibt es nicht alles. Obwohl es nicht alles gibt, haben die Leute alles. Obwohl die Leute alles haben, meckern sie. Obwohl alle meckern, sind alle zufrieden. Und warum sind sie zufrieden? Weil es in der DDR keine Arbeitslosen gibt.

3.5. Ministerrat beschließt die Einführung der Fünf-Tage-Woche ab 28.8. und die Herabsetzung der wöchentlichen Arbeitszeit auf 43 3/4 Stunden, der Mindesturlaub wird auf 15 Tage erhöht, die Mindestrente angehoben.

> Der Antrag von Werktätigen auf Einführung der 35-Stunden-Woche wurde durch die Gewerkschaft abgelehnt.
> Begründung: Dann würden unseren Werktätigen 5 Stunden Schlaf pro Woche fehlen.

14.5. DEFA-Filmpremiere »Hochzeitsnacht im Regen« mit Frank Schöbel.

14.5. Der Tauchsportklub der DDR wird in Rom einstimmig als Mitglied in die Weltföderation des Tauchsports aufgenommen.

27.5. Der vom Parteitag angekündigte »Perspektivplan 1964-1970« wird verspätet vorgelegt. Schwerpunkte sind Petrolchemie, elektronische Datenverarbeitung, Städtebau und die Zusammenarbeit mit dem Rat für gegenseitige Wirtschaftshilfe.

24.6. DEFA-Filmpremiere »Meine Freundin Sibylle« nach Rudi Strahl.

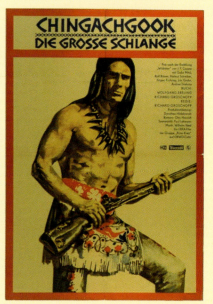

25.6. Ein neuer Indianerfilm mit Gojko Mitic hat Premiere: »Chingachgook, die große Schlange.«

2.7. Wahlen zur 5. Volkskammer, Konstituierung der neuen Regierung am 13. und 14. Juli. Umbenennung des »Ministeriums für Außenhandel und Innerdeutschen Handel« in »Ministerium für Außenwirtschaft«.

> »Genossen, es gibt kein Fleisch, wir bekommen keine Lieferung. Wie können wir das den Leuten klarmachen?«
> »Nichts leichter als das«, sagt ein anderer Genosse und wendet sich an die schlangestehende Menge: »Bürger, unsere Erfolge nehmen ständig zu. Der Sozialismus entwickelt sich so schnell, dass das Vieh nicht mehr mitkommt.«

6.7. In Langenweddingen prallt ein Tanklaster auf einen Zug mit Ferienkindern: 94 Tote.

8.7. Der Maler Otto Nagel erhält den Käthe-Kollwitz-Preis. Schwerkrank stirbt er am 12. Juli.

»Aufsteigender« von Fritz Cremer, 1968

21.7. Die Alpinisten Fritz Eske, Günter Kalkbrenner, Günter Warmuth und Kurt Richter verunglücken tödlich bei ihrem Versuch, die Eigernordwand zu durchsteigen.

18.8. In Berlin findet ein Prozess gegen 37 Fluchthelfer statt.

> Ein Volkspolizist ist nach Bautzen versetzt worden und soll politische Häftlinge bewachen.
> »Denken Sie denn, dass Sie das können?«, fragt der Gefängnisdirektor.
> »Na selbstverständlich, wer nicht spurt, fliegt raus.«

18.-20.8. Ingrid Krämer gewinnt das Kunstspringen beim III. Europapokal in Helsinki.

18.9. Heiner Müllers Dramatisierung von Reeds »Zehn Tage, die die Welt erschütterten« hat im BUNA-Kulturhaus Halle Premiere, Regie Christoph Schroth.

21.9. Roland Matthes schwimmt in Leipzig über 100 m Rücken Weltrekordzeit.

15.10. Auf Einladung des Deutschen Gewerkschaftsbundes (DGB) gastiert das Berliner Ensemble erstmals in West-Berlin mit dem Stück »Der aufhaltsame Aufstieg des Arturo Ui« von Bertolt Brecht.

25.10. DEFA-Filmpremiere »Die Fahne von Kriwoj Rog« nach dem Roman von Otto Gotsche.

29.10. In Berlin findet die bisher größte gemeinsame Truppenparade von DDR- und sowjetischem Militär anlässlich des 50. Jahrestages der Oktoberrevolution statt.

> Ein Offizier kommt aufgeregt zu Breshnew:
> »Genosse Generalsekretär. Auf dem Roten Platz sind mindestens hunderttausend Leute!«
> »Ja, und? Das sind Touristen.«
> »Genosse Generalsekretär, sie sitzen alle auf dem Boden!«
> »Sie wollen sich wahrscheinlich ausruhn.«
> »Genosse Generalsekretär, sie habe alle ihr Essen ausgepackt!«
> »Sie werden Hunger haben, was ist daran so schlimm?«
> »Nichts, Genosse Generalsekretär, aber sie essen mit Stäbchen.«

3.11. DEFA-Kinderfilmpremiere »Turlis Abenteuer«.

15.11. Verordnung zur »Lenkung des Wohnraumes« vor dem Hintergrund der Wohnungsknappheit.

1.12. Umbenennung der Währung von »Mark der Deutschen Notenbank« in »Mark der Deutschen Demokratischen Republik«.

1.12. Die Volkskammer beschließt, eine neue sozialistische Verfassung der DDR auszuarbeiten.

> Ein Mann geht in Dresden in die Bank. Er hat 100 Mark, will ein Konto anlegen, ist aber mißtrauisch. »Was ist, wenn die Bank pleite macht?«, fragt er den Mann am Schalter. »Die Bankdirektion garantiert, dass Sie Ihr Geld zurückbekommen.« – »Was ist, wenn die Bankdirektion pleite macht?« – »Dann garantiert das Finanzministerium die Rückgabe.« – »Und wenn das Finanzministerium pleite macht?« – »Dann garantiert die Regierung der DDR für Ihr Geld.« – »Und was ist, wenn die Regierung pleitegeht?« – »Na, das wird Ihnen doch wohl 100 Mark wert sein.«

11.12. In Stockholm wird ein DDR-Kulturzentrum eröffnet.

16./17.12. Das DFF sendet den Zweiteiler »Kleiner Mann – was nun?« mit Arno Wyzniewski und Jutta Hoffmann.

17.12. DEFA-Kinderfilmpremiere »Der tapfere Schulschwänzer«, Drehbuch: Wera und Claus Küchenmeister.

Roland Matthes (Schwimmen), Karin Janz (Turnen) und das Trophy-Motorrad-Team gewinnen die Wahl zu den beliebtesten Sportlern des Landes.

Zu Fernsehlieblingen werden erneut nach Genres von den Lesern der Berliner Zeitung gewählt: Hans Jacobus, Karl-Eduard von Schnitzler, Larissa Lushina und Otto Mellies, Karl-Georg Egel, Prof. Dr. Wolfgang Ullrich, Das Sandmännchen, Heinz Florian Oertel, Hans-Georg Ponesky, Erika Radtke und Klaus Feldmann, Irmgard Düren

G. Kunert, Im Namen der Hüte
Anna Seghers, Das wirkliche Blau
Heiner Müller, Ödipus Tyrann (Drama)
Harry Thürk, Der Tod und der Regen
Ottokar Domma, Der brave Schüler Ottokar

Hits:
Lieb mich so, wie dein Herz es mag, Chris Doerk und Frank Schöbel
Ich hab ihr ins Gesicht gesehn, Thomas Natschinski & Gruppe
Der Minirock, Horst und Benno
Auf die Liebe muss man warten, Bert Hendrix
Sag warum, Ina Martell
Erste Nacht am Meer, Regina Thoß
Es ist nie zu spät, Klaus Sommer

Das Jahr 1968

12.1. Die Volkskammer beschließt ein neues Strafgesetzbuch und eine neue Strafprozessdnung, die am 1.7.1968 in Kraft treten. Das Strafrecht sieht differenzierte Strafen, abhängig vom Grade der »Gesellschaftsgefährlichkeit« und der persönlichen Einstellung zum sozialistischen Staat vor.

Was ist die Höchststrafe in der DDR?
Drei Jahre ohne Beziehungen.

14.1. Walter Ulbricht hält seine Rede »Unser guter Weg zur sozialistischen Menschengemeinschaft«.

Der Sozialismus hat aus früheren Gesellschaftsformationen jeweils das Beste übernommen: aus dem Kapitalismus das Geld und die Warenproduktion, aus dem Feudalismus die vielen kleinen Könige, aus der Sklavenhaltergesellschaft die Arbeit mit den Menschen und aus der Urgesellschaft die Arbeitsproduktivität ...

1.2. DEFA-Filmpremiere »Ich war neunzehn« von Konrad Wolf.

8.-18.2. Bei den X. Olympischen Winterspielen in Grenoble treten zwei deutsche Mannschaften an. Eine Gold-, zwei Silber- und zwei Bronzemedaillen für die DDR.

1.3. Erstes Hallensportfest in der Leichtathletik für Hörgeschädigte in der Berliner Dynamo-Sporthalle.

17.3. Beginn der Ausstrahlung des Fünfteilers »Ich – Axel Cäsar Springer« mit Horst Drinda im DFF.

6.4. Erster Volksentscheid in der Geschichte der DDR, Abstimmung über eine sozialistische Verfassung. 94,49 % Ja-Stimmen. Die Verfassung, in der die DDR als »sozialistischer Staat deutscher Nation« charakterisiert wird, tritt am 9.4. in Kraft.

Worin zeigt sich, daß der Kommunismus dem Kapitalismus überlegen ist?
Ginge es im Kapitalismus so drunter und drüber, wäre er schon längst zugrunde gegangen.

26.4. Uraufführung des Stücks »Die Aula« nach dem Roman von Hermann Kant am Landestheater Halle, Regie Horst Schönemann.

9.-24.5. Axel Peschel gewinnt in der Einzelwertung bei der XXI. Friedensfahrt.

30.5. Sprengung der Ruine der Universitätskirche in Leipzig.

31.5. Sowjetische Truppen rücken zu Stabsmanövern in die Tschechoslowakei ein.

Ein Amerikaner und ein Russe unterhalten sich. Der Amerikaner gibt an: »Die Einkäufe macht meine Frau mit dem Ford, in die Oper fahren wir mit dem Cadillac, und wenn wir unsere Freunde besuchen, nehmen wir das Flugzeug.«
Daraufhin der Russe: »Die Einkäufe macht meine Frau zu Fuß, in die Oper fahren wir mit dem Traktor, und unsere Freunde besuchen wir mit dem Panzer!«

10./11.6. Die Volkskammer beschließt die Einführung der Pass- und Visapflicht im Reise- und Transitverkehr zwischen der Bundesrepublik Deutschland und West-Berlin.

13.-15.6. Auf dem 10. Deutschen Bauernkongress der DDR wird über die Forderung des VII. Parteitages der SED nach dem Übergang zu industrieller Organisation und Leitung in der Landwirtschaft beraten.

»Chemiearbeiter am Schaltpult« von Willi Sitte, 1968

21.6. DEFA-Filmpremiere »Heißer Sommer« mit Frank Schöbel und Chris Doerk.

20.6. Erhöhung des Mindestumtausches für westliche DDR-Besucher auf 10 DM pro Person und Tag.

Warum durfte ein DDR-Bürger nicht gemeinsam mit einem Bundesbürger Alkohol trinken?
Weil sie dann beide die gleiche Fahne gehabt hätten.

22.6. VII. Sommerfilmtage in Rostock – Premiere »Schüsse unterm Galgen« und »Spur des Falken«.

29.6. Der erste Containerzug fährt auf der Strecke Dresden-Berlin-Rostock.

1.7. Beitritt der DDR zum Atomwaffensperrvertrag.

1.7. Eine freiwillige Versicherung auf Zusatzrente wird angeboten. Die Beiträge liegen zwischen 10 und 200 Mark monatlich. Mindestrente derzeit: 165 Mark.

8.7. In Warnemünde eröffnet im Rahmen der Ostseewoche die Gaststätte »Teepott«. Der markante Bau des Architekten Ulrich Müther wird zum Wahrzeichen des Urlaubsorts. Walter Ulbricht zählt zu den ersten Besuchern.

14./15.7. Partei- und Regierungsvertreter der UdSSR, der DDR, Polens, Ungarns und Bulgariens beraten in Warschau über die politische Entwicklung in der Tschechoslowakei.

12.8. Eine Delegation des Zentralkomitees (ZK) der SED unter Leitung Walter Ulbrichts trifft sich mit dem ZK der tschechoslowakischen KP unter Leitung von Alexander Dubcek in Karlsbad.

14.8. Roland Matthes schwimmt über 200 m Rücken Weltrekord.

21.8. Truppen des Warschauer Vertrages marschieren in der CSSR ein. Das ZK der SED, der Staatsrat und der Ministerrat verkünden einen »Aufruf an alle Bürgerinnen und Bürger der DDR« zur »Sicherung der sozialistischen Entwicklung in der CSSR«.

22.8. Das »konsument«-Warenhaus »Am Brühl« in Leipzig öffnet nach dreijähriger Umbauphase wieder. Es ist jetzt das größte und modernste Kaufhaus der DDR.

> Ein Mann betritt eine Eisenwarenhandlung. »Ham Se Nägel?« – »Nee.« – »Ham Se Schrauben?« – »Nee.« – »Ham Se wenigstens 'n Schraubenzieher?« – »Nee.« – »Na was ham Se denn dann überhaupt?« – »Durchgehend geöffnet.« – »Und warum ham Se durchgehend geöffnet, wenn Se doch nischt verkoofen?« – »Weil wir kein Schloss haben.«

26.8. In Moskau enden die Verhandlungen zwischen sowjetischer und tschechoslowakischer Führung mit der Unterzeichnung des »Moskauer Protokolls«.

22.9. Fernsehpremiere des Fünfteilers »Wege übers Land« mit Manfred Krug und Ursula Karusseit.

10.10. DEFA-Filmpremiere »Abschied« nach dem Roman von Johannes R. Becher.

12.10. Beschluss des IOC in Mexiko-City, die DDR-Olympiamannschaft ab 1. November als völlig gleichberechtigt anzuerkennen (mit eigener Flagge, Symbolik, Hymne). Das Nationale Olympische Komitee (NOK) der DDR wird als gleichberechtigtes Mitglied in das Internationale Olympische Komitee (IOC) aufgenommen.

12.-27.10. Olympische Spiele 1968 in Mexico City. Es nehmen zwei deutsche Mannschaften an den Spielen teil, noch unter gemeinsamer Flagge. Weltrekord für Kugelstoßerin Margitta Gummel und Schwimmer Roland Matthes über 100 m Rücken. Manfred Wolke wird Sieger im Weltergewicht. Je neun Gold- und Silber- und sieben Bronzemedaillen.

15.10. Das Duo Hauff-Henkler tritt in Mexico City auf.

28.10. Willy Brandt erklärt die Bereitschaft, von der Existenz der DDR als zweitem deutschen Staat auszugehen und der Regierung der DDR auf gleichbrechtigter Basis zu begegnen.

12.11. Der sowjetische Parteichef Leonid Breshnew erklärt die beschränkte Souveränität der sozialistischen Staaten im Falle einer Bedrohung für das sozialistische Weltsystem, auch Breshnew-Doktrin genannt.

14.11. DEFA-Filmpremiere »Die Toten bleiben jung« nach dem Roman von Anna Seghers.

21.11. DEFA-Filmpremiere »Hauptmann Florian von der Mühle« mit Manfred Krug, Rolf Herricht, Regina Beyer.

23.11. Die Dauerleistungskuh Bojarin wird geboren.

> »Warst du zur letzten Parteiversammlung?«
> »Ach, wenn ich gewusst hätte, dass es die letzte war ...«

26.11. Arnold Zweig, Ehrenpräsident der Akademie der Künste, stirbt.

1.12. Das Genthiner Waschmittelwerk präsentiert ein neues Vollwaschmittel: Spee.

6.12. Neue Vereinbarungen für den Interzonenhandel bis 1975.

12.12. Premiere der vieldiskutierten »Faust«-Inszenierung von Adolf Dresen/Wolfgang Heinz. Fred Düren als Faust ein »Erzketzer, Abenteurer, asozial, aggressiv und fordernd ...« Publikum und internationale Kritik jubeln, der Kulturminister verlangt Änderungen. Die Regisseure ändern, um ein Verbot zu verhindern. Wolfgang Heinz tritt als Intendant zurück.

Zum zweiten Mal in Folge wird Roland Matthes zum Sportler des Jahres gewählt. Die Leichtathletin Margitta Gummel und die Männer des Vierer ohne Steuermann bekommen diesen Titel zum ersten Mal verliehen.

Zum 6. Mal werden die Fernsehlieblinge gewählt: Ursula Karusseit, Erika Radtke, Klaus Feldmann, Günter Herlt, Hans Jacobus, Manfred Krug, Otto Mellies, Heinz Florian Oertel, Hans-Georg Ponesky, Helmut Sakowski, Karl-Eduard von Schnitzler, Kollektiv mit Prof. Flimmrich.

 Günter de Bruyn, Buridans Esel
Werner Heiduczek, Abschied von den Engeln
Irmtraud Morgner, Hochzeit in Konstantinopel
Anna Seghers, Das Vertrauen
John Stave, Wo liegt der tote Mann
Alfred Wellm, Pause für Wanzka oder die Reise nach Descansar
Franz Fühmann, Das hölzerne Pferd
Christa Wolf, Nachdenken über Christa T.

Hits:
Süß war der Apfel, Andreas Holm
Frag nicht den Wind, Regina Thoß
Nein, nein, nein, es lohnt sich nicht, Sonja Schmidt
Männertreu, Ruth Brandin
Verzeih den Kuss, Frank Schöbel
So vieles geht vorbei, Rosemarie Ambé
Männer, die noch keine sind, Chris Doerk

Das Jahr 1969

5.1. Der erste Film des Fünfteilers »Krupp und Krause« nach einem Drehbuch von Gerhard Bengsch wird im Fernsehen ausgestrahlt.

22./23.1. In Halle findet mit 700 Teilnehmern eine Konferenz zur Erhöhung der Arbeitsproduktivität in der DDR statt, die sogenannte Schrittmacherkonferenz.

> Auf einem Gerüst stehen ein paar Maurer und machen heimlich eine Flasche leer. Da stürzt einer runter und bricht sich das Genick. »Scheißtrinkerei, was machen wir jetzt?« »Wisst ihr was? Wir stecken ihm die Hände in die Taschen. Dann sieht's wie'n Arbeitsunfall aus.«

31.1-2.2. Petra Tierlich gewinnt den Weltmeistertitel im Einsitzer-Rennschlitten.

4.2. Ruth Schleiermacher erzielt im Eisschnellauf in Davos Weltrekord über 500 m.

4.-9.2. Gabriele Seyfert wird Europameisterin im Eiskunstlauf in Garmisch-Partenkirchen.

8.2.-5.3. Innenminister Friedrich Dickel untersagt allen Mitgliedern der Bundesversammlung ab dem 15. Februar bis auf Weiteres die Durchreise durch die DDR nach West-Berlin. Die DDR protestiert damit gegen die geplante Bundespräsidentenwahl in West-Berlin.

9.2. DEFA-Kinderfilmpremiere »Käuzchenkuhle« nach dem Kinderbuch von Horst Beseler.

23.2. DEFA-Märchenfilmpremiere »Wie heiratet man einen König?«, Regie Rainer Simon.

26.2.-2.3. Gabriele Seyfert wird Weltmeisterin im Eiskunstlauf in Colorado Springs.

2.3. Zwischen China und der UdSSR kommt es zu Grenzzwischenfällen und Gefechten.

> Reportage: »Meine Hörerinnen und Hörer, ich stehe an der sowjetischen Grenze und erlebe, wie von chinesischer Seite ein friedlicher russischer Mähdrescher beschossen wird. Sie werden sich fragen, was macht der friedliche sowjetische Mähdrescher? Ja, ich kann es Ihnen sagen, er schießt zurück und fliegt davon.«

20.3. Jurek Becker schreibt nach Kleists »Zerbrochenem Krug« ein turbulentes Lustspiel: »Jungfer, Sie gefällt mir«, die DEFA verfilmt es in der Regie von Günter Reisch.

22.3. DEFA-Kinderfilmpremiere »Mohr und die Raben von London«.

8.5. Als erstes nichtkommunistisches Land nimmt Kambodscha diplomatische Beziehungen zur DDR auf. Im Laufe des Jahres erkennen der Irak, der Sudan, Syrien, die Demokratische Volksrepublik Jemen und die Vereinigte Arabische Republik die DDR an.

12.5. Der stellvertretende Vorsitzende des Staatsrates und Vorsitzende der DDR-CDU, Gerald Götting wird zum neuen Präsidenten der Volkskammer als Nachfolger des verstorbenen Johannes Dieckmann gewählt.

> Die CDU leistet ihren Beitrag zum Aufbau des Sozialismus:
> Proletarier aller Länder, in Gottes Namen, vereinigt euch!

12.-25.5. DDR wird Mannschaftssieger bei XXII. Friedensfahrt.

14.5. In Rostock wird der erste Museums-Neubau der DDR, die Rostocker Kunsthalle, eröffnet.

16.5. DEFA-Filmpremiere »Mit mir nicht, Madam«.

28.-30.5. Auf dem VI. Deutschen Schriftstellerkongress wird ein neues Statut angenommen, das den Anforderungen des »entwickelten gesellschaftlichen Systems des Sozialismus« entspricht. Christa Wolfs Roman »Nachdenken über Christa T.« löst kontroverse Diskussionen aus.

10.6. Gründung des Bundes der Evangelischen Kirche in der DDR. Damit wird die bislang bestehende juristische und organisatorische Einheit der Evangelischen Kirche Deutschlands (EKD) beendet.

11.-13.6. Der 2. Frauenkongress tagt unter dem Motto: »Der Frauen Herz, Wissen und Tat für unseren sozialistischen Friedensstaat«. Fast die Hälfte aller Frauen ist berufstätig.

27.6. DEFA-Indianerfilmpremiere »Weiße Wölfe« (Co-Produktion DDR/Jugoslawien).

2.7. Die 250er MZ ETS Trophy Sport wird im Zschopauer Motorradwerk gebaut.

12.7. Roland Matthes schwimmt in Santa Clara über 200 m Rücken Weltrekord.

22.7. Die Bundesregierung beschließt, künftig das Hissen der DDR-Nationalflagge und das Abspielen der DDR-Staatshymne bei Sportveranstaltungen nicht zu behindern.

26.7. Eröffnung des V. Turn- und Sportfests in Leipzig.

27.7. Weltrekord von Karin Balzer über 100 m Hürden auf dem V. Turn- und Sportfest.

29.7. Walter Ulbricht stellt fest, dass die Freundschaft zur Sowjetunion in eine neue Qualität übergegangen ist.

> Anfrage an den Sender Jerewan: »Ist es wahr, dass sich die Liebe der DDR zur Sowjetunion ständig vertieft?«
> Antwort: »Ja, sie hat soeben einen Tiefpunkt erreicht.«

1.8. Die 20-Pfennig-Münze kommt in Umlauf.

23.-24.8. Frauenmannschaft gewinnt in Budapest Europakup im Schwimmen, Roland Matthes erzielt erneut Weltrekord über 100 m Rücken.

27.8. Der Ministerrat beschließt eine Erhöhung des staatlichen Kindergeldes: Ab 1.10. gibt es ab dem 3. Kind statt 20 nun 50 Mark Kindergeld monatlich.

28.8. Zentrales Fest der jungen Talente in Artistik und Schlager.

10.-14.9. DDR-Achter gewinnt Goldmedaille bei Ruder-EM der Männer in Klagenfurt (Österreich).

13.-20.9. DDR-Mannschaft gewinnt Weltpokal-Turnier im Volleyball der Männer.

16.9. Verhandlungen zwischen Ministerien der DDR und der BRD über Verkehrs- und Postfragen.

16.9. DEFA-Filmpremiere »Seine Hoheit, Genosse Prinz« von Rudi Strahl mit Rolf Ludwig und Rolf Herricht.

20.9. Uraufführung von Rudi Strahls Komödie »In Sachen Adam und Eva«, eines der meistgespielten DDR-Stücke, in Magdeburg.

25.9. Die ersten Fünfmarkmünzen kommen in Umlauf.

2.10. Neues Wahrzeichen für den Alexanderplatz: die Weltzeituhr. Sie wird zu einem der beliebtesten Treffpunkte in Berlin.

3.10. Das zweite Programm des DFF beginnt zu senden. Erste Farbfernsehsendung aus Berlin-Adlershof, im französischen SECAM-System. Ab sofort erscheint die Fernsehzeitung FF-dabei in Farbe.

> Eine japanische Delegation besucht das Gelände des DDR-Fernsehens in Berlin-Adlershof.
> Nach dem Rundgang sagt der Delegationsleiter: »Ein schönes Fernsehmuseum haben Sie hier. Und wo produzieren Sie?«

3.10. Der Fernsehturm in Berlin (365 m hoch) wird feierlich eröffnet. Das sich drehende Café im Turm ist eine besondere Attraktion.

> Vom Berliner Fernsehturm kann man vier Meere sehen – unten ein Häusermeer, oben das Wolkenmeer, im Westen das Lichtermeer und im Osten gar nichts mehr.

4.10. In Berlin eröffnet der Vergnügungspark Plänterwald.

4.10. Die 4 x 800-m-Staffel der Frauen (Schmidt, Hoffmeister, Pöhland, Wieck) läuft Weltrekord in Potsdam.

7.10. Am Altmarkt in Dresden wird der neuerbaute Kulturpalast eröffnet. Zum Auftakt erklingt die 9. Sinfonie von Beethoven.

> Aus der Festrede Walter Ulbrichts: »Vor zwanzig Jahren standen wir am Abgrund. Jetzt sind wir ein Stück weiter.«

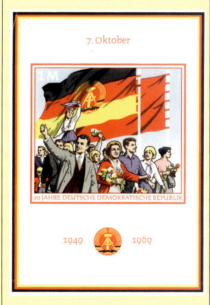

19.11. Die Puhdys geben in Freiberg ihr erstes Konzert. Gilt als Gründungsdatum der Band.

28.11. Abkommen zwischen der DDR und der Sowjetunion, das einen visafreien Reiseverkehr zwischen den beiden Ländern ermöglicht.

30.11. DEFA-Kinderfilmpremiere »Der Weihnachtsmann heißt Willi«.

4.12. DEFA-Filmpremiere »Weite Straßen – stille Liebe« mit Jutta Hoffmann und Manfred Krug.

»Der Weg der roten Fahne« von Gerhard Bondzin, 1969

18.12. Staatsratsvorsitzender Walter Ulbricht schickt Bundespräsident Heinemann einen Brief mit dem Entwurf eines Vertrages über die Aufnahme gleichberechtigter Beziehungen zwischen der DDR und der Bundesrepublik Deutschland.

29.12. Die Zeitungen sprechen vom kältesten Dezember seit 1893. Rekordminustemperaturen führen zu Engpässen bei Nahrungsmitteln und Brennstoffen.

> In der Schule wird über Energiesparen gesprochen. Fritzchen sagt: »Wir sparen schon, eine 15-Watt-Birne im Wohnzimmer, Kühlschrank runtergedreht, Mutter kocht nur Schnellgerichte, nur das Westfernsehen läuft Tag und Nacht. Sollen die doch sehn, wie sie mit der Energiekrise klarkommen.«

Sportler des Jahres werden Roland Matthes (Schwimmen), Petra Vogt (Leichtathletik) und die Volleyball-Nationalmannschaft der Männer.

Leser der Fernsehzeitung »FF-dabei« und der Berliner Zeitung wählen die Fernsehlieblinge:
Lissy Tempelhof, Günter Herlt, Karl-Eduard von Schnitzler, Hans-Georg Ponesky, Benito Wogatzki, Klaus Feldmann, Annemarie Brodhagen, Kollektiv Sandmännchen, Karl-Heinz Gerstner, Heinz Florian Oertel, Manfred Krug.

Fritz Rudolf Fries, Der Fernsehkrieg
Stefan Heym, Lassalle
Erwin Strittmatter, Ein Dienstag im September
Jurek Becker, Jakob der Lügner

Hits:
Mach dir keine Sorgen, Andreas Holm
Schön fängt jede Liebe an, Michaelis Chor
Kleines Boot, Kathrin und Klaus
Was so begann, Roland Neudert
Verliebt, Klaus Sommer
Wenn ich glücklich bin, Britt Kersten
Es fängt ja alles erst an, Rosemarie Ambé

Das Jahr 1970

6.1. Horst Queck wird Sieger der internationalen Vierschanzentournee (BRD/Österreich).

13.1. In Berlin-Mitte legt Oberbürgermeister Herbert Fechner den Grundstein für die neue Leipziger Straße.

20.1. Oskar Fischer löst Otto Winzer als Außenminister ab.

24.1. Gershwins »Porgy and Bess« mit Manfred Krug hat in der Regie von Götz Friedrich an der Komischen Oper Premiere.

2.-3.2. Die Landwirtschaft der DDR kann die Bevölkerung nicht ausreichend versorgen, mit der Sowjetunion werden baldige Lieferungen vereinbart.

Rostocker Hafen. Ein Mann beobachtet die einlaufenden Schiffe. Ein Wachoffizier spricht ihn an. »Was machen Sie hier?« »Ich warte, um zu sehen, wie die sowjetischen Schiffe voll mit Weizen beladen bei uns eintreffen.«
Der Offizier: »Dann gucken Sie nicht so viel aufs Meer, gucken Sie in die Zeitung!«

3.-9.2. Gaby Seyfert holt sich den Europameistertitel im Eiskunstlauf in Leningrad.

15.-21.2. Das 1. Festival des politischen Liedes findet in Berlin statt. DDR-Singeklubs und Gruppen und Solisten aus aller Welt treffen sich von nun an jedes Jahr. Dieter Süverkrüp, Miriam Makeba, die chilenische Gruppe Inti-Illimani sind dabei.

23.2. Erstmals wird Ulbrichts Losung »Überholen ohne einzuholen« öffentlich zitiert.

Sagt ein Genosse: »Wir reden im Parteilehrjahr ständig vom Kapitalismus, ohne zu wissen, was das eigentlich ist!«
Antwort: »Ich will es an einem Beispiel erklären. Stell dir vor, Genosse, der Kapitalismus ist eine chromblitzende Limousine, die mit rasendem Tempo auf den Abgrund zurast.«
»Schön und gut«, antwortet der Genosse, »nur ist mir unter diesen Umständen nicht verständlich, warum wir dann den Kapitalismus überholen wollen.«

3.-8.3. Gabriele Seyfert wird Weltmeisterin bei der Eiskunstlauf-WM in Ljubljana (SFRJ).

18.3. Einen Tag vor dem Besuch Brandts in Erfurt wird im DFF die Fernsehdokumentation »Bei Kuhnerts war man Sozialdemokrat« ausgestrahlt.

19.3. Treffen von Bundeskanzler Brandt und Ministerratsvorsitzendem Stoph zu Verhandlungen in Erfurt. Die Willy-Willy-Rufe gelten Willy Brandt.

Als Willy Brandt und Willi Stoph in Erfurt zusammentreffen, unterhalten sie sich über ihre Hobbys. Brandt: »Ich sammle Witze, die man über mich macht.«
Darauf Stoph: »Und ich sammle die, die Witze über mich gemacht haben.«

7.4. Der Schriftsteller Bruno Apitz stirbt in Berlin.

14.4. Ein neues Landeskulturgesetz fordert den Schutz der Wälder und Gewässer, die Reinhaltung der Luft, verlangt die schadlose Beseitigung von Produktionsabfällen und Schutz vor Lärm.

16.4. DEFA-Filmpremiere »Unterwegs zu Lenin« nach Alfred Kurella (Co-Produktion DDR/UdSSR).

17.4. Beschluss über Umtausch der Parteidokumente der SED-Genossen, mit 99,6 Prozent der Mitglieder und Kandidaten werden persönliche Aussprachen geführt.

19.4. An der Berliner Leninallee, nahe dem Friedrichshain, wird das Lenin-Denkmal des Bildhauers Nikolai Tomski eingeweiht.

Hermann Axen geht spazieren und kommt am Lenin-Denkmal vorbei. Da hört er jemanden stöhnen. Verwundert schaut er Lenin an und hört ihn sagen: »Alle haben ein Pferd, nur ich muss stehen. Besorg mir ein Pferd!«
Hermann rennt zu Walter und erzählt ihm davon. Beide gehen zum Denkmal.
Als Lenin Walter sieht, sagt er: »Hermann, du solltest mir ein Pferd bringen und keine Ziege!«

22.4. Der 100. Geburtstag Lenins wird mit zahlreichen Veranstaltungen begangen, u. a. mit den Ausstellungen »Im Geiste Lenins – mit der Sowjetunion in Freundschaft unlösbar verbunden« im Alten Museum und »Ein neuer Mensch – Herr einer neuen Welt« in der Akademie der Künste.

29.4. Beilegung des jahrelangen Streits um den Kostenausgleich bei der Post zwischen DDR und BRD.

7.5. Die DDR eröffnet ein Außenhandelszentrum in Paris.

9.5. Der sowjetische Film »Befreiung« hat in der DDR aus Anlass des 25. Jahrestages feierliche Premiere.

21.-24.5. Bei Judo-EM in Berlin siegen Rudolf Hendel (Halbmittelgewicht) und Klaus Hennig (alle Kategorien).

7.6. Die 1. Kulturfesttage auf dem Land werden an 340 Orten vom FDGB organisiert.

9.-14.6. Bei der Europameisterschaft der Ringer in Berlin gewinnt Heinz-Helmut Wehling im Klassischen Stil (Federgewicht), Klaus-Peter Göpfert (Leichtgewicht) und Horst Stottmeister im Freistil (Mittelgewicht).

12.-14.6. Die 12. Arbeiterfestspiele finden im Bezirk Rostock statt.

21.6. Schiedsrichter Rudi Glöckner pfeift das Fußball-Weltmeisterschaftsfinale in Mexico-City.

26.6. Der erste Olsenbanden-Film kommt in die DDR-Kinos.

27.6. DEFA-Indianerfilmpremiere »Tödlicher Irrtum«.

1.7. Exportwaren werden ab sofort nicht mehr mit »Made in Germany«, sondern mit »Made in GDR« oder »Hergestellt in der DDR« gekennzeichnet.

4.-6.7. Peter Frenkel erreicht im 20 km Gehen Weltrekord, Burglinde Pollak gelingt mit 5406 Punkten Weltrekord im Fünfkampf.

»Vor dem Sturm« von Hans Vent, 1974

26.7. Weltrekord über 100 m Hürden durch Karin Balzer.

28.7. Erich Honecker reist nach Moskau, um mit Breshnew geheim über Ulbrichts Ablösung zu beraten. Breshnew kritisiert an Ulbricht: »Er will mir Vorschriften machen.«

Anfrage an den Sender Jerewan: »Darf ein kleiner Funktionär einen großen kritisieren?« Antwort: »Im Prinzip ja, aber es wäre schade um den kleinen.«

10.8. Eröffnung des neuerbauten Spreewaldhafens.

29./30.8. In Stockholm sichert sich die Leichtathletik-Männermannschaft den Europa-Pokal.

3.9. Wolfgang Nordwig springt mit 5,46 m Weltrekord im Stabhochsprung bei Universiade in Turin.

5.9. Auf der Leipziger Herbstmesse sprechen Außenwirtschaftsminister Horst Sölle und Carsten Rohwedder aus dem Bonner Wirtschaftsministerium über Handelsfragen. 1969 hatte sich der Handel zwischen BRD und DDR um 25 Prozent ausgeweitet.

Ein Amerikaner sieht zur Messezeit in Leipzig eine lange Schlange vor einem Lebensmittelladen. »Bei uns kann man ohne Weiteres alles kaufen«, sagt er. »Das war früher bei uns auch so. Da sehen Sie mal, wie weit die USA zurückgeblieben ist.«

15.9. Gründung der Akademie der Pädagogischen Wissenschaften.

16.9. Gesetz über Zivilverteidigung.

27.9. Volksbühnen-Premiere der ersten Regiearbeit von Fritz Marquardt in Berlin, Katajews »Avantgarde«.

1.10. DEFA-Filmpremiere »Dr. med. Sommer II«.

2.10. Die Volleyballmannschaft der DDR wird Weltmeister; Rudi Schumann weltbester Volleyballer des Jahres 1970.

7.10. Die 750 Meter lange Seilbahn, mit der man von Thale auf den 250 Meter höher gelegenen Hexentanzplatz fahren kann, wird eingeweiht.

7.10. Die »HO-Gaststätte Goldbroiler« eröffnet als erstes Broiler-Restaurant in Erfurt.

12.-18.10. Manöver »Waffenbrüderschaft« aller Armeen des Warschauer Vertrages in der DDR.

25.11. Das Centrum-Warenhaus, jetzt das größte Kaufhaus der DDR, wird auf dem Berliner Alexanderplatz eröffnet.

Ein Professor steht mit einem leeren Netz in der Hand vor der HO-Kaufhalle und sinniert: »War ich nun schon drinnen – oder nicht?«

27.11. Zwischen dem Staatssekretär im Bundeskanzleramt Egon Bahr und dem DDR-Staatssekretär Michael Kohl beginnen die Verhandlungen über Verkehrsfragen, ein Transitabkommen und den Grundlagenvertrag.

17.12. DEFA-Filmpremiere »Signale - Ein Weltraumabenteuer« (Co-Produktion DDR/Polen).

Zum vierten Mal in Folge wird der Schwimmer Roland Matthes zum populärsten Sportler gewählt. Sportlerin des Jahres ist Erika Zuchold (Turnen), und Mannschaft des Jahres wird das Volleyball-Nationalteam.

Fernsehlieblinge:
Lissy Tempelhof, Karl-Heinz Gerstner, Hans-Georg Ponesky, Heinz Florian Oertel, Fuchs und Elster, Erika Radtke

Franz Fühmann, Der Jongleur im Kino
Wolfgang Kohlhaase, Erfindung einer Sprache
Irmtraud Morgner, Gauklerlegende
Volker Braun, Lenins Tod (Drama)
Johannes Bobrowski, Im Windgesträuch (Gedichte)

Hits:
Unsre Sommerreise, Dagmar Frederic/Siegfried Uhlenbrock
Danke schön für die Stunden mit dir, Klaus Sommer
Regen stört uns nicht, Monika Hauff/Klaus-Dieter Henkler
Pech gehabt, Michael Hansen
Der Tag war sinnvoll, Aurora Lacasa
Jeder Tag ist ein neuer Anfang, Dagmar Frederic
Ein himmelblauer Trabant, Sonja Schmidt

Das Jahr 1971

1.1. Die dritte Volkszählung der DDR ergibt 17 053 699 Einwohner.

14.1. DEFA-Filmpremiere »Kennen Sie Urban?« nach einem Drehbuch von Ulrich Plenzdorf.

21.1. Zehn Mitglieder und drei Kandidaten des Politbüros der SED schreiben einen Beschwerdebrief über Walter Ulbricht an Leonid Breshnew.

31.1. Der seit 1952 unterbrochene Telefonverkehr zwischen Ost- und West-Berlin wird wieder aufgenommen.

10.2. Premiere der umstrittenen »Räuber«-Inszenierung von Karge/Langhoff an der Volksbühne: Die Räuberbande in der Haltung der 68er.

20./21.2. Sieg für Ruth Schleiermacher im Sprintmehrkampf bei den Eisschnelllauf-WM in Inzell.

5.-7.3. Dieter Speer erkämpft Weltmeister-Titel über 20 km im Biathlon in Hämeenlinna.

16.3. Chile nimmt diplomatische Beziehungen zur DDR auf.

28.3. DEFA-Filmpremiere »KLK an PTX – Die Rote Kapelle«.

28.3. DEFA-Märchenfilmpremiere »Dornröschen«.

3.5. Walter Ulbricht erklärt seinen Rücktritt aus Altersgründen. Erich Honecker wird zum 1. Sekretär des ZK der SED gewählt.

> Was steht im Jahre 2010 im Lexikon unter Ulbricht, Walter?
> Sächsischer Mundartsprecher zu Zeiten des großen Mao.

6.5. Die Schauspielerin Helene Weigel stirbt in Berlin.

7.5. Dagmar Frederic und Siegfried Uhlebrock erhalten den Kunstpreis.

18.5. Honeckers erste Auslandsreise als Erster Sekretär des ZK führt nach Moskau.

> Erich Honecker ist zu Besuch bei Leonid Breshnew in Moskau. Der schenkt ihm einen Anzug, der wie angegossen passt. Als Honecker den Anzug in Berlin anzieht, sind Ärmel und Hosenbeine zu kurz. »Da kannst du mal sehen«, sagt Margot, »wie klein du dich immer in Moskau machst.«

19.-23.5. Zwei Goldmedaillen bei den Europameisterschaften im Judo in Göteborg, Rudolf Hendel (Halbmittelgewicht), Helmut Howiller (Halbschwergewicht).

30.5. Erstmals findet in Dresden ein Dixieland-Festival statt, veranstaltet vom Rundfunk der DDR. Von nun an steht dieses Ereignis jährlich im Programm.

4.6. Das 5-Sterne-Hotel »Neptun« im Ostseebad Warnemünde mit 337 Zimmern eröffnet.

> »Warum setzen Sie den Kellner nicht an die Luft?«, fragt ein Gast den Geschäftsführer eines Restaurants. »Jeder weiß doch, dass er für die Stasi spioniert!«
> »Warum sollte ich«, erwiderte der Restaurantleiter, »der nächste Spitzel ist möglicherweise kein so guter Kellner!«

11.-19.6. Ulrich Beyer (Halbweltergewicht) erkämpft bei der Europameisterschaft im Boxen in Madrid den Europameister-Titel.

15.-19.6. Auf dem VIII. Parteitag der SED wird der neue ökonomische Schwerpunkt auf die »Einheit von Wirtschafts- und Sozialpolitik« gelegt. Sozialismus und Kommunismus werden als zwei Phasen einer einheitlichen Gesellschaftformation mit fließendem Übergang betrachtet. Der Neu- und Ausbau von 500 000 Wohnungen wird beschlossen. Leonid Breshnew ist Gast des Parteitags.

> Breshnew und Honecker unterhalten sich über die Probleme der Warenverteilung. Breshnew sagt: »Die Verteilung der Waren erfolgt bei uns nach streng wissenschaftlichen Grundsätzen der Planwirtschaft: Zum Beispiel Gebiet Moskau 14 Prozent, Gebiet Leningrad 13 Prozent, Ural 10 Prozent usw.«
> »Das ist bei uns einfacher«, antwortet Honecker, »wir schaffen alles nach Berlin, und von dort holt sich's jeder ab.«

24.6. Die Volkskammer wählt Erich Honecker als Nachfolger Walter Ulbrichts zum Vorsitzenden des Nationalen Verteidigungsrates der DDR.

26.6. DEFA-Indianerfilmpremiere »Osceola«.

27.6. Die neue Krimiserie, »Polizeiruf 110«, startet mit dem Film »Der Fall Lisa Murnau«. Das DDR-Fernsehen produziert insgesamt 153 Folgen.

1.7. Die BRD wird postalisch Ausland, was die Telefongebühren erhöht.

> Warum kleben die Ulbricht-Briefmarken immer so schlecht?
> Die Leute spucken auf die falsche Seite.

3.7. Die neue Elbbrücke, die erste nach 1945 völlig neu gebaute Dresdner Brücke, wird eingeweiht.

7.7. Der Ministerrat beschließt die Auflösung des »Staatssekretariats für westdeutsche Fragen«, das zur »Verständigung zwischen beiden deutschen Staaten« beitragen sollte. Joachim Herrmann, der das Staatssekretariat leitete, wird Chef der Zeitung »Neues Deutschland«.

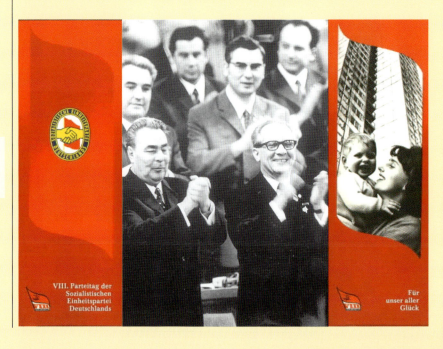

»Brigade Heinrich Rau« von Sighard Gille, 1971

In der Redaktion des »Neuen Deutschlands«.
»Haben Sie den Staatsratsvorsitzenden interviewt?«, fragt der diensthabende Redakteur einen Journalisten.
»Jawohl.«
»Und was hat er gesagt?«
»Wie immer: nichts.«
»Ausgezeichnet. Diktieren Sie es gleich der Sekretärin, aber nicht mehr als drei Spalten.«

31.7. Karin Balzer läuft über 100 m Hürden Weltrekord in 12,6 s in Berlin.

7.8. Die im RGW zusammengeschlossenen acht sozialistischen Länder beschließen die Einführung einer kollektiven Währung, die auf dem russischen Rubel basiert.

Ein Genosse kommt in die Hölle und trifft auf einen anderen. »Ach«, sagt der, »hier ist es ganz gemütlich, seit der Sozialismus Einzug gehalten hat. Heute gibt's kein Pech, morgen keinen Schwefel und übermorgen kein Holz und keine Kohlen oder es fehlen die Streichhölzer. Und wenn mal alles da ist, muss ausgerechnet der Heizer auf Parteischulung.«

12.-15.8. Bei den EM der Frauen im Rudern erringt Anita Kuhlke die Goldmedaille im Einer in Kopenhagen.

28.-29.8. Die DDR-Schwimmerinnen gewinnen den Europapokal beim Finale in Bratislava.

28.3. UdSSR, USA, Großbritannien und Frankreich unterzeichnen ein Abkommen über Westberlin, das den Status quo sichert.

3.9. DEFA-Filmpremiere: Heidemarie Wenzel und Winfried Glatzeder in »Zeit der Störche«.

3./4.9. Weltrekorde in Leipzig durch Roland Matthes über 200 m Rücken und 100 m Rücken.

6.9. Der aufwändige historische Film »Goya«, Regie Konrad Wolf, kommt als Co-Produktion der DEFA mit der UdSSR in die Kinos.

9.10. In Karl-Marx-Stadt wird das Marx-Denkmal von Lew Kerbel enthüllt; der Bronzekopf ist 42 Tonnen schwer.

21.10. Ministerrat beschließt Förderung des privaten Wohnungsbaus für Arbeiter und Kinderreiche ab 1972.

Die DDR wurde in das Guinness-Buch der Rekorde eingetragen:
Sie hatte die meisten Kinder pro Banane.

14.11. Wahlen zur 6. Volkskammer.

15.11. Der ehemalige Deutschlandsender und die »Berliner Welle« werden zusammengefasst und nehmen unter dem Namen »Stimme der DDR« ihre Sendetätigkeit auf.

18.11. In der DDR wird ein Preisstop für Konsumgüter und Dienstleistungen bis 1975 verkündet.

Warum hing in Fleischerläden immer noch wenigstens eine Wurst am Haken? Damit niemand nach Fliesen fragt.

26.11. Auf der konstituierenden Sitzung der Volkskammer wird Walter Ulbricht erneut zum Vorsitzenden des Staatsrates, Willi Stoph zum Ministerratsvorsitzenden und Erich Honecker zum Vorsitzenden des Verteidigungsrates gewählt.

11.-19.12. Die Frauen-Nationalmannschaft wird Weltmeister im Hallenhandball beim Finale in Arnheim (Niederlande) mit 11:8 gegen Jugoslawien.

28.3. Unterzeichnung des Transitabkommens zwischen beiden deutschen Staaten und Regelung des Besuchsverkehr zwischen West- und Ostberlin.

Im Ergebnis der Leserumfrage der Tageszeitung »Junge Welt« sind die populärsten Sportler des Jahres Karin Balzer, Roland Matthes und die 4 x 400-m-Staffel der Frauen (Rita Kühne, Ingelore Lohse, Helga Seidler, Monika Zehrt).

Fernsehlieblinge: Karl-Heinz Gerstner, Angelica Domröse, Frank Schöbel, Heinz Florian Oertel, Fuchs und Elster, Erika Radtke

 Joachim Nowotny, Sonntag unter Leuten
Werner Heiduczek, Marc Aurel oder ein Semester Zärtlichkeit
Karl-Heinz Jakobs, Eine Pyramide für mich
Fred Wander, Der siebente Brunnen
Günter Görlich, Den Wolken ein Stück näher

Hits:
Wie ein Stern, Frank Schöbel
Jedes junge Mädchen, Chris Doerk
Aus und vorbei, Panta Rhei
Wer die Rose ehrt, Klaus Renft Combo
Türen öffnen sich zur Stadt, Puhdys
Schau mir ins Gesicht, Andreas Holm

»Junges Paar« von Günter Glombitza, 1970

Das Jahr 1972

1.1. Der pass- und visafreie Verkehr mit Polen wird eingeführt.

6.1. Vor Soldaten auf der Insel Rügen bezeichnet Honecker die Bundesrepublik erstmals als Ausland.

> Anfrage an den Sender Jerewan: »Stimmt es, dass die DDR mit Volldampf zum Sozialismus steuert?«
> Antwort: »Im Prinzip ja! Gegenwärtig benötigt sie den meisten Dampf zum Tuten.«

9.1. Erste Tele-Lotto-Sendung.

13.1. DEFA-Filmpremiere »Trotz alledem!«, die Fortsetzung von Günter Reischs Liebknecht-Film, »Solange Leben in mir ist.«

15.1. Die Pass- und Visafreiheit mit der Tschechoslowakei wird eingeführt.

29.1. Die erste Folge von »Ein Kessel Buntes« wird aus dem Friedrichstadtpalast übertragen.

3.2. Erster Auftritt der Band »City« im Artur-Becker-Club Köpenick.

3.-13.2. Olympische Spiel in Sapporo. Ulrich Wehling gewinnt Gold in der Nordischen Kombination. Die DDR-Mannschaft erkämpft 14 Medaillen.

10.2. DEFA-Filmpremiere »Der Mann der nach Oma kam«, Regie Roland Oehme.

11.2. Der »Deutsche Fernsehfunk« wird in »Fernsehen der DDR« umbenannt.

4.3. Erste Sendung »Mit Lutz und Liebe« mit Lutz Jahoda.

9.3. Das »Gesetz über die Schwangerschaftsunterbrechung« wird in der Volkskammer mit 14 Gegenstimmen und 8 Enthaltungen angenommen.

11.3. Die Uraufführung von Heiner Müllers »Macbeth« in Brandenburg löst Kontroversen über den Umgang mit klassischen Texten aus.

16.3. DEFA-Filmpremiere »Der Dritte«, Regie Egon Günther, nach einem Roman von Eberhard Panitz, mit Rolf Ludwig und Jutta Hoffmann, die für ihre Rolle den Darstellerpreis in Venedig erhält.

17.3. 200. Veranstaltung der Lauf-Dich-gesund-Bewegung in Karl-Marx-Stadt.

13.1. Erste Folge der Ratgeber-Sendung »Fragen Sie Professor Kaul«.

24./25.4. Eine Tanzmusikkonferenz rehabilitiert Jazz und Beat. Man wolle nicht darauf verzichten, nur weil sie die imperialistische Massenkultur zur Profitmaximierung missbrauche.

28.4. Beschluss über sozialpolitische Maßnahmen (1000 Mark bei Geburt eines Kindes, 5000 Mark zinsloser Ehekredit).

> Erich läuft über den Alexanderplatz und sieht einen kleinen Jungen bitterlich weinen. Erich: »Was hast du denn mein Junge?« Der Junge: »Aich bin aufs Knie gefallen und habe mir meine Hose kaputtgemacht«. Darauf Erich: »Komm, wir gehen rüber ins Centrum Warenhaus, und ich kaufe dir eine neue Hose, wenn du mir versprichst, mit 18 in die SED einzutreten.« Darauf der Junge: »Aber Erich, ich bin aufs Knie gefallen, nich auf'n Kopp.«

18.5. Seit Beginn des Jahres werden die noch rund 11000 privaten Betriebe in Volkseigentum überführt. Die Verstaatlichung wird für abgeschlossen erklärt.

»Brigadier Fritz Gutzeit« von Gerhard Kurt Müller, 1972

Ein Schlachthof in Dresden erfüllt seinen Plan nur zu fünfzig Prozent. Der Direktor meldet fünfundsechzig Prozent an die SED-Kreisleitung. Der Kreisleitungssekretär erhöht auf fünfundsiebzig Prozent. Die SED-Bezirksleitung telegrafiert gewohnheitsgemäß 99,8 Prozent nach Berlin weiter. Im Wirtschaftsministerium wird die Bilanz auf hundert Prozent gerundet. Im Zentralkomitee entscheidet man: »Die Hälfte wird exportiert, der Rest bleibt für den Binnenhandel.« Erich Honecker erkundigt sich bei Günter Mittag nach der Höhe der Ausschuß-Produktion.
»Nur acht Prozent«, sagt Mittag stolz.
»Aber reicht denn das zur Versorgung unserer Bevölkerung?«

18.5. Uraufführung »Die neuen Leiden des jungen W.« von Ulrich Plenzdorf in Halle. Das moderne Drama nach Goethes »Werther« erfasst die Sprache, Mentalität und Konflikte junger Menschen in der DDR.

26.5. Die Staatssekretäre Egon Bahr und Michael Kohl unterzeichnen in Ost-Berlin einen Verkehrsvertrag zwischen BRD und DDR.

> Was ist Emigration?
> Der friedliche Übergang vom Sozialismus zum Kapitalismus.

15.6. Weltrekord von Annelie Ehrhardt über 100 m Hürden in 12,5 s.

18.6. Erstmals wird »Außenseiter – Spitzenreiter« ausgestrahlt.

> 30.6. Walter Ulbricht hat Geburtstag. Ein Arbeiter, der gratulieren will, lehnt sein Fahrrad an das Staatsratsgebäude. Ein Sicherheitsbeamter sagt: »Das geht nicht. In wenigen Minuten kommen die sowjetische und dann die polnische Delegation.
> »Das macht nichts. Ich hab das Rad angeschlossen.«

1.7. Auch in diesem Jahr gibt es einen neuen Indianerfilm: »Tecumseh« mit Gojko Mitic hat Premiere, Regie und Drehbuch Hans Kratzert.

24.7. Zum ersten Mal werden Ferngespräche von West-Berlin in die DDR im Selbstwählferngesprächsdienst möglich.

5.-20.8. In Tahlequah (USA) erringt Barbara Karkoschka den Weltmeister-Titel im Fallschirmsport.

26.8.-11.9.1972 XX. Olympische Spiele in München. Die Medaillenbilanz der DDR: 20mal Gold und je 23mal Silber und Bronze. Gold für Karin Janz am Stufenbarren.

»Sizilianischer Großgrundbesitzer mit Marionetten« von Werner Tübke, 1972

> Stimmt es, daß der Kapitalismus im Sterben liegt?
> Ja, aber was für ein schöner Tod.

1972 und 1973 werden DDR-Fernsehkünstler des Monats auf Leserumfrage der »FF-dabei« ermittelt. Die Spitzenreiter 1972 gehen in die Wahl von 1973 ein und werden nicht extra genannt.

10.9. Angela Davis kommt nach Berlin. Die Kommunistin war 1970 in den USA unter dubiose Mordanklage gestellt worden. Die FDJ organisierte eine ihrer größten Kampagnen: »Freiheit für Angela Davis.«

15.9. Die Fähre »Rügen« wird auf der Route Saßnitz–Trelleborg eingesetzt.

21.9. Ein DEFA-Science-Fiction-Film hat Premiere: »Eolomea.«

28.9. Horst Seemanns Gegenwartsfilm über einen Baubrigadier, »Reife Kirschen«, kommt in die Kinos.

2.10. Einweihung des Universitätshochhauses im Jenaer Zentrum, das neue Wahrzeichen der Stadt.

7.10. Die Schauspieler Jutta Hoffmann und Armin Mueller-Stahl erhalten den Nationalpreis.

16.10. DDR-Bürgern, die vor dem 1. Januar 1972 die DDR verließen, wird die DDR-Staatsbürgerschaft aberkannt. Sie werden strafrechtlich nicht mehr verfolgt.

22.10. Junioren-Europapokal im Gehen für Karl-Heinz Stadtmüller und die DDR-Mannschaft in Lugano (Italien).

12.11. Der Film »Die große Reise der Agathe Schweigert« mit Helga Göring in der Hauptrolle läuft im Fernsehen.

21.11. Die DDR wird in die UNESCO aufgenommen.

27.11. Polnische Bürger dürfen nur noch 200 Mark umtauschen. Der mit dem visafreien Verkehr einsetzende Einkaufs-Tourismus hat zu Engpässen geführt.

> Was ist Kommunismus?
> Wenn jeder von allem genug hat.

21.12. Bundesminister Egon Bahr und DDR-Staatssekretär Michael Kohl unterzeichnen den Grundlagenvertrag: Anerkennung der Vier-Mächte-Verantwortung, die Unverletzlichkeit der Grenzen, die Beschränkung der Hoheitsgewalt auf das jeweilige Staatsgebiet, der Austausch »ständiger Vertreter«, die Beibehaltung des innerdeutschen Handels und der Antrag beider Staaten auf Aufnahme in die UNO festgeschrieben.

DDR-Sportler des Jahres werden nach Umfrage der »Jungen Welt«: Karin Janz, Wolfgang Nordwig und die 4 x 400-m-Staffel der Frauen.

Günter de Bruyn, Preisverleihung
Stefan Heym, Der König David Bericht
Hermann Kant, Das Impressum
Eberhard Panitz, Die sieben Affären der Doña Juanita
Ulrich Plenzdorf, Die neuen Leiden des jungen W. (in »Sinn und Form«)
Irmtraud Morgner, Die wundersamen Reisen Gustavs des Weltfahrers
Volker Braun, Die Kipper (Drama)

»Flucht des Sisyphos« von Wolfgang Mattheuer, 1972

6.10. Eröffnung der VII. DDR-Kunstausstellung in Dresden, die 2000 Exponate von etwa 1 000 Künstlern zeigt und rund 655 000 Besucher haben wird.

6.10. Der Staatsrat beschließt eine Amnestie.

> Familie Mayer hat einen Papagei, der immerzu ruft: Nieder mit den Kommunisten. Nichts hilft, der Schnabel ist ihm nicht zu stopfen. Als sich Hänschens Lehrer zum Hausbesuch angesagt hat, sperrt Frau Mayer den Papagei in den Kühlschrank. Als der Lehrer wieder weg ist, holt ihn Frau Mayer wieder heraus. Da ruft der Papagei: »Nieder mit den Kapitalisten!« – »Was ist los, lieber Papagei?« – »Na, zwei Stunden Sibirien haben mir gereicht.«

Hits:
Männer müssen Männer sein, Britt Kersten
Geh dem Wind nicht aus dem Wege, Puhdys
Gold in deinen Augen, Frank Schöbel
Soll das alles sein, Wolfgang Ziegler und Gruppe WIR
Es war doch nicht das erste Mal, Reinhard Lakomy
Cäsars Blues, Klaus Renft Combo
Yvetta, Jiri Korn

Das Jahr 1973

1.1. Herauslösung der Grenztruppen aus der NVA.

5.1.-9.2. Weitere 17 Staaten, darunter auch Frankreich und Großbritannien, nehmen diplomatische Beziehungen zur DDR auf.

12.1. Zum Neujahrsempfang Erich Honeckers erscheinen Diplomaten aus 70 Ländern.

Ein Funktionär der französischen Bruderpartei besucht die DDR, wird von seinen Gastgebern durch Fabriken und Baustellen geführt und erklärt zum Abschied: »Tröstet euch, Genossen – bei uns arbeitet die herrschende Klasse auch nicht!«

13.1. Die 7. Sendung von »Ein Kessel Buntes« löst erheblichen Ärger aus. Ein von Manfred Krug verjazzter Operettentitel und die Kritik von Distel-Kabarettisten an den Neubauten führen zur Entlassung von Mitarbeitern.

2.2. Die DDR schließt sich der Wiener Konvention über diplomatische Beziehungen an. Die Vereinbarung regelt die durch das Völkerrecht gewährte Befugnis, Gesandte zu entsenden und zu empfangen.

5.-11.2. Christine Errath wird Europameisterin bei den EM im Eiskunstlaufen in Köln.

15.2. DEFA-Filmpremiere »Copernicus« (Co-Produktion DDR/Polen).

7.2. Die DDR akkreditiert Korrespondenten von ARD und ZDF sowie von einigen Zeitungen und Zeitschriften der BRD.

10.2. Bert Brechts letztes Schauspiel »Turandot oder Der Kongress der Weißwäscher« wird zu seinem 75. Geburtstag erstaufgeführt.

20.2. Die UdSSR und die DDR schließen ein zeitlich unbefristetes Rahmenabkommen über Erdöllieferungen der Sowjetunion an die DDR ab.

21.2. Kulturminister Hans-Joachim Hoffmann tritt die Nachfolge von Klaus Gysi an.

9.-11.3. In Oberstdorf (BRD) wird Hans-Georg Aschenbach Skiflug-Weltmeister.

10.-11.3. Frank Siebeck gewinnt den Europameister-Titel über 60 m Hürden bei den IV. Europa-Hallen-Meisterschaften der Leichtathletik.

19.3. Anlässlich des 100. Geburtstages von Max Reger finden Festtage im thüringischen Meiningen statt.

16.3. Manfred Ewald wird Präsident des NOK der DDR.

22.-31.3. Die Eishockey-Nationalmannschaft siegt in Graz (Österreich) im B-Gruppenturnier der Weltmeisterschaft.

27.3. Beschluss des Politbüros zum Bau des Palastes der Republik.

29.3. DEFA-Filmpremiere »Die Legende von Paul und Paula«, Drehbuch Ulrich Plenzdorf, mit Winfried Glatzeder und Angelica Domröse.

7.4. Premiere von Joachim Herz' Inszenierung von Wagners »Rheingold« an der Leipziger Oper, bis 1976 bringt Herz dort den kompletten »Ring« neu heraus.

13.-14.4. Kornelia Ender schwimmt in Berlin Weltrekord über 200 m Lagen und 100 m Schmetterling.

4.5. Uraufführung von Volker Brauns »Hinze und Kunze« am Theater Karl-Marx-Stadt, Regie: Piet Drescher.

10.5. DEFA-Filmpremiere »Aus dem Leben eines Taugenichts« mit Dean Reed in der Hauptrolle.

13.5. Klaus Köste gewinnt Gold am Reck bei den Europameisterschaften im Gerätturnen in Grenoble.

13.5. Erster Rennsteiglauf (Testläufe bereits 1971/72).

16.5. Leonid Breshnew ist zu Besuch in der DDR und überreicht Honecker den Lenin-Orden. Er unterstreicht, dass sich die Wende vom Kalten Krieg zur Entspannung vollzogen hat.

28.5. Auf einer ZK-Tagung »gestattet« Honecker das Westfernsehn-Gucken (»das ja bei uns jeder beliebig ein- oder ausschalten kann«).

29.5. Der Biathlet Dieter Speer erhält in Paris den Fairplay-Pokal. Er hatte im olympischen Staffelwettbewerb einem sowjetischen Läufer, dem der Ski zerbrach, seinen Ski geliehen.

30./31.5. Der Vorsitzende der SPD-Bundestagsfraktion, Herbert Wehner, besucht Erich Honecker.

1.6. Aufbau des Neubaugebietes Kiwitt bei Potsdam (Baubeginn 1966) abgeschlossen.

1.6. Neue Geldscheine – gültig bis 1990 – ersetzen fließend die 64er Scheine und tragen die Bezeichnung: »Mark der Deutschen Demokratischen Republik«.

7.6. Renate Stecher läuft in Ostrava als erste Frau der Welt die 100 m unter 11 Sekunden – neuer Weltrekord: 10,9 s.

12.6. DDR beantragt in New York die Aufnahme in die Vereinten Nationen.

13.6. Volkskammer ratifiziert den »Grundlagenvertrag«.

15.6. Ausstrahlung der Show »Chris und Frank«.

28.6. DEFA-Filmpremiere »Nicht schummeln, Liebling« mit Frank Schöbel und Chris Doerk.

29.6. Der DEFA-Indianerfilm »Apachen« mit Gojko Mitic kommt in die Kinos und liegt in der Zuschauergunst noch vor der »Legende von Paul und Paula«.

3.-7.7. Während der ersten Phase der KSZE führen die deutschen Außenminister Otto Winzer und Walter Scheel erstmals direkte Gespräche.

12.7. Das Otto-Nagel-Haus in Berlin wird als Pflegestätte der proletarischen Kultur eröffnet.

20.-22.7. Drei Weltrekorde bei den DDR-Meisterschaften der Leichtathleten: Renate Stecher über 100 m und über 200 m; Annelie Ehrhardt über 100 m Hürden.

Weltfestspiele in Berlin. Das ZK telefoniert mit Petrus und bittet um gutes Wetter. Petrus sagt ab. Also bitten die Genossen beim Teufel. Der sagt: »Einverstanden, ich garantiere schönes Wetter, und ihr sorgt dafür, dass ich Walter bekomme.«

28.7.-6.8. X. Weltfestspiele der Jugend und Studenten in Berlin. Teilnehmer aus 140 Nationen reisen an.

1.8. In Berlin stirbt achtzigjährig Walter Ulbricht.

Lotte Ulbricht ruft zum wiederholten mal bei Petrus an. »Ist mein Mann denn endlich im Himmel angekommen?
Petrus: »Frau Ulbricht, ihr Mann hat die Himmelfahrt abgeschafft, zu Fuß dauert das einfach länger.«

Die Nachfolge Ulbrichts beschäftigt die Gemüter. Aussichtsreicher Vorschlag: Willi Schwabe.
Er ist der Einzige, der sich in der Rumpelkammer auskennt.

7.8. Neue Anordnung: Frauen über 40 und Männern über 45 kann die Facharbeiterqualifikation ohne Ausbildung und Prüfung zuerkannt werden. Voraussetzung ist eine langjährige Berufserfahrung.

1.9. Inbetriebnahme des Leipziger Universitätshochhauses.

2.9. Uraufführung der Komödie »Adam und Eva« von Peter Hacks am Dresdener Staatstheater.

9.9. Die Leichtathletik-Nationalmannschaft der Frauen gewinnt in Edinburgh den Europa-Pokal.

11.9. In Chile kommt Präsident Salvador Allende bei einem Militärputsch ums Leben. Damit endet der Versuch, in dem lateinamerikanischen Staat ein System des demokratischen Sozialismus durchzusetzen.

12.9. In Eisenach eröffnet das rekonstruierte Bach-Haus und präsentiert eine Sammlung historischer Instrumente.

18.9. Die DDR wird als 133. Staat in die UNO aufgenommen.

21.9. Als Folge des Militärputsches bricht die DDR ihre diplomatischen Beziehungen zu Chile ab.

23.9. DEFA-Filmpremiere »Schüsse in Marienbad« (Co-Produktion DDR/CSSR).

2.10. Das ZK beschließt das Wohnungsbauprogramm – drei Millionen Wohnungen sollen gebaut werden und bis 1990 die Wohnungsfrage als soziales Problem lösen.

3.10. Die Volkskammer wählt Willi Stoph zum Staatsratsvorsitzenden.

12.10. Uraufführung von Heiner Müllers »Zement« am Berliner Ensemble, Regie: Ruth Berghaus, Musik Paul Dessau.

28.10. Angelika Hellmann gewinnt Gold bei den Europameisterschaften im Gerätturnen in London im Pferdsprung.

2.11. Grundsteinlegung für den Palast der Republik durch Erich Honecker.

3.11. Durch den Sieg über Albanien in Tirana qualifiziert sich die DDR-Fußball-Nationalmannschaft zum ersten Mal für eine Weltmeisterschaftsendrunde.

5.11. DDR-Finanzminister ordnet Mindestumtausch von 20 Mark bei Besuchern aus nichtsozialistischen Staaten und Westberlin im Verhältnis 1:1 an.

14.-16.11. VII. Schriftstellerkongress, Umbenennung von »Deutscher Schriftstellerverband« in »Schriftstellerverband der DDR«, erneute Wahl von Anna Seghers zur Vorsitzenden.

21.11. Der einmillionste »TRABANT« läuft im VEB Sachsenring Automobilwerke Zwickau vom Band.

Ein Esel und ein Trabant treffen sich.
»Guten Tag, Auto«, sagt der Esel.
»Guten Tag, Pferd«, sagt der Trabant.
»Nanu!« staunt der Esel, »warum sagst du Pferd zu mir?«
»Du sagst ja auch Auto zu mir.«

13.12. Das bisher blaue Halstuch tragen jetzt nur noch die Jungpioniere, Thälmann-Pioniere bekommen in der vierten Klasse das rote Halstuch.

19.12. Durch eine Lockerung des Devisengesetzes ist es DDR-Bürgern nun erlaubt, im »Intershop« einzukaufen.

Was ist dort, wo ein Genosse ist? – Ein Weg.
Was ist dort, wo zwei Genossen sind? – Eine Straße. – Was ist dort, wo viele Genossen sind? – Der Intershop.

23.12. Die erste Folge der Serie »Das unsichtbare Visier« läuft im Fernsehen.

Sportler des Jahres: Kornelia Ender, Roland Matthes (zum siebenten Mal hintereinander) und die Fußballmannschaft des SC Dynamo Dresden.

Fernsehlieblinge:
Chris Doerk, Rica Deus, Angelica Domröse, Dagmar Frederic, Sigrid Göhler, Monika Hauff, Jutta Hoffmann, Agnes Kraus, Gisela May, Erika Radtke; Frank Schöbel, Peter Borgelt, Eberhard Cohrs, Klaus-Dieter Henkler, Rolf Herricht, Manfred Krug, Klaus Piontek, Horst Schulze, Reiner Süß, Hans-Joachim Wolfram

 Jurek Becker, Irreführung der Behörden
Karl-Heinz Jakobs, Die Interviewer
Erik Neutsch, Auf der Suche nach Gatt
Erwin Strittmatter, Der Wundertäter 2
Volker Braun, Hinze und Kunze (Drama)
Eva Strittmatter, Ich mach ein Lied aus Stille (Lyrik)
Franz Fühmann, 22 Tage oder die Hälfte des Lebens (Tagebuch)

Hits:
Ich geh vom Nordpol zum Südpol zu Fuß, Frank Schöbel
Und ich geh in den Tag, Reinhard Lakomy
Geh mit mir, Wolfgang Ziegler und Gruppe WIR
Wenn ein Mensch lebt / Geh zu ihr und lass deinen Drachen steigen / Manchmal im Schlaf, Puhdys
Apfeltraum / Gänseliesschen, Klaus Renft Combo

Das Jahr 1974

1.1. Im internationalen Verkehr müssen alle DDR-Fahrzeuge nun anstelle des Länderschilds »D« das Länderschild »DDR« tragen.

> Zwei Volkspolizisten halten an der Grenze Ost-West einen englischen Autofahrer an. Sagt der eine Polizist zum anderen: »Paul schreib auf, der Mann hat sein Lenkrad auf der falschen Seite«.
> Darauf der Engländer: »What do you want from me?«
> Der Polizist zum anderen: »Paul, schreib auf, der Mann redet wirres Zeug.«
> Der Polizist geht um das Auto des Engländers herum und sieht den Aufkleber mit »GB«. Daraufhin der Polizist ganz aufgeregt zum anderen: »Paul, streich alles, der Mann ist von der Griminal Bolizei.«

5.1. Bei der Internationalen Vierschanzentournee gewinnt Hans-Georg Aschenbach.

10.1. In Ost-Berlin wählt der Zentralrat der »Freien Deutschen Jugend« Egon Krenz zum neuen Vorsitzenden.

> Die Tiere des Waldes wählen einen neuen Parteisekretär.
> Die Ziege? – Nein, die meckert zuviel.
> Die Schnecke? – Nein, die ist zu bürgerlich. Hat ein eigenes Haus.
> Der Fuchs? – Nein, auch zu bürgerlich. Trägt ständig einen Pelz.
> Der Elefant? – Nein, lebt auf zu großem Fuß.
> Der Hase? – Nein, ist zu ängstlich.
> Die Schlange? – Nein, die kriecht immer.
> Der Storch! – Ja, na klar, der Storch! Der steht auf roten Beinen, kann mächtig gut klappern und kommt auch jedes Mal aus dem Westen wieder.

28.1. Das 3. Jugendgesetz der DDR wird verabschiedet.

7.2. DEFA-Filmpremiere »Orpheus in der Unterwelt« mit Rolf Hoppe in der Rolle des Jupiter.

16.-17.2. Margit Schumann und Bernd Hahn/Norbert Hahn werden Weltmeister bei den WM im Rennschlittensport in Königsee (BRD).

21.2. DEFA-Filmpremiere »Die Schlüssel« mit Jutta Hoffmann.

5.-10.3. In München erringen Christine Errath und Jan Hoffmann Weltmeister-Titel im Eiskunstlauf.

10.3. DEFA-Märchenfilmpremiere »Drei Haselnüsse für Aschenbrödel« (DDR/CSSR). Der bezaubernde Film gehört bald zu den beliebtesten DEFA-Märchen.

12.3. Konstituierung des »Wissenschaftliche Rates für Jugendforschung«.

4.4. DEFA-Filmpremiere »Der nackte Mann auf dem Sportplatz« mit Kurt Böwe.

6.4. In Opole (Polen) erkämpft die Frauenmannschaft des SC Leipzig den Hallenhandball-Europapokal der Landesmeister im Finale gegen Spartak Kiew.

20.4. Auftakt zur Sportinitiative »Eile mit Meile«.

24.4. Der persönliche Referent von Bundeskanzler Brandt, Günter Guillaume, wird unter dem Verdacht der Spionage für die DDR festgenommen.

> Ein Maler in einem volkseigenen Betrieb malt die Losung: »Unser Betrieb produziert nur Ausschuß.« Dafür erhält er eine Strafe von 3 Monaten, 3 Wochen und 3 Tagen. – 3 Tage für die Vergeudung von Material, 3 Wochen für die Verschwendung von Arbeitszeit, 3 Monate für den Verrat von Betriebsgeheimnissen.

25.4. DEFA-Filmpremiere »Für die Liebe noch zu mager« mit Simone von Zglinicki.

2.5. Die »Ständigen Vertretungen« beider deutscher Staaten nehmen in Bonn und Ost-Berlin die Arbeit auf.

2.-5.5. Günter Krüger wird Europameister im Halbmittelgewicht bei den EM im Judo in London.

6.5. Eröffnung der Ausstellung »Arbeitskultur im sozialistischen Betrieb« in Erfurt.

> Eine amerikanische Delegation besucht das Ernst-Thälmann-Werk in Magdeburg. Vor der Fabrik steht ein großes Auto. Die Amerikaner fragen: »Wem gehört die Fabrik?«
> »Nun, den Arbeitern!«
> »Und wem gehört das Auto?«
> »Nun, dem Direktor.«
> »Seltsam, bei uns ist das genau umgekehrt!«

8.5. Grundsteinlegung für das Bauernkriegsdenkmal auf dem Schlachtberg bei Bad Frankenhausen.

8.5. Als einzige Fußballmannschaft in der DDR-Geschichte gewinnt der 1. FC Magdeburg den Europa-Cup.

16.5. DEFA-Indianerfilmpremiere »Ulzana«.

26.5. Die S-Bahn-Linie Leipzig-Wurzen (26 Kilometer) wird in Betrieb genommen. Sie fährt auf den Schienen der Reichsbahnstrecke Leipzig-Dresden.

22.6. Bei der Fußballweltmeisterschaft stehen sich in Hamburg die Mannschaften der Bundesrepublik und der DDR gegenüber. Die DDR kann das Spiel mit dem sogenannten Sparwasser-Tor in der 77. Minute für sich entscheiden und gewinnt mit 1:0 gegen den späteren Weltmeister.

29.6. DEFA-Premiere »Liebe mit 16«.

18.-25.8. Die DDR-Mannschaft gewinnt bei den EM im Schwimmen, Springen und Wasserball in Wien 17 Gold-, 15 Silber- und 4 Bronzemedaillen.

1.-8.9. Gunhild Hoffmeister wird Europameisterin über 1500 m bei den Leichtathletik-EM in Rom.

4.9. USA nimmt als letzte Siegermacht diplomatische Beziehungen zur DDR auf.

> Wo wären die amerikanischen Astronauten gelandet, wenn es den Mond nicht gegeben hätte?
> Natürlich in der DDR, denn die liegt noch ein Lichtjahr hinter dem Mond.

11.9. Solidaritätsveranstaltung im Friedrichstadtpalast anlässlich des ersten Jahrestages des faschistischen Putsches in Chile.

27.9. Die Volkskammer beschließt eine Verfassungsänderung. Alle Bezüge auf die »deutsche Nation« werden gestrichen.

5.-8.10. Zu den Feiern zum 25. Jahrestag der DDR reist auch eine Delegation unter Vorsitz Leonid Breshnews an.

Erich Honecker ist bei Breshnew zu Besuch in Moskau. Dieser will ihm die Ergebenheit der sowjetischen Bevölkerung beweisen. Breshnew steigt auf den Kreml-Turm und ruft dem herbeilaufenden Volk zu: »Wer ist euer Vater?« Antwort: »Du, o Leonid!« – »Wer ist eure Mutter?« Antwort: »Die ruhmreiche Sowjetunion!« – »Und was wollt ihr?« Antwort: »Frieden und Kommunismus!«
Honecker ist beeindruckt, will aber Breshnew ebenfalls die Zufriedenheit der DDR-Bürger beweisen. Zwei Wochen später besucht Breshnew Honecker. Letzterer steigt auf den Palast der Republik in Berlin und ruft: »Wer ist euer Vater?« Antwort: »Du, Erich!« – »Wer ist eure Mutter?« Antwort: »Die DDR!« – »Und was wollt ihr?« Antwort: »Bessere Eltern!«

7.10. Benno Besson, Peter Hacks, Ruth Berghaus erhalten den Nationalpreis.

19.10. Der DDR-Ministerrat beschließt eine Verlängerung der Urlaubszeiten von 15 auf 18 Tage im Jahr. Schichtarbeiter erhalten 21 Urlaubstage.

26.10. Der im Vorjahr verdoppelte Mindestumtausch für Besucher Ost-Berlins beziehungsweise der DDR wird auf 6,50 DM beziehungsweise 13 DM gesenkt.

17.11. Die katholischen Bischöfe in der DDR wenden sich in einem Hirtenbrief gegen das staatliche Erziehungsmonopol.

18.11. Richtfest für den Palast der Republik.

22.11. Die Nachrichtenagenturen ADN und dpa schließen einen Vertrag über den Austausch von Nachrichten.

11./12.12. Abkommen über die Verbringung von Abfallstoffen aus West-Berlin in die DDR.

Was macht ein Aal in der Saale?
Er lernt Chemiefacharbeiter.

12.12. Das Abkommen über die Fortführung der Swing-Regelung im innerdeutschen Handel für den Zeitraum 1976 bis 1981 wird unterzeichnet. Der Swing, ein zinsloser Überziehungskredit, wird von 660 auf 850 Millionen Verrechnungseinheiten erhöht.

19.12. DEFA-Filmpremiere »Kit & Co« mit Dean Reed.

19.-21.12. Philosophiekongress in Berlin mit dem Thema: »Objektive Gesetzmäßigkeit und bewusstes Handeln in der sozialistischen Gesellschaft«.

22.12. Fernsehausstrahlung von »Jakob der Lügner«.

24.12. »Neues aus der Florentiner 73« mit Agnes Kraus im Fernsehen.

»Spielendes Kind« von Heidrun Hegewald, 1974

Sportler des Jahres: Kornelia Ender, Hans-Georg Aschenbach und die Fußballmannschaft des 1. FC Magdeburg.

Fernsehlieblinge:
Chris Doerk, Monika Hauff, Agnes Kraus, Helga Labudda, Gisela May, Maria Moese, Friedel Nowak, Erika Radtke, Angelika Waller, Marianne Wünscher; Hans-Jürgen Beyer, Peter Borgelt, Ingolf Gorges, Klaus-Dieter Henkler, Rolf Herricht, Andreas Holm, Erik S. Klein, Walter Richter-Reinick, Frank Schöbel, Jürgen Zartmann

 Irmtraud Morgner, Leben und Abenteuer der Trobadora Beatriz
Erik Neutsch, Der Friede im Osten
Brigitte Reimann, Franziska Linkerhand
Max Walter Schulz, Triptychon mit sieben Brücken
Christa Wolf, Unter den Linden

Hits:
Du hast den Farbfilm vergessen, Nina Hagen und Gruppe Automobil
Das Feuer dieser Erde, electra Combo
Blues von der letzten Gelegenheit, Veronika Fischer
Feuer her, Gruppe WIR
Das Haus, wo ich wohne, Reinhard Lakomy
Die Rose von Chile, Chris Doerk

Das Jahr 1975

1.1. Die Sonntagsausgaben aller DDR-Zeitungen werden aufgrund Papiermangels eingestellt.

1.1. Die FDJ errichtet das Reisebüro »Jugendtourist« speziell für junge Leute.

15.1. Der VEB Transportable Wohnzellen schickt die ersten drei Wohnunterkünfte für die Unterbringung der Trassenbauer des Zentralen Jugendobjekts Drushba-Trasse in die Ukraine.

> Breshnew besichtigt die Baustelle der Trasse und wundert sich, dass dort so viele Matrosen arbeiten. Da raunt ihm sein Sicherheitsoffizier zu: »Genosse Breshnew, Matrosen tragen quergestreifte Hemden!«

25.1.-2.2. Günter Mittag vereinbart auf einer Japanreise den Ausbau der Handelsbeziehungen. Die DDR erhält von Japan einen Kredit zum Bau des internationalen Handelszentrums in Berlin.

> Ein Parteifunktionär lässt sich von einem japanischen Manager die Motivation für das hohe Arbeitsethos der Japaner erläutern.
> »Die Japaner arbeiten 3 Stunden für den Kaiser, 3 Stunden für Japan und 3 Stunden für sich.«
> Der Parteifunktionär erleichtert: »Genau wie bei uns in der DDR, nur haben wir keinen Kaiser, und Japan geht uns nichts an.«

28.1.-2.2. In Kopenhagen wird Christine Errath Europameisterin im Eiskunstlauf.

31.1. Nach Unterzeichnung des Protokolls für den Warenaustausch 1975 zeichnet sich ab, dass die Sowjetunion die Erdölpreise schrittweise steigern wird. Die Verbraucherpreise in der DDR bleiben stabil.

> Im Kapitalismus bekommt man für Geld alles.
> Im Sozialismus bekommt man alles, was man für Geld nicht bekommt.

14.-16.2. Wolfram Fiedler, Margit Schumann und B. Hahn/U. Hahn werden Weltmeister im Rennschlittensport in Hammarstrand (Schweden).

22.-23.2. Bei den WM im Eisschnelllauf in Assen (Niederlande) sichert sich Karin Kessow den Weltmeister-Titel im Mehrkampf.

1.3. Erstaufführung von Tennessee Williams' »Endstation Sehnsucht« in Leipzig.

2.3. Gert-Dietmar Klause gewinnt als erster Mitteleuropäer den Wasalauf.

13.-15.3. Übergabe der Bauernkriegsgedenkstätte auf dem Mühlhäuser Kornmarkt. Richtfest für das Bauernkriegsdenkmal bei Bad Frankenhausen.

25.3. In Ost-Berlin unterzeichnen Österreich und die DDR einen Konsularvertrag, in dem Österreich als erstes westliches Land die Existenz einer eigenen DDR-Staatsbürgerschaft anerkennt.

26.3. Der Vorsitzende des Freien Deutschen Gewerkschaftsbundes Herbert Warnke stirbt. Sein Nachfolger wird Harry Tisch.

14.4. Vertreter der DDR und der Essener Firma Krupp unterzeichnen eine Rahmenvereinbarung über wissenschaftlich-technische Zusammenarbeit.

17.4. DEFA-Filmpremiere »Jakob der Lügner« (DEFA/Fernsehen der DDR) nach Jurek Beckers Roman.

23.4. Die Festveranstaltung zum 150jährigen Bestehen des Börsenvereins des Deutschen Buchhandels findet in Leipzig ohne Vertreter der Bundesrepublik statt.

25.4. Die DDR unterzeichnet ein Rahmenabkommen mit der Hoechst AG, das die Lieferung von drei schlüsselfertigen Chemiewerken bis 1979 vorsieht.

27.4. Die erste DDR-Baukolonne reist zum Bau der Drushba-Trasse in die Sowjetunion.

> Beim Bau der Erdgastrasse finden Mitja und Peter einen Klumpen Gold.
> »Das melden wir gar nicht«, sagt Mitja, »den Erlös teilen wir uns brüderlich!«
> Peter überlegt kurz und meint: »Weißt du, lieber nicht brüderlich, lieber halbe-halbe!«

30.4. Mit der Besetzung Saigons durch Truppen des Vietcong endet der seit 1946 andauernde Krieg.

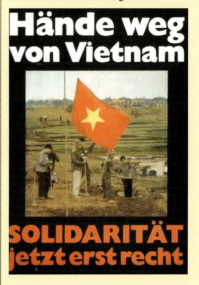

6.5. Als erste Westbanken dürfen Crèdit Lyonnais, Sociètè Gènèrale sowie Banco Commerciale Italiana in Berlin eine Dependance einrichten.

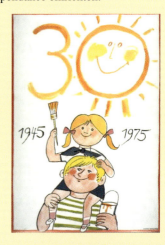

18.-21.5. Manfred Stahl/Engelhardt Hoffmann erringen den EM-Titel im Herren-Doppel bei den EM der Hörgeschädigten im Tischtennis in Bukarest.

23.5. DEFA-Filmpremiere »Till Eulenspiegel« nach einer Vorlage von Gerhard und Christa Wolf.

6.6. Egon Günther verfilmt den Thomas-Mann-Roman »Lotte in Weimar« mit Lilli Palmer, Martin Hellberg, Jutta Hoffmann und Rolf Ludwig.

19.6. Die Volkskammer verabschiedet das Zivilgesetzbuch. Außerdem Erlass des Denkmalpflegegesetzes und des »Gesetzes über die Bearbeitung von Eingaben der Bürger«, das u. a. eine Beantwortung innerhalb von 4 Wochen vorsieht.

26.6. DEFA-Indianerfilmpremiere »Blutsbrüder«.

30.7./2.8. Während der Abschlussphase der KSZE kommen Erich Honecker und Bundeskanzler Helmut Schmidt erstmals zu Gesprächen zusammen.

Honecker will Urlaub machen und fragt Helmut Schmidt, ob er ihn nicht vertreten könne. Schmidt ist einverstanden und fragt, ob es Probleme gäbe, die er in dieser Zeit vielleicht lösen könnte. Honecker nennt drei. Erstens das Versorgungsproblem, zweitens das Wohnungsproblem und drittens: »Es gehen immer noch zu viele SED-Genossen in die Kirche.« Nach drei Wochen kehrt Honecker zurück und fragt Schmidt: »Hast du meine Probleme lösen können?« Schmidt antwortet: »Das war ganz leicht. Versorgungsproblem gelöst - Ostgrenze geschlossen. Wohnungsproblem gelöst - Westgrenze geöffnet.« - »Und das Kirchenproblem?«, fragt Honecker erstaunt. »Das war ganz leicht. Ich habe in allen Kirchen dein Bild aufhängen lassen, seitdem lässt sich da keiner mehr sehen.«

1.8. Unterzeichnung der Schlussakte der Konferenz für Sicherheit und Zusammenarbeit in Europa (KSZE) in Helsinki durch 35 Staaten.

Gott ruft die Staatsführer zu sich und eröffnet, dass am 30. Mai der Weltuntergang sei.
»Ich werde Kaviar und Krimsekt an mein Volk verteilen lassen«, sagt Breshnew.
»Und ich werde Steaks und Whisky an mein Volk verteilen lassen«, sagt Ford.
»Und ich«, sagt Honecker, »werde den 30. Mai rausarbeiten lassen.«

20.-25.8. WM-Titel für Klaus Grünke im 1000-m-Zeitfahren und Thomas Huschke im 4000-m-Einzelverfolgungsfahren bei den WM im Bahnfahren in Lüttich-Rocourt (Belgien).

27.8. Stapellauf des größten DDR-Fährschiffs, »Mukran«.

3.9. Die DDR bricht für anderthalb Jahre ihre diplomatischen Beziehungen zu Spanien ab, weil dort Todesurteile gegen Regimekritiker erlassen wurden.

15.-23.9. Peter Wenzel (Mittelgewicht) wird Weltmeister im Zweikampf bei der WM im Gewichtheben in Moskau.

22.9. Die Rockband Renft wird verboten.

24.9. Die Einwohnerzahl Jenas erreicht die 100 000-Grenze, womit Jena zur 14. Großstadt der DDR wird.

7.10. Der zweite »Vertrag über Freundschaft, Zusammenarbeit und gegenseitigen Beistand« mit der Sowjetunion wird unterzeichnet.

7.10. Der Gründungstag der DDR wird Nationalfeiertag.

Ein Mann betritt einen Gemüseladen und verlangt drei Ananas.
»Na hörn Se ma, Sie wissen wohl nicht, wo Sie hier sind!«, sagt die Verkäuferin.
»Doch, weiß ich ganz genau. Ich war zwei Wochen auf der Völkerfreundschaft. Da gabs alles!«
»Na und, hier sind Se nich auf der Arkona, sondern auf der Titanic!«

11.10. In den Berliner Kammerspielen hat Peter Hacks' »Jahrmarktsfest zu Plundersweilern« mit Eberhard Esche, Cox Habbema und Dieter Franke Premiere.

20.-25.10. Unter dem Motto »Gleichberechtigung, Entwicklung, Frieden« richtet die DDR im »Internationalen Jahr der Frau« den Frauen-Weltkongress mit 2 000 Teilnehmern aus 135 Ländern aus.

28.10. Der Ministerrat stiftet als staatliche Auszeichnung den Titel »Held der Deutschen Demokratischen Republik«.

28.10. Uraufführung von Heiner Müllers »Die Schlacht« an der Berliner Volksbühne, Regie: Karge/Langhoff.

7.11. Monika Hauff und Klaus-Dieter Henkler erhalten beim Internationalen Chansonwettbewerb in Paris den »Grand prix de Paris«.

26.11. Anna Seghers erhält anlässlich ihres 75. Geburtstages den Kulturpreis des Weltfriedensrates.

1.-6.12. Die RGW-Staaten beschließen in Budapest ein Langzeitprogramm über den Ausbau des Straßennetzes. Die Autobahnen Berlin-Warschau-Moskau und Rostock-Berlin-Prag-Budapest-Bukarest sollen gebaut werden.

13.12. Die DDR-Hallenhandball-Frauenmannschaft wird Weltmeister.

16.12. Der Korrespondent des Nachrichtenmagazins »Der Spiegel« in Ost-Berlin, Jörg Mettke, wird wegen grober Verleumdung aus der DDR ausgewiesen. Er hatte in einem Artikel über »Zwangsadoption« von Kindern berichtet, deren Eltern in den Westen geflüchtet waren.

Sportler des Jahres werden Kornelia Ender, Roland Matthes und die Europapokal-Mannschaft der Leichtathletinnen.

Fernsehlieblinge ermittelt: Monika Hauff/ Klaus-Dieter Henkler, Susan und Emöke, Helga Göring, Gisela May, Ingeborg Krabbe, Marianne Wünscher, Angelica Domröse, Maria Moese, Nina Hagen, Regina Thoss, Agnes Kraus; Walter Richter-Reinick, Reiner Süß, Heinz Fülfe, Rolf Herricht, Hans-Joachim Wolfram, Herbert Köfer, Heinz Schröder, Frank Schöbel, Andreas Holm, Hans-Jürgen Beyer, Armin Mueller-Stahl.

 Günter Kunert, Der Mittelpunkt der Erde
Karl-Hermann Roehricht, Vorstadtkindheit
Hermann Kant, Eine Übertretung
Klaus Schlesinger, Alte Filme
Heiner Müller, Die Schlacht (Drama)
Rudi Strahl, Ein irrer Duft von frischem Heu (Drama)
Kurt Bartsch, Kalte Küche (Parodien)

Hits:
Nach der Schlacht, Klaus Renft Combo
Mir doch egal, Reinhard Lakomy
Die Liebe ist ein Haus, Regina Thoß
Nie zuvor, Brot und Salz
Soldat vom Don, Gruppe Lift
Doch ich will es wissen, Kreis
Auf der Wiese, Veronika Fischer

Das Jahr 1976

1.1. Das Zivilgesetzbuch tritt in Kraft.

6.1. Sieger der Internationalen Vierschanzentournee BRD/Österreich wird Jochen Danneberg.

20.-26.1. Vor dem Strafgericht Berlin wird gegen den professionellen Menschenhändler Rainer Schubert aus West-Berlin verhandelt.

4.-15.2. Olympische Winterspiele in Innsbruck. Medaillenbilanz: siebenmal Gold, fünfmal Silber, siebenmal Bronze.

4.2. In Reaktion auf die Ankündigung der französischen Kommunistischen Partei, den Begriff »Diktatur des Proletariats« aus dem Programm zu streichen, betont die DDR: »Wir sprechen von unserem Staat als einer Form der Diktatur des Proletariats. Die Arbeiterklasse kann die sozialistische Ordnung nicht schaffen, wenn sie nicht die Macht dazu hat.«

> Die DDR soll eingefroren werden.
> Warum denn das?
> Damit sie sich bis zum 30. Jahrestag hält.

12.2. DEFA-Filmpremiere »Hostess« von Rolf Römer mit Annekathrin Bürger.

27.2. Regierungsabkommen zwischen der DDR und der BRD zum Post- und Fernmeldewesen, sowie drei Verwaltungsabkommen über den Postverkehr, den Fernmeldeverkehr und die Abrechnung im Post- und Fernmeldetransit.

14.3. Auf der Leipziger Messe ist nach der DDR die Bundesrepublik, nicht mehr die Sowjetunion, größter Aussteller.

> »Hast du schon gehört? Ein Sportwagenmodell Trabant kommt auf den Markt!«
> »Nö, wie sieht denn der aus?«
> »Mit Turnschuhen im Handschuhfach.«

30.3. Uraufführung von Peter Hacks' »Ein Gespräch im Hause Stein über den abwesenden Herrn von Goethe« im Staatsschauspiel Dresden.

25.4. Eröffnung des Palastes der Republik, auch des Theaters im Palast mit der Polit-Revue »Salut an alle – Marx« und der Galerie mit 16 Gemälden namhafter DDR-Künstler (u. a. Tübke, Mattheuer, Womacka, Paris) im Hauptfoyer.

Der Papst besucht die DDR. Er sieht den restaurierten Berliner Dom und äußert sich anerkennend, sieht den Palast der Republik und sagt: »Da habt ihr aber ein schönes Pfarrhaus errichtet.«

25.4. Erstes offizielles Auto-Cross-Rennen des Allgemeinen Deutschen Motorsportverbandes.

30.4. Bei der EM im Segeln (Soling-Klasse) sichern sich Dieter Below/Olaf Engelhardt/Michael Zachries den EM-Titel in Genf (Schweiz).

> Was haben die DDR und die Schweiz gemeinsam?
> Beide bestehen aus Bergen und Engpässen.

30.4. Der Internationale Jugendcampingplatz am Leipziger Auensee wird übergeben.

9.5. Christina Brehmer läuft in Dresden über 400 m Weltrekord; Angela Vogt stellt einen Weltrekord im Weitsprung auf.

13.5. DEFA-Filmpremiere »Das Licht auf dem Galgen« nach einer Erzählung von Anna Seghers; mit Alexander Lang, Erwin Geschonneck und Jürgen Holtz.

18.-22.5. Der IX. Parteitag der SED findet im Palast der Republik statt, ein neues Programm und ein neues Parteistatut werden angenommen. Das Wohnungsbauprogramm wird zum Kernstück der Sozialpolitik erklärt. Erich Honecker wird zum Generalsekretär der Partei gewählt.

> Nun muss man tatsächlich auf ein Auto nur noch 4 Tage warten:
> Einen Tag Anmeldung und drei Parteitage.

27.5. Beschluss des ZK und FDGB über die »Weitere planmäßige Verbesserung der Arbeits- und Lebensbedingungen der Werktätigen«. 42-Stundenwoche für Schichtarbeiter, 43 $\frac{3}{4}$ für alle anderen.

»Guten Tag« von Wolfgang Mattheuer, 1976

30.5. Heiner Müllers 1961 verbotenes Stück »Die Umsiedlerin« wird unter dem Titel »Die Bauern« an der Berliner Volksbühne aufgeführt.

31.5. Eröffnung der Ausstellung »Junge Künstler der DDR 1976«.

5.6. Ulrike Richter schwimmt in Berlin über 100 m Rücken neuen Weltrekord.

29./30.6. In Ost-Berlin treffen sich 29 Delegationen von kommunistischen und Arbeiterparteien und diskutieren über den Eurokommunismus.

11.7. Bei der 1000-Jahrfeier Altenburgs werden über 100 Jugendliche wegen angeblicher Randale festgenommen.

> Jemand fragt einen guten Freund: »Sag mal ehrlich, was hältst du von dem Honecker?« Der Gefragte sieht sich um, führt den anderen aus der Kneipe durch mehrere dunkle Gassen in eine leere Straße. Dort sieht er sich noch mal um und antwortet schließlich leise, in das Ohr des Freundes flüsternd: »Find ihn gar nicht so schlecht.«

17.7.-1.8. XXI. Olympische Sommerspiele in Montreal: Die DDR-Fußballelf holt Gold, ebenso Waldemar Cierpinski im Marathon.

30.7. Die Mindestlöhne in der DDR werden von 350 auf 400 DM erhöht.

18.8. Pfarrer Brüseitz aus Zeitz verbrennt sich, um gegen die SEd zu protestieren.

26.8. DEFA-Filmpremiere »Die Leiden des jungen Werthers« mit Katharina Thalbach (DEFA/Fernsehen der DDR).

»Gewerkschaftsveteranen Rudi Meißner und Franz Raue« von Gudrun Brüne, 1976

26.-28.8. In Edinburgh geht zum 5. Mal der Europapokal im Wasserspringen der Männer an die DDR-Mannschaft.

6.9. Als erster hochrangiger Politiker der DDR besucht Außenminister Oskar Fischer Großbritannien.

9.9. In Peking stirbt Mao Tse-tung.

15.9. Während des Fluges von »Sojus 22« machen die Kosmonauten mit der Multispektralkamera MKF 6 von Carl Zeiss Jena Fotos von der Erdoberfläche.

20.-26.9. Am 1. Puppentheaterfestival in Magdeburg nehmen 350 Puppenspieler teil.

24.9. Premiere der DEFA-Komödie »Nelken in Aspik«.

5.10. In einem Interview mit einem französischen Fernsehsender sagt Breshnew, dass die Sowjetunion durch internationale Bestrebungen der USA-Politik »mit einem zügellosen Wettrüsten konfrontiert« ist.

> Breshnew bekommt Besuch von seiner Mutter. Er führt sie durch den Kreml, zeigt sein Büro, seine Wohnung, sein Auto. Er fliegt mit ihr nach Sotschi, zeigt ihr Datsche und Swimmingpool.
> »Schön, schön, Jungchen«, sagt seine Mutter, »aber was machst du, wenn die Roten kommen?«

7.10. Angelica Domröse und Hilmar Thate erhalten den Nationalpreis der DDR.

11.10. Am Deutschen Theater hat »Die Insel«, ein Zweipersonenstück des Südafrikaners Athol Fugard, mit Alexander Lang und Christian Grashof Premiere.

13.10. Unterzeichnung eines Kultur-Abkommens zwischen Dänemark und der DDR.

14.10. DEFA-Filmpremiere »Beethoven – Tage aus meinem Leben« nach einer Vorlage von Günter Kunert.

17.10. Wahl der 7. Volkskammer.

29.10. Konstituierende Sitzung der Volkskammer in der DDR. Horst Sindermann, bisher Vorsitzender des Ministerrates, wird zum Präsidenten der Volkskammer, Erich Honecker zum Vorsitzenden des Staatsrates und des Verteidigungsrates und Willi Stoph zum Vorsitzenden des Ministerrates gewählt.

1.11. Erstmals verkehrt der Städteexpreß Gera-Leipzig-Berlin.

11.11. Für den Export von Getreide aus den USA dürfen DDR-Schiffe erstmals in US-Häfen einlaufen.

16.11. Während einer Tournee des Liedermachers Wolf Biermann durch die Bundesrepublik beschließt das Politbüro der DDR dessen Ausbürgerung. Begründet wird die Entscheidung damit, dass sich sein Programm in der Bundesrepublik gegen die DDR und den Sozialismus richtet.

17.11. Petition von Künstlern und Intellektuellen gegen die Biermann-Ausbürgerung.

19.11. In Dessau wird die Rekonstruktion des Bauhauses nach den von Walter Gropius 1925 entworfenen Plänen abgeschlossen. In dem Gebäude sollen Ausstellungen mit Arbeiten der früheren Hochschule für Gestaltung stattfinden.

15.12. Beschluss des Fünfjahrplanes 1976-80.

18.12. Der Sowjetdissident Wladimir Bukowski wird gegen den chilenischen KP-Sekretär Luis Corvalan ausgetauscht.

> Wie bittet ein Volkspolizist um politisches Asyl?
> Er geht in den Intershop und setzt sich ins Regal.

21.12. Das »Neue Deutschland« berichtet über die Regierungserklärung von Bundeskanzler Schmidt vom 15.12. Im Widerspruch zu abgeschlossenen Verträgen waren Positionen der Souveränität der DDR zurückgenommen worden.

22.12. Der ARD-Fernsehkorrespondent Lothar Loewe wird aus der DDR wegen Diffamierung des Volkes ausgewiesen, man schieße »auf Menschen wie auf Hasen«.

25.12. Im Weihnachtsprogramm läuft der erfolgreiche Mehrteiler »Das unsichtbare Visier«.

Kornelia Ender, Waldemar Cierpinski und die Fußball-Olympiamannschaft werden laut »Junge Welt«-Umfrage zu den populärsten Sportlern des Jahres gewählt.

 Jurek Becker, Der Boxer
Juri Brezan, Krabat
Joachim Nowotny, Ein gewisser Robel
Erwin Strittmatter, Die blaue Nachtigall
Christa Wolf, Kindheitsmuster
Sarah Kirsch, Rückenwind (Gedichte)

Hits:
Und wir gingen auf uns zu, Gruppe Kreis
Lebenszeit, Puhdys
Such ein Zimmer, Karat
Gartenparty, Gruppe WIR
Dass ich eine Schneeflocke wär, Veronika Fischer
Wenn der Abend kommt, Holger Biege

»Brigadeleiter Peter Beyer – Eislebener Landschaft« von Dieter Weidenbach, 1976

Das Jahr 1977

1.1. Inkrafttreten der Visapflicht für Ausländer und Staatenlose bei Tagesreisen von West- nach Ost-Berlin.

> Zwei Cousins, der eine aus Köln, der andere aus Rostock, haben sich getroffen. Zum Abschied sagt der Kölner: »Du könntest mir schreiben, wie es dir geht und wie bei euch so die Lage ist.«
> »Das wird schwer sein«, meint der Rostocker, »bei uns geht die Post durch die Zensur.«
> »Das macht nichts«, sagt der Kölner, »wenn alles in Ordnung ist, schreibst du mit schwarzer Tinte, wenn es Probleme gibt, schreibst du dasselbe in Grün.«
> Wochen später erhält der Kölner einen Brief, mit schwar-zer Tinte geschrieben. »Hier ist alles wunderbar. Unserem Land geht es immer besser. Die Menschen sind glücklich, und man kann kaufen, was man will. Butter, Eier, Apfelsinen, Rinderfilet – nur leider keine grüne Tinte.«

1.1. Ein neues Arzneibuch löst das erste von 1964 ab.

20.1. Erster Spatenstich für das neue Gewandhaus in Leipzig.

25.-29.1. Anett Pötzsch und Jan Hoffmann gewinnen die EM im Eiskunstlauf in Helsinki.

4.2. DEFA-Kinderfilmpremiere »Der kleine Zauberer und die große Fünf«.

4.2. Start der Fernsehserie »Zur See«.

5.2. Finisage der BRD-Ausstellung »Fotografie und Wissenschaft und Technik« in Ost-Berlin.

5.-6.2. Der Bob DDR I (Meinhard Nehmer, Hans-Jürgen Gerhardt, Bernhard Germeshausen, Raimund Bethge) wird Weltmeister im Bobsport bei den WM in St. Moritz (Schweiz).

17.2. Erich Honecker bestätigt in einem Interview mit der »Saarbrücker Zeitung«, dass rund 10000 DDR-Bürger Ausreiseanträge gestellt hätten. Eine großzügigere Reiseregelung in das westliche Ausland könne es nur bei Anerkennung der DDR-Staatsbürgerschaft geben.

> Eine Stunde schon fährt ein Polizeiauto hinter einem Trabi her, dann stoppt es ihn. Der Polizist sagt: »Sie sind vorbildlich gefahren, wir möchten Ihnen zur Belohnung 500 Mark überreichen.« – »Oh, prima«, sagt der Fahrer, dann kann ich mir meine Fahrerlaubnis machen.« Da mischt sich die Ehefrau auf dem Beifahrersitz ein: »Herr Wachtmeister, glauben Sie ihm kein Wort, so redet er immer, wenn er besoffen ist.« Meldet sich Oma vom Rücksitz: »Seht ihr, hab gleich gewusst, mit dem geklauten Auto kommen wir nicht weit!« Da öffnet sich der Kofferraum und Großvater ruft: »Sind wir schon drüben?«

24.2. DEFA-Filmpremiere »Mama, ich lebe«, Konrad Wolfs Film nach einem Buch von Wolfgang Kohlhaase.

27.2. Uraufführung der Oper »R. Hot« von Friedrich Goldmann/Theodor Körner, Regie: Peter Konwitschny.

6.3. In Dresden findet erstmals eine erfolgreiche Lebertransplantation statt.

17.3. Das neue Theater in Karl-Marx-Stadt wird eröffnet.

17.4. DEFA-Kinderfilmpremiere »Trini« nach Ludwig Renn.

7.5. Uraufführung von Franz Xaver Kroetz' »Agnes Bernauer« in Leipzig.

1.6. Das »Brecht-Weigel-Haus« in Buckow wird als Gedenkstätte übergeben.

16.6. Leonid Breshnew wird als Nachfolger von Nikolai Podgorny zum Vorsitzenden des Obersten Sowjets gewählt.

> Der eine Genosse zum andern: »Zum 60. Jahrestag der Oktoberrevolution wird eine neue Illustrierte Geschichte der KPdSU erscheinen.«
> »Illustriert sogar?«
> »Ja, mit Radierungen von Breshnew.«

20.6. Manfred Krug, einer der beliebtesten Schauspieler und Sänger der DDR, siedelt mit seiner Familie in die Bundesrepublik Deutschland über.

23./24.6. Das ZK fasst Beschlüsse zur Entwicklung von Elektronik und Elektrotechnik. Ab 1.1.1978 sollen neue Kombinate gebildet werden.

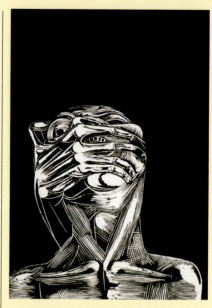

»Terror« von Rolf Kurth, 1977

24.6. Erstmals sind DDR-Künstler an der Documenta in Kassel beteiligt.

25.6. Mit einer feierlichen Grundsteinlegung beginnt in Dresden der Wiederaufbau der im Zweiten Weltkrieg fast völlig zerstörten weltberühmten Semper-Oper.

1.7. Eine neue Kaffeesorte kommt in den Handel: »Kaffee-Mix«. Der Volksmund nennt das Gebräu »Erichs Krönung«.

> Was ist der Unterschied zwischen Jacobs Kaffee und Kaffee-Mix? – Jacobs ist die Krönung, Kaffee-Mix ist der Gipfel.

7.7. DEFA-Filmpremiere »Ottokar, der Weltverbesserer« nach dem Buch von Ottokar Domma mit Kurt Böwe.

27.7. Zugunglück nahe der Ortschaft Lebus, ein Personenzug stößt frontal mit einem Güterzug zusammen. 29 Tote.

23.8. Verhaftung des DDR-Regimekritikers Rudolf Bahro wegen der Veröffentlichung von Auszügen aus seinem Buch »Die Alternative« in der Bundesrepublik sowie unter dem Vorwurf nachrichtendienstlicher Tätigkeit. Am 30.6.1978 wird er zu acht Jahren Haft verurteilt, 1979 ausgebürgert. Er siedelt in die Bundesrepublik über.

> Anfrage an den Sender Jerewan: »Darf man die Partei kritisieren?«
> Antwort: »Im Prinzip ja, aber es lebt sich besser in den eigenen vier Wänden!«

26.8. Als erste Frau der Welt überspringt Rosemarie Ackermann 2,00 m beim ISTAF in Westberlin.

2.-4.9. In Düsseldorf gewinnt die Leichtathletik-Nationalmannschaft der Männer (BRD) den erstmals ausgetragenen Weltpokal.

1.10. Eröffnung der VIII. Kunstausstellung der DDR in Dresden.

7.10. Nach offiziellen Feiern zum Nationalfeiertag der DDR kommt es zu Prügeleien zwischen Jugendlichen und der Volkspolizei auf dem Alexanderplatz.

Warum wird es in der DDR nicht mehr richtig Winter?
Der Golfstrom kommt.

22.12. Unterzeichnung des Abkommens über den gegenseitigen Warenaustausch für 1978 zwischen der DDR und der UdSSR. Er soll auf 7,3 Milliarden Rubel steigen.

31.12. 223 000 Kinder werden 1977 geboren.

21.9. DDR hebt die Beschränkungen für die Mitführung von Genussmitteln wie Kaffee, Kakao, Schokolade und Spirituosen bei der Einreise auf. Auch Beschränkungen für Genussmittel im Geschenkverkehr werden aufgehoben.

Anfrage an den Sender Jerewan: »Kann man in der Schweiz den Kommunismus aufbauen?«
Antwort: »Im Prinzip ja, aber es wäre schade um die Schweiz.«

23.9. Die »Kaffee-Frage« spitzt sich zu. Der Weltmarktpreis hat sich innerhalb von 2 Jahren verdreifacht. 300 Millionen Dollar zahlt die DDR für Kaffee-Importe. »Sie auszugeben, fällt uns nicht leicht«, sagt Erich Honecker.

Was ist der Unterschied zwischen einer Neutronenbombe und Kaffee-Mix?
Antwort: Es gibt keinen, die Tasse bleibt ganz, aber der Mensch geht kaputt.

23.9. DEFA-Filmpremiere »Ein irrer Duft von frischem Heu« nach dem Lustspiel von Rudi Strahl.

14.-17.10. Erster WM-Titel für den Deutschen Ringer-Verband durch Heinz-Helmut Wehling im Ringen im Leichtgewicht.

3.11. Schlüsselübergabe im Neubaugebiet Leipzig-Grünau, für das am 1. Juni 1976 der Grundstein gelegt wurde.

30.11. Bestätigung des Wolfsburger VW-Werkes über die Bestellung von 10 000 VW-Golf durch die DDR, die bis 1978 geliefert werden.

Zwei Millionen Sportinteressierte wählen bei der Leserumfrage der »Jungen Welt« Rosemarie Ackermann, Rolf Beilschmidt und die Leichtathletik-Nationalmannschaft der Männer zu Sportlern des Jahres.

Paul Gratzik, Transportpaule
Werner Heiduczek, Tod am Meer
Hermann Kant, Der Aufenthalt
Wolfgang Kohlhaase, Silvester mit Balzac
Klaus Schlesinger, Berliner Traum
Heiner Müller, Hamletmaschine (Drama)
Maxie Wander, Guten Morgen, du Schöne

Hits:
Am Fenster, City
Alt wie ein Baum, Puhdys
Märchenzeit, Karat
Wasser und Wein, Lift
Weißes Boot, Rote Gitarren
Nein, Doktor, nein, Veronika Fischer
Schallala, schallali, Jürgen Walter
Alles im Eimer, Frank Schöbel

Der legendäre City-Hit »Am Fenster« erscheint. Die Single wird innerhalb weniger Wochen 120 000 mal verkauft und als erster Tonträger im westlichen Ausland vergoldet (zuerst in Griechenland, dann in der BRD).

26.9. Erich Honecker eröffnet in Dresden das Parteilehrjahr 1977/78. Er stellt die schwierige Devisen-Lage des Landes dar und sagt: »Die Intershops sind kein ständiger Begleiter des Sozialismus«, aber die Möglichkeit, die Devisen im Land zu behalten. Der Ausbau der Exquisit-Läden wird angekündigt, so dass »jeder Bürger die Möglichkeit hat, Waren der höheren Preisklasse zu erwerben«.

Eine Bundesbürgerin im Intershop weist auf das an der Wand hängende Bild von Erich Honecker und fragt: »Ist das der Geschäftsführer?«
»Nein«, sagt die Verkäuferin, »das ist der Kassierer.«

Das Jahr 1978

1.1. Ein neues Arbeitsgesetzbuch tritt in Kraft.

1.1. Das Kombinat Mikroelektronik Erfurt wird gebildet, dem Kombinat Robotron Dresden wird das Kombinat Zentronik eingliedert, das nun mit 70 000 Beschäftigten das größte der DDR ist.

1.1. Neue Musterstatuten und Betriebsordnungen für die LPG treten in Kraft.

Hermann Axen besucht eine LPG und besichtigt die Schweinezuchtanlage. Ein Foto für eine Zeitung wird gemacht, Axen steht inmitten der Schweineherde. Die Bildunterschrift: »Axen unter Schweinen.« Rechtzeitig bemerkt der Chefredakteur die Peinlichkeit. Er korrigiert: »Dritter von links: Hermann Axen.«

10.1. Büro des Nachrichtenmagazins »Der Spiegel« in Ost-Berlin wird durch die DDR-Behörden geschlossen. Damit reagiert die SED-Führung auf die Veröffentlichung eines Manifests einer angeblichen SED-Oppositionsgruppe.

15./16.1. Mehreren Abgeordneten der CDU/CSU-Bundestagsfraktion wird die Einreise nach Ost-Berlin verweigert.

»Die Denkenden« von Hans-Hendrik Grimmling, 1978.

1.2. Das Ministerium für Volksbildung erlässt eine Direktive zur Einführung und Gestaltung des Wehrunterrichts in den Klassen 9 und 10 der allgemeinbildenden polytechnischen Oberschulen ab dem 1.9.1978.

Die Lehrerin fragt, was ein Trauerfall ist. Der erste Schüler: »Wenn ich mein Portmonnèe verliere!«
»Nein«, sagt die Lehrerin. »Das nennt man einen Verlust.«
Der zweite Schüler: »Wenn der Sturm das Dach unseres Hauses beschädigt.«
»Auch nicht richtig, das nennt man einen Schaden.«
Der dritte meldet sich: »Ein Trauerfall ist, wenn Erich Honecker stirbt.«
»Jawohl, richtig«, sagt die Lehrerin, »das ist ein Trauerfall und kein Verlust und kein Schaden.«

4.2. »Neumann – 2x klingeln« heißt es nun bereits seit 10 Jahren bei Radio DDR. Die Rundfunkfamilie (gesprochen von bekannten Schauspielern wie Helga Göring, Herbert Köfer und Helga Piur) erlebt Freud und Leid eines DDR-Alltags – und Millionen Hörer fiebern bei den über 600 Folgen mit.

10.2. Eröffnung des ehemaligen Wohnhauses von Bertolt Brecht in der Berliner Chausseestraße als Gedenkstätte und Archiv.

18.2. Das DDR-Kulturministerium legt einen »Plan zur langfristigen Entwicklung der sozialistischen Kultur und ihrer materiell technischen Basis« vor. Darin wird unter anderem eine Steigerung der jährlichen Buchneuerscheinungen von 5900 auf 7200 genannt.

6.3. Erich Honecker trifft sich zu Gesprächen mit dem Vorstand der Evangelischen Kirchenleitung in der DDR. »Den Kirchen als Kirchen im Sozialismus eröffnen sich viele Möglichkeiten des Mitwirkens an zutiefst humanistischen Zielen.«

6.3. Bei einem Hubschrauberabsturz in Libyen kommt Politbüromitglied Werner Lamberz, der als Nachfolger Honeckers gehandelt wird, ums Leben. Spekulationen um ein Attentat setzen ein, sind jedoch nicht haltbar.

7.-11.3. In Ottawa (Kanada) wird Anett Pötzsch Weltmeisterin im Eiskunstlauf.

10.3. DEFA-Filmpremiere »Brandstellen« nach einer Vorlage von Franz-Josef Degenhardt mit Annekathrin Bürger, Karin Gregorek und Dieter Mann.

24.3. Zwischen Kirchen und SED-Führung wird vereinbart, dass zusätzlich zur traditionellen sonntäglichen Rundfunk-Gottesdienstübertragung die Kirche monatlich 15 Minuten Sendezeit im Radio und sechs Sendetermine im II. DDR-TV erhält.

30.3-1.4. Als erster westlicher Regierungschef seit der internationalen Anerkennung der DDR trifft Österreichs Bundeskanzler Bruno Kreisky zu einem Staatsbesuch in der DDR ein.

20.4. Uraufführung des Theaterstückes »Germania Tod in Berlin« von Heiner Müller in München. In einer Montage aus 13 Bildern stellt Müller Fragmente aus der deutschen Geschichte und der Arbeiterbewegung dar.

1.5. Das Thüringer Röhrenwerk Mühlhausen stellt erstmals 100 000 Taschenrechner vom Typ MR 201 her.

8.5. Waldemar Cierpinski siegt beim ersten Marathonlauf Prag-Lidice-Prag.

21.5. Erstaufführung von Peter Weiss' »Der Prozess« nach Kafka.

25.5. DEFA-Filmpremiere »Jörg Ratgeb, Maler«.

26.-28.5. Das größte Kirchentreffen seit dem Kirchentag von 1954 findet statt.

29.-31.5. Auf dem 8. Schriftstellerkongress wird Hermann Kant als Nachfolger von Anna Seghers zum neuen Präsidenten der Vereinigung gewählt. Der Kongress tagt unter dem Motto: »Der Schriftsteller in den Kämpfen unserer Zeit.«

Frage des Reporters: »Was sagen Sie zum neuen Parteitagskurs?«
»Finde ich richtig.«
»Was sagen Sie zum Schriftstellerkongress?«
»Finde ich richtig.«
»Haben Sie denn keine eigene Meinung?«
»Gegen die kämpfe ich gerade an.«

3.-4.6. DDR-Mannschaft gewinnt den ersten internationalen Vergleichskampf querschnittsgelähmter Sportlerinnen und Sportler der sozialistischen Länder in der Leichtathletik in Berlin.

5.-8.6. Günter Mittag reist nach Frankreich und vereinbart unter anderem eine Zusammenarbeit mit Citroen.

12.6. Erich Honecker und der Ständige Vertreter der Bundesrepublik Deutschland, Günter Gaus, treffen sich in Ost-Berlin zu einem Meinungsaustausch. Honecker sichert dabei Gaus den sofortigen Beginn von Gesprächen über den Bau einer Autobahn von West-Berlin nach Hamburg zu.

30.6. Ein weiterer Indianerfilm mit Gojko Mitic kommt in die Kinos: »Severino«.

6.7. DEFA-Kinderfilmpremiere »Rotschlipse«.

6.7. Udo Beyer in Göteborg einen neuen Weltrekord im Kugelstoßen auf.

6.7. Die inmillionste Neubauwohnung seit dem VIII. Parteitag wird in Berlin-Marzahn übergeben.

2.8. Evelin Jahl gelingt in Dresden mit 70,72 m ein neuer Weltrekord im Diskuswerfen.

3.8. Die Republik Surinam nimmt diplomatische Beziehungen zur DDR auf.

24./25.8. Das ZK beschließt weitere Kombinatsbildungen, von bisher 54 zentralgeleiteten Kombinaten erhöht sich die Zahl bis 1982 auf 133.

26.8.-3.9. Als erster Deutscher nimmt der DDR-Kosmonaut Sigmund Jähn an einem Weltraumflug an Bord von »Sojus 31« teil.

> »Unser Fliegerkosmonaut Sigmund Jähn ist zum Direktor aller Kaufhäuser der DDR ernannt worden?«
> »Wieso denn das?«
> »Er kennt sich aus im luftleeren Raum.«

29.8.-3.9. Bei den Europameisterschaften in Prag siegt Marlies Göhr über 100 m, Marita Koch läuft über 400 m Weltrekordzeit.

1.9. In den Schulen der DDR wird in den Klassen 9 und 10 der Wehrunterricht eingeführt. In acht Doppelstunden pro Schuljahr werden die Schüler über Waffengattungen, Verteidigung und die militärische Situation in Mitteleuropa informiert.

1.9. Das Internationale Handelszentrum in der Berliner Friedrichstraße wird übergeben.

2./3.9. Eine offizielle DDR-Delegation unter Leitung von Gerald Götting nimmt an der Amtseinführung von Papst Johannes Paul I. teil.

19.9. Günter Reischs Film »Anton der Zauberer« wird ein Publikumserfolg. Vom Schrottvertreter zum Millionär, vom Strafgefangenen zum Ersatzteilbeschaffer, augenzwinkernd erzählt.

28.9. Der Ministerrat erlässt eine neue Verordnung über den Erholungsurlaub von Werktätigen: der bezahlte Jahresurlaub wird vom 1.1.1979 von 15 auf 18 Tage erhöht.

4.10. An der Autobahnanschlussstelle Röbel in Mecklenburg wird die letzte, etwa 40 km lange Strecke der Autobahn Berlin–Rostock für den Verkehr freigegeben. Beim Bau der 228,5 km langen Autobahn wurden 122 Brückenbauwerke errichtet. Das erste Teilstück zwischen Birkenwerder und Linum wurde im Oktober 1972 eingeweiht.

> Ein Mann meldet sich für den Kauf eines Autos an. Der Bearbeiter füllt die Anmeldung aus und sagt: »Sie können dann heute in 10 Jahren Ihren Trabant abholen.« Der Mann fragt daraufhin: »Soll ich dann vormittags oder nachmittags kommen?«
> Der Bearbeiter fragt: »Wieso, es ist doch egal ob Sie vormittags oder nachmittags kommen.«
> Der Mann: »Vormittags wäre schlecht, weil da der Klempner kommt.«

4.-8.10. Jürgen Heuser (Superschwergewicht) wird Weltmeister im Gewichtheben in Gettysburg (USA).

5.10. DEFA-Filmpremiere »Sieben Sommersprossen« nach einem Szenarium von Christa Kozik – Film-Favorit bei den Jugendlichen des Landes.

13.10. Ein neues Verteidigungsgesetz wird beschlossen.

30.10. Bei den WM in Hamilton (Neuseeland) gewinnen die Ruderinnen und Ruderer acht Gold-, und drei Silbermedaillen.

6.11. Unangekündigte Premiere des Films »Das Versteck« von Frank Beyer nach dem Buch von Jurek Becker in Ost-Berlin. Der Hauptdarsteller Manfred Krug lebt seit 1977 in der Bundesrepublik.

16.11. Im DDR-Außenministerium in Ost-Berlin unterzeichnen Vertreter der Bundesrepublik und der DDR das Verkehrsabkommen zwischen beiden Ländern. Darin werden der Bau einer neuen Transitautobahn zwischen Berlin und Hamburg, die Wiedereröffnung des Teltowkanals für die Binnenschifffahrt und die Neuregelung der Transitpauschale an die DDR vereinbart.

25.11. Erstaufführung von Dario Fos »Zufälliger Tod eines Anarchisten«, Regie: Dieter Mann.

30.11.-10.12. Zum dritten Mal nach 1971 und 1975 werden die DDR-Handballerinnen in Bratislava (CSSR) Weltmeister.

1.12. Aufnahme diplomatischer Beziehungen von Papua-Neuguinea zur DDR.

31.12. In diesem Jahr hat die DDR 11 Milliarden (Devisen-)Mark für die Tilgung von Krediten und Zinsen aufzubringen. Rund 40 % ihrer Deviseneinnahmen müssen für den Schuldendienst aufgewendet werden. Dem stehen erwartete Einnahmen aus Exporten von 9,3 Mrd. Mark gegenüber.

> Von der UNO wird der Weltuntergang für den 30.5. verkündet. Was veranlassen die einzelnen Staaten?
> In den USA werden die Banken beauftragt, sämtliche Dollareinlagen an die Bürger zu verteilen.
> In Frankreich wird kostenlos Rotwein ausgeschenkt.
> Die DDR organisiert 3000 Maler für die Anfertigung überdimensionaler Losungen: Mit erfüllten Plänen dem Weltuntergang entgegen.

Marlies Koch, Udo Beyer und der Ruderachter der Männer werden von den Lesern der »Jungen Welt« zu den populärsten Sportlern des Jahres gewählt, Jürgen Croy (Sachsenring Zwickau) wird (nach 1972 und 1976) zum dritten Mal Fußballer des Jahres.

 Günter de Bruyn, Märkische Forschungen
Günter Görlich, Eine Anzeige in der Zeitung
Peter Hacks, Die Maßgaben der Kunst (Essays)
Harry Thürk, Der Gaukler
Jurek Becker, Schlaflose Tage
Joachim Nowotny, Ein seltener Fall von Liebe

Hits:
Über sieben Brücken musst du gehen, Karat
Wilde Jahre, Puhdys
King vom Prenzlauer Berg, City
Sagte mal ein Dichter, Holger Biege
Entweder oder, Karussell
Weißt du noch, Rote Gitarren

Das Jahr 1979

1.1. Erstausstrahlung der beliebten Fernsehserie »Spuk unterm Riesenrad«, Buch: C. U. Wiesner, Regie: Günter Meyer.

26.-28.1. Detlef Günther und Melitta Sollmann (Einsitzer) werden in Königsee (BRD) Weltmeister im Rennschlittensport.

30.1. Uraufführung des Theaterstückes »Die Hamletmaschine« von Heiner Müller in Paris. Hamlet und Orphelia reflektieren in Zitatmontagen die Unfreiheit ihrer Rolle in der Shakespeare-Tragödie und im realen Leben.

30.1. Das Politbüro stimmt der Errichtung einer Großdeponie bei Schönberg zu. Im Sommer kommt der erste Müll aus dem Raum Hamburg, die offizielle Inbetriebnahme erfolgt zwei Jahre später. Der Osten braucht dringend Devisen, der Westen wird billig den Müll los.

> Warum wurden in der DDR nur noch Schuhe verkauft, welche die Absätze vorn haben? Damit niemand merkt, dass es bergab geht!

3.-4.2. In Winterberg (BRD) wird der Viererbob DDR I (Nehmer, Babock, Germeshausen, Gerhardt) Europameister.

8.2. DEFA-Filmpremiere »Zünd an, es kommt die Feuerwehr« mit Winfried Glatzeder.

15.-24.2. Erich Honecker besucht Libyen, Angola, Sambia und Mocambique und trifft mit Vertretern der Befreiungsbewegungen zusammen.

29.2. Samora Machel, erster Präsident von Mocambique, ist auf Staatsbesuch in der DDR.

6.3. ADN meldet: die deutsche NATO-Sekretärin Ursel Lorenzen hat sich am Vortag in die DDR abgesetzt.

23.3. In Trinvillershagen wird der Hengst Kolibri geboren, der im Gestüt Neustadt/Dosse mit 1 600 Nachkommen zum erfolgreichsten Zuchthengst wird.

30.3. Anlässlich der bevorstehenden Stadtbezirkswahlen wird das Neubaugebiet Berlin-Marzahn aus dem Stadtbezirk Berlin-Lichtenberg ausgegliedert und zu einem eigenständigen Stadtbezirk erklärt.

5.4. UN-Generalsekretär Kurt Waldheim trifft zu einem viertägigen Besuch in Ost-Berlin ein. Gespräche über UNO-Aufgaben und DDR-Beitrag.

7.4. Klaus Siebert wird Sieger beim Biathlon-Weltcup 1979 in Bardofuss (Norwegen).

15.4. Der Philosoph Wolfgang Harich, der 1957 wegen der Gründung einer »staatsfeindlichen Gruppe« zu zehn Jahren Haft verurteilt worden war, verlässt die DDR und siedelt nach Wien über.

16.4. DDR-Bürger dürfen in Intershops, bei Intertank und Genex nicht mehr bar mit DM bezahlen, sondern nur noch mit entsprechenden Wertschecks (Forumschecks).

> Ein LPG-Bauer lässt sich im Intershop den Korb mit Waren vollpacken. Besorgt fragt die Verkäuferin den Mann: »Ja, haben Sie denn auch Devisen?«
> Sagt der Bauer: »De Wiesen hab ich noch, nur den Acker haben sie mir weggenommen.«

24.4. Uraufführung von Volker Brauns »Der große Frieden« am Berliner Ensemble, Regie: Manfred Wekwerth/Joachim Tenschert.

29.4. Die Mannschaft des TSC Berlin gewinnt zum dritten Mal den Europapokal der Pokalsieger im Hallenhandball der Frauen.

17.5. DEFA-Filmpremiere »Bis dass der Tod euch scheidet« mit Katrin Saß und Angelica Domröse.

1.-3.6. Am Nationalen Jugendfestival der FDJ in Berlin nehmen 70 000 Jugendliche teil.

7.6. Nach der Verurteilung Stefan Heyms wegen Devisenvergehens (er veröffentlichte seinen Roman »Collin« in der BRD), protestieren Ost-Berliner Schriftsteller in einem Brief an Erich Honecker. Neun Autoren werden aus dem Schriftstellerverband der DDR ausgeschlossen.

10.6. Als erste Frau der Welt läuft Marita Koch in Karl-Marx-Stadt die 200 m unter 22 Sekunden, mit 21,71 s erreicht sie Weltrekordzeit.

28.6. In die Strafrechtsordnung werden ungenehmigte Buchveröffentlichungen im Westen als »staatsfeindliche Hetze« aufgenommen.

6.7. Uraufführung der ersten Rockoper der DDR »Rosa Laub« von Waltraut Lewin und Horst Krüger im Rostocker Volkstheater. Sie erzählt die Geschichte des Lehrlings Karel, dessen blühende Fantasie Konflikte mit seinen Pflichten als sozialistischer Bürger provoziert.

6.7. DEFA-Märchenfilmpremiere »Schneeweißchen und Rosenrot«, Regie: Siegfried Hartmann.

23./24.7. Der französische Außenminister Jean Francois Poncet besucht Ost-Berlin.

22.-26.8. Erster Weltmeister-Titel für Bernd Drogan, Hans-Joachim Hartnick, Andreas Petermann und Falk Boden im 100-km-Mannschaftsfahren der Amateure in Valkenburg (Niederlande).

24.-26.8. In Montreal (Kanada) gewinnt die Leichtathletik-Nationalmannschaft der Frauen den Weltpokal.

5.9. Während der Leipziger Messe unterzeichnen Vertreter der DDR und der Bundesrepublik ein Abkommen über energiewirtschaftliche Zusammenarbeit.

> Die DDR ist der einzige Staat der Welt, der den Mond konsequent für friedliche Zwecke nutzt.
> »Für welche friedlichen Zwecke?«
> »Für die Straßenbeleuchtung.«

16.9. Einer der spektakulärsten Fluchtversuche gelingt: die Familien Strelzyk und Wetzel fliehen in einem selbstgebauten Heißluftballon über die Grenze von Thüringen nach Bayern.

19.9. Ralf Kirstens Film »Lachtauben weinen nicht« mit Uwe Kockisch hat Premiere.

»Pfingstfest '79« von Wilfried Falkenthal

14.12. Amnestie aus Anlass des 30. Jahrestages der DDR. 21928 Strafgefangene werden entlassen.

Günter Mittag und Erich Honecker besuchen einen Kindergarten. Honecker will wissen, wie es denn so aussieht. »Ja«, sagt die Leiterin, »der Spielplatz müsste fertiggestellt werden, und neues didaktisches Spielzeug brauchen wir auch.«
»Gut, wir werden sehen, was sich machen läßt, wir prüfen es für den nächsten Fünfjahrplan«, antwortet Erich Honecker. Anschließend fahren Mittag und Honecker weiter nach Bautzen in die Strafvollzugsanstalt.
»Wir fordern«, sagen die Häftlinge, »Farbfernseher und Dusche in jeder Zelle. Und Tennisplatz und Fitnessraum.«
»Ja«, sagt Honecker, »in Ordnung, ich werde das sofort veranlassen.«
Mittag ist völlig perplex. »Sag mal, Erich, hast du dich da nicht vertan. Das kostet doch Millionen, und für die Kinder willst du nichts tun?«
»Na, meinst du denn, wenn es einmal anders kommt, wir werden im Kindergarten eingesperrt?«

3.10. Eröffnung des Pionierpalastes in der Wuhlheide in Berlin. Kosten: rund 300 Millionen Mark. Der Bau enthält Schwimm- und Sporthalle, zwei Veranstaltungssäle, Bibliothek, Labors und Räume für 300 Arbeitsgemeinschaften.

5.10. Premiere der »DDR-Entdeckungen« in Schwerin, u. a. mit »Faust I und II«, Regie: Christoph Schroth.

31.10. Beide deutsche Staaten vereinbaren den gegenseitigen Verzicht auf Straßenbenutzungsgebühren für LKW und Omnibusse.

7.11. Klaus Gysi wird Staatssekretär für Kirchenfragen.

13.11. Erich Honecker wohnt in Addis Abeba der Grundsteinlegung für das erste Karl-Marx-Denkmal auf dem afrikanischem Kontinent bei. Die DDR hat es gestiftet.

1.12. Die Alters- und Invalidenrenten werden um 40 Mark monatlich erhöht, Frauen mit 5 und mehr Kindern erhalten Anspruch auf Rente auch ohne Versicherungszeit.

13.12. DEFA-Kinderfilmpremiere »Blauvogel« nach dem gleichnamigen Buch von Anna Jürgens.

13.12. Das Zentralkomitee der SED wendet sich gegen den NATO-Doppelbeschluss, bekräftigt jedoch gleichzeitig seine Bereitschaft zur Zusammenarbeit im Rahmen der friedlichen Koexistenz. Der Verteidigungshaushalts muss erhöht werden.

21.12. Ein Abkommen über die Zusammenarbeit zwischen Ost und West auf dem Gebiet des Veterinärwesens wird unterzeichnet.

Marita Koch, Bernd Drogan und der Radsport-Straßenvierer (Bernd Drogan, Hans-Joachim Hartnick, Andreas Petermann, Falk Boden) sind die populärsten Sportler des Jahres, Joachim Streich wird Fußballer des Jahres.

Stephan Hermlin, Abendlicht
Erik Neutsch, Der Friede im Osten 2
Dieter Noll, Kippenberg
Christa Wolf, Kein Ort. Nirgends
Volker Braun, Großer Frieden (Drama)
Andreas Reimann, Das ganze halbe Leben (Lyrik)
Maxie Wander, Tagebücher und Briefe

6.10. Breshnew kündigt während seines Besuchs zu den Feierlichkeiten zum 30. Jahrestag der Gründung der DDR den Abzug von 20 000 sowjetischen Soldaten und 1000 Panzern aus der DDR an.

Natascha schreibt einen bitterbösen Brief an Breshnew. »Seit zwanzig Jahren arbeite ich nun schon in den Wolgograder Samowarwerken und habe nie einen zu kaufen bekommen.«
Breshnew antwortet freundlich: »Nehmen sie doch unauffällig aus jeder Abteilung ein Stück mit und bauen den Samowar zu Hause zusammen.«
Wochen später Nataschas Antwort: »Vielen Dank für Ihren Rat. Einen Samowar habe ich zwar immer noch nicht, dafür aber eine MIG 21.«

Zwei Polizisten finden einen Toten. »Du, wir müssen ein Protokoll aufnehmen!«, sagt der eine zum anderen. »Ich fange schon mal an, und du siehst nach, wo wir uns überhaupt befinden.«
Nach einigen Minuten kehrt der andere zurück. »Alles klar, wir sind auf dem Weg mit dem Natoraketenbeschluss!«

Hits:
Gitter schweigen, Puhdys
Die Sage, Stern Combo Meißen
Wenn das Schweigen bricht, Karat
Autostop, Karussell
Was wird morgen sein, Magdeburg
Sag ihr auch, ich lieb sie immer noch, Gerd Christian
Hallo Erde, hier ist Alpha, Berluc
Sing mei Sachse sing, Jürgen Hart
Zwei linke Schuhe, Uwe Jensen

Das Jahr 1980

1.1. Die DDR wird für zwei Jahre nichtständiges Mitglied im UN-Sicherheitsrat.

2.1. Das Reiterstandbild von Friedrich II. wird wieder in Berlin, Unter den Linden, aufgestellt.

> Das Zentralkomitee diskutiert darüber, ob das Standbild Friedrichs II. wieder aufgestellt werden soll. »Ich bin dagegen«, sagt der Kulturminister, »seine historische Rolle ist umstritten. Er hat zwar in Preußen die Kartoffel anpflanzen lassen …«
> »Genau«, unterbricht ihn der Minister für Versorgung, »und deswegen hab ich die Kartoffellieferung einstellen lassen, bis dieser Punkt geklärt ist.«

17.1. DEFA-Filmpremiere »Solo Sunny«, Drehbuch Wolfgang Kohlhaase, Regie Konrad Wolf.

19.-20.1. Melitta Sollmann und Hans Rinn/Norbert Hahn gewinnen die EM im Rennschlittensport in Olang (Italien).

29.1. Im (alten) Friedrichstadtpalast, Am Zirkus 1, findet die letzte Vorstellung statt. Das marode Haus wird 1985 abgerissen.

22.-27.1. Anett Pötzsch wird Europameisterin im Eiskunstlaufen in Göteborg (Schweden).

30.1. Bundeskanzler Helmut Schmidt sagt wegen der Intervention in Afghanistan ein Treffen mit Honecker ab.

> Ein russisches Mütterchen beobachtet einen Offizier mit einem Gewehr. »Sag, Söhnchen, warum trägst du ein Gewehr?«
> »Das ist kein Gewehr, das ist ein Sportgerät.«
> »Ach so«, sagt das Mütterchen, »dann kannst du mir sicher auch sagen, wann die Olympiade in Afghanistan vorbei ist.«

9./10.2. In West Allis (USA) gewinnt Karin Enke den Weltmeister-Titel im Eisschnellaufen (Sprint).

13.-24.2. Bei der Nationenwertung der Olympischen Spiele in Lake Placid belegt die DDR Rang 1.

5.3. DEFA-Filmpremiere »Glück im Hinterhaus« nach einer Vorlage von Günter de Bruyn.

8.3. Veronika Hesse erkämpft den Weltmeister-Titel über 20 km im Skilanglauf in Falun (Schweden).

22.3. DEFA-Filmpremiere »Rückkehr aus der Wüste« (DDR/Algerien).

> Ein DDR-Ingenieur kommt aus Algerien zurück. Zu Hause erzählt er: »Und in der Wüste, jede Menge Schlangen, man glaubt es kaum, Schlangen über Schlangen!« Fragt sein Frau: »Und, haste dich angestellt?«

28.3. Frank Ulrich siegt in Murmansk (UdSSR) beim Biathlon-Weltcup.

5.4. Uraufführung von Christoph Heins »Cromwell« in Cottbus.

9.4. Die DDR und UdSSR unterzeichnen ein Protokoll über die Zusammenarbeit bei der Atomenergie. Der Bau eines Atomkraftwerks bei Stendal wird beschlossen.

12.4. Premiere der Alexander-Lang-Inszenierung von Shakespeares »Ein Sommernachtstraum« am Deutschen Theater Berlin. Sie ist der Beginn von Langs Karriere im DDR-Theater in den 80er Jahren.

29.4. Mit 69,96 m stellt Ruth Fuchs in Split (Jugoslawien) einen neuen Weltrekord im Speerwerfen auf.

8.5. Am Rande der Beisetzungsfeierlichkeiten des jugoslawischen Präsidenten Tito kommt es zu Gesprächen zwischen Erich Honecker und Bundeskanzler Schmidt.

10.5. Evelin Jahl-Schlaak erzielt in Potsdam eine neue Weltrekordweite im Diskuswerfen.

17.5. Karin Roßley läuft über 400 m Hürden Weltrekordzeit.

27.5.-1.6. Besuch einer DDR-Delegation unter Honecker in Kuba, Abschluss des Vertrages über Freundschaft und Zusammenarbeit und über den Warenaustausch für 1981-85.

> Weißt du, warum Zitronen sauer sind? Sie sind die einzigen Südfrüchte, die in die DDR müssen.

5.6. DEFA-Filmpremiere »Der Baulöwe«, der letzte Kinofilm mit Rolf Herricht.

13.6. Konstituierung des Martin-Luther-Komitees unter Vorsitz von Erich Honecker zur Vorbereitung des Luther-Jubiläums.

> Drei Jungs unterhalten sich über ihre Väter. »Mein Vater ist Pfarrer. Wenn er durchs Dorf geht, reden ihn die Leute mit Euer Hochwürden an.«
> Der zweite: »Mein Vater ist Landesbischof. Wenn er durch die Stadt geht, sagen die Leute Seine Heiligkeit.«
> Der dritte: »Das ist gar nichts. Mein Vater ist Parteisekretär. Wenn er durch den Betrieb geht, sagen die Arbeiter: Gott o Gott.«

26.6. DEFA-Filmpremiere »Und nächstes Jahr am Balaton« von Herrmann Zschoche, ein Jugendfilm, der die Zuschauer zu Tausenden in die Kinos lockt.

19.7.-3.8. Bei den Olympischen Sommerspielen in Moskau und Tallin starten 345 DDR-Sportlerinnen und Sportler und erringen 47 Gold-, 37 Silber- und 42 Bronzemedaillen.

> Breshnew eröffnet die Olympischen Spiele in Moskau. Er liest vom Blatt ab. »Oh, Oh, Oh …«
> »Aber Genosse Generalsekretär«, sagt sein Berater, »das sind doch die Olympischen Ringe!«

6.8. Der Volkssänger Ernst Busch stirbt in Berlin-Pankow.

25.8. Der britische Verleger Robert Maxwell überreicht Honecker die englische Ausgabe der Honecker-Memoiren »Aus meinem Leben«.

2.9. DEFA-Filmpremiere »Die Verlobte« (DEFA/Fernsehen der DDR).

3.9. Uraufführung von Heiner Müllers »Der Bau« an der Berliner Volksbühne, Regie: Fritz Marquardt.

4.-12.9. Manöver »Waffenbrüderschaft 80« der Warschauer Vertragsstaaten.

4.10. Die Bergsteigerin Gerda Jacob aus Dresden bezwingt mit dem Aufstieg am »Lehnriff« als erste Frau alle 1066 anerkannten Klettergipfel des Elbsandsteingebirges.

13.10. Der Mindestumtausch für Besucher aus dem Westen wird von 13 auf 25 DM pro Tag erhöht: Die Kaufkraft der DDR-Mark ist gestiegen, der Wechselkurs von 1 : 5 in West-Banken schädigt die Wirtschaft der DDR.

13.10. Vor Parteifunktionären in Gera hält Honecker eine »Abgrenzungs«-Rede gegenüber der Bundesrepublik. Er erklärt unter anderem die Anerkennung einer eigenen DDR-Staatsbürgerschaft ausdrücklich als Voraussetzung für die Normalisierung der deutsch-deutschen Beziehungen.

13.10. In Darmstadt wird die Schriftstellerin Christa Wolf mit dem Büchner-Preis ausgezeichnet.

16.10. In Dresden wird die erste Filmwoche der Bundesrepublik in der DDR eingeleitet, die sieben ausgewählten Spielfilme werden anschließend auch in Frankfurt/Oder und in Potsdam gezeigt.

13.11. DEFA-Filmpremiere »Levins Mühle« nach Johannes Bobrowski mit Christian Grashof, Fred Düren, Katja Paryla.

10.-13.11. Erich Honecker reist zu seinem ersten offiziellen Besuch in ein westliches Land: Österreich.

> Bei einem Besuch Honeckers in Österreich werden die einzelnen Minister vorgestellt. Als der österreichische Seefahrtsminister vorgestellt wird, lacht Honecker. Der Gastgeber sagt: »Warum lachen Sie, ich habe auch nicht gelacht, als Sie Ihren Handelsminister vorgestellt haben!«

16.11. Uraufführung des Theaterstückes »Der Auftrag« von Heiner Müller an der Volksbühne in Ost-Berlin.

5.12. Treffen der führenden Vertreter der Warschauer Vertragsstaaten, um über die Situation in Polen zu beraten.

> Zwei Redakteure des DDR-Fernsehens unterhalten sich. »Was meinst du«, fragt der eine, »ob die in Polen auch 3sat bekommen?«
> »Nee«, antwortet der andere, »die bekommen ja nicht mal einen satt.«

31.12. Die Subventionen des Staatshaushalts für Preisstützungen belaufen sich auf 17 Milliarden Mark.

2 103 885 sportbegeisterte Leser der »Jungen Welt« wählen Maxi Gnauck, Waldemar Cierpinski und die Handball-Nationalmannschaft der Männer zu Sportlern des Jahres.

Nachdem in den Jahren 1976-79 keine Fernsehlieblinge gekürt wurden, startet jetzt die »FF-dabei« die Aktion neu: Horst Drinda, Klaus Feldmann, Petra Kusch-Lück, Helga Hahnemann, Rolf Herricht, Gerd E. Schäfer, Heinz Florian Oertel, Frank Schöbel, Angelika Waller, Heinz Rennhack sind die Fernsehlieblinge 1980.

 Erich Loest, Swallow, mein wackerer Mustang
Erwin Strittmatter, Der Wundertäter 3
Christa Wolf, Lesen und Schreiben
Wolfgang Schreyer, Der Reporter

Hits:
Am Abend mancher Tage, Lift
Erinnerung, electra
Melani, Puhdys
Schwanenkönig, Karat
Also was soll aus mir werden, Stern Meißen
Reichtum der Welt, Holger Biege
Jugendliebe, Ute Freudenberg und Gruppe Elefant
Berührung, Gaby Rückert

Das Jahr 1981

15.1. DEFA-Filmpremiere »Unser kurzes Leben« nach dem Roman »Franziska Linkerhand« mit Simone Frost.

30.1.-1.2. Bernhard Germeshausen/Hans-Jürgen Gerhardt werden Weltmeister im Zweierbob in Cortina d'Ampezzo (Italien).

7.-8.2. Am gleichen Ort erringt der Viererbob DDR I (Germeshausen, Gerlach, Trübner, Gerhardt) den Weltmeister-Titel.

21.-22.2. In Grenoble (Frankreich) wird Karin Enke Sprint-Weltmeisterin im Eisschnelllauf.

23.2.-2.3. Auf dem 26. Parteitag der KPdSU wird erneut Leonid Breshnew zum Parteichef gewählt. Im Anschluss findet ein sowjetisch-polnisches Gipfeltreffen statt.

> Ein Delegierter von der Tschuktschenhalbinsel kommt zur Parteihochschule in Moskau und wird auf seine Vorkenntnisse geprüft.
> »Bitte Genosse, sage uns, wer war Karl Marx, wer Friedrich Engels?«
> Achselzucken.
> »Kannst du uns sagen, wer Lenin war? Oder Stalin?«
> Schweigen.
> Der Vorsitzende der Prüfungskommission ruft den Parteisekretär des Autonomen Gebietes der Tschuktschen an: »Sag mal, wen habt ihr uns da geschickt? Der kennt ja nicht mal Lenin und Stalin!«
> »Na, warum regst du dich auf! Ihr in Moskau habt eure Bekannten, wir haben unsere.«

11.3. Im Pariser Museum für moderne Kunst wird die Ausstellung »Malerei und Grafik in der DDR« eröffnet.

13.3. In Leipzig eröffnet das Hotel »Merkur«.

14.3. Einweihung des Albert-Einstein-Museums in Caputh bei Potsdam.

19.3. In Moskau wird das Handelsabkommen über 5 Jahre unterzeichnet. Im selben Jahr kommt es zu Kürzungen der Lieferungen, so dass die DDR das Erdöl teuer auf dem Weltmarkt einkaufen muss.

> Nach den Olympischen Spielen, Telegramm von Breshnew an Honecker: Glückwunsch zum 1. Platz in der Länderwertung – stop – zu den Goldmedaillen – stop – im Fußball – stop – im Volleyball – stop im Handball stop – Erdöl stop – Breshnew.

20.3. In Berlin öffnet das Sport- und Erholungszentrum (SEZ) seine Tore. Der absolute Hit ist das Wellenbad in der großen Schwimmhalle. Auf 35 000 Qudratmetern Grundfläche können sich täglich bis zu 18000 Besucher tummeln.

26.3. DEFA-Filmpremiere »Pugowitza«.

26.3. Der »Canto General« von Mikis Theodorakis nach Pablo Neruda wird in der DDR uraufgeführt.

3.4. DEFA-Kinderfilmpremiere »Als Unku Edes Freundin war« nach dem Kinderbuch von Alex Wedding.

11.-16.4. Der X. Parteitag der SED findet im Palast der Republik statt. Günter Schabowski wird Kandidat des Politbüros.

Das Beste zum X. Parteitag – der Rest zum Wohle des Volkes.

»Die Tanzmeister, ein Bild über die falschen Töne« von Heidrun Hegewald, 1980

29.4. Anlässlich des 200. Geburtstages von Karl Friedrich Schinkel werden die zur Schlossbrücke (Marx-Engels-Brücke) gehörenden Skulpturen aus Westberlin nach Ostberlin überführt und wieder aufgestellt.

2.-3.5. Maxi Gnauck wird vierfache Europameisterin im Turnen (Vierkampf, Stufenbarren, Schwebebalken, Boden) in Madrid.

8.-21.5. Olaf Ludwig gewinnt bei der Friedensfahrt fünf Etappen und das violette, weiße und rosa Trikot.

25.-31.5. Erich Honecker auf Staatsbesuch in Japan. Die Lieferung von 10000 PKW Typ Mazda wird beschlossen.

> Das Feinmechanik-Kombinat hat einen Draht entwickelt, der so dünn ist, dass er mit den DDR eigenen Messgeräten nicht gemessen werden kann. Daraufhin sendet der Kombinatsleiter den Draht zum Nachmessen nach Japan.
> Nach einiger Zeit kommt das Päckchen zurück. Stolz öffnet der Kombinatsleiter das Päckchen vor den Augen des Zentralkomitees. In dem Päckchen lag die Tüte mit dem Draht und ein Brief aus Japan: »Liebe Kollegen, leider ist uns der Brief zu Ihrem Päckchen abhanden gekommen. Somit wussten wir nicht mehr, was wir mit der Lieferung anfangen sollten. Wir haben Ihnen deshalb als Service ein Außen- und Innengewinde am Draht angebracht!«

29.5. Anordnung des Ministeriums für Volksbildung über den Wehrkundeunterricht an den Erweiterten Oberschulen in den Klassen 11 und 12.

11.6. Festlegung über Ausbildungshilfen für Schüler der Erweiterten Oberschule, ab der 11. Klasse 110 Mark, ab der 12. Klasse 150 Mark. Bei sozialer Bedürftigkeit noch 50 Mark mehr. Auch Lehrlinge erhalten ab September mehr Geld: zwischen 105 und 220 Mark. Das Grundstipendium für Direktstudenten wird auf einheitlich 200 Mark monatlich erhöht.

12.6. DEFA-Filmpremiere »Sing, Cowboy, sing«. Buch, Regie und Hauptdarsteller: Dean Reed.

14.6. Volkskammerwahlen: 99,86 % wählen die Kandidaten der »Nationalen Front«. Erstmals werden die Berliner Volkskammerabgeordneten direkt gewählt – die Westmächte protestieren.

20.6. Das ehemalige Salzbergwerk Morsleben wird zur zentralen Endlagerstätte für radioaktive Abfälle bestimmt.

20.-21.6. In Weitra (Österreich) wird Jens Scheffler Europameister im Motorradgeländesport.

26.6. Das letzte Todesurteil der DDR wird wegen Verrats an MfS-Hauptmann Werner Teske vollstreckt.

13.8. Anlässlich des 20. Jahrestages des Mauerbaus kritisiert Honecker Reagans Entscheidung für die Neutronenbombe.

> Bei Müllers klingelt es an der Wohnungstür. Herr Müller öffnet. Ein Dame von der Wohnparteigruppe steht vor der Tür. »Herr Müller, wie stehen Sie zur Neutronenbombe?« »Oh«, sagt Herr Müller, »da muss ich erst meine Frau fragen.«
> Er kommt zurück: »Ist gut, wir nehmen eine.«

15.-16.8. In Zagreb gewinnen die Leichtathleten beide Europapokale, die Frauen zum sechsten Mal in Folge.

20.8. In einem gemeinsamen Appell von 150 europäischen Autoren, unter anderem Heinrich Böll, Lew Kopelew und Anna Seghers, werden ein Ende des Wettrüstens und der Baustopp für die Neutronenbombe gefordert.

23.8. Der Schauspieler und Komiker Rolf Herricht stirbt in Berlin

26.-29.8. Falk Boden, Bernd Drogan, Mario Kummer und Olaf Ludwig erkämpfen in Prag den Weltmeister-Titel im 100-km-Straßenfahren.

17.9. DEFA-Filmpremiere »Bürgschaft für ein Jahr« mit Katrin Saß.

15.-20.9. 10. Internationales Schlagerfestival in Dresden.

1.10. Günter Guillaume, der 1975 wegen DDR-Spionage zu dreizehn Jahren Freiheitsstrafe verurteilt worden war, wird im Zuge eines Agentenaustausches in die DDR entlassen.

6.10. Eröffnung der Probebühne der ersten freien Theatergruppe (»Zinnober«) in einem Laden in Berlin-Prenzlauer Berg.

8.10. DEFA-Filmpremiere »Darf ich Petruschka zu dir sagen?«

8.10. Feierliche Einweihung des neuen Gewandhauses in Leipzig. Unter Leitung von Dirigent Kurt Masur spielt das traditionsreiche Gewandhausorchester. Prunkstück des 100 Millionen teuren Gebäudes ist eine Orgel mit 89 Registern und 6 638 Pfeifen.

> Was ist ein ostdeutsches Streichquartett? Ein Sinfonieorchester nach der Rückkehr von der Westtournee.

20.11. Im Süden Berlins wird der Teltowkanal nach 36 Jahren für den zivilen Güterschiffverkehr von und nach West-Berlin wiedereröffnet.

29.11. Erhöung des Kindergeldes für das dritte und jedes weitere Kind auf 100 Mark im Monat.

11.-13.12. Innerdeutsches Gipfeltreffen zwischen Honecker und Bundeskanzler Schmidt am Werbellin- und Döllnsee.

13.12. Auf Einladung von Stephan Hermlin kommen rund 100 namhafte Künstler und Wissenschaftler aus ganz Europa nach Berlin, um gegen die geplante Aufstellung amerikanischer Pershing-Raketen zu protestieren.

> Ein klapperdürrer polnischer Schäferhund und ein vollgefressener DDR-Mops treffen sich auf der Brücke in Frankfurt/Oder. »Wo willst du hin?« fragt der Dicke. Der andere antwortet: »In die DDR. Mal wieder richtig was fressen! Und was willst du in Polen?« »Mal wieder richtig bellen.«

13.12. In Polen wird das Kriegsrecht verhängt.

18.12. In Moskau verleiht Erich Honecker Breshnew zu dessen 75. Geburtstag den Ehrentitel »Held der Deutschen Demokratischen Republik«.

> Honecker besucht Breshnew. Als Gastgeschenk überreicht er einen Teller aus Meißner Porzellan. Unschlüssig wendet Breshnew den Teller hin und her.
> »Ist irgendwas nicht in Ordnung?« fragt Honecker.
> »Doch, doch«, sagt Breshnew, »ich suche nur die Anstecknadel!«

21.12. Wirtschaftsgespräche zwischen Berthold Beitz (Krupp) und Honecker und Mittag.

Ute Geweniger (Schwimmen), Lothar Thoms (Bahnradsport) und die Männermannschaft Handball des SC Magdeburg werden Sportler des Jahres, Hans-Ullrich Grapenthin ist Fußballer des Jahres.

Fernsehlieblinge: Helga Hahnemann, Helga Göring, Herbert Köfer, Dieter Mann, Klaus Feldmann, Heinz Florian Oertel, O. F. Weidling, Frank Schöbel, Petra Kusch-Lück

 Franz Fühmann, Saiäns-Fiktschen
Hermann Kant, Der dritte Nagel
Rosemarie Zeplin, Schattenriss eines Liebhabers
Erik Neutsch, Forster in Paris

Hits:
He, John, Puhdys
Der Eine und der Andere, Stern Meißen
Das einzige Leben, Karussell
Hallo Mary-Lou, Prinzip
Frau am Fenster, Gaby Rückert
Der blaue Planet, Karat
Der letzte Kunde, Familie Silly

»Eine Art, den Regen zu beschreiben« von Nuria Quevedo, 1981

Das Jahr 1982

6.1. Manfred Decker wird Sieger der 30. Internationalen Vierschanzentournee (BRD/Österreich).

8.-10.1. Fünfzehn führende Rock-Gruppen der DDR spielen »Rock für den Frieden« im Palast der Republik.

> Was ist der Unterschied zwischen der Sonne und einem DDR-Rockmusiker?
> Es gibt keinen. Im Osten gehn sie auf, und im Westen gehn sie unter.

21.1. DEFA-Filmpremiere »Romanze mit Amélie« nach Benito Wogatzki in der Regie von Ulrich Thein.

25.1. Auf Initiative von Pfarrer Rainer Eppelmann entsteht der »Berliner Appell – Frieden schaffen ohne Waffen«.

30.1. Erstaufführung von Brechts »Trommeln in der Nacht« in Schwerin, Regie: Christoph Schroth.

2.-7.2. Sabine Baeß und Tassilo Thierbach werden Europameister im Paarlauf bei den EM im Eiskunstlauf in Lyon.

11.2. Das Innenministerium teilt mit, dass der Katalog »Dringende Familienangelegenheiten«, der auch DDR-Bürgern außerhalb des Rentenalters Reisen in den Westen erlaubt, erweitert wird.

> Eines Tages klingelt bei Erich Honecker das Telefon. Seine alte Mutter ist dran: »Na mein Erich, was machst du denn jetzt - bist du noch Dachdecker?«
> »Nein«, antwortet Erich. »Ich bin jetzt STAATSRATSVORSITZENDER.«
> Seine Mutter fragt: »STAATSRATSVORSITZENDER? Was ist denn das?«
> Erich sucht nach Worten: »Ach Mutti, das ist, äh ...- na so etwas wie ein Kaiser.«
> Die Mutti ganz entzückt: »Kaiser, das ist ja wunderschön! Wo bist denn du Kaiser?«
> Erich, stolz: »In der DDR!«
> Darauf die Mutter entsetzt: »In der DDR? Da pass aber auf, dass dir die Kommunisten nicht alles wegnehmen!«

13.-14.2. Karin Enke gewinnt in Inzell den Weltmeister-Titel im Eisschnelllauf (Großer Vierkampf) mit Weltrekord (168,271 Pkt.).

14.2. In der Kreuzkirche in Dresden findet mit etwa 5000 meist jugendlichen Teilnehmern aus den Reihen der christlichen Friedensbewegung ein Friedensforum statt.

27.2. DDR-Erstaufführung von Brechts »Baal« in Erfurt, Regie: Friedo Solter.

7.3. Der Regisseur Konrad Wolf stirbt.

9./10.3. Der Vorsitzende des Exekutivkomitees der PLO, Yasir Arafat, wird in Ost-Berlin mit den protokollarischen Ehren eines Staatsoberhauptes empfangen. Die Vertretung der PLO in der DDR wird zur Botschaft aufgewertet.

17./18.3. Anlässlich der Leipziger Messe finden Gespräche zwischen Bundeswirtschaftsminister Otto Graf Lambsdorff und dem Leiter der DDR-Wirtschaftskommission Günter Mittag statt.

> »Der Saporoshez hat auf der Messe gleich 2 Preise bekommen.«
> »Oh, wie denn das?«
> »Als formschönster Traktor und leisester Panzer.«

18.3. DEFA-Filmpremiere »Die Gerechten von Kummerow«.

18.3. In Ost-Berlin treffen erstmals Abgeordnete der Volkskammer und des Bundestages zusammen.

18.-27.3. Bei der Weltmeisterschaft in Klagenfurt gewinnt die Eishockey-Nationalmannschaft das B-Gruppen-Turnier.

22.3. Offizieller Festakt zu Goethes 150. Todestag in Weimar.

25.3. Neues Wehrdienstgesetz, das das Wehrpflichtgesetz von 1962 ersetzt, außerdem gibt es ein neues Grenzgesetz.

29.3. Der polnische Partei- und Regierungschef Jaruzelski trifft zu einem Besuch in der DDR ein.

> »Der Papst kommt nach Leipzig«, meldet die Presse.
> »Na endlich, dann ist auch der letzte Pole in der DDR gewesen.«

21.4. DEFA-Filmpremiere »Märkische Forschungen« nach Günter de Bruyn, mit Hermann Beyer, Kurt Böwe, Jutta Wachowiak.

1. Mai. Tausende Menschen ziehen mit Fahnen und Transparenten an der Tribüne des Politbüros vorüber. Günter Mittag weist Honecker auf eine besonders originelle Losung hin.
Da heißt es: »Unsere Fischprodukte sind ein Beitrag zur Bekämpfung des Imperialismus!«
Honecker nickt Mittag zustimmend zu und flüstert: »Aber wie, Günter, bringen wir die Imperialisten dazu, dieses Zeug zu fressen?«

24.5. Hans-Otto Bräutigam wird neuer Ständiger Vertreter Bonns in der DDR und löst Klaus Bölling ab.

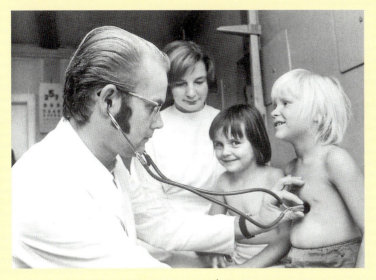

14.6. Das neue, 23stöckige Hochhaus der Charité wird eingeweiht und an die Humboldt-Universität übergeben. Die alten Gebäude des Krankenhauses werden renoviert.

18.6. Zwischen der DDR und der Bundesrepublik Deutschland wird vereinbart, den zinslosen Überziehungskredit (Swing) der DDR soll schrittweise von 850 Millionen auf 600 Millionen Verrechnungseinheiten bis 1985 zu reduzieren.

> Reagan, Breshnew und Honecker fragen den lieben Gott, was im Jahr 2000 sein wird. Zu Reagan sagt der liebe Gott: »Im Jahre 2000 werden die USA kommunistisch sein.« Da wendet sich Reagan ab und weint ganz bitterlich.
> »Und was wird mit der Sowjetunion?«, fragt Breshnew. »Die Sowjetunion«, sagt der liebe Gott wird aufgesogen vom Großchinesischen Reich.« Da wendet sich Breshnew ab und weint ganz bitterlich.
> »Und wo steht die DDR im Jahre 2000?«, fragt Honecker. Da wendet sich der liebe Gott ab und weint ganz bitterlich.

13.7. DEFA-Kinderfilmpremiere »Der lange Ritt zur Schule«.

15.7. Die sowjetischen Streitkräfte in der DDR stationieren erste Kurzstreckenraketen »SS 21«.

4.9. Weltmeister-Titel für Bernd Drogan im Straßenradsport der Amateure in Goodwood (England).

13.9. Erster Spatenstich am DDR-Bauabschnitt der im Februar als Zentrales Jugendobjekt übergebenen Erdgastrasse in der Ukraine.

26.9. Der Film »Sonjas Rapport« nach dem Erfolgsbuch von Ruth Werner hat Premiere.

1.10. Eröffnung der IX. Kunstausstellung in Dresden.

6.10. Nationalpreis für die Puhdys.

6.10. Das Pergamon-Museum bekommt einen neuen, repräsentativen Eingang. Fünf Millionen Mark wurden in die Fertigstellung des Gebäudes gesteckt.

> Japanische Geschäftsleute auf DDR-Besuch. Auf die Frage, was sie am meisten beeindruckt habe, antworten sie: »Uns haben am besten ihre drei schönen Museen gefallen – Pergamon, Pentacon und Robotron.«

27.10. Der Schauspieler Herwart Grosse stirbt.

10.11. Der sowjetische Staats- und Parteichef Leonid I. Breshnew stirbt in Moskau. Am Rande der Trauerfeierlichkeiten in Moskau treffen sich Bundespräsident Karl Carstens und Erich Honecker.

20.11. Freigabe der 265 km langen neuen Autobahn zwischen Berlin und Hamburg.

> Was bedeuten die Verkehrsschilder 80, 60, 30?
> Auf einen Kilometer 80 Schlaglöcher, 60 cm breit, 30 cm tief.

3.12. Gesetz über den Volkswirtschaftsplan 1983: der Ausbau der Braunkohlenutzung wird beschlossenn.

14.12. Weltrekord über 5 000 m im Eisschnelllauf durch Karin Kania in Karl-Marx-Stadt.

15.12. Der neue Fernbahnhof in Berlin-Lichtenberg wird übergeben.

Sportler des Jahres werden Marita Koch, Bernd Drogan und die Friedensfahrtmannschaft (Thomas Barth, Falk Boden, Jörg Köhler, Lutz Lötzsch, Olaf Ludwig, Andreas Petermann); Rüdiger Schnuphase wird Fußballer des Jahres.

Fernsehlieblinge: Horst Drinda, Helga Göring, Heinz Rennhack, Agnes Kraus, Klaus Feldmann, Petra Kusch-Lück, Herbert Köfer, Frank Schöbel, Heinz Florian Oertel, Helga Hahnemann

 Juri Brezan, Bild des Vaters
Christoph Hein, Der fremde Freund
Christine Wolter, Die Alleinseglerin
Fritz Rudolf Fries, Alexanders neue Welten
Heiner Müller, Quartett (Drama)
Erwin Strittmatter, Wahre Geschichten aller Ard(t)

Hits:
Der Außenseiter, Puhdys
Jede Stunde, Karat
Leben möcht ich, Stern Meißen
Keiner will sterben, Karussell
SOS, Dialog
Werkstattsong, Pankow
Und ich sehn mich nach dir, Metropol
Glaube an dich, Berluc
Teil mit mir, Gaby Rückert

Pankow

Das Jahr 1983

2.1. Katholische Bischöfe schreiben einen Hirtenbrief, um sich über »zunehmende Militarisierung der Gesellschaft« zu beschweren.

4./5.1. Treffen der Parteichefs des Warschauer Vertrages. Angebot »über den gegenseitigen Verzicht auf Anwendung militärischer Gewalt« an die NATO.

> Anfrage an den Sender Jerewan: »Wird es Krieg geben?«
> Antwort: »Im Prinzip nein, aber der Kampf um den Frieden wird solche Ausmaße annehmen, dass kein Stein mehr auf dem andern bleibt.«

7.1. DDR-Premiere »Die Olsenbande ergibt sich nicht«, der 11. Film.

15.1. Die Statistische Zentralverwaltung teilt mit: Für 1982 beträgt das Nationaleinkommen 200 Milliarden Mark. Davon werden 61,3 Milliarden Mark zur Stützung der Verbraucherpreise bei Waren des Grundbedarfs, Mieten und Tarifen eingesetzt. Versorgungsprobleme bei Butter, Gemüse und Obst.

> Ein Bürger fragt im Gesundheitsministerium an, welche Gemüsesorten er für eine gesunde Lebensweise bevorzugen solle. Die Antwort lässt lange auf sich warten, doch sie kommt. »Ihre Frage ist nicht einfach zu beantworten. Im vergangenen Jahr beispielsweise war Porree sehr bekömmlich. In diesem Jahr sollten sie Rotkohl bevorzugen. Für das nächste Jahr haben wir die Forschungen noch nicht abgeschlossen. Von Spargel raten wir generell ab.«

20.1. DEFA-Filmpremiere »Der Aufenthalt« nach Hermann Kants Roman.

22.-23.1. Andrea Schöne wird Europameisterin im Eisschnelllauf (Mehrkampf) in Heerenveen (Niederlande).

1.2. In Potsdam im Marstall, nahe der Filmstadt Babelsberg, wird ein Filmmuseum eröffnet.

> Ein Volkspolizist sitzt mit seiner Frau im Kino. Die Filmszene zeigt einen schwankenden Steg, über den ein Polizist läuft. »Wetten«, sagt seine Frau, »dass der gleich ins Wasser fällt!« Der Mann hält dagegen. Doch gleich darauf fällt der Polizist ins Wasser. Der Polizist kopfschüttelnd: »Ich hab den Film gestern schon gesehen und hätte nie gedacht, dass der Kollege den gleichen Fehler noch einmal macht.«

1.-6.2. In Dortmund wird Katarina Witt Europameisterin im Eiskunstlaufen, im Paarlauf geht der EM-Titel an Sabine Baeß/Tassilo Thierbach.

26.-27.2. Karin Enke wird Sprintweltmeisterin im Eisschnelllauf in Helsinki.

10./11.3. Tagung des ZK mit den Generaldirektoren der 156 zentral- und 66 bezirksgeleiteten Kombinate zur besseren Versorgung der Bevölkerung mit industriellen Konsumgütern.

> Warum werden ab sofort die Zugangswege zu den Kombinatsbetrieben der DDR mit einem weißen Mittelstreifen versehen? Damit diejenigen, die zu spät auf Arbeit kommen, nicht mit denen zusammenstoßen, die eher Feierabend machen.

17.3. DEFA-Filmpremiere »Das Luftschiff« nach einem Roman von Fritz Rudolf Fries mit Jörg Gudzuhn.

Nikaragua – bereit zur Verteidigung der Revolution

17.-20.3. Weltmeister-Titel im Skifliegen für Klaus Ostwald in Harrachov.

25.-26.3. Christa Rothenburger unterbietet als erste Frau die 40-Sekunden-Grenze im Eisschnelllauf über 500 m (39,69 s).

11.-17.4. Anläßlich des 100. Todestages von Karl Marx findet eine internationale wissenschaftliche Konferenz unter dem Motto »Karl Marx und unsere Zeit – der Kampf für Frieden und sozialen Fortschritt« statt.

> Es ist gelungen, Karl Marx wieder zum Leben zu erwecken. Man will ihm Gelegenheit zu einer halbstündigen Fernsehansprache geben. Er sitzt im Studio und bereitet seine Rede vor.
> Da kommt der Redakteur Außenpolitik zu ihm und sagt. »Tut mir leid, wir müssen die Sendezeit halbieren – eine Freundschaftsdelegation aus der Sowjetunion ist soeben zurückgekehrt.«
> »Gut«, sagt Karl Marx und kürzt seinen Text.
> »Es tut mir leid«, sagt der Redakteur Wirtschaft, »ein Erntebericht muss gesendet werden, wir müssen die Zeit noch einmal halbieren.«
> »Gut«, sagt Karl Marx und kürzt seinen Text.
> Da kommt der Sportredakteur und sagt: »Tut mir leid. Die Übertragung des Fußballspiels beginnt gleich. Sie können nur eine Minute Sendezeit kriegen.«
> »Gut«, meint Karl Marx, tritt vor die Kamera und sagt: »Proletarier aller Länder« – blickt auf die Armbanduhr – »entschuldigt mich.«

21.4. Wiedereröffnung der restaurierten Wartburg bei Eisenach anlässlich des 500. Geburtstages von Martin Luther.

22.4. Schriftsteller aus Ost und West treffen sich in Ost-Berlin zur »2. Berliner Begegnung« mit dem Thema Frieden und Abrüstung.

28.4. DEFA-Filmpremiere »Insel der Schwäne« nach dem Buch von Benno Pludra, Regie: Herrmann Zschoche.

3.-7.5. Erich Honecker erhält in Moskau den »Lenin-Orden« und den »Goldenen Stern eines Helden der Sowjetunion«.

12.5. Auf dem Alexanderplatz in Ost-Berlin demonstrieren fünf Bundestagsabgeordnete der Grünen für Abrüstung in Ost und West.

22.5. Rund 250000 Teilnehmer des Friedenstreffens der Jugend sozialistischer Länder demonstrieren in Potsdam gegen den NATO-Raketenbeschluss.

27.5. DEFA-Indianerfilmpremiere »Der Scout«, Co-Produktion mit der Mongolei.

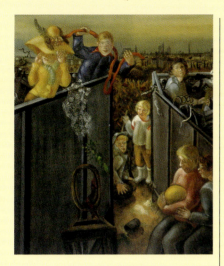

»Herbst« von Brigida Böttcher, 1983

1.6. Die Schriftstellerin Anna Seghers stirbt in Ost-Berlin.

17.6. Juri Andropow wird Generalsekretär der KPdSU.

28.6. Angaben zur Religionszugehörigkeit der Bevölkerung werden veröffentlicht: 7,7 Millionen gehören der evangelischen Kirche, 1,2 Millonen der katholischen und rund 200000 anderen Religionsgemeinschaften an.

> Ein Lehrer liest seinen Schülern vor. »… und Gott verteilte unter den Menschen drei Fische.«
> Eifrig meldet sich Fritzchen: »Herr Lehrer, es gibt keinen Gott.«
> »Nun, das musst du symbolisch sehen, es gibt ja bei uns auch keinen Fisch.«

29.6. Durch Kabinettsbeschluss übernimmt die Bundesregierung die Bürgschaft für einen von Franz Josef Strauß vermittelten Bankenkredit in Höhe von einer Milliarde DM an die DDR.

2.7. Frank Castorf macht mit einer Inszenierung von Heiner Müllers »Der Auftrag« am Theater Anklam auf sich aufmerksam.

24.-27.7. Der CSU-Vorsitzende Franz Josef Strauß wird von Erich Honecker im Schloss Hubertusstock am Werbellinsee empfangen.

5.-7.8. 135 000 Zuschauer besuchen die Jubiläumsfeier: 60 Jahre Schleizer Dreieck, 50. Rennen auf dem Schleizer Dreieck und 25 Jahre MC Schleizer Dreieck.

16.8. Joachim Streich wird zum Fußballer des Jahres gekürt.

16.-18.8. Erstmals seit den Umwälzungen in Polen 1980 besucht Erich Honecker das Land. Es kommt zu keiner Rücknahme der Reisebeschränkungen.

26.8.-13.11. »Kunst der Reformationszeit« heißt eine Ausstellung im Rahmen der Luther-Ehrung im Alten Museum. 160000 Besucher sehen die 750 Werke von Albrecht Dürer, Lucas Cranach, Hans Holbein, Matthias Grünewald, Tilman Riemenschneider.

10.-11.9. Zum fünften Mal geht der Europapokal im Siebenkampf an die DDR (Ramona Neubert, Kristine Nitzsche, Sibylle Thiele).

15.9. Erster Empfang eines Regierenden Bürgermeisters von West-Berlin, Richard von Weizsäcker, durch den Staats- und Parteichef der DDR in Ost-Berlin.

16.-23.9. Marlies Helbig gewinnt die Weltmeisterschaft im Sportschießen (Luftgewehr) in Innsbruck.

24.9. Zum dreißigjährigen Bestehen der Kampfgruppen findet auf der Berliner Karl-Marx-Allee ein Appell von 10 000 Angehörigen der bewaffneten Arbeiterformation statt.

27.9. DEFA-Filmpremiere »Zille und ick« mit Marianne Wünscher.

5.10. Österreichischen Journalisten gegenüber kündigt Erich Honecker den Abbau von Selbstschussanlagen an der innerdeutschen Grenze an. Die Arbeiten werden am 30.11.1984 beendet.

10.10. Erich Honecker schreibt an Bundeskanzler Kohl und ruft zu einer »Koalition der Vernunft« auf.

17.10. Der Rennsteigsänger Herbert Roth stirbt.

25.10. Udo Lindenberg und das Panikorchester treten im Rahmen einer Veranstaltung zur Friedensmanifestation im Palast der Republik auf.

> Die zwei Erichs unterhalten sich. Erich Honecker zu Erich Mielke: »Du, Erich, der Udo Lindenberg soll doch hier in einem Stadium spielen, glaubst du, wir kriegen so ein Stadium voll?«
> Darauf Erich Mielke: »Mit Sicherheit, mit Sicherheit.«

29.10. Uraufführung von Ulrich Plenzdorfs »Legende vom Glück ohne Ende« am Theater Schwedt.

9.11. Offizielle Festveranstaltung des staatlichen Lutherkomitees in der Deutschen Staatsoper.

24./25.11. Das ZK der SED wählt Egon Krenz als jüngstes Mitglied in den engsten Kreis der Parteiführung.

26.11. In Torgau wird der Amerikaner Joseph Polowsky beigesetzt, ein Soldat der Patrouille, die 1945 als Erste auf sowjetische Soldaten traf.

27.11. DEFA-Kinderfilmpremiere »Moritz in der Litfasssäule« nach einer Vorlage von Christa Kozik.

12./13.12. Außenminister Oskar Fischer eröffnet das Kulturzentrums der DDR in Paris.

22.12. Uraufführung von Christoph Heins »Die wahre Geschichte des Ah Q« am Berliner Deutschen Theater, Regie: Alexander Lang.

Marita Koch, Uwe Raab und die Volleyball-Nationalmannschaft der Frauen werden zu Sportlern des Jahres gewählt.

Fernsehlieblinge: Hartmut Schulze-Gerlach, Klaus Feldmann, Herbert Köfer, Petra Kusch-Lück, Heinz Florian Oertel, Helga Göring, Walter Plathe, Lutz Jahoda, Helga Hahnemann, Heinz Rennhack

Volker Braun, Berichte von Hinze und Kunze
Irmtraud Morgner, Amanda, ein Hexenroman
Erwin Strittmatter, Der Laden 1
Christa Wolf, Kassandra
Gert Prokop, Der Samenbankraub
Christine Müller, Männerprotokolle

Hits:
No Bomb, Berluc
Glastraum, City
Sehnsucht, Puhdys
Mont Klamott, Silly
Wir sind die Sonne, Stern Meißen
Denke daran, Dialog
Die wundersame Geschichte von Gabi, Pankow
Erna kommt, Wolfgang Lippert

Das Jahr 1984

1.1. Von 100 Haushalten besitzen 42 einen Pkw, 96 eine Waschmaschine. Die Ausstattung mit Fernsehgeräten liegt bei 121 Prozent.

> »Weißt du eigentlich, dass die Trabantbesitzer zu den größten Denkern gehören?«
> »Nein, wieso denn das?«
> »Ja, sie denken, sie haben ein Auto!«

6.1. Jens Weißflog wird Sieger der Internationalen Vierschanzentournee.

9.1. Die Deutsche Reichsbahn übergibt vereinbarungsgemäß die S-Bahn West unentgeltlich an den Senat.

13.1. Das »Rock für den Frieden«-Konzert der Kölner Gruppe »BAP« wird abgesagt. Die Musiker hatten sich nicht auf Programmänderungen eingelassen.

16.1. Erstaufführung von Volker Brauns »Guevara oder der Sonnenstaat« in Leipzig; sechs Jahre zuvor war eine DT-Inszenierung im Probenstadium verboten worden.

19.1. Premiere des Filmes »Ärztinnen« nach Rolf Hochhuths Stück. Die DEFA engagiert den bundesdeutschen Filmstar Judy Winter für die Hauptrolle. Mit

20.1. Sechs DDR-Bürger bitten in der amerikanischen Botschaft um Asyl und dürfen ausreisen.

23.1. Klaus Ostwald springt mit 127 m neuen Schanzenrekord auf der Schanze im Kanzlersgrund bei Oberhof – der weiteste Sprung auf DDR-Territorium.

27.1. Eröffnung des französischen Kulturzentrums in Berlin.

> Ein Ausländer spricht zwei Polizisten an: »Du ju spiek inglisch?« – »Nee.« – »Parleh wu franzäh?« – »Nee.« – »Parlando italiano?« – Kopfschütteln. – »Gawaritch poruskie?« – Wieder Kopfschütteln. Der Mann geht unverrichteter Dinge weiter. – »Du«, sagt der eine zum andern Polizisten, »haste gemerkt, der spricht vier Sprachen?«
> »Und, hat's ihm was genützt?«

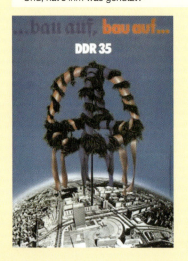

7.-18.2. Die Olympischen Winterspiele finden in Sarajevo statt. Erfolgreichste Mannschaft ist die der DDR mit neun Gold-, neun Silber- und sechs Bronzemedaillen.

9.2. In Moskau stirbt Juri Andropow. Konstantin Tschernenko tritt sein Amt an.

9.2. Erich Honecker übergibt die zweimillionste Wohnung seit Beschluss des Wohnungsbauprogramms 1971 in Berlin ihrer Bestimmung.

10.2. Im Museum der bildenden Künste, Leipzig, wird die erste umfassende Max-Beckmann-Ausstellung in der DDR aus Anlass des 100. Geburtstages des Künstlers eröffnet.

19.2. Die Außenarbeiten am kriegsbeschädigten Berliner Dom sind abgeschlossen.

3.-4.3. Bei der Weltmeisterschaft in Trondheim (Norwegen) gewinnt Karin Enke den WM-Titel im Eisschnelllauf.

8.3. Der Weltcup im Biathlon in Oslo geht an Frank-Peter Roetsch.

11.3. Erich Honecker erklärt sich auf der Leipziger Messe bereit, im Herbst die Bundesrepublik zu besuchen.

20.3. Ingrid Berg, die Nichte des DDR-Ministerpräsidenten Willi Stoph, reist nach Gießen aus, nachdem sie im Februar in der Prager Botschaft der Bundesrepublik Zuflucht gesucht hatte.

> »Ist es wahr, daß man jetzt aus der DDR ausreisen kann?«
> »Mitnichten, mitnichten.«

19.-24.3. Katarina Witt wird Weltmeisterin im Eiskunstlauf in Ottawa.

8.4. Das sowjetische NOK beschließt, die Olympischen Spiele in Los Angeles zu boykottieren.

27.4. Eröffnung des neuen Friedrichstadtpalastes. Moderator des Abends: O.F. Weidling.

8.5. Die geplante DDR-Tournee des bundesdeutschen Rockmusikers Udo Lindenberg, so verlautet, ist von den Organisatoren der FDJ abgesagt worden. (Einen diesbezüglichen Brief an Udo hatte es bereits am 22.2. gegeben.)

8.-21.5. Bei der Friedensfahrt gewinnt Olaf Ludwig vier Etappen. Er ist der erfolgreichste Fahrer mit insgesamt 21 Etappensiegen.

10.5. DEFA-Filmpremiere »Romeo und Julia auf dem Dorfe«.

10.5. Das NOK teilt mit, dass die DDR-Sportler an den Olympischen Spielen in Los Angeles nicht teilnehmen werden.

16.5. DEFA-Filmpremiere »Erscheinen Pflicht« nach einer Vorlage von Gerhard Holtz-Baumert.

17.5. FDGB-Vorstand und das ZK beschließen »Maßnahmen zur Verbesserung der Arbeits- und Lebensbedingungen für Familien mit drei und mehr Kindern« ab 1. Juni.

27.5. Kristin Otto schwimmt Weltrekordzeit über 200 m Freistil.

2.6. Nordkoreas Staatschef Kim Il Sung besucht die DDR.

15.6. Die Volkskammer wählt Egon Krenz und Günter Mittag zu stellvertretenden Staatsratsvorsitzenden.

22.-24.6. Der Bezirk Gera ist Gastgeber der 20. Arbeiterfestspiele der DDR.

»Jahrhundertschritt« von Wolfgang Mattheuer, 1984

4.9. Erich Honecker sagt seine für September geplante Reise in die Bundesrepublik ab. Begründung: Der Stil der Diskussion über den Besuch sei »äußerst unwürdig«.

Honecker will mal sehen, wie es im Westen ist. Er verkleidet sich als Oma, geht zum Bahnhof Friedrichstraße, passiert die Passkontrolle und geht auf den Bahnsteig. Da rempelt ihn eine alte Frau an. »Hey, Honnie. Was machst du denn hier?«
»Psst«, macht Honecker. »Wie haben Sie mich erkannt?«
»Aber Honnie«, sagt die alte Frau, »erkennst du mich nicht? Ich bin doch die Mielke-Oma.«

8.9. DEFA-Filmpremiere »Isabel auf der Treppe« mit Steffie Spira.

30.9. Beginn des durchgehend elektrischen Zugverkehrs Leipzig-Berlin.

1.10. Eröffnung des 1943 kriegszerstörten und völlig neu aufgebauten Schauspielhauses am Berliner Gendarmenmarkt als Konzerthaus.

2.10. Im Alten Museum eröffnet die Ausstellung »Alltag und Epoche – Werke Bildender Kunst der DDR aus 35 Jahren«.

5.10. In der Berliner Charité werden die ersten Retortenbabys des Ostblocks geboren. Es sind Zwillinge.

6.10. Die Gruppe Karat erhält den Nationalpreis.

16.-19.10. Staatsbesuch Erich Honeckers in Finnland.

6.11. Das Dresdner Kupferstichkabinett eröffnet die erste Paul-Klee-Ausstellung der DDR.

25.6. Die Ständige Vertretung der BRD in Ostberlin, in der 55 DDR-Bürger ihre Ausreise erzwingen wollen, wird vorübergehend geschlossen.

Erich Honecker kommt auf den Alexanderplatz, sieht eine Menschenschlange und stellt sich an. Nach einer Weile dreht sich der Vordermann um, schaut erstaunt Honecker an und geht weg. Der Nächste dreht sich um, der Übernächste, der Überübernächste. Nach und nach gehen alle weg. Beim Allerletzten fragt Erich: »Wonach steht ihr hier eigentlich an und warum geht ihr alle weg?« »Nach Ausreiseanträgen. Aber wenn auch du einen stellst, können wir ja hierbleiben.«

29./30.6. Staatsbesuch des schwedischen Ministerpräsidenten Olof Palme in der DDR. In einer gemeinsamen Erklärung mahnen Palme und Erich Honecker die notwendige Fortführung der Entspannungspolitik zwischen Ost und West an.

4.-6.7. Staatsbesuch des griechischen Ministerpräsidenten Andreas Papandreou in der DDR.

21.7. Uwe Hohn stellt mit 104,80 m neuen Weltrekord im Speerwerfen auf, damit wirft er als erster den Speer über 100 m.

25.7. BRD-Staatsminister Jenninger gibt die Gewährung eines Kredits von 950 Millionen DM an die DDR bekannt.

1.8. Reiseerleichterungen für den innerdeutschen Verkehr treten in Kraft.

Im Jahr 2014 dürfen alle DDR-Bürger in den Westen reisen.
Warum?
Weil die DDR 65 wird.

2.8. Die Prawda, das Zentralorgan der KPdSU, kritisiert die deutsch-deutschen Beziehungen.

19.-25.8. Sylvia Gerasch schwimmt Weltrekord über 100 m Brust bei den Wettkämpfen der Freundschaft in Moskau.

12.11. Unterzeichnung eines Vertrages mit den Wolfsburger VW-Werken über die Lieferung von Motoren für »Wartburg« und »Trabant«.

Ein Amerikaner hat gelesen, dass die DDR ein Auto baut, dessen Lieferfrist alle anderen in der Welt übertrifft. »Das muss ich haben«, beschließt er und bestellt gegen Dollar einen Trabbi. Die Autobauer in der DDR sind stolz und schicken natürlich gleich ein Exemplar über den Ozean. Als das Auto ankommt, staunt der Amerikaner. »Das ist ein Service«, ruft er begeistert, »zehn Jahre Lieferfrist, aber ein Modell aus Pappe schicken sie sofort!«

28.11. Unter Bürgerprotesten werden im Berliner Prenzlauer Berg die Gasometer gesprengt.

1.12. Die Mindestrenten werden um 30 Mark auf 300 Mark erhöht. Frauen mit drei und mehr Kindern sowie Halb- und Vollwaisen bekommen mehr Rente.

4.12. Erstaufführung der Händel-Oper »Giustino« an der Berliner Komischen Oper, in der Titelpartie Jochen Kowalski, Regie: Harry Kupfer.

Katarina Witt, Uwe Hohn und der Viererbob (Wolfgang Hoppe, Roland Wetzig, Dietmar Schauerhammer, Andreas Kirchner) sind die Sportler des Jahres.

Fernsehlieblinge:
Petra Kusch-Lück, Klaus Feldmann, Agnes Kraus, Frank Schöbel, Heinz Rennhack, Jürgen Karney, Helga Hahnemann, Helga Göring, Heinz Florian Oertel, Walter Plathe

 Günter de Bruyn, Neue Herrlichkeit
Bernd Wagner, Reise im Kopf
Joachim Walther, Bewerbung bei Hofe
Waltraud Lewin, Federico

Hits:
Ein Lied für die Menschen, Silly
Er will anders sein, Pankow
Lass uns Farben sehn, Prinzip
Zeit, die nie vergeht, Perl
Vier Milliarden in einem Boot, Electra
Eine Sekunde Ewigkeit, Muck
Vergiss mich, Rockhaus
Schlaf mit mir, Puhdys

»Die Verantwortung« von Horst Sakulowski, 1984

Das Jahr 1985

1.1. Die DDR erweitert nach UN-Seerechtskonvention ihr Territorialgewässer von 3 auf 12 Seemeilen.

10.1. Erster von sechs Auftritten der Kabarettisten Dieter Hildebrandt und Werner Schneyder in der DDR.

12.-13.1. In Groningen (Niederlande) gewinnt Andrea Schöne die Europameisterschaft im Eisschnelllauf.

6.2. Das Ministerium für Staatssicherheit wird mit dem Karl-Marx-Orden und einem Ehrenbanner des Zentralkomitees (ZK) der SED ausgezeichnet.

> Endlich hat die Stasi den Mann gefunden, der die politischen Witze über die DDR gemacht hat. Sie bringen ihn zu Honecker. Der fragt entrüstet: »Wieso erzählst du solche diffamierenden Witze, gerade jetzt, wo wir im wirtschaftlichen Aufschwung sind?« Darauf der Mann: »Der Witz war aber nicht von mir.«

7.2. Das Festkomitee zum 750-jährigen Bestehen Berlins konstituiert sich unter Vorsitz von Erich Honecker.

> Was ist die tiefste Stelle der DDR? Berlin, da sackt alles hin.

9.2. In Radebeul eröffnet die Gedenkstätte für Karl May.

12.2. DEFA-Kinderfilmpremiere »Unternehmen Geigenkasten«.

13.2. Wiedereröffnung der kriegszerstörten Semperoper mit Webers »Freischütz«, Regie: Joachim Herz.

13.2. Über 150 000 Menschen nehmen in Dresden an der Gedenkkundgebung zum 40. Jahrestag der Bombardierung der Stadt teil.

Dresden mahnt! 13. Februar 1945

21.2. DEFA-Filmpremiere »Meine Frau Inge und meine Frau Schmidt«, eine erfolgreiche Komödie in der Regie von Roland Oehme.

7.3. DEFA-Kinderfilmpremiere »Gritta von Rattenzuhausbeiuns«.

10.3. Zum zweiten mal holt Katarina Witt in Tokio den WM-Titel.

10.3. Der sowjetische Staats- und Parteichef Konstantin Tschernenko stirbt. Am 12. 3. treffen sich Helmut Kohl und Erich Honecker am Rande der Trauerfeierlichkeiten zu einem Gespräch.

> Was war das Positive an der Regierungszeit Tschernenkos? Sie war kurz.

11.3. Michail Gorbatschow wird vom Zentralkomitee der KPdSU zum neuen Generalsekretär der Partei gewählt.

> Warum küsst Gorbatschow Honecker immer so innig?
> Er startet mit der rechten Wange und fragt: »Hast du mir was mitgebracht?« Danach widmet er sich hoffnungsvoll der linken Wange: »Kann auch aus dem Westen sein!«

24.3. Erstaufführung von Ernst Barlachs »Der blaue Ball« am Deutschen Theater, Regie: Rolf Winkelgrund.

8.-10.4. Als erster britischer Außenminister stattet Geoffrey Howe der DDR einen Besuch ab.

13./14.4. Beim Weltcup in Hiroshima gewinnt Katrin Dörre den Friedensmarathon der Frauen.

14.4. DEFA-Filmpremiere »Ab heute erwachsen«.

18.4. Premiere des Hölderlinfilms »Hälfte des Lebens« mit Ulrich Mühe und Jenny Gröllmann.

23./24.4. Erich Honecker besucht erstmals ein NATO-Land: Italien. Er hat eine Audienz beim Papst.

25.4. In Torgau verfassen sowjetische und amerikanische Veteranen einen gemeinsamen Friedensaufruf.

26.4. Der Warschauer Vertrag wird in Warschau um 20 Jahre verlängert.

26.4. John Heartfield stirbt in Berlin.

4.5. Erich Honecker ist als erster Regierungschef der sozialistischen Länder bei Michail Gorbatschow zu Gast.

Freundschaft für immer

9.5. Uraufführung von Heiner Müllers »Wolokolamsker Chaussee I« als Vorspiel in Alexander Langs Inszenierung von Johannes R. Bechers »Winterschlacht« am Deutschen Theater.

16.5. Michail Gorbatschows Maßnahmenkatalog zum Kampf gegen Alkoholismus in der UdSSR wird festgelegt.

> Unterhalten sich zwei Parteiveteranen über die veränderten Zeiten.
> »1905«, sagt der eine, »hatten wir zur Tarnung eine Flasche Wodka auf den Tisch gestellt und das Kommunistische Manifest unter dem Tisch versteckt.«
> »Ja, ja,«, sagt der andere, »heute, 1985, ist das umgekehrt.«

10.6. Marita Koch wird europäische Läuferin des Jahres 1984.

10.6. Der französische Premierminister Laurent Fabius besucht Erich Honecker.

11.6. Parteichef Michail Gorbatschow kritisiert heftig die Wirtschaftspolitik der KPdSU.

> Zeit der Glasnost in Moskau. In der Prawda stehen jeden Tag aufregende Berichte. Eines Morgens ruft Iwan bei Kolja an. »Hast du gelesen, was heut in der Prawda steht?« »Pst«, sagt Kolja, »nicht am Telefon!«

11.6. Auf der Glienicker Brücke in Berlin findet der größte Agentenaustausch seit 1945 statt. 25 Westagenten werden gegen vier Ostagenten ausgetauscht.

5.7. Neue Vereinbarungen über den innerdeutschen Handel 1986 bis 1990 beinhalten den Handel mit Kohle- und Rohölprodukten sowie den nichtkommerziellen Zahlungsverkehr. Der Swing wird wieder erhöht – von 600 auf 800 Mio. Verrechnungseinheiten.

12.7. DEFA-Kinderfilmpremiere »Weiße Wolke Carolin«.

18.7. Erich Honecker empfängt MdB Gerhard Schröder.

6.8. Die UdSSR ruft einseitig ein Moratorium für alle Atomexplosionen aus.

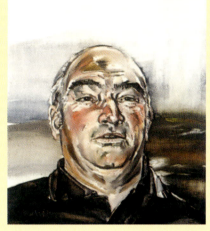

»Porträtstudie Dallmann« von Walter Womacka, 1984

12.8. Hans Jürgen Dörner wird zum dritten Mal zum »Fußballer des Jahres« gewählt.

20.8. Im Gothaer Schloß Friedenstein eröffnet ein kartographisches Museum.

22.8. Das Bundesamt für Verfassungsschutz gibt das Verschwinden von Hansjoachim Tiedge bekannt, der für die Abwehr der DDR-Spionage zuständig war. Am 23. August gibt der DDR-Nachrichtendienst ADN den Übertritt Tiedges in die DDR bekannt.

29.8. DEFA-Indianerfilmpremiere »Atkins«.

1.9. Honecker trifft sich auf der Leipziger Messe mit Franz Josef Strauß.

1.9. Zum neuen Schuljahr wird der Schultaschenrechner SR 1 eingeführt.

> Die Frau zum Polizisten. »Du, unser Sohn soll auf die Hilfsschule.«
> »Na, wenn er das Zeug dazu hat!«

13.9. In Briefen an Bundeskanzler Kohl fordert Erich Honecker die Abschaffung chemischer Waffen in beiden deutschen Staaten. Am 2. Oktober antwortet Helmut Kohl, dass auch die Bundesrepublik für die Abschaffung sei und die Frage auf der Genfer Abrüstungskonferenz erörtert werden sollte.

17.9. Der Industrielle Otto Wolff von Amerongen erhält die Ehrendoktorwürde der Jenaer Universität.

18.9. Erstmals nach der Enttarnung des Spions Guillaume reist SPD-Vorsitzender Willy Brandt wieder in die DDR.

22.9. Beim Leichtathletiksportfest in Berlin werden drei Weltrekorde aufgestellt: Heike Drechsler im Weitsprung, Ulf Timmermann im Kugelstoßen, Sabine Busch im Hürdenlauf.

24.9. Die Synode des Bundes der Evangelischen Kirchen in der DDR beschließt ihre Umbenennung in »Evangelische Kirche in der DDR«.

28.9. Uraufführung der Oper »Judith« von Siegfried Matthus an der Komischen Oper Berlin, Regie: Harry Kupfer.

28.-29.9. In Douglas auf der Isle of Man (England) gewinnen die Geher aus der DDR den Weltpokal.

29.9. Der 100. »Polizeiruf«-Film wird gesendet: »Verlockung«.

1.10. In den Automobilwerken Eisenach läuft der einmillionste Wartburg 353 vom Band. Bis zum Oktober 1988 werden noch 224662 Wartburgs dieser Baureihe hergestellt.

> Drei Jungs unterhalten sich, wer die schnellsten Autos hat. Der erste behauptet: auf jeden Fall die Amerikaner, der zweite: die Franzosen, der dritte: die DDR. Warum? »Mein Vater arbeitet bis halb vier und ist mit seinem Wartburg jeden Tag schon um drei in unserem Garten.«

7.10. Oberhof wird Stadt – und bleibt bis 1990 die jüngste Stadt der DDR.

10.10. Honecker zeichnet den griechischen Ministerpräsidenten Papandreou in Berlin mit dem Großen Stern der Völkerfreundschaft aus.

13.10. In Weißenfels wird das Heinrich-Schütz-Haus eröffnet.

30.10. Fürst-Pückler-Ehrung zum 200. Geburtstag in Cottbus.

1.11. Die DDR-Regierung kündigt den Abbau von Selbstschussanlagen und Bodenminen an der Grenze an.

1.-6.11. Gold für Torsten Koch und Henry Maske beim Weltpokal in Seoul.

15.11. Zum Abschluss seines DDR-Besuchs vereinbart Oskar Lafontaine die erste deutsch-deutsche Städtepartnerschaft (Saarlouis und Eisenhüttenstadt).

22.11. Konrad Naumann wird als 1. Sekretär der Bezirksleitung Berlin seiner Ämter enthoben.

3.12. Heinz Keßler löst als Verteidigungsminister den am Vortag verstorbenen Armeegeneral Heinz Hoffmann ab.

6.-8.12. Erstmals finden in Weimar Jazz-Tage statt. Zu der »öffentlichen Leistungsschau des DDR-Jazz« kommen 200 Musiker. 17 Veranstaltungen verschiedener Art stehen auf dem Programm. Im Unterschied zu den Dresdner Dixieland-Festivals wird in Weimar auch Free-Jazz gespielt.

16.12. Auf einer Polenreise vereinbart Erich Honecker ein »langfristiges Programm der Zusammenarbeit«.

20.12. Die erste Folge des Mehrteilers »Sachsens Glanz und Preußens Gloria« mit hochkarätiger Schauspielerbesetzung wird ausgestrahlt. Dietrich Körner als August der Starke.

31.12. Sensation im DDR-Fernsehen. In der Silvestershow treten erstmalig Tänzerinnen »oben ohne« auf ...

> Die sowjetische Führung beschließt, ihrem Volk im Fernsehen Striptease zu zeigen. Als es so weit ist, fragt der Chefideologe. »Und, ist die Frau, die sich jetzt Millionen Sowjetbürgern nackt zeigen wird, auch ihrer Aufgabe gewachsen?«
> »Aber ja, Genosse«, sagt Breshnew, »Sie ist eine zuverlässige Genossin und hat ihr Parteibuch seit 1916.«

Als Sportler des Jahres werden Marita Koch, Jens Weißflog und die Leichtathletik-Nationalmannschaft der Frauen gewählt.

Fernsehlieblinge:
Herbert Köfer, Heinz Rennhack, Petra Kusch-Lück, Alfred Müller, Angelika Unterlauf, Hartmut Schulze-Gerlach, Helga Göring, Heinz Florian Oertel, Walter Plathe, Jürgen Karney.

 Volker Braun, Hinze-Kunze-Roman
Christoph Hein, Horns Ende
Erik Neutsch, Der Friede im Osten 3
Stephan Hermlin, Äußerungen
Heiner Müller, Wolokolamsker Chaussee I (Drama)
Helga Schubert, Und morgen wieder

Hits:
Steigen Nebel, Lift
Mein Weg, Stern Meißen
Zeit, die nie vergeht, Perl
Rock'n' Roll ist mein Begleiter, Puhdys
Gut' Nacht, Pankow
Tausend Hände, Berluc
Es brennt wie Feuer, Olaf Berger

Das Jahr 1986

10.1. Erich Honecker empfängt Vertreter des US-Repräsentantenhauses.

11.-12.1. Andrea Schöne-Ehrig gewinnt in Geithusdie EM im Eisschnelllauf über 5000 m mit Weltrekordzeit.

19.1. DEFA-Kinderfilmpremiere »Der Bärenhäuter«.

31.1. In einem Interview mit der ZEIT erklärt Erich Honecker: »Es ist geradezu ein Glück für die Menschheit, dass es zwei deutsche Staaten gibt.«

> Honecker hat seinen Chirurgen verhaften lassen.
> Er wollte sich in seine inneren Angelegenheiten einmischen.

7.2. Der zweiteilige Fernsehfilm »Ernst Thälmann« mit Helmut Schellhardt in der Titelrolle und Günter Grabbert als Wilhelm Pieck wird ausgestrahlt.

9.2. Die DDR erweitert die Reisemöglichkeiten in dringenden Familienangelegenheiten.

> Kennen Sie schon das neue Nationalgericht der DDR?
> Gedämpfte Zunge!

11.2. Auf der Glienicker Brücke werden der sowjetische Regimekritiker Anatoli Schtscharanski sowie drei Westagenten gegen fünf Ostagenten ausgetauscht.

16.-23.2. Pete Seeger zu Gast beim 16. Festival des politischen Liedes.

19.2. Der Präsident der DDR-Volkskammer, Horst Sindermann, trifft zu einem viertägigen Besuch in Bonn ein.

> Horst Sindermann kehrt von seinem Besuch in Westdeutschland zurück. Honecker nimmt ihn zur Seite.
> »Mal ehrlich, wie ist es denn nun in der Bundesrepublik?«
> »Ach, wie bei uns! Für Westmark bekommt man alles ...«

1.-2.3. Monique Garbrecht erringt in St. Foy (Kanada) den Junioren-WM-Titel im Eisschnelllauf (Mehrkampf).

7.3. Das Jugendradion DT 64 wird zum eigenständigen Sender.

17.3. Alexander Lang inszeniert Strindbergs »Totentanz« und liefert damit gleichzeitig seine letzte Regiearbeit in der DDR ab.

4.4. Einweihung des Marx-Engels-Forums in Berlin.

> Margot Honecker sieht fern. Plötzlich ruft sie Erich in der Küche zu: »Erich, Erich, komm schnell, die Mathieu singt!«
> »Wieso? Ist das ein Schiff von uns?«

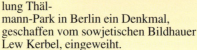

16.4. Anlässlich des 100. Geburtstages von Ernst Thälmann wird in der neuerbauten Wohnsiedlung Thälmann-Park in Berlin ein Denkmal, geschaffen vom sowjetischen Bildhauer Lew Kerbel, eingeweiht.

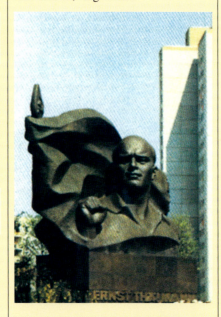

17.-21.4. XI. Parteitag. Als Gastredner erklärt Gorbatschow, Selbstkritik sei eine unablässige Bedingung für den Erfolg. Beschluss des Fünfjahrplans.

> Auf dem Parteitag erblickt Honecker im Präsidium ein unbekanntes Gesicht. Aufgeregt winkt er Mielke ran. »Du, da sitzt einer, den kenne ich nicht!«
> »Ich auch nicht«, sagt Mielke, »aber Moment, ich kläre das.«
> Nach einer Weile kommt Mielke zurück: »Ist alles in Ordnung, wir haben es überprüft. Der Mann hat seinen Platz über Genex bezahlt.«

23.4. Saarlouis und Eisenhüttenstadt gehen die erste deutsch-deutsche Städtepartnerschaft ein.

26.4. Atomunglück in Tschernobyl.

> Im nächsten Frühjahr wird aus den Wolken das radioaktive Strontium 90 aus den sowjetischen Atomexperimenten abregnen. Als Genosse Schrader das erfährt, sagt er stolz: »So sind unsere sowjetischen Freunde. Nun schicken sie uns unser Uran wieder nach Sachsen zurück!«

6.5. Das Kulturabkommen zwischen DDR und BRD wird nach zwölfjähriger Verhandlung unterzeichnet.

27.5. Sportjournalisten und die Olympische Gesellschaft organisieren die massensportliche Aktion »Dein Herz dem Sport – stark wie ein Baum«.

6.6. In der Regie von Roland Oehme nach einer Vorlage von Rudi Strahl hat der Film »Je t'aime, cherie« Premiere.

8.6. Wahlen zur 8. Volkskammer.

13.6. Dean Reed stirbt. Die Ermittlungen ergeben, es war Selbstmord. Trotzdem gibt sein Tod Anlass zu abenteuerlichen Spekulationen.

19.6. Weltrekord von Heike Friedrich über 200 m Freistil in Berlin.

19.6. Uraufführung der Kinderoper »Sechse kommen durch die Welt« von Wolfgang Hocke und Jo Fabian in Meiningen.

21.6. Heike Drechsler springt mit 7,45 m Weltrekord in Tallin.

25.-27.6. Erich Honecker trifft zu einem dreitägigen Staatsbesuch in Schweden ein. Vertreter beider Länder unterzeichnen Verträge zum Ausbau des Handels und zu Rechtsfragen.

> Honecker geht auf dem Alex spazieren und trifft eine Frau, die über und über mit vollen Einkaufstaschen beladen ist.
> Er spricht sie an und meint: »Na gute Frau, da haben sie aber fleißig eingekauft.«
> »Ja, ja« sagt sie »Ich musste aber drei Stunden dafür anstehen!«
> »Denken sie mal an die anderen Länder,« entgegnet Honni »die müssen einen ganzen Tag für einen Schluck Wasser anstehen«.
> Sagt die Frau: »Die haben bestimmt schon viel länger Sozialismus als wir.«

5.8. Zum 25. Jahrestag des Mauerbaus erscheint eine Sonderbriefmarke:

Kampfgruppen vorm Brandenburger Tor. Die Bundespost will Briefe, auf denen diese Marke klebt, nicht befördern.

> Zwei Grenzer auf Streife an der Mauer mit Blick auf den Westen ...
> »Was denkst denn du gerade so?«
> »Das Gleiche wie du ...«
> »Dann muss ich dich leider festnehmen.«

11.8. Fußballer des Jahres: René Müller.

20.8. Kugelstoßweltrekord durch Udo Beyer.

25.8. Die Verwendung von Euroschecks in der DDR wird zugelassen.

4.-7.9. Uwe Ampler wird Weltmeister im Straßenfahren in Colorado Springs.

15.8. Greenpeace-Aktivisten demonstrieren vor dem Umweltministerium.

2.10. Fährverbindung zwischen Mukran und Klaipeda wird eröffnet.

3.10. Gorbatschow und Honecker weihen in Moskau gemeinsam ein Thälmann-Denkmal ein.

> Honecker hat sich den Arm gebrochen. Er wollte sich auf sein Volk stützen.

3.10. Mit dem »Rosenkavalier« wird das Jugendstiltheater in Cottbus nach 5jähriger Rekonstruktion wiedereröffnet.

12.10. Im Potsdamer »Neuen Palais« wird die seit August gezeigte Ausstellung »Friedrich II. und seine Kunst« aufgrund des starken Besucherandranges verlängert.

18.-28.10. Offizieller Freundschaftsbesuch Erich Honeckers in der Mongolei, in Nordkorea und in der Volksrepublik China, wo ein Abkommen über langfristige Zusammenarbeit unterzeichnet wird.

> Die Ostasienreise Erich Honeckers war eine der lehrreichsten. Er brachte folgende Erkenntnisse mit nach Hause:
> Erstens aus Korea, dass ein Staatschef sich noch viel mehr feiern lassen kann.
> Zweitens aus Cina, dass man eine Mauer noch viel länger, dicker und höher bauen kann.
> Und aus der Mongolei, dass man außerhalb der Hauptstadt auch in Zelten leben kann.

30.10. In Ost-Berlin wird mit der Ausstellung »Positionen – Malerei aus der Bundesrepublik Deutschland« erstmals zeitgenössische Kunst aus dem Westen gezeigt.

12.11. Die DDR und die BRD einigen sich darauf, kriegsbedingt verlagertes Archivgut zurückzuführen.

15.11. Nach eingehender Renovierung Wiedereröffnung der Deutschen Staatsoper in Berlin.

27.11. Die Volkskammer beschließt den Fünfjahrplan 1986-1990. Anstelle der geplanten Exportüberschüsse muss zunehmend importiert werden, die Zahlungsbilanz wird weiter belastet.

> Warum gibt es auf unseren Straßen so viele Schlaglöcher?
> Wir haben noch keinen Grund gefunden, sie zu exportieren.

29.-30.11. Einweihung der zweiten Kunsteis-Bob-und-Rennschlittenbahn der DDR (die achte der Welt) in Altenberg.

12.12. Eine Tupolew 134 der AEROFLOT stürzt beim Landeanflug auf Schönefeld ab. Bohnsdorfer Bürger können 12 Passagiere aus dem brennenden Wrack retten. 72 Tote.

Heike Drechsler, Olaf Ludwig und die Fußball-Junioren-Auswahl (U18) werden zu Sportlern des Jahres gekürt.

Fernsehlieblinge:
Walter Plathe, Helga Hahnemann, Petra Kusch-Lück, Helga Piur, Heinz Rennhack, Muck, Frank Schöbel, Herbert Köfer, Helga Göring, Marijam Agischewa.

Hermann Kant, Bronzezeit
Helga Königsdorf, Respektloser Umgang
Stefan Heym, Reden an den Feind (Essays)
Erwin Strittmatter, Grüner Juni

Hits:
Nicht allein, Stern Meißen
Feuer im Eis, Ralf (Bummy) Bursy
Wunderland, IC

Bataillon d'Amour, Silly
Ab und zu, Karussell
Rosalili, Rosalili
Lass deine Engel los, Wolfgang Ziegler und WIR

Das Jahr 1988

7.-9.1. Erstmals wird Erich Honecker von einem Staatspräsidenten der drei Westalliierten, vom Franzosen François Mitterrand, zum Staatsbesuch empfangen.

> Erich Honecker will nach Australien, um die Technik des Kängruhs zu studieren. Warum?
> Um zu sehen, wie man mit leerem Beutel große Sprünge machen kann.

12.-17.1. Katarina Witt wird in Prag erneut Europameisterin im Eiskunstlauf.

17.1. Am Rande der traditionellen Demonstration zum Jahrestag der Ermordung von Rosa Luxemburg und Karl Liebknecht verhaftet der DDR-Staatssicherheitsdienst rund 120 oppositionelle Demonstranten.

23.-24.1. In Oberhof finden die ersten Hundeschlittenrennen in der DDR vor 18000 Zuschauern statt.

28.1. DEFA-Filmpremiere »Einer trage des anderen Last«, Regie: Lothar Warnecke. – Ein Volkspolizist und ein evangelischer Vikar teilen sich Anfang der 50er in einer Lungenheilanstalt gemeinsam ein Zimmer. Der Film wird zum Kassenschlager.

2.2. In einem internen Bericht des Staatssicherheitsdienstes wird die Zahl der rechtsradikalen Skinheads in der DDR mit rund 800 beziffert.

> Ein Mann fährt Straßenbahn und liest eine Partitur. Plötzlich wird er festgenommen und zum Verhör gebracht.
> »Erklären Sie uns, was das für eine Geheimschrift ist!«
> »Das ist keine Geheimschrift, das sind Noten.«
> »Und die können Sie lesen?«
> »Ja.«
> »Einfach so?«
> »Ja.«
> »Und was steht da drin?«
> »Wie soll ich das sagen, es sind Noten!«
> »Und wer hat sie geschrieben?«
> »Wagner, Richard Wagner hat sie geschrieben.«
> »Den haben wir schon vernommen, der hat gestanden.«

25.2. In Bischofswerda und Waren an der Müritz beginnt der Abzug sowjetischer Mittelstreckenraketen aus der DDR.

> Unterhalten sich ein Amerikaner, ein Russe und ein DDR-Bürger darüber, wer wohl die größten Wälder hat.
> Der Amerikaner prahlt: »Bei uns in Amerika gibt es Wälder, wenn man da morgens reingeht, kommt man vor dem Abend nicht wieder raus!«
> Darauf der Russe: »Wenn du bei uns in Sibirien in den Wald gehst, kommst du erst nach einer Woche am anderen Ende heraus!«
> »Alles Kinderkram!«, erwidert der Ostdeutsche. »Bei uns sind die Russen 1945 in die Wälder rein – und haben bis heute nicht wieder rausgefunden!«

27.2. Bei den XV. Olympischen Winterspielen in Calgary erringen DDR-Sportler neun Gold-, zehn Silber- und sieben Bronzemedaillen. Katarina Witt wird zum zweiten Mal Olympiasiegerin im Eiskunstlauf.

1.3. West-Berliner können in der DDR einmal übernachten.

14.3. Friedensgebet in der Leipziger Nikolaikirche mit anschließendem Schweigemarsch von etwa 300 Menschen zur Thomaskirche.

20.3.-27.3. Nationales Popfestival in Karl-Marx-Stadt.

30.3. Erstaufführung von Volker Brauns »Die Übergangsgesellschaft« am Berliner Maxim Gorki Theater, Regie: Thomas Langhoff.

31.3. West-Berlin und die DDR vereinbaren den bisher umfangreichsten Gebietsaustausch. Betroffen ist das sogenannte Lenné-Dreieck betroffen, ein rund 4 ha großes Grundstück in Berlin-Mitte, das auf der westlichen Seite der Mauer liegt, obwohl es bislang zu Ost-Berlin gehörte.

1.-6.5. Hermann Axen wird vom amerikanischen Außenminister empfangen, wobei auch ein Besuch Honeckers in den USA erörtert wird.

12.5. DEFA-Filmpremiere »Jadup und Boel« mit Kurt Böwe, Regie: Rainer Simon, bereits 1981 entstanden.

23.5. Mit 23,06 m stellt Ulf Timmermann in Chania (Griechenland) einen neuen Weltrekord im Kugelstoßen auf und stößt als erster über 23 m.

1.6. 85000 Fans beim Konzert von Joe Cocker in Berlin-Weißensee.

29.5.-2.6. Reagan und Gorbatschow kommen zu ihrem 4. Gipfel in Moskau zusammen. Der »offene Dialog« in Abrüstungsfragen wird ohne konkrete Ergebnisse fortgesetzt.

> Reagan und Gorbatschow unterhalten sich. Reagan sagt: »Wenn ich über meine Farm fahre, setze ich mich in mein Auto und fahre drei volle Tage.«
> »Und wenn ich mein Datschengrundstück besichtige, setze ich mich in mein Auto und fahre eine Woche.«
> »Tja«, sagt Reagan, »solche Autos hatten wir früher auch.«

19.6. Michael Jackson gibt vor dem Reichstagsgebäude in West-Berlin ein Konzert. Im Ostteil der Stadt versammeln sich einige Jugendliche in der Nähe der Mauer, um akustisch an dem Spektakel teilzunehmen. Dabei kommt es zu Auseinandersetzungen mit der Volkspolizei.

20.7. Bruce Springsteen tritt vor 160 000 Fans in Berlin-Weißensee auf.

8.8. Andreas Thom wird zum »Fußballer des Jahres« gewählt.

27.8. Der frühere Skispringer und jetzige Sportarzt Hans-Georg Aschenbach kehrt von einer Sportveranstaltung im Schwarzwald nicht in die DDR zurück.

1.9. In West-Berlin werden die 38. Berliner Festwochen eröffnet. An der unter dem Motto »Berlin – Kulturstadt Europas 1988« stehenden Veranstaltungsreihe nehmen erstmals auch Künstler aus der DDR teil.

9.9. Petra Felke stellt in Potsdam einen Weltrekord im Speerwerfen auf, sie wirft als erste Frau der Welt 80 m.

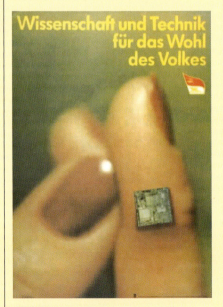

12.9. Das Forschungszentrum Mikroelektronik Dresden überreicht Erich Honecker den ersten Megabit-Chip made in GDR.

> Unsere Mikroelektronik ist nicht kleinzukriegen!

»Brecht und Eisler« von Heinz Zander, 1988

14.9. Die jährliche Transitpauschale der Bundesrepublik an die DDR wird für die Jahre 1990 bis 1999 festgelegt. Sie soll von 525 Millionen Mark auf 860 Millionen Mark steigen.

16.9. Ernennung von Katarina Witt zur Sonderbotschafterin der Internationalen Kinderhilfsorganisation (UNICEF) in New York.

17.9.-2.10. Bei der XXIV. Olympiade in Seoul erringen 138 DDR-Sportler 37 Gold-, 35 Silber- und 30 Bronzemedaillen. Kristin Otto wird Olympiasiegerin im Schwimmen über 50 m und 100 m Freistil, 100 m Schmetterling und 100 m Lagen.

25.9. DEFA-Märchenfilmpremiere »Der Eisenhans«.

27.-29.9. Arbeitsbesuch Honeckers bei Gorbatschow in Moskau: Honecker sichert »einmütige Unterstützung für den Kurs der Erneuerung in der sowjetischen Gesellschaft« zu und sieht die Reformen auf die UdSSR beschränkt.

> Frage: Wie kann man das Wort Perestroika ins Deutsche übersetzen?
> Antwort: Man braucht dazu drei Wörterbücher. Im russisch-deutschen steht »Perestroika = Umgestaltung«. Im Wörterbuch der Architektur findet man »Umgestaltung = Rekonstruktion«. Und schließlich steht im Fremdwörterbuch: »Rekonstruktion = Wiederherstellung des alten Zustandes.«

16.-18.10. Der Vorsitzende des Jüdischen Weltkongresses, Edgar Bronfman, besucht die DDR. Er gibt bekannt, daß sich die DDR zu einer »symbolischen Entschädigungszahlung« für die noch lebenden Opfer des NS-Regimes bereiterklärt hat.

19.10. Kristin Otto erhält für ihre Leistungen im Schwimmen die goldene Krone des IOC, eine erstmalig vergebene Auszeichnung.

21.10. »Flüstern und Schreien«, ein Dokumentarfilm über die Musikszene der DDR, in der erstmals auch Independent-Gruppen vorgestellt werden, hat Premiere.

10.11. Grundsteinlegung durch Erich Honecker für den Wiederaufbau der kriegszerstörten Synagoge in der Berliner Oranienburger Straße.

17./18.11. Erich Honecker verleiht Nicolae Ceaucescu bei dessen Besuch in Berlin den Karl-Marx-Orden.

> Frage: Worin unterscheidet sich eigentlich der Ceaucescu-Clan noch von den Habsburgern? Antwort: Die Habsburger haben nacheinander regiert.

18.11. Die deutsche Ausgabe des sowjetischen Readers Digest, »Sputnik«, wird wegen »Verzerrung der Geschichte« von der Liste des Postzeitungsvertriebs gestrichen.

> Der liebe Gott ruft Reagan, Gorbatschow und Honecker zu sich und eröffnet ihnen, daß in 7 Tagen die Welt untergeht.
> Reagan kehrt nach Washington zurück und hält eine Ansprache an die Nation: »Ich habe eine gute und eine schlechte Nachricht. Die gute: Ich habe mit Gott gesprochen. Die schlechte: In 7 Tagen geht die Welt unter.«
> Gorbatschow kehrt nach Moskau zurück und beruft den Obersten Sowjet ein: »Ich habe zwei schlechte Nachrichten. Erstens, diesen gewissen Gott gibt es wirklich. Zweitens, in sieben Tagen geht die Welt unter.«
> Erich ruft den Ministerrat zusammen und erklärt: »Genossen, ich habe zwei gute Nachrichten für euch. Gott hat die DDR anerkannt. Und in sieben Tagen hat der Spuk von Glasnost und Perestroika ein Ende.«

7.12. Michail Gorbatschow kündigt vor der UN-Generalversammlung einseitige Abrüstungsschritte an.

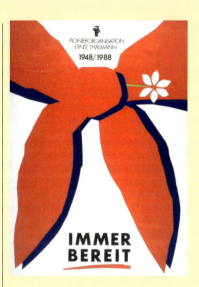

14.12. Neue Verordnung über das Reisen ins Ausland wird veröffentlicht.

17.12. Frank Castorf bringt am Deutschen Theater die Erstaufführung von Bulgakows »Paris, Paris« heraus.

2 286 366 Stimmen entscheiden über die Wahl der Sportler des Jahres. Sieger sind: Kristin Otto, Olaf Ludwig und der Straßenradvierer von Seoul, Uwe Ampler, Mario Kummer, Maik Landsmann und Jan Schur.

Die Produktion des Wartburgs Typ 1.3 beginnt. Bis 1991 werden 152 775 Stück gefertigt.

Die Produktion des Trabants Typ 1.1 beginnt. Bis 1991 werden 38 256 Stück gebaut.

Fernsehlieblinge:
Uta Schorn, Klaus Feldmann, Ellen Tiedtke, Erika Krause, Heinz Florian Oertel, Carmen Nebel, Wolfgang Lippert, Gunther Emmerlich

 John Erpenbeck, Gruppentherapie
Brigitte Struzyk, Caroline unterm Freiheitsbaum
Joachim Walther, Heldenleben
Helga Schubert, Über Gefühle reden?

Hits: Ich liebe dich, Rockhaus
Segeln mit dem Wind, Berluc
Die Welt, Stern Meißen
Wand an Wand, City
Kleine Frauen, Karussell
Auf und ab, Babylon
Wir wolln immer artig sein, Feeling B

»Die Aura der Schmelzer« von Eberhard Heiland

Das Jahr 1990

3.1. Der Runde Tisch vereinbart die »Große Koalition der Vernunft« bis zu den Volkskammerwahlen am 18. März 1990.

> Warum leben die Ostfriesen politisch relativ ruhig? – Die Ostfriesen kennen das Problem der Westfriesen nicht.

5.1. DDR-Fernsehen und -Rundfunk senden die Nationalhymne wieder mit dem Text von Johannes R. Becher.

6.1. Udo Lindenberg startet eine DDR-Tournee.

8.1. Auf der Leipziger Montagsdemonstration wird der Ruf »Wir sind das Volk« vom Ruf »Wir sind ein Volk« übertönt.

11.1. In einer Regierungserklärung erklärt Ministerpräsident Hans Modrow, eine Währungsreform sei nicht vorgesehen.

15.1. Demonstranten stürmen die Stasi-Zentrale in Berlin-Lichtenberg.

21.1. Egon Krenz wird aus der Partei ausgeschlossen und verliert seine Ämter.

22.-24.1. Der britische Außenminister Douglas Hurd besucht die DDR, um Vorbehalte gegen eine Vereinigung vorzubringen.

28.1. Ministerpräsident Hans Modrow und der Runde Tisch entscheiden, die Volkskammerwahlen vom Mai auf den 18. März vorzuverlegen.

29.1. Verhaftung von Erich Honecker aus dem Krankenhaus.

1.2. Ministerpräsident Hans Modrow unterbreitet sein Konzept »für den Weg zu einem einheitlichen Deutschland«. Der Stufenplan sieht folgende Schritte vor: Vertragsgemeinschaft, Konföderation und Übertragung von Souveränitätsrechten auf die Konföderation.

4.2. Die SED-PDS nennt sich PDS.

7.2. Das Neue Forum, Demokratie Jetzt und die Initiative Frieden und Menschenrechte schließen sich zur Partei Bündnis 90 zusammen.

10.2. Bei einem Treffen zwischen Bundeskanzler Kohl und dem sowjetischen Staats- und Parteichef Michail Gorbatschow in Moskau wird die Zusicherung gegeben, dass die UdSSR einer Wiedervereinigung Deutschlands nicht im Weg stehe.

20.2. Das Kombinat Robotron geht als erste Firma ein Joint Venture mit einer BRD-Firma ein.

1.3. Der DDR-Ministerrat beschließt die Umwandlung aller Kombinate und Volkseigenen Betriebe in Kapitalgesellschaften sowie die Einrichtung einer Anstalt zur treuhänderischen Verwaltung von Volkseigentum.

12.3. In seiner letzten Sitzung lehnt der Runde Tisch die Übernahme des Grundgesetzes der Bundesrepublik für die DDR nach Artikel 23 des Grundgesetzes ab.

14.3. Letzter Wahlkampfauftritt von Helmut Kohl in der DDR vor den Volkskammerwahlen.

18.3. Wahlen zur Volkskammer mit einer Wahlbeteiligung von 93,93%. Die konservative »Allianz für Deutschland«(CDU, DSU, DA) erringt 47,8% der Stimmen.

5.4. Sabine Bergmann-Pohl (CDU) wird Präsidentin der Volkskammer.

12.4. Lothar de Maizière (CDU) wird zum Ministerpräsidenten gewählt.

16.5. Für eine Währungs-, Wirtschafts- und Sozialunion ändert die Volkskammer die Verfassung.

16.5. In Bonn einigen sich Bund und Länder auf die Gründung eines Fonds »Deutsche Einheit« zur finanziellen Unterstützung der DDR. Er soll, mit 115 Milliarden DM ausgestattet, die Währungs-, Wirtschafts- und Sozialunion finanzieren.

18.5. In Bonn wird der Staatsvertrag zur Währungs-, Wirtschafts- und Sozialunion unterzeichnet.

21.5. Der erste in der DDR gefertigte VW-Polo läuft im Automobilwerk Zwickau vom Band.

23.5. Alle Lehrstühle und Dozenturen für Marxismus-Leninismus an sämtlichen Einrichtungen werden aufgelöst.

29.5. In Großbritannien findet der letzte Länderkampf der DDR-Leichtathleten statt.

1.6. Karl-Marx-Stadt wird in Chemnitz zurückbenannt.

12.6. Die Volkskammer der DDR beschließt die Gründung der Treuhandanstalt.

13.6. In Berlin wird mit dem Abriss der 47 km langen Mauer begonnen.

21.6. Bundestag und Volkskammer verabschieden eine gleichlautende Erklärung zur Anerkennung der polnischen Westgrenze.

1.7. Währungsunion. 600 Tonnen DM-Scheine, 500 Tonnen DM-Münzen kommen in die Hände der DDR-Bürger.

> Stolz geht ein Mann mit seinem Westgeld in einen Laden auf dem Kudamm und verlangt eine Schachtel F 6.
> »Ham wa nich«, sagt die Verkäuferin.
> »O Gott, geht das schon wieder los!«

»Junges Paar« von Norbert Wagenbrett, 1986

5./6.7. Gipfeltreffen der Staats- und Regierungschefs der NATO in London.

8.7. Olaf Ludwig erringt einen Etappensieg bei der Tour de France.

14.-16.7. Kohl trifft in der Sowjetunion mit Gorbatschow zu Gesprächen zusammen. Gorbatschow billigt einem vereinten Deutschland die volle Souveränität und die freie Wahl der Bündniszugehörigkeit zu.

21.7. »The Wall« von Pink Floyd wird auf dem Potsdamer Platz vor 320000 Zuschauern aufgeführt.

22.7. Die DDR-Volkskammer verabschiedet das Ländereinführungsgesetz.

24.7. Die letzte DDR-Briefmarke, gültig bis zum 2.10., erscheint.

31.8. Unterzeichnung des »Vertrages über die Herstellung der Einheit Deutschlands« im Palais unter den Linden.

5.9. Gesetz über den Verbleib der Stasiakten wird von der Volkskammer verabschiedet.

11./12.9. Beim letzten Treffen der 2+4-Verhandlungen wird von den sechs Außenministern der »Vertrag über die abschließende Regelung in bezug auf Deutschland« unterzeichnet.

14.9. Auf dem FDGB-Kongress wird die Auflösung des FDGB zum 30.9. beschlossen.

22.9. Die Auflösung des DTSB wird beschlossen.

24.9. In Ost-Berlin wird zwischen der DDR und der Sowjetunion ein Vertrag unterzeichnet, nach dem die DDR-Mitgliedschaft im Warschauer Vertrag am 3. Oktober 1990 erlischt.

30.9. Das erste und letzte Grand-Prix-Tennis-Turnier in der DDR findet in Leipzig statt.

1./2.10. Vereinigungsparteitag der CDU (West) und CDU (Ost) in Hamburg. Helmut Kohl wird Vorsitzender der CDU Deutschlands und Lothar de Maizière sein Stellvertreter.

2.10. Letzte Volkskammersitzung. Lothar de Maizière erklärt das Ausscheiden der DDR aus der sozialistischen Staatengemeinschaft zu einem »Abschied ohne Tränen«.

2.10. Um 23.59.55 erblickt der letzte DDR-Bürger im Krankenhaus Berlin-Friedrichshain das Licht der Welt.

2./3.10. Um 24 Uhr am 2. Oktober endet die Existenz der DDR. Am 3. Oktober um 00.00 Uhr werden aus DDR-Bürgern Bundesbürger.

»Frühbürgerliche Revolution« von Werner Tübke, 1980

15.8. 50000 Bauern demonstrieren auf dem Berliner Alexanderplatz gegen den Kollaps der DDR-Landwirtschaft.

23.8. Die Volkskammer beschließt den Beitritt der DDR zur BRD nach Artikel 23 des Grundgesetzes mit Wirkung zum 3. Oktober 1990.

Die Strasse der Besten

Theo Adam
1.8.1926, Kammersänger & Regisseur
Während die Schulkinder sangen »unser Lied die Ländergrenzen überfliegt, Freundschaft siegt ...«, überflog der einstige Dresdner Kreuz-Schüler sie tatsächlich und sang als Bassbariton von Weltrang in Bayreuth, Wien, New York und auch als »Kammersänger des Freistaats Bayern«. Na, ist doch was dran an der völkerverbindenden Kraft der Musik, dachte sich Erich Honecker und verlieh dem Preisgewohnten den Großen Stern der Völkerfreundschaft. Falsch gedacht, merkte 1989 Theo Adam, gab prompt die Auszeichnung zurück und sang sich ein Bundesverdienstkreuz an die Brust.

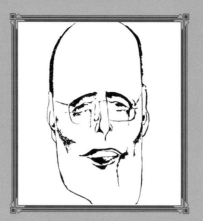

Manfred von Ardenne
20.1.1907-26.5.1997
Physiker & Erfinder
Mit 16 Jahren meldete er sein erstes Patent an, am Ende seines Lebens waren über 500 auf seinen Namen eingetragen. Trotzdem fallen Meister nicht vom Himmel; dieser hier studierte erst einmal Physik, Chemie, Mathematik, bevor er Lehr- und Forschungsaufträge annahm und 1955 sein eigenes Institut in Dresden gründete. Fernseh- und Rundfunktechnik steckten ohne ihn noch in den Kinderschuhen, und Isotope und Elektronen zögen sinnlos ihre Kreise. Seine Sauerstoff-Mehrschritt-Therapie soll existenzerhaltend für das Politbüro gewirkt haben.

Hermann Axen
6.6.1916-15.2.1992
Politiker & Publizist
Auf Politbüro-Fotos fiel er auf: Er war der Kleinste in der Reihe – und doch für den Weitblick zuständig. Er gilt als Architekt der DDR-Außenpolitik. Wegen antifaschistischen Widerstands von den Nazis in Zuchthaus und KZ gebracht, war er ein KPD-Politiker der ersten Stunde, 10 Jahre lang Chefredakteur des »Neuen Deutschland«, 23 Jahre Sekretär des ZK für Internationale Verbindungen. Er gehörte zu denen, die bei Breshnew Ulbrichts Ablösung forderten. 1990 verhaftet, angeklagt und von der freiheitlichen Presse als »Hofjude« beschimpft.

Karin Balzer
5.6.1938, Leichtathletin, Hürdenlauf
... holte die erste olympische Goldmedaille in der Leichtathletik für die DDR. Sieben Weltrekorde erlief sie sich. Die gebürtige Magdeburgerin und gelernte Chemie-Facharbeiterin trainierte in der BSG Einheit Magdeburg, beim SC Chemie Halle, beim SC DHfK Leipzig und beim SC Frankfurt/Oder. Sie nahm viermal an Olympischen Spielen teil, war dreimal Siegerin bei Europameisterschaften, fünfmal Siegerin der Hallen-Europameisterschaften und zweimal Siegerin beim Europa-Cup. Sie studierte Sportpädagogik, arbeitete als Trainerin und Sportlehrerin und ist die Mutter des Hürdensprinters Falk Balzer.

Johannes R. Becher
22.5.1891-11.10.1958
Schriftsteller & Kulturminister
»Ich war ein Dichter mit Leib und Seele«, sagte der ganz junge Becher von sich. Klang das nicht wie ein Rückblick auf das, was noch kommen sollte? Er war Dichter und: KPD-Mitglied seit 1919, Mitgründer kultureller und politischer Vereinigungen, Emigrant, nach der Rückkehr Mitbegründer des Kulturbundes und der Akademie der Künste, von 1954-1958 Kulturminister. Er dichtete »Deutschland meine Trauer« und »Auferstanden aus Ruinen ...«, die Nationalhymne der DDR, deren Text ab 1971 nicht mehr gesungen werden durfte, weil es da hieß: »Deutschland, einig Vaterland.«

Jurek Becker
30.9.1937-14.3.1997
Schriftsteller & Drehbuchautor
Als Jurek Becker der DDR längst den Rücken gekehrt hatte, bescherte er mit »Liebling Kreuzberg« – Drehbuch Bekker, sein Freund Krug in der Rolle des Anwalts – den Zuschauern in Ost und West eine amüsante Fernsehserie. Sinn fürs Komische hatte Becker in Kabarett-Texten und Drehbüchern für Filmkomödien bewiesen. Seinen ersten, weltberühmten Roman »Jakob der Lügner« schrieb er, weil die DEFA den Stoff als Drehbuch zunächst ablehnte. Die Geschichte vom Überleben im jüdischen Ghetto, die auch eine autobiografische ist, zeigt, zu welch tiefem Ernst große Komik fähig ist.

Heinz Behling
9.10.1920-5.6.2003, Pressezeichner
Selbstauskunft: »Geboren auf dem Hochplateau des Prenzlauer Berges, erwarb in 8jähriger Schulzeit eine erstaunliche Halbbildung. Beruflicher Werdegang: Arbeitsloser, Kinoreklamemaler, Soldat, SED-Funktionär, Walzwerker, Kunststudent, Mitbegründer des ›Eulenspiegel‹, Redakteur, LPG-Bauer, Hilfs-Kunsterzieher, Rentner. Und immer wieder Pressezeichner.« Seine Karikaturen gleichen Sittengemälden; doch beherrscht er auch den strengen Strich, der zum politischen Punkt führt. Zeichnete Kinderbücher, die heute Kult sind. Das Staatswappen der DDR stammt aus seiner Feder.

Frank Beyer
26.5.1932-1.10.2006, Regisseur
... studierte in Prag Regie. Seine erste Filmarbeit: Praktikant beim Thälmannfilm. 1957 Debüt »Zwei Mütter«. Von nun an schrieb er mit seinen Filmen DEFA-Geschichte: »Fünf Patronenhülsen«, »Nackt unter Wölfen«, »Karbid und Sauerampfer«, »Spur der Steine«, der 1966 nach wenigen Aufführungen abgesetzt wurde und dem Regisseur eine Strafversetzung ans Theater einbrachte, dann »Jakob der Lügner«, »Das Versteck«. Ab 1969 Arbeit fürs Fernsehen der DDR (der Fünfteiler »Rottenknechte«, »Die sieben Affären der Dona Juanita«), und ab 1980 drehte er auch Fernsehfilme in der BRD.

Udo Beyer
9.8.1955, Leichtathlet, Kugelstoßer
... stammt aus einer durch und durch sportlichen Familie: die Schwester Diskuswerferin, zwei Brüder Handballer. Als Handballer warf auch Udo zunächst den Ball, bevor er ihn gegen die eiserne Kugel eintauschte und über Kinder- und Jugendsportschule, NVA, Pädagogikstudium und die Vereine Vorwärts Frankfurt und ASK Potsdam zu Rekorden und Titeln als Kugelstoßer kam. 5 Junioren-Europarekorde, 3 Weltrekorde. 4 x nahm er an Olympischen Spielen teil, 11 x hintereinander war er DDR-Meister. Und kann noch viel mehr: 1997 trat er als Sumoringer bei den Europameisterschaften an.

Dieter »Maschine« Birr
von den Puhdys
Weltweit über 15 Millionen verkaufte Platten – die Puhdys waren die erfolgreichste Rockband der DDR. Songs, die zu Hymnen wurden, Ohrwürmer am laufenden Band, als Live-Band ganz vorn. 1969 starteten sie ihren Siegeszug, stürmten 1971 mit »Türen öffnen sich zur Stadt« alle Charts, die damals nicht so hießen, trugen 1973 musikalisch zum Kult von Heiner Carows »Legende von Paul und Paula« bei, waren 1976 die erste DDR-Band, die in den goldenen Westen reisen durfte. Die Erfolgsgeschichte schrieb sich – mit gelegentlichen Tiefen – bis zur Auflösung der Band 1989. Comeback 3 Jahre später – die Liebe ihrer Fans dauert an.

Christel Bodenstein
13.10.1938 Schauspielerin
... war die schönste Prinzessin der DEFA-Filmgeschichte in ihrer Rolle im »Singenden, klingenden Bäumchen«, und die kleinen DDR-Mädchen träumten davon, so zu sein wie sie: so schön und so eigenwillig. Aus Prinzessinnen konnten auch FDJ-Sekretärinnen werden (Grit in »Beschreibung eines Sommers«), und zu guter Letzt sogar Prinzen, genauer »Der kleine Prinz« in der Verfilmung des berühmten Buches, die ihr Ehemann Konrad Wolf fürs Fernsehn drehte. Die ausgebildete Ballett-Tänzerin hat nach ihrer Filmkarriere als Regisseurin an der »Kleinen Revue« des Friedrichstadtpalastes gearbeitet.

Manfred Bofinger
5.10.1941-8.1.2006, Grafiker
... lernte Schriftsetzer und kam als Typograf zur Zeitschrift »Eulenspiegel«. Dort entdeckte man sein Talent – und der Autodidakt wurde bald zu einem der beliebtesten Buchillustratoren, Grafiker und Karikaturisten, der zahllose Plakate, Buchumschläge und Bücher mit seinen schwung- und temperamentvollen Zeichnungen versah. Besonders gern zeichnete Bofinger für Kinder und auch mit Kindern. Die fanden seine Bilder lustig und nannten ihn Bofi. Dass er ein vergnügter Mensch und Menschenfreund war, sieht man an seinen Zeichnungen und kann es auch in einem Buch nachlesen, das er über seine Kindheit schrieb.

Ursula Böttcher
6.6.1927, Dompteuse
Die Dresdnerin stammt aus keiner Zirkusfamilie, aber wo immer es Zirkusluft zu schnuppern gab, hielt sie nichts. Als »Mädchen für alles« ging sie zum Zirkus Busch, trat bald mit einer Löwengruppe auf und ab 1964 mit einer weltweit einmaligen Eisbärendressur. Bis zu 12 der weißen Riesen bändigte die anderthalb Meter große Frau. Berühmt war der Bärenkuss, die Deutsche Post hielt ihn auf einer Briefmarke fest. Die Eisbärennummer war ein Exportschlager von Japan bis Amerika und wurde mit dem Zirkus-Oscar ausgezeichnet. 1999 wurde die Gruppe aufgelöst, die Bären kamen in verschiedene Zoos.

Kurt Böwe
28.4.1929-14.6.2000, Schauspieler
... war Bildhauer Kemmel in »Der nackte Mann auf dem Sportplatz« und Jadup in »Jadup und Boel«, war Lehrer Burschelmann in »Ottokar der Weltverbesserer« und Literaturprofessor Menzel in den »Märkischen Forschungen«. Er war komisch und tragisch, war ein Vollblutschauspieler und einer der Großen am Deutschen Theater, wo er, bereits schwerkrank, noch in seinem Todesjahr im »Besuch der alten Dame« auf der Bühne stand. Einen Kommissar wie den Groth, den er im »Polizeiruf 110« ab 1991 lebensweise und mit feiner Ironie spielte, kannte der gesamtdeutsche Krimi bis dahin nicht.

Peter Borgelt
20.7.1927-18.3.1994, Schauspieler
... war »Genosse Hauptmann Fuchs« im »Polizeiruf 110«, der den sozialistischen Ganoven als Vorgesetzter von Leutnant Arndt (S. Göhler) und Oberleutnant Hübner (J. Frohriep) den Garaus machte. Ein Mann mit Durch- und Überblick, der keine physische Gewalt brauchte, um insgesamt 83 Fälle zu lösen. Die Popularität als Hauptmann Fuchs hatte ihren Preis, andere Rollen – er war am Deutschen Theater engagiert – fanden weniger Beachtung. Ausnahme: der angetüterte Seemann in der Unterhaltungsreihe »Klock 8, achtern Strom«, der dem gebürtigen Rostocker auf den Leib geschrieben war.

Volker Braun
7.5.1939, Schriftsteller
... schrieb 1970 ein Gedicht »Wir und nicht sie«, was ein poetisches und politisches Programm war. Der einstige Maschinist und Philosophiestudent übte das »Training des aufrechten Gangs« mit Stücken (»Lenins Tod«), mit Prosa (»Hinze-Kunze-Roman«) und immer wieder mit Gedichten. Ein Freund revolutionärer Ideale, beklagte er ihren Verlust und verabschiedete das Land mit einem Gedicht über »Das Eigentum«: »Da bin ich noch: mein Land geht in den Westen. Krieg den Hütten, Friede den Palästen. Ich selber habe ihm den Tritt versetzt. Es wirft sich weg und seine magre Zierde. Dem Winter folgt der Sommer der Begierde ...«

Bertolt Brecht
10.2.1898-14.8.1956, Schriftsteller
... an Brecht kam kein Schüler der polytechnischen Oberschule vorbei. Ob man nun »Die Gewehre der Frau Carrar« mochte, beim Singen vom »Solidaritätslied« Texthänger hatte oder fünf Minuten vor Unterrichtsbeginn »Die Pappel vom Karlsplatz« lernte, die Schule enthielt einem zumindest nicht vor, was Dichtung ist. Und legte fast auch noch eine Klassenfahrt zum Berliner Ensemble drauf. Honecker eröffnete die Gedenkstätte im Brechtwohnhaus 1978 persönlich, nebst Restaurant, wo nach Helene Weigels Rezepten gekocht wurde. Dort aß man und ließ es sich gut gehen und »hatte ihn also verstanden«.

Günter de Bruyn
1.11.1926, Schriftsteller
In einer Geschichte wohnt eine Frau in der Berliner Linienstraße, im Hinterhaus, wo gelegentlich die Ratten durchs Wasserrohr raufkriechen und im Klo sitzen. Die Frau »kam klar« mit der Situation. Wer das gelesen hat, vergisst es nie. Frauen kamen irgendwie immer klar in de Bruyns Erzählungen und Romanen, besser jedenfalls als die Männer, die sich nicht entscheiden konnten (»Buridans Esel«) oder Phantomen nachjagten (»Märkische Forschungen«). So zurückhaltend-höflich der Autor, so fein die Ironie in seinen Büchern, die ganz dicht dran waren am DDR-Alltag und daher auch schon mal »Neue Herrlichkeit« heißen konnten.

Henry Büttner
12.11.1928, Karikaturist
... gilt als der Philosoph unter den Karikaturisten. Er ist ein Meister des kargen Strichs, des melancholischen Humors. Seine Strichmännchen mit ihren unbewegten Gesichtern tun gar nichts Ulkiges. Sie spielen uns den Alltag vor, dass er zum Schreien komisch wirkt. Büttner lebt in seinem Geburtsort Wittgensdorf bei Chemnitz, den er fast nie verlässt. Nach der Volksschule lernte er Maler und wurde Dekorateur im Karl-Marx-Städter HO-Warenhaus. 1954 erschien im Eulenspiegel seine erste Karikatur – inzwischen kann er auf einen Fundus von mehr als 15 000 Zeichnungen verweisen.

Ernst Busch
22.1.1900-8.6.1980
Schauspieler & Volkssänger
Wenn Ernst Busch »Spaniens Himmel« oder das »Lied von der Einheitsfront« sang, dann siegte die Revolution! Immer wieder. »Der rote Orpheus« oder der »Barrikadentauber« wurde er genannt. Seine erste große Filmrolle hatte er in Slatan Dudows »Kuhle Wampe«. In Spanien trat er als Sänger vor den Interbrigadisten auf und überstand das Dritte Reich in mehreren Zuchthäusern. Seine Rollen am Berliner Ensemble (Galileo, Azdak, Jago, Mephisto oder Satin in »Nachtasyl«) sind legendär. 1946 gründete er den Verlag »Lied der Zeit«.

Georg Buschner
26.5.1925-12.2.2007, Fußballtrainer
Von seinem zehnten Lebensjahr an war der gebürtige Geraer aktiver Fußballer. Außerdem wurde er Bauarbeiter, Neulehrer, Sport- und Geschichtsstudent, Hochschuldozent, war von 1952-1958 Spieler bei SC Motor Jena, anschließend nebenberuflicher Trainer bei Carl Zeiss Jena. Von 1970-1981 war er Trainer der Fußball-Nationalmannschaft und bestritt 115 Länderspiele mit 60 Siegen, 23 Niederlagen, 32 Unentschieden. Die größten Erfolge waren 1972 bei den Olympischen Spielen der 3. Platz, 1974 bei den Weltmeisterschaften der 6. Platz und 1976 der Sieg bei den Olympischen Spielen.

Bruno Carstens
26.10.1918-30.10.2001
Schauspieler
... war der erste Fernseh-Kommissar der DDR und als Genosse Hauptmann Wernicke von 1959 bis 1968 in der Reihe »Blaulicht« den Tätern auf der Spur. Unter seinen vielen Auftritten brachte ihm der Hauptakteur im Fernsehmehrteiler »Tempel des Satans« große Popularität ein. Er gab gern das »Raubein«, wie man es sich von einem Seemann vorstellt: Schon als 14jähriger war er zur See gefahren. Erstmals hatte er in einem sowjetischen Kriegsgefangenenlager geschauspielert, dann in Weimar studiert, kam ans Berliner Ensemble und war ab 1970 Mitglied des Schauspielerensembles des DFF.

Waldemar Cierpinski
3.8.1950, Marathonläufer
Als der zweifache Marathon-Olympiasieger Waldemar Cierpinski eine Audienz beim japanischen Kaiser hatte, sagte dieser: »Sie sind also der Mann, nach dem in Ihrem Land die Söhne heißen.« Was sich da bis zum Kaiser rumgesprochen hatte, verdankte Cierpinski dem Sportreporter Oertel, der seinen olympischen Siegeslauf 1980 mit den Worten: »Väter, haben Sie Mut, nennen Sie Ihre Neuankömmlinge Waldemar« gefeiert hatte. Cierpinski besuchte die KJS in Halle, trainierte beim SC Chemie Halle, war Lehrer und Trainer, handelt heute mit Sportwaren und organisiert jährlich den mitteldeutschen Marathon.

Clown Ferdinand
31.7.1920-10.6.1999, Schauspieler
Auf tschechisch hieß Clown Ferdinand Jiří Vrštala. Er holte sich das Rüstzeug zur Kunst der Komik in mehr als zehn Berufen. Nach Theaterengagements unter anderem in Prag erfand er 1955 Clown Ferdinand, der ihn international bekannt machte. Er zog nach Berlin. DEFA und Fernsehen produzierten Filme und Serien mit dem beliebten Clown, der auch auf Bühnen gastierte und dessen Kinderrevuen im Friedrichstadtpalast stets ausverkauft waren. Er spielte auch ernste Rollen in tschechischen und deutschen Filmen, bevor er sich Mitte der 80er Jahre aus dem Beruf zurückzog und als Autor arbeitete.

Hanno Coldam (eigtl. Heinz Matloch)
25.10.1932-13.4.1992, Dompteur
An starken Männern herrschte kein Mangel in Coldams Familie. Der Vater war Schmied, und Coldam wurde es auch, bevor er als Requisiteur zum Zirkus ging. 1954 übernahm er eine Dressur beim Zirkus Aeros. Von 1960-1990 war er Chefdompteur und Lehrmeister am Staatszirkus der DDR. Am wohlsten fühlte er sich zwischen schwarzen Panthern und Löwen – 18 Tiere hatte eine seiner Gruppen, darunter ein »Rasierlöwe«, der in der Manege eingeseift wurde. Bei Coldams gab es nicht nur starke Männer, sondern auch mutige Frauen: Ehefrau und Tochter führten ebenfalls Raubtiere vor.

Eberhard Cohrs
4.1.1921-17.8.1999, Komiker
... der kleine, mopsfidele Mann aus Dresden, von Haus aus Konditor, sächselte sich in die Herzen seiner Fans. Er war schlagfertig, gab den Doofen, sein Humor war trocken – und geprüft: 1945 legte er vor der Internationalen Artistenloge eine Prüfung als Humorist ab. Tourneen, »Tönende Funkillustrierte«, »Leipziger Allerlei«, Fernsehsendungen, DEFA-Filme, Friedrichstadtpalast: er spielte und redete seine wechselnden Partner stets an die Wand. Nur 1977, er ging nach Westberlin, lief die »Guschn« nicht mehr so. 1990 hatte er – wie so viele – sein Comeback, bis er sich 1997, schwerkrank, zurückzog.

Fritz Cremer
22.10.1906-1.9.1993
Bildhauer & Grafiker
Irgendwie erinnerten seine Skulpturen immer an ihn selber: kraftvoll, gedrungen, konzentriert, gebannter Widerspruch von Ruhe und Bewegung, Mut und Trauer. Seine Buchenwaldgruppe, seine Mahnmale in Ravensbrück und anderswo, sein »Aufsteigender«, der im Park des UNO-Hauptquartiers steht, oder der freundliche Brecht vorm Berliner Ensemble zeigen das Spektrum eines Bildhauers, für dessen Werk Menschenliebe keine Phrase ist. Der Steinmetzgeselle Cremer aus dem Ruhrpott hatte in Rom und Wien gelernt und fand in Berlin zur Meisterschaft.

Jürgen Croy
19.10.1946, Fußballer
... wurde 1994 nicht nur Ehrenbürger seiner Geburtsstadt Zwickau, sondern auch ihr Bürgermeister und Dezernent für Schule, Kultur und Sport. Von 1955 bis 1980 war er aktiver Fußballer, zunächst Mittelstürmer, dann Torhüter. Er spielte bei der BSG Aktivist Karl Marx Zwickau, anschließend bei der BSG Sachsenring Zwickau, wo er von 1982 bis 1988 Trainer war. Er lernte Elektriker, studierte Sport, arbeitete als Lehrer. 94 Länderspiele, 23 Spiele in der Olympia-Auswahl, 10 Europa-Cup-Spiele, Weltmeisterschaftsendrunde 1974, Olympia 1972: 3. Platz. Olympia 1976: Sieger. Mehrmals zum Fußballer des Jahres gewählt.

Tamara Danz
14.12.1952-22.7.1996, Sängerin
... war die »Rocklady Nr. 1 der DDR«. Das wurde sie in und mit der 1978 gegründeten Gruppe »Silly«, nachdem sie sich im Oktoberklub, in der Tanzmusikklasse einer Musikschule und als Sängerin der Horst-Krüger-Band das erarbeitet hatte, was eine Rocklady außer Stimme und Talent braucht. In den Textern Werner Karma und Gerhard Gundermann und den Silly-Komponisten fand sie Partner, die ihrem trotzig-aggressiven Auftreten auch leise, emotionale Seiten abverlangten. Ihre Platten von »Mont Klamott« über »Liebeswalzer« bis »Bataillon d'amour« trafen den Nerv der »Generation der Hineingeborenen«.

Prof. Heinrich Dathe
7.11.1910-6.1.1991, Tierparkdirektor
So interessant und spannend wie er konnte kein anderer über Tiere erzählen. Über 300 mal waren die Fernsehzuschauer »Zu Besuch bei Prof. Dr. Dr. Dathe«. Ab 1973 kam der monatlich ausgestrahlte »Tierparktreff« hinzu. Er klärte Fragen wie z.B. »Müssen Katzen kratzen«. Weil weder die Tiere noch der Professor sich an das Konzept hielten, waren die Sendungen immer lebhaft und unterhaltsam. Dathe war Direktor des 1955 eröffneten Tierparks Berlin-Friedrichsfelde. Zuvor hatte er – nach Zoologie-, Botanik- und Geologiestudium – im Leipziger Zoo gearbeitet. Der Tierpark war sein Lebenswerk. 1990 schickte man ihn nach Hause.

Fred Delmare (eigtl. Werner Vorndran)
24.4.1922-1.5.2009, Schauspieler
... spielte komische und Charakterrollen gleichermaßen überzeugend. Ob als Zwerg im Märchenfilm »Schneewittchen«, als Pippig in »Nackt unter Wölfen«, als Schäfer in den »Gerechten von Kummerow« oder als komischer Cowboy in den DEFA-Indianerfilmen, der Ein-Meter-sechzig-Mann war immer ganz groß. Ein Bündel Energie, füllte er auch die kleinste Nebenrolle aus. Ihm nahm man den kleinen Mann von der Straße ab, falsches Pathos kam in seinen »Heldenrollen« nicht auf, und das bauernschlaue Schlitzohr war er sowieso. Das Publikum liebte ihn.

Johannes Dieckmann
19.1.1893-22.2.1969
Volkskammerpräsident
... als Mitbegründer der LDPD schlug der studierte Nationalökonom, ehemalige Mitarbeiter von Gustav Stresemann und Abgeordnete des Sächsischen Landtages eine politische Karriere ein, die ganz im Zeichen der Blockpolitik der SED stand. Es galt als verdienstvoll, dass er für die »Einbeziehung bürgerlicher und kleinbürgerlicher Kreise in den sozialistischen Aufbau« sorgte. Er war der erste Präsident der Volkskammer der DDR und stellvertretender Staatsratsvorsitzender. Nach seinem Tod durfte sein Konterfei eine Briefmarke schmücken.

Chris Doerk
24.2.1942, Sängerin
Am Anfang stand der Hit »Lieb mich so, wie dein Herz es mag« – und das Traumduo des DDR-Schlagers, Chris Doerk & Frank Schöbel, war geboren. Hit folgte auf Hit, Fernsehsendungen wie »Treff mit Chris und Frank«, und »Disko-Treff«, gemeinsame Filme – »Heißer Sommer«, »Nicht schummeln, Liebling« –, auch Solotitel, »Männer, die noch keine sind«, »Die Rose von Chile«, Tourneen durch Europa und immer wieder Kuba, wo sie jahrelang Publikumsliebling war. Nach der privatem Trennung des Traumpaares war die Frau mit dem ansteckenden Lachen seltener zu sehen.

Angelica Domröse
4.4.1941, Schauspielerin
Slatan Dudow wählte die zierliche Laienschauspielerin 1958 unter 1500 Bewerberinnen für seinen Film »Verwirrung der Liebe« aus. Noch als Schauspielstudentin wurde sie mit der Titelrolle in der DFF-Komödie »Papas neue Freundin« populär, war dann in vielen Theaterrollen zu sehen und in Filmen wie der »Chronik eines Mordes« an der Seite ihres damaligen Ehemanns Jiří Vrštala, dann als »Effi Briest« und »Fleur Lafontaine«. Die meisten aber kennen sie als Paula aus der »Legende von Paul und Paula«. Mit ihrem Ehemann Hilmar Thate ging sie 1979 in den Westen und wurde in zahlreichen Film- und Bühnenrollen besetzt.

Horst Drinda
1.5.1927-21.2.2005, Schauspieler
Der Zeitungsmagnat Axel Springer soll Horst Drindas Auftritt im Fernsehfünfteiler »Ich – Axel Cäsar Springer« kommentiert haben: »Ich staune, dass sie für meine Rolle einen so gutaussehenden Schauspieler genommen haben.« Drinda sah nicht nur gut aus, er war ein hervorragender Schauspieler und als Ensemblemitglied des Deutschen Theaters von 1946 bis 1971 und ab 1971 als Mitglied des DFF-Ensembles einer der meistbesetzten Stars. Im Film spielte er »Alltagsrollen« wie den Kapitän der Serie »Zur See«, er war Egmont, Karl Marx, Dimitroff, Allende, Scharnhorst, aber eigentlich ist er der Mann, der Axel Cäsar Springer war.

Kurt Drummer
20.3.1928-8.6.2000, Fernsehkoch
Als Kochsendungen noch nicht inflationär über die Sender rauschten, hatte Kurt Drummer seinen großen Auftritt, genauer, er hatte ihn 650mal. So oft hieß es: »Der Fernsehkoch empfiehlt.« Unter seinen Händen verwandelten sich die Zutaten aus HO und Konsum in kulinarische Erlebnisse. Aufs Wesentliche konzentriert – Kochen duldet keine Ablenkung –, trug er vor, was Nachahmer wissen mussten. Der auch mit internationalen Preisen Dekorierte hatte sein Handwerk von der Pike auf gelernt: Kochlehre, Küchenchef diverser Restaurants, Studium, Chefkoch Interhotel. Als Autor mehrerer Kochbücher produzierte er Bückware.

Fred Düren
2.12.1928, Schauspieler
Wenn Düren heute einen seiner seltenen Auftritte am Deutschen Theater hat – ein Ereignis, das die große Zeit dieser Bühne heraufbeschwört –, reist er aus Israel an, wohin er Mitte der 80er Jahre übersiedelte. Unvergessen sind seine Theaterrollen als Mephisto, Don Juan, Bürger Schippel, Trygaios im »Frieden«, Tartuffe, König Lear und Shylock, seine Filmrollen in der »Grünsteinvariante« oder im Polizeiruf »Der Mann«. Seinen Figuren gab er selbst in Nebenrollen eine faszinierende Ambivalenz mit, einen zerbrechlichen wie undurchschaubaren, verhaltenen wie entschiedenen Charakter.

Friedrich Ebert
12.9.1894-4.12.1979
Oberbürgermeister von Berlin
Sein Vater war der erste Reichspräsident der Weimarer Republik. Nach dem Vereinigungsparteitag von SPD und KPD wurde der Sozialdemokrat Ebert Mitglied des ZK der SED. Nach Ulbrichts Abtreten sah mancher in ihm den neuen Staatsratsvorsitzenden; es lag wohl an der sozialdemokratischen Vergangenheit, dass es nur zum stellvertretenden reichte. Von 1948-67 war er Oberbürgermeister von Berlin und als solcher ein akzeptierter Stadtvater, fähiger Kommunalpolitiker und Bürokratenschreck. 1971 wurde er Präsident der Volkskammer.

Peter Edel (eigtl. Peter Hirschweh)
12.7.1921-7.5.1983, Schriftsteller
Das Gymnasium musste er 1938 wegen der nationalsozialistischen Rassengesetze verlassen, privat und illegal ließ er sich unter anderem bei Käthe Kollwitz zum Grafiker ausbilden, kam wegen »artfremder Kunstbetätigung« ins KZ. Der Überlebende von Auschwitz schrieb seine Autobiografie »Wenn es ans Leben geht«, den Roman »Die Bilder des Zeugen Schattmann«, war Publizist, Autor der »Weltbühne«, Mitglied im Komitee der Antifaschistischen Widerstandskämpfer und trat mit Lesungen und Vorträgen in Schulen und Betrieben auf. Ein Kulturhaus in Berlin trägt seinen Namen.

Hanns Eisler
6.7.1898-6.9.1962, Komponist
... komponierte die DDR-Nationalhymne, was ihm nicht nur Ruhm und Ehre, sondern auch den Vorwurf des Plagiats einbrachte. Aus den zwanziger Jahren datiert seine Zusammenarbeit mit Brecht, den er im amerikanischen Exil wiedertraf, wo Eisler unterrichtete, Filmmusiken schrieb und Assistent von Charly Chaplin war. 1949 kam er in die SBZ, wurde Präsident des Musikrats, Professor einer Meisterklasse und komponierte nicht nur weiter an seinem immensen Werk von Film- und Bühnenmusiken, Liedern, Kantaten, Sinfonik und einem nie vollendeten »Doktor Faust«, sondern brachte manchen kulturpolitischen Stein ins Rollen.

Gunther Emmerlich
18.9.1944
Opernsänger & Entertainer
»Es singt der Gunther Emmerlich, im Osten wars ganz jämmerlich.« Ansonsten aber ist er als Solist in aller Welt unterwegs. Der ausgebildete Opernsänger war 20 Jahre Ensemblemitglied der Dresdner Oper, sang Sarastro, Basilio u.a.m. 1985 griff er zum Banjo und spielte und sang in der Semper-House-Band Jazz. Mit der »Showkolade« kam er ins DDR-Fernsehen und plauderte sich nahtlos in die Nachfolgesender. Sein breites musikalisches Spektrum von Oper, Musical, Volksmusik bis Pop lässt keine Kluft zwischen ernster und Unterhaltungskunst zu.

Christine Errath
29.12.1956, Eiskunstläuferin
Nicht alle Eislaufstars kamen aus Karl-Marx-Stadt. Christine Errath beispielsweise ist Berlinerin und trainierte auch dort. 1973 – mit gerade 16 Jahren – wurde sie Europameisterin und wiederholte diesen Erfolg 1974 und 1975. 1974 Weltmeisterin, 1976 Vizeweltmeisterin. Im selben Jahr beendete sie ihre sportliche Karriere, absolvierte ein Volontariat beim Fernsehen und studierte Germanistik. Nach dem Studium arbeitete sie als Reporterin für Eiskunstlaufen und Redakteurin. 1993 bis 2007 war sie Moderatorin bei »Außenseiter – Spitzenreiter«, der DDR-Fernsehunterhaltungsshow, die das Ende der DDR überlebte.

Eberhard Esche
25.10.1933-15.5.2006, Schauspieler
Esche auf der Bühne (des Deutschen Theaters) war ein Verführer, ob als Lanzelot im »Drachen«, als Satanael in Hacks' »Adam und Eva«, als Seneca, als Feldherr Wallenstein: Er ist ein Verführer zum Theater. Schauspielen heißt hier, alles ganz und alles in einem zu sein: hart und charmant, bitter und naiv, bestimmend und verletzbar. Sein Überlebensmittel: Ironie. Welche Spielarten sie hat, weiß erst, wer Esche auf der Bühne erlebt hat. Filmrollen (»Spur der Steine«, »Wie heiratet man einen König«, »Märkische Forschungen«) machten ihn populär, Bühnenrollen und Soloabende (Goethe, Heine) zum Kult.

Manfred Ewald
17.5.1926-21.10.2002, Sportfunktionär
Als 1994 ein Interview-Buch von Manfred Ewald erschien, prangte auf dem Titel: »Ich war der Sport.« Auch wenn Bescheidenheit nicht zu Ewalds ersten Tugenden zählte, er selber behauptete das nicht. Aber manchmal ist was dran an Marktschreierei. Denn als DTSB-Präsident (1961-88) und NOK-Präsident (1973-90) gab es kaum einen Bereich von Sportorganisation und -förderung, für den er nicht zuständig war. Und so musste er auch im Jahr 2000 als Angeklagter in den Doping-Prozessen seinen Kopf hinhalten für die bezweifelten Erfolge des DDR-Sports.

Klaus Feldmann
24.3.1936, Nachrichtensprecher
Nachrichten aus Adlershof quälten sich eher über die Mattscheibe, als dass sie flimmerten. Die Aktuelle Kamera hatte mehrere »Sprecher-Gesichter«; das erste war Herbert Köfer, das weibliche Angelika Unterlauf, das eigentliche Klaus Feldmann. Von 1961-89 präsentierte er mit gebotenem Ernst und einer wegen der obligatorischen Funktionsaufzählung der Politiker stark geforderten Zungenfertigkeit Erfolge der Produktion und Mißerfolge des Klassenfeindes. Er war auch gerngesehener Moderator öffentlicher Veranstaltungen, hier gab er (zum Ausgleich?) seinem satirischen Affen Zucker.

Veronika Fischer
28.7.1951, Sängerin
So umfangreich und vielfältig »Vronis« Repertoire ist und so langanhaltend ihr Erfolg, den sie zunächst mit der Stern Combo Meißen und Pantha Rhei, später mit eigener Band hatte, es gibt Hits, die nicht zu toppen sind und wie ein Synonym für ihren Namen klingen: »Auf der Wiese haben wir gelegen«, der »Blues von der letzten Gelegenheit«, »Dass ich eine Schneeflocke wär«. Die Thüringerin startete im Volksmusiktrio mit ihren Schwestern, studierte Musik, wurde eine Rocksängerin, die auch mit dem Schlager liebäugelt, und schwebte 1982 schneeflockengleich in den Westen davon. Heute lebt sie in Kleinmachnow.

Fips Fleischer
2.5.1923-25.6.2002, Tanzmusiker
Fips Fleischer, Sohn eines sächsischen Klavierbauers, trommelte im Rundfunk-Tanzorchester Leipzig, als der Kalte Krieg tobte und amerikanischer Jazz nicht erwünscht war. Der aber lag dem späteren »King of Swing« der DDR im Blut. Mit dem »Pinguin-Mambo« komponierte er 1955 einen Hit, der die Tanzsäle zum Kochen brachte, und es sollte nicht sein einziger bleiben. Er gründete und leitete insgesamt drei Big Bands, begleitete Schlagerstars und trat in Fernsehshows auf. Der stets fidele Fips Fleischer war Professor an der Musikhochschule und ein Freund von Louis Armstrong. Als die Wende kam, zerfiel seine Band.

Ute Freudenberg
12.1.1956, Sängerin
1976 war die studierte Sängerin Gründungsmitglied der Gruppe »Elefant«, mit der sie ihren großen Hit hatte, der zu den Klassikern des DDR-Rock und -Pop zählt: »Jugendliebe.« Den singt sie noch immer bzw. wieder. 1984 war sie in die BRD übergesiedelt, und kaum einer – sieht man von einigen betuchten Damen und Herren ab, die sie auf Kreuzfahrtschiffen musikalisch unterhielt – hörte noch etwas von ihr. Nach zwölf Jahren siedelte sie von Düsseldorf nach Weimar zurück, gibt Konzerte, hat neue Plattenerfolge (»Land in Sicht«, »Ich hab noch lange nicht genug«) und erhielt 1998 den Publikumspreis »Goldene Henne«.

Fred Frohberg
27.10.1925-1.6.2000 Sänger
... ist ein Ur-Gestein des DDR-Schlagers. Aus einer Hallenser Musikerfamilie kommend, machte er als Soldat im Lazarett Bekanntschaft mit Swing und Jazz. Seine Liebe zur Musik stellte er auf professionelle Füße: studierte am Landeskonservatorium in Erfurt, war Angestellter des Rundfunktanzorchesters Leipzig, später Leiter des Fred-Frohberg-Ensembles, unterrichtete an Musikhochschulen. Gastspiele, Festivalauftritte, Fernsehsendungen (»Musik, die Ihnen Freude bringt«, »Freds Melodien«) gehörten zu seinem Berufsalltag. Ein echter Evergreen ist sein Lied »Zwei gute Freunde«.

Franz Fühmann
15.1.1922-8.7.1984, Schriftsteller
... begann seine schriftstellerische Laufbahn mit einem Poem, der »Fahrt nach Stalingrad«, schrieb Erzählungen (»Kameraden«, »Das Judenauto«), Reportagen (»Kabelkran und Blauer Peter«), Kinderbücher (»Die dampfenden Hälse der Pferde im Turm zu Babel«), Essays (Trakl, E.T.A. Hoffmann), erfand sogar eine eigene Literaturgattung: Saiäns-Fiktschn, war Herausgeber, Übersetzer, Nacherzähler klassischer Mythen und am Ende nicht nur Förderer des unangepassten literarischen Nachwuchses, sondern eine moralische und ästhetische Instanz in aufreibenden kulturpolitischen Debatten.

Erwin Geschonneck
28.12.1906-12.3.2008, Schauspieler
Wer Filmgeschichte der DDR nachlesen will, sollte bei Erwin Geschonneck beginnen. Filme wurden durch seine Rollen nicht nur besonders, so mancher auch erst durch das Auftreten des Antifaschisten und Kommunisten möglich. Den Helden gab er ein menschliches Gesicht, den kleinen Leuten Größe, der Tragik Zuversicht, der Komik Tiefe. Als Star bezeichnet, wehrte er ab: »Bei uns gab es keine Stars, aber ich war immerhin eine erste Kraft.« Er wurde 1992 von den Kritikern mit Abstand zum besten Schauspieler der DDR gewählt; sein Publikum wusste das längst.

Karl-Heinz Gerstner
15.11.1912-14.12.2005, Journalist
Ein Mann, ein Wort. Bei Gerstner waren es drei Worte: »sachlich, kritisch, optimistisch«, Markenzeichen seiner »Sonntäglichen Wirtschaftsbetrachtung« auf Radio DDR und zutreffend für seine Wirtschaftsanalyse wie für ihn selber. Ein Gentleman-Genosse mit bewegter Biographie: Jura-Student, als Vertreter der Nazi-Besatzungsmacht mit Kontakten zur Résistance, nach Kriegsende Bürgermeister, von den Engländern verhaftet, von den Russen eingesperrt, Reporter der »Berliner Zeitung«, bekannt durch das Fernsehmagazin »Prisma« – ein sachlicher, kritischer, optimistischer Propagandist des Sozialismus in den Farben der DDR.

Winfried Glatzeder
26.4.1945, Schauspieler
Als jugendlicher Liebhaber in »Zeit der Störche« und Super-Hausmann Graffunda in »Der Mann, der nach der Oma kam« hatte er sich bereits in die Herzen vor allem der Zuschauerinnen gespielt, als er mit dem Paul in der »Legende von Paul und Paula« die Rolle – es ist nicht übertrieben – seines Lebens bekam. Wild und zärtlich, aufbegehrend und angepasst, hier konnte er alle Register seines Könnens ziehen. Auf komischem Terrain hatte er als ungelenk-agiler Feuerwehrmann in »Zünd an, es kommt die Feuerwehr« einen weiteren Publikumserfolg, der ihm bei der kühl angelegten »Till Eulenspiegel«-Titelrolle versagt blieb.

Gerald Götting
9.6.1923, Volkskammerpräsident
... war Vorsitzender der CDU, Stellvertretender Vorsitzender des Staatsrats, Volkskammerpräsident und Mitglied zahlloser Komitees und Ausschüsse. Zuständig also für das bessere Gewissen, nicht aber klügere Handeln. Auch war er Verfasser von Büchern über den »Beitrag der christlichen Demokraten zur Gegenwart und Zukunft« und den »Weg der Christlichen Demokraten in die 90er Jahre«. Als die Zukunft anders aussah und der Weg der Christdemokraten geradewegs in das vereinigte Deutschland führte, war sein Beitrag nicht mehr erwünscht. 1991 wurde er aus der CDU (der ost-west-vereinigten) ausgeschlossen.

Otto Grotewohl
11.3.1894-21.9.1964
Ministerpräsident

... war gelernter Buchdrucker und wurde früh Mitglied der SPD. Dann gab er seine Hand für die Einheit der Arbeiterklasse und den Handschlag mit Wilhelm Pieck, was blechern und emailliert im Abzeichen der SED von den Genossen am Revers getragen wurde. Mit Pieck zusammen war er Vorsitzender der SED. Durch seine Mitgliedschaft im Deutschen Volksrat sowie seinen Vorsitz des Verfassungsausschusses zwischen 1947 und 1949 hatte Grotewohl maßgebenden Anteil an der Ausarbeitung der Verfassung der DDR.

Elsa Grube-Deister
11.1.1926-7.12.2001, Schauspielerin

... wurde am Berliner Ensemble und am Deutschen Theater zu einer Charakterdarstellerin, deren Spiel Bodenständigkeit, eine fast mädchenhaft anmutende Naivität, Intelligenz und einen leisen komischen Einschlag vereinte. Ob als Schöne Helena, Dorine oder Daja auf der Bühne oder als Trümmerfrau im Film (»Steinzeitballade«), wen sie auch darstellte, erspielte sie sich und den Zuschauern zu unvergesslichen Rollen. Dem Fernsehpublikum blieb sie vor allem als Anna Quangel an der Seite von Erwin Geschonneck im Dreiteiler »Jeder stirbt für sich allein« nachdrücklich in Erinnerung.

Ludwig Güttler
13.6.1943, Trompetenvirtuose

... entlockt der Trompete Töne, die einfach bestätigen, was man schon immer wusste, aber kaum einmal hörte: So muss an prachtvollen barocken Höfen musiziert worden sein. Außerdem bewies er, dass die Trompete zum hervorragenden Kammermusikinstrument taugt, dass alte Notenschätze nicht nur auszugraben, sondern die dazugehörenden Instrumente auch zu spielen sind, dass »Blechbläserensemble« auch außerhalb der Krach-Bumm-Blasmusik erfolgreich sein können und »Hoftrompeter« nicht nur in der DDR hochdekoriert wurden, sondern einen zu allen Zeiten gefragten Job ausüben.

Margitta Gummel
29.6.1941, Leichtathletin

... ist eine starke Frau. Vier Weltrekorde im Kugelstoßen belegen das. Sie ist auch eine kluge Frau, die Pädagogik studierte, am Sportinstitut der DHfK arbeitete und promovierte. Sie engagierte sich beim DTSB, beim Studentensportverband der DDR und als Abgeordnete des Leipziger Stadtparlaments. Von 1955-72 war sie aktive Leichtathletin und trainierte zuerst in Magdeburg, dann in Leipzig. Die sportlichen Höhepunkte: dreimalige Teilnahme an den Olympischen Spielen, Gold 1968; dreimalige Teilnahme an Europameisterschaften, zweimal Silber 1966 und 1969; Siegerin der Halleneuropameisterschaften 1966.

Gerhard Gundermann
21.5.1955-21.6.1998, Liedermacher

»Brigade Feuerstein« nannte sich die Singegruppe, die mit Gundermann zum ersten »Liedtheater« der DDR avancierte; »Gundermann & Seilschaft« die Gruppe, mit der der »Baggerfahrer und Rockpoet« ab 1993 trotzig zum »Engel über dem Revier« abhob, ohne die Bodenhaftung zu verlieren. Der Autodidakt, der im Lausitzer Kohlentagebau arbeitete, brachte reiche musikalische Anregung in die DDR-Singeszene, die nicht zuletzt durch ihn vielfältig und experimentierfreudig wurde. Und er schrieb Texte, die mit kritischen Tönen nicht sparten, mit Hoffnung nicht geizten und doch melancholisch alle kommenden Abschiede ahnen ließen.

Klaus Gysi
3.3.1912-6.3.1999, SED-Funktionär

Den Nazis passten »Abstammung und Gesinnung« des Mannes nicht: von der Universität relegiert, ging er nach England und Frankreich und kam im Auftrag der KPD 1940 nach Deutschland zurück. Illegal politisch tätig, überstand der jüdische Kommunist in Berlin das Dritte Reich. 1946 wurde Klaus Gysi stellvertretender Berliner Bürgermeister in Zehlendorf, zog nach Ostberlin und musste fortan in unterschiedlichen Positionen diplomatisches Geschick und politischen Instinkt beweisen: als Leiter des Aufbau Verlages, Vorsteher des Börsenvereins der Buchhändler, Kulturminister, Botschafter in Italien, Staatssekretär für Kirchenfragen.

Peter Hacks
21.3.1928-28.8.2003, Dramatiker
Er kam 1955 in die DDR und wurde ihr Dichter. Mit ihm trat die deutsche Dramatik und Bühnenkunst in eine glanzvolle Ära, die einen ihrer vielen Höhepunkte in der Aufführung seiner Aristophanes-Bearbeitung »Der Frieden« am Deutschen Theater hatte. Von Banausen in Ost wie West beargwöhnt, schrieb Hacks Stücke von höchster Poesie, betörender Sinnlichkeit und klarster Vernunft – klassische Dramen, mit denen er bewies, was seine Essayistik behauptete: Kunst und Sozialismus bedingen einander. Keiner hat über dieses Verhältnis tiefer nachgedacht und geistreicher geschrieben.

Nina Hagen
11.3.1955, Sängerin
Auch wenn sie der DDR mehr als den »vergessenen Farbfilm« hinterließ, war ihre dortige Karriere nur ein erster Schritt auf dem Weg zum Rockstar. Die Tochter der Schauspielerin Eva-Maria Hagen tourte mit Programmen der Konzert- und Gastspieldirektion durchs Land, als die Gruppe »Automobil« sie 1974 engagierte. Mit dem Hit vom Farbfilm ging ein neuer Stern am Pophimmel auf, der innerhalb kürzester Zeit alles überstrahlte. Sie sang den Publikumshit »Wir tanzen Tango« mit »Fritzens Dampferband«, spielte einige kleinere Filmrollen und folgte 1976 ihrem Ziehvater Biermann in den Westen.

Kurt Hager
24.7.1912-18.9.1998
Politbüromitglied
Obwohl es diese Funktion gar nicht gab, sprach alle Welt vom »Chef-Ideologen der SED«. Der einstige Marxismus-Leninismus-Professor, der 1950 in das ZK kam, verstand diese Rolle selber so, dass ohne sein Abnicken zu all und jedem, was »Wissenschaft, Volksbildung und Kultur« hervorbrachten, gar nichts ging. Auf diese Kopfbewegung verwendeten er und ein ganzes Ministerium viel Kraft. Er ging auch als berühmter Heimwerker in die Geschichte ein, wusste er doch genau, ob und wann ein Land renovierungsbedürftig war.

Helga Hahnemann
8.9.1937-20.11.1991, Entertainerin
Das Multitalent »Big Helga«, »Henne«, »die Hahnemann« war in Funk, Fernsehen und auf der Bühne gleichermaßen zu Hause. »Jetzt kommt die Süße« sang sie und fegte als tanzender, steppender, kalauernder Wirbelwind über die Bühne, spielte Sketche, die zu Klassikern wurden, moderierte mit nicht zu bremsendem Berliner Mundwerk die »Top(p)-Musike«, den »Kessel Buntes«, Live-Shows und vieles mehr. Die Pointen saßen, dem Ulk mischte sie eine Portion Lebensweisheit bei und das Bekenntnis »Ick bin, wat alle sind, een kleenet Menschenkind«. Im Musenhimmel, in den sie so früh gerufen wurde, muss es seither turbulent zugehen.

Hauff & Henkler
17.4.1944 & 19.1.1944, Gesangsduo
10 Millionen Käufer von Hauff/Henkler-Platten können nicht irren! Das Duo sorgte mit Stimmungs- und Volksliedern für gefüllte Säle und geforderte Einschaltquoten, lieferte Streicheleinheiten für die Volksmusik-Seele und verbreitet gnadenlos gute Laune, man denke nur an »Auf die Bäume, ihr Affen, der Wald wird gefegt« oder »Keine Bange, wir holen ein Zange«. So manchen »Meisterschuss« landete es auch außerhalb Deutschlands, hat es doch Lieder in 22 Sprachen im Repertoire. Vermutlich sang das Duo das Friedensangebot »Lasst uns Freunde sein« für jene, die Ohrwürmern weniger zuneigen, aber auch das wurde ein Hit.

Wolfgang Heinz
18.5.1900-30.10.1984
Schauspieler, Regisseur, Intendant
Im Stummfilmklassiker »Nosferatu« stand er schon vor der Kamera, als »Professor Mamlock« in der Konrad-Wolf-Verfilmung schätzte ihn die Fachwelt (und dankten ihm Schülergenerationen, die damit ihrer Pflichtlektüre entkamen), aber nicht der Film, sondern das Theater bestimmte sein Leben. Wenn er als Nathan, Wallenstein, König Lear, Galilei auf den Brettern stand, spürte das Publikum, warum sie die Welt bedeuten. Von Schauspielern geliebt und gefürchtet, hielt er die Regiefäden so mancher Inszenierung in der Hand, die das DDR-Theater auf die internationale Bühne hob.

Bernhard Heisig
31.3.1925, Maler
Der filigran zeichnende Max Schwimmer war einer seiner Lehrer, zum kleinen Format aber drängte es Heisig nicht. Doch wenn einer sein anarchisches Naturell in Stil umzusetzen versteht, kann auch das Anspringen gegen Leinwände interessant sein. So groß Heisigs Formate, so umfassend die Themen: Von »Krieg« und »Pariser Kommune« über die »Missbrauchten Götter«, »Lenin und den ungläubigen Timofej« bis zum »Gehorsamverweigernden Christus«. Eine illustre Gesellschaft vereint auch die Galerie des Porträtmalers Heisig: von Georgi Dimitroff bis Bundeskanzler Helmut Schmidt.

Adolf Hennecke
25.3.1905-22.2.1975, Aktivist
Nur wenigen Persönlichkeiten der DDR war es vergönnt, sprichwörtlich zu werden. Dieser hier gehörte dazu. Zeitweise verdrängte er den alten Blücher aus der angestammten Redewendung, denn lobend wie auch verwarnend wurde gesagt: Du gehst ja ran wie Hennecke! »Rangegangen« war Hennecke 1948 in der Steinkohlengrube »Karl Liebknecht« in Oelsnitz in einer Sonderschicht mit einer Normerfüllung von 387 %. Dass so etwas ging, hatten SMAD-Vertreter beim Genossen Stachanow gesehen. So kam die Aktivistenbewegung in die DDR und Hennecke in aller Munde.

Hermann Henselmann
3.2.1905-19.1.1995, Architekt
Der Name Henselmann sagt meist auch denen etwas, die über die DDR nichts und über Architektur kaum etwas zu wissen vorgeben. Aber »der Erbauer der Stalinallee« – das klingt so gruselig nach Diktatur und doch irgendwie schön! 1930 hatte Henselmann ein Architekturbüro gegründet, der »kulturbolschewistische Einschlag« seiner Bauten missfiel den Nazis. In der DDR konzipierte er maßgeblich den Baustil im Wandel von der klassizistischen zur modern-industriellen Bauweise, wie sie Lehrerhaus und Fernsehturm, die Bebauung am Leninplatz oder die Unihochhäuser in Leipzig und Jena zeigten.

Stephan Hermlin (eigtl. Rudolf Leder)
13.4.1915-6.4.1997, Schriftsteller
... schien seine Pfeife vor allem deswegen zu rauchen, um sich hinter dem aufsteigenden Rauch verbergen zu können – vor Bewunderung und Ablehnung. Beides löste er heftig aus, der »sozialistische Grandseigneur« mit der Aura des Schöngeists und der Biografie des Kommunisten. Unumstritten aber ist, dass seine Rolle im Kulturleben der DDR immens war: als Diplomat zwischen Kunst und Politik, als Verteidiger des ästhetischen Anspruchs, als Förderer junger Autoren, als Vermittler alter und fremder Literaturen, und nicht zuletzt durch Diskussionen, die sein Werk selbst, vor allem »Abendlicht«, auslöste.

Rolf Herricht
5.10.1927-23.8.1981, Schauspieler
Ob als »Geliebte weiße Maus« oder als »Reserveheld«, er hatte die Lacher auf seiner Seite. Doch im »Filmverbotsjahr« 1966 ging es auch dem Humor an den Kragen, der neue Herricht-Film kam auf den Index. Man sah den Schauspieler von nun an nur noch in Fernsehschwänken und im »Metropoltheater«. Auch dort liebte ihn das Publikum, aber sein ganz großes Talent konnte er nur noch einmal 1980 im Film »Der Baulöwe« ausspielen. Hier war er ganz »Mensch wie du und ich«, nur eben tausendfach sympathischer und komischer: wie er sich durchmogelt, wie er aufmuckt, wie er als doch friedfertige Seele ins Chaos hineingezogen wird.

Stefan Heym (eigtl. Helmut Flieg)
10.4.1913-16.12.2001, Schriftsteller
Der Sohn einer jüdischen Kaufmannsfamilie aus Chemnitz emigrierte nach Amerika, wurde Journalist und brachte einen ersten, vielbeachteten Roman heraus. Er zog die Uniform der amerikanischen Armee an und kam als Sergeant nach Deutschland zurück. Wegen prokommunistischen Verhaltens aus der Armee entlassen, ließ er sein Leben lang von genau diesem Verhalten nicht. Als Autor, der den Realitäten – auch unangenehmen – in die Augen sah, fand er in der DDR reichlich Anlass, sich mit seinem publizistischen und literarischen Wort einzumischen, war eine Instanz, aber nie eine graue Eminenz.

Klaus Höpcke
27.11.1933, Stellvertretender Minister
... studierte Journalistik, war Kulturredakteur beim »Neuen Deutschland« und wurde nach verschiedenen Funktionen in FDJ und Partei zum Bücherminister des Landes, korrekt: Stellvertretender Minister für Kultur, Leiter der Hauptverwaltung Verlage und Buchhandel – von 1973 bis 1989. Von den einen beschimpft als Zensor, von anderen Autoren geschätzt und geachtet als einer, der seines Amtes mit Umsicht waltete, der wusste, welche Bürde er da trug, und der sich selbst nicht aus der Schusslinie nahm. Letztere wurden in dem Land, in dem das geschriebene Wort etwas galt, zahlreich eröffnet.

Jutta Hoffmann
3.3.1941, Schauspielerin
In einer Umfrage unter Kritikern wurde Jutta Hoffmann 1992 zur »besten Schauspielerin der DDR« gekürt; vermutlich hätten die Zuschauer nicht anders entschieden. Sie wurde es mit Theaterrollen und in Filmen: als Lämmchen in »Kleiner Mann – was nun?«, als »Junge Frau von 1914«, als Protagonistin in »Der Dritte« und »Das Versteck«. Sie war es schon im Film »Karla«, nur bekam man den erst ein Vierteljahrhundert nach seiner Entstehung zu sehen. Sie faszinierte als Mädchenfrau, die sich mit grazilier Stärke behauptet, die von den Träumen nicht lässt, aber mitten im Leben steht.

Renate Holland-Moritz
29.3.1935
Schriftstellerin & Kritikerin
... ist eine Instanz in Filmfragen, und das seit rund fünf Jahrzehnten. Im Satiremagazin »Eulenspiegel« ist ihre »Kino-Eule« eine feste Rubrik, und ob Empfehlung oder Verriss, ihre höchst subjektiven Kritiken sind in jedem Fall anregend, denn sie zehren nicht nur vom Sachverstand, sondern auch vom Berliner Mutterwitz der Kritikerin. Den hat sie auch in zahlreichen Geschichten und Erzählungen unter Beweis gestellt, von denen zwei zur Vorlage großer DEFA-Publikumserfolge wurden: »Der Mann, der nach der Oma kam« und »Florentiner 73«.

Jürgen Holtz
10.8.1932, Schauspieler
... spielt lieber auf der Bühne als im Film und hielt sich meist auch daran – er trat seit 1964 an der Volksbühne, am Deutschen Theater und Berliner Ensemble auf. Aber es ist eine Film-Rolle, die ihn berühmt machte: Er war der »Motzki« in der gleichnamigen Fernsehserie von 1993. Als Motzki ließ er alles raus, was der normale Wessi gegen den normalen Ossi vorzubringen hatte. Das sollten bittere Satiren sein und waren harte Wahrheiten. Motzki-Holtz legte soviel Übelwollen, Kleingeist und Abscheu in seine Äußerungen, dass man glauben musste, statt in eine Satire mitten ins wirkliche Leben geraten zu sein.

Gerhard Holtz-Baumert
25.12.1927-17.10.1996, Schriftsteller
... ist der geistige Vater von »Alfons Zitterbacke«. Was immer man der Schule in der DDR alles nicht zutraut: mit Alfons und Ottokar (aus der Feder von Ottokar Domma) hat sie zwei profilierte sozialistische Schülerpersönlichkeiten hervorgebracht. Holtz-Baumert schrieb außer Erzählungen und Essays einen Roman über seine Kindheit und Jugend im proletarischen Milieu Berlins, »Die pucklige Verwandtschaft«. In den 50er Jahren machte er sich als Redakteur der ABC-Zeitung, von 1963 bis 1992 als Chefredakteur der »Beiträge zur Kinder- und Jugendliteratur« und im Schriftstellerverband um Lese- und Nachwuchsförderung verdient.

Erich Honecker
25.8.1912-29.5.1994,
Generalsekretär des ZK der SED & Staatsratsvorsitzender
Der Kommunist und Antifaschist wurde zweimal wegen seiner politischen Haltung ins Gefängnis gesteckt. Zwischen Brandenburg und Moabit war der gebürtige Saarländer FDJ- und SED-Chef. Er stürzte Ulbricht, initiierte erfolgreich die konsumorientierte Politik des VIII. Parteitages (Einheit von Wirtschafts- und Sozialpolitik) und trieb die Entwicklung eines sozialistischen deutschen Staats voran. In den Achtzigern stellte er all dies wieder zur Disposition, wurde aber von Gorbatschow mitsamt der DDR, bevor er sie verkaufen konnte, selber verkauft.

Margot Honecker
17.4.1927, Ministerin für Volksbildung
Die Vorsitzende der Pionierorganisation heiratete 1953 den FDJ-Vorsitzenden Erich Honecker. Die politische Bühne hatte Margot Feist, aus einem antifaschistischen Elternhaus stammend, mit ihrem KPD-Eintritt 1945 betreten. 1963 wurde sie Volksbildungsministerin. Im Lande grassierte der Witz von den Misswahlen in der DDR, bei denen neben der Miss Wirtschaft auch die Miss Bildung gekürt wurde. Auch an Witzen nagt der Zahn der Zeit. Der Blick für das, was die Welt im Innersten zusammenhält oder zerreißt, war in der sozialistischen Schule durchaus zu erwerben.

Rolf Hoppe
6.12.1930, Schauspieler
Wo es einen Bösewicht zu spielen galt, war Rolf Hoppe gefragt. Er spielte sie jenseits aller Klischees, leise und gefährlich – in Indianerfilmen, in Krimis, als Nazi. Seine Rolle in »Mephisto« machte ihn weltweit bekannt. Er spielte Könige: gütige Märchenkönige und machtgierige historische, die aus seinen Augen so blicken, als seien in der Welt die Rollen nun einmal für immer und ewig verteilt. Er spielte Lehrer und Väter, zerrissen zwischen Emotion und Pflicht. Und er spielte Gaukler und Götter und zeigte darin eine weitere Facette seiner Kunst: die fröhliche, trotzige Lust am Leben.

Sigmund Jähn
13.2.1937, Kosmonaut
Wer aus Morgenröthe-Rautenkranz stammt, ist Vogtländer, und Sigmund Jähn, der erste Deutsche im All, ist also »der fliegende Vogtländer«. Auf den NVA-Offizier kam 1978 nach seinem gemeinsamen Raumflug mit Waleri Bykowski die wohl größere Herausforderung zu: Ein gewaltiger Medienrummel war durchzustehen. In Hunderten von Veranstaltungen beantwortete der sympathische Mann geduldig alle Fragen. Als sein Gesicht von unzähligen Plakaten blickte, fragte der Volksmund: »Was ist ein Jähn?« Und der Volksmund antwortete: »Der Abstand von einer Litfasssäule zur anderen.«

Lutz Jahoda
18.6.1927, Sänger & Entertainer
Einen Hauch von Wiener Charme (und Dialekt) brachte Lutz Jahoda, geboren in Brünn, in die DDR-Unterhaltungskunst. Als Operettenbuffo kam er ins Land, eroberte 6 Ehefrauen (nacheinander) und das Herz des Publikums (schlagartig) mit der »Blasmusik von Kickritzpotschen«, dem »Kartäuser Knickebein-Shake« oder dem Lied vom türkischen Honigmann. Er absolvierte zahllose Gastspiele auf Provinz- und großen Bühnen, moderierte Fernsehshows, darunter zehn Jahre lang »Mit Lutz und Liebe« (mit Papagei Amadeus) und schrieb ein amüsantes Buch mit dem Titel »Lutz im Glück und was sonst noch schieflief«.

Karin Janz
17.2.1952, Turnerin
1973 beendete sie ihr sportliche Karriere, studierte Medizin und ist heute Chefärztin für Orthopädie in Berlin-Kaulsdorf. Im Jahr 2000 wurde sie von einer Expertenjury zur »deutschen Turnerin des Jahrhunderts« gewählt. Ihre Medaillenbilanz: 2mal olympisches Gold, 3mal Silber, 2mal Bronze; 1mal Weltmeister, 2mal Vizeweltmeister; 3mal Europameister, 2mal Vizeeuropameister. Sie ist in zweifacher Weise Erfinderin: eine ihrer Stufenbarren-Übungen wurde ins Regelwerk des Turnerbundes als »Janz-Salto« aufgenommen, und als Orthopädin war sie an der Entwicklung einer künstlichen Bandscheibe beteiligt.

Wolf Kaiser
26.10.1916-21.10.1992, Schauspieler
... spielte einen legendären Macheath, einen unvergesslichen Menenius Agrippa und andere Brecht-Rollen am Berliner Ensemble, einen sensationellen Julius Cäsar an der Volksbühne, den besten Pozzo, der je auf Godot gewartet hat, und in Fernseh- und DEFA-Filmen vorzugsweise Hochstapler, Ganoven, Verführer wie aus dem Bilderbuch und den »vorbildlichen« (O-Ton Walter Ulbricht) Meister Falk in Wogatzkis Mehrteiler »Meine besten Freunde«. 1981 verhalf er in »Casanova auf Schloss Dux« dem Fernsehen zu einer Sternstunde. Eine seiner letzten Rollen, bevor er den Freitod wählte, war der Seher Teiresias.

Hermann Kant
14.6.1926, Schriftsteller
Ein »bisschen Südsee« ließ der gebürtige Hamburger durch seine ersten Erzählungen wehen, den Aufbruch der ersten DDR-Generation verfolgte er im Roman »Die Aula« und im »Impressum« das Ankommen auf hohem Posten, warf im »Aufenthalt« einen Blick zurück auf Schuld und Verstrickung eben jener Aula-Generation. Der einzige Nachfolger von Anna Seghers als Verbandsvorsitzender habe Standardwerke der DDR-Literatur geschrieben. Wohl wahr, nur klingt das langweilig und gleich mehrfach genormt. Das aber eben war dieser Wortspieler, Ironiker und denkende Erzähler nie.

Ursula Karusseit
2.8.1939
Schauspielerin & Regisseurin
In Filmrollen, allen voran die der Gertrud Habersaat in dem Fernsehmehrteiler »Wege übers Land«, und gleichermaßen in Theaterrollen am Deutschen Theater (Elsa im »Drachen«) und an der Volksbühne (Brechts Shen Te) in der Regie ihres Ehemannes Benno Besson, wurde sie zu einer so populären wie markanten Schauspielerin. Solch unmittelbares Wechseln vom Pathos zur Satire, von Naivität zur Distanz schafft nur eine Schauspielerin, in deren Brust die Seele einer hinreißenden Komikerin und die einer großen Tragödin wohnen.

Friedrich Karl Kaul
21.2.1906-16.4.1981
Rechtsanwalt & Schriftsteller
Er hatte gerade sein juristisches Staatsexamen in der Tasche, als die Nazis ihn aus dem Justizdienst entfernten. Aus dem Exil zurückgekehrt, erhielt er eine Zulassung an den Berliner Gerichten, wurde Verteidiger in den KPD- und FDJ-Prozessen der BRD, Nebenkläger in den Kriegsverbrecherprozessen. Sein Schädel speicherte Rechtswissen wie ein Archiv, seine Plädoyers waren brillant. Außerdem war er der Erfinder des »Fernsehpitavals«, Moderator der Sendung »Prof. Dr. Kaul antwortet« und Verfasser so gelehrter wie spannender Bücher über Justitia.

Inge Keller
15.12.1923, Schauspielerin
... ist die »Grande Dame« des Deutschen Theaters, wie sie überhaupt immer die Dame war, grazil, distinguiert, streng und mit feinster Ironie und Hunderten von Zwischentönen begabt. Eine Schauspielerin, deren Auftritt auch mit großer Geste nie theatralisch war. Sie spielte in Filmen (»Der Rat der Götter«, »Kleiner Mann – was nun?«, »Karla«, »Die Verlobte«) und am Theater die Iphigenie, Mascha, Elmire, Bernarda Alba, die »alte Dame« Dürrenmatts. Ihre Lesungen von Texten Thomas Manns, Stefan Zweigs, Christa Wolfs waren Theaterereignisse. Ihr Talent hat sie an ihre Tochter Barbara Schnitzler vererbt.

Werner Klemke
12.3.1917-26.8.1994
Zeichner & Illustrator
Seiner Feder entsprang das berühmteste Katzentier des Landes: der »Magazin«-Kater. Die locker-frivole monatliche Titelblattzeichnerei krönte des Meisters Popularität. Die Kinder sahen die Grimmschen Märchenfiguren mit seinen Augen, die Erwachsenen taten desgleichen mit Boccaccios Pikanterien oder Grimmelshausens Geschichten. Als Illustrator tummelte sich Klemke auf zahllosen Schauplätzen der Weltliteratur, als Buchgestalter und Dozent brachte er Stil und Anspruch in die Buchkultur. Klemke war Autodidakt und hatte als Trickfilmzeichner begonnen.

Herbert Köfer
17.2.1921, Schauspieler
... ist von seiner Serienrolle als »Rentner, der niemals Zeit hat« im wahren Leben eingeholt worden. Einen Volksschauspieler wie ihn führt eben auch das wahre Leben wieder vor die Kamera: Gern wird er als Großvater oder reiferer Charmeur in Filmen und im Boulevardtheater besetzt. Köfer war bei der ersten und letzten Sendung des DDR-Fernsehens dabei: als Nachrichtensprecher der Aktuellen Kamera und in der Abschiedssilvesterparty 1991. Jahrelang moderierte er »Das blaue Fenster« und spielte nicht nur in Lustspielen, sondern auch ernste und Charakterrollen in Kino- und Fernsehfilmen.

Hartmut König
14.10.1947, Liedermacher
Manchmal begründet ein einziges Lied den Ruhm seines Urhebers. Ein solches Lied hat Hartmut König mit »Sag mir, wo du stehst« geschrieben. Nicht sein einziges, vielleicht nicht mal sein bestes, aber zur richtigen Zeit entstanden und so eingängig, dass es zur Hymne einer Massenbewegung, der »Singebewegung« wurde. Hier fanden Tausende junger Leute außer Spaß am Musizieren auch die Revolutionsromantik, die sie im Alltag vermissten. König und der in der DDR lebende Kanadier Perry Friedman hoben den »Oktoberklub« aus der Taufe, dem die Gründung vieler Singeclubs folgte.

Jochen Kowalski
30.1.1954
Countertenor & Kammersänger
Bevor Jochen Kowalski seine Karriere startete, wusste kaum ein Otto-Normalverbraucher, was ein Countertenor ist. Er selber träumte davon, ein Heldentenor zu werden und sang – bei wunderbarer Akustik, wie er versichert – im Schlachthaus des elterlichen Fleischergeschäfts alles nach, was ihm zu Ohren kam. Dann studierte er Gesang, aber es dauerte, bis seine spezielle Begabung überhaupt entdeckt wurde und er endlich passend besetzt wurde. Mit Händel begann sein Siegeszug an der Komischen Oper; heute singt er auf den großen Bühnen der Welt.

Agnes Kraus
16.2.1911-2.5.1995, Schauspielerin
Als Brecht-Darstellerin am Berliner Ensemble war sie längst eine Schauspielerin von Format, hatte aber erst 1972 mit der Rolle der Witwe Klucke in »Florentiner 73« ihren großen Durchbruch im Film. Ihr quengliger Tonfall, echter Berliner Mutterwitz und Herzenswärme prädestinierten sie für Komödien und Schwänke, in denen sie Großmütter, Tanten, Gemeindeschwestern oder auch mal eine Klofrau spielte, ganz die skurrile Alte, der es trotzdem nicht an praktischem Lebenssinn fehlte. Mit diesen Fernsehfilmen und -serien wurde sie zu einer der beliebtesten Darstellerinnen des Landes.

Egon Krenz
19.3.1937, Generalsekretär der SED
Vom Vorsitzenden der Pionierorganisation über den 1. Sekretär des Zentralrats der FDJ kam Egon Krenz in das Politbüro, wo er ab 1984 Stellvertretender Staatsratsvorsitzender war. Er wurde dann tatsächlich Staatsratsvorsitzender – für sechs Wochen im Herbst 1989. Die Rufe »Wir sind die Fans von Egon Krenz« hielten sich in engen Grenzen, und als Hoffnungsträger einer anderen DDR war er nicht oder nicht mehr gefragt. Seinem Rücktritt folgte der Parteiausschluss. Er wurde 1997 unter Anklage wegen »Mitverantwortung für das Grenzregime der DDR« gestellt, wofür ein Wert von 6 $^1/_2$ Jahren Gefängnis errechnet wurde.

Renate Krößner
17.5.1945, Schauspielerin
»Ich bin die Sunny«, sagt Renate Krößner im Film »Solo Sunny«. Wie sie die Sunny spielte – Göre und emanzipierte Frau, zielstrebig und anarchisch, auf der Suche und das Ankommen ausschlagend – das war ihr großer Durchbruch als Schauspielerin und ein Spiegel für das Gefühl der Generation, die längst nicht mehr vom Pathos des historischen Aufbruchs zehrte, sondern einen eigenen Glücksanspruch im banalen Alltag durchsetzte. Das »Frauchen« kann die Krößner schlecht mimen, und nur in Rollen, die ihr naives wie stabiles Naturell vertrugen oder gar Komik zuließen, ist sie gücklich besetzt.

Manfred Krug
8.2.1937, Schauspieler & Sänger
Als Manfred Krug noch nicht den Trottel der Telekom mimte, sondern in »Fünf Patronenhülsen« auf der richtigen Seite kämpfte, ein Liedchen »Auf der Sonnenseite« sang, »Mir nach, Canaillen« rief, gerissen wie Stülpner-Karl und charmant wie König Drosselbart daherkam, dem schönen Geschlecht ironisch mitteilte »Mit mir nicht, Madam«, als ausgestiegener Ehemann im »Versteck« lebte und mit Balla einen Zimmermann von der Härte des fehlenden Betons gab, da löste er unnachahmlich und wie kein anderer die Babelsberger Filmträume ein und war der Typ, der zu sein sich der brave DDR-Bürger gern vorstellte.

Jürgen Kuczynski
17.9.1904-6.8.1997, Wirtschafts- und Sozialwissenschaftler
Dass er selber zahllose Bücher schrieb, hielt ihn nicht davon ab, stets und ständig zu lesen, z.B. Kriminalromane, die er mit Brecht tauschte. »Von 5 Uhr früh bis abends 8 Uhr«, so seine Schwester Ruth Werner, »klebte er am Schreibtisch«, füllte aber auch Lehr- und andere Ämter aus. Seine Wissenschaft betrieb er streitbar, hielt provokante Thesen und Visionen parat und für aufkommenden Widerspruch statistische Fakten in Fülle. Mancher sah in ihm einen hoffnungslosen Fall von Optimismus, aber genau das wollte er seinem Urenkel (und anderen) mitgeben.

Harry Kupfer
12.8.1935, Opernregisseur
Er war Gastregisseur in aller Welt, weil er alles andere als ein Allerweltsregisseur ist. Mozart und Wagner, das verbindet sich zwangsläufig mit seinem Namen. Der waschechte Berliner war Professor an der Musikhochschule, schrieb 10 Jahre Theatergeschichte in Dresden und 21 Jahre an der Komischen Oper Berlin. Dem Ensemble wie dem Publikum kam seine Arbeitsbesessenheit zugute. Seine Arbeit bezeichnet er als »ewiges Anrennen« gegen ein Stück. Herausgefordert von »den Abgründen der menschlichen Seele«, entstanden seelenvolle, gänzlich unpathetische Inszenierungen.

Alfred Kurella
2.5.1895-12.6.1975, Kulturfunktionär
Als Kurier der KPD lernte er in Moskau Lenin kennen, was er später im Buch und Film »Unterwegs zu Lenin« festhielt. Er war Übersetzer, unter anderem von Aragon, und als Sekretär von Dimitroff verfasste er das Buch »Dimitroff kontra Göring«. 1954 kam er aus der Sowjetunion in die DDR, wurde erster Direktor des Leipziger Literaturinstituts und schrieb dann in zahllosen kulturpolitischen Funktionen den Kampf um den »sozialistischen Realismus« und die These von der Lehrbarkeit der künstlerischen Meisterschaft (von beidem bestimmte er, wie das auszusehen habe) auf seine Fahne.

Reinhard Lakomy
19.1.1946, Sänger & Komponist
»Lacky« ist Musiker durch und durch, um nicht zu sagen, mit Haut und Haar; Sänger wurde er durch Zufall. Er hatte schon mit namhaften Musikern gespielt und als Komponist nicht weniger namhafte Sänger versorgt, als er für ein Lied keinen passenden Interpreten fand. Also sang er »Es war doch nicht das erste Mal« – sein erster großer Hit, dem viele folgten. Außerdem machte er die elektronische Musik in der DDR salonfähig. Eine ganz andere Generation sprach er mit dem »Traumzauberbaum« und den »Geschichtenliedern« an. Da schlugen Kinderherzen höher, und bis heute schreibt und spielt er für Kinder das, was sie sonst nirgendwo kriegen.

Wolfgang Lippert
16.2.1952, Sänger & Entertainer
Nach der Wende sollte »Lippi« zum Vorzeige-Ossi im Fernsehen werden. Als Show-Master des DDR-Fernsehens mit Sendungen wie »He du« oder »Glück muss man haben«, als Sänger des Blödel-Hits »Erna kommt«, als neckischer Plauderer schien er genau der Richtige, um den Familienshows ein bisschen Pep zu geben. Lag's an Lippi, lag's an Pfründen, die andere nicht hergeben wollten? Es klappte nicht so. Aus der Show-Bahn hat es das Multitalent der Unterhaltung trotzdem nicht geworfen, nach wie vor ist er als Schauspieler, Sänger, Moderator – und zum Relaxen als Ruderer auf dem Müggelsee – unterwegs.

Rolf Ludwig
28.7.1925-27.3.1999, Schauspieler
Das Theaterpublikum liebte ihn als »Truffaldino«, als »Puck«, als »Drachen« in den legendären und langlebigen Aufführungen an der Volksbühne und am Deutschen Theater. Das Filmpublikum als »Hauptmann von Köln«, als Titelhelden in »Der Dritte«, als »Seine Hoheit – Genosse Prinz«, als Kellner Mager in »Lotte in Weimar«. In über fünfzig Kino- und zahlreichen Fernsehproduktionen war er der begnadete Schauspieler, ein Volksschauspieler, der unter allen Registern am liebsten das komische zog. Die Kinder aber lieben ihn noch heute in seiner Rolle als Soldat in Hans Christian Andersens »Feuerzeug«.

Kurt Maetzig
25.1.1911, Regisseur
Kann ein DDR-Bürger von sich behaupten, nie einen Film von Kurt Maetzig gesehen zu haben? Denken Sie nur an die Kinobesuche Ihrer Schulklasse: »Ernst Thälmann«, »Die Fahne von Kriwoi Rog« ... Es ging auch weniger monumental und trotzdem ergreifend, wie in »Ehe im Schatten«, und auch lustig, wie in »Vergesst mir meine Traudl nicht«. Maetzig war nicht nur Mitbegründer der DEFA, sondern einer der Regisseure, ohne den die DEFA nicht das geworden wäre, was sie war. Er initiierte auch den »Augenzeugen«, drehte Dokumentarfilme und unterrichtete als Professor für Filmregie.

Angelika Mann
13.6.1949, Sängerin
Wegen ihrer 1,49-m-Körpergröße wurde sie die »Lütte« genannt. Lakomy holte die gelernte Apothekerin, Amateursängerin und ausgebildete Pianistin 1973 in sein Ensemble. Hier konnte die Lütte in stets ausverkauften Konzerten und mit auf den Leib geschriebenen Hits zeigen, was an Temperament und Talent in ihr steckte. 1976 startete sie ihre Solo-Karriere. Ein Höhepunkt erneuter Zusammenarbeit mit Lakomy folgte mit den Kinderplatten, die jedes Kind im Land liebte. 1985 kehrte sie der DDR den Rücken und trat nun hauptsächlich als Pianistin und in Musical-Rollen auf.

Kurt Masur
18.7.1927, Dirigent
Gewandhaus und Kurt Masur – das gehört zusammen. Hier dirigierte er ab 1970 nicht nur das Orchester auf Weltniveau, sondern ab 1977 auch den Bau des neuen Gewandhauses. Leipzig, die »Heldenstadt«, und Kurt Masur gehören ebenfalls zusammen. Das von ihm in die Wege geleitete Treffen zwischen Demonstranten und Parteiführung sorgte für den friedlichen Verlauf der Montagsdemos. Aber auch New York und Kurt Masur gehören zusammen, wo er von 1991 bis 2002 als Chefdirigent der New Yorker Philharmonie wirkte, bevor er - bis 2008 - das Pariser Nationalorchester leitete.

Roland Matthes
17.11.1950, Schwimmer
... schwamm von Sieg zu Sieg und sammelte die Medaillen nur so ein. 2mal Olympiagold 1968, 3mal Europameisterschafts-Gold 1970, 2mal Olympiagold 1972, 2mal Weltmeisterschafts-Gold 1973, 2mal Europameisterschafts-Gold 1974, 1mal Weltmeisterschafts-Gold 1975. Neunzehn Weltrekorde stellte er auf. Angefangen hatte alles auf der Kinder- und Jugendsportschule in Erfurt, wurde an der DHfK in Leipzig fortgesetzt. 1976 beendete er seine sportliche Laufbahn. Er studierte Medizin, war vier Jahre mit der Schwimmerin Kornelia Ender (mit 23 Weltrekorden standesgemäß) verheiratet und arbeitet heute als Arzt.

Wolfgang Mattheuer
7.4.1927-7.4.2004, Maler
Auf frühen Bildern tummeln sich spielende Kinder auf Bratsker Erdölleitungen, später versetzt Sisyphus seinem Stein den fälligen Tritt, eine einsame »Ausgezeichnete« blickt auf ihren Blumenstrauß, Göttinnen schweben am naiv-blauen Himmel. Neben Heisig und Tübke gehörte der Vogtländer Mattheuer zu den Gründern der »Leipziger Schule« mit ihren so unterschiedlichen Stilrichtungen. Mattheuer war der Romantiker, der aber auch eine kühle Intellektualität und einen Hang zur Symbolik mitbrachte. Über letzteres ließ sich manchmal trefflich streiten. Wer Ironie in seinen Bildfindungen erblickt, ist vermutlich besser beraten.

Gisela May
31.5.1924, Schauspielerin & Diseuse
... ist die Brecht-Interpretin schlechthin. Angeregt durch Eisler und Ernst Busch, begann Ende der 50er Jahre ihre internationale Karriere mit einem Repertoire, das auch Tucholsky, Hollaender, Hacks und Brel umfasste. Als Schauspielerin war sie eine würdige Weigel-Nachfolgerin als »Mutter Courage« und in anderen Brecht-Rollen am Berliner Ensemble, legte aber auch eine glänzende Hello-»Dolly« auf die Bretter. Ob in Filmen (»Die Entscheidung der Lene Mattke«, »Die Verführbaren«, »Tage der Commune«) oder selbst als Moderatorin der TV-Sendereihe »Pfundgrube« – die May sagt einen Satz, und jeder weiß, es ist die May.

Erich Mielke
28.12.1907-21.5.2000
Minister für Staatssicherheit

Der Sammlung unfreiwillig komischer Politiker-Aussprüche hat Mielke 1989 mit seinem »Ich liebe euch doch alle!« ein unsterbliches Wort hinzugefügt. Der kleine, stets eifrig und dienstbeflissen wirkende Mann mit der sichtbaren Vorliebe für Orden war von 1957 an Chef der Staatssicherheit. Außerdem war er Vorsitzender vom SV Dynamo, was der Beliebtheit dieses Sportvereins nicht unbedingt, seinen Erfolgen aber durchaus zuträglich war. Der Volksmund meinte: Lieber zu Honecker gestanden als bei Mielke gesessen.

Hans-Peter Minetti
21.4.1926-10.11.2006, Schauspieler

... war Direktor der Schauspielschule »Ernst Busch«, Vorsitzender der Gewerkschaft Kunst, Präsident des Verbandes der Theaterschaffenden, Mitglied des ZK der SED. Ein umtriebiger und umstrittener Kunst-Funktionär. Als Schauspieler war er in klassischen Bühnenrollen und vielen Filmen zu sehen. Sein Filmdebüt gab er als Fiete Jensen in Maetzigs Thälmannfilm, eine Paraderolle war der durchtriebene Ablasshändler Tetzel im Lutherfilm des DFF. Vor allem aber war er bekannt für seine Ein- und Zweipersonenstücke; in »Stolz auf 18 Stunden« beeindruckte er in 30 unterschiedlichen Rollen.

Gojko Mitic
13.6.1940, Schauspieler

»Chefindianer der DDR.« Der Belgrader Sportstudent verdiente sich als Darsteller in den Winnetou-Filmen und Stuntman erste Sporen. Einen besseren Häuptling für den 1. DEFA-Indianerfilm, »Die Söhne der großen Bärin«, gab es einfach nicht. 12 weitere Indianerfilme folgten, auch andere Filmrollen. Im Leben war die Schauspielerin Renate Blume 5 Jahre die Squaw an seiner Seite, bevor sie zu Dean Reed überlief, der mit Gojko in »Blutsbrüder« vor der Kamera stand. Aus Gojko wurde ein gesamtdeutscher Indianer – er spielte den Winnetou in Bad Segeberg und brauchte keinen Stuntman!

Günter Mittag
8.10.1926-18.3.1994
Politbüromitglied

... nannte sich nicht Wirtschaftsminister, sondern Sekretär des ZK der SED für Wirtschaft. So oder so, wie gewirtschaftet wurde, das bestimmte ab 1973 Günter Mittag, als er Erich Apel und bald auch die NÖSPL-Ideen ablöste. Er will die wirtschaftliche Misere, auf die die DDR zusteuerte, schon 1981 erkannt haben, nur habe keiner seiner Politbürogenossen auf ihn hören wollen. Der Ehrendoktor einer japanischen und einer österreichischen Universität und promovierte Ökonom sorgte in erster Linie für die Bildung von Kombinaten und für den Eigenheimbau seiner Familienmitglieder.

Arno Mohr
29.7.1910-23.5.2001
Maler & Grafiker

... lernte Schildermaler und zog mit einem Handwerkskarren durch das Berlin der »Goldenen Zwanziger«, besuchte Abendkurse, studierte ein Jahr, wurde Soldat. Nach Berlin zurückgekehrt, gründete er eine eigene Druckwerkstatt, leitete eine Meisterklasse an der Hochschule und war Akademiemitglied. Wandbilder stammen von ihm und wunderbare, minimalistische Porträts und Stadt- und Landschaftszeichnungen, denen man die Schwere des Machens nicht, wohl aber ein einzigartiges Können ansieht. Mit plebejischem Witz und Fantasie führen sie mitten ins Leben.

Irmtraud Morgner
22.8.1933-6.5.1990, Schriftstellerin

Das weibliche Prinzip Phantasie gegen das männliche rationale Tun – in den Romanen der Irmtraud Morgner war das wie ein Überflug, bei dem die Landung auf dem Boden der Weltgeschichte und Alltagsgeschichten nur zu erneutem Abheben führte. Wohl auch, um gegen die Alpträume des Lebens anzuschreiben. Dazu beschwor sie Scheherezaden, Hexen, eine Trobadora und andere Gauklerinnen herauf. Deren Vorzug war, sich auszukennen in irdischen *und* mythischen Daseinsweisen und die Kunst des Wechselns von der einen in die andere zu beherrschen. Die DDR-Literatur verdankte ihr eine Hinwendung zum »Frauenthema«.

Alfred Müller
4.7.1926, Schauspieler
Er sieht so unauffällig normal aus, dass er vorzugsweise mit Rollen von Wissenschaftlern, Parteisekretären, Ehemännern besetzt wurde. Aus gleichem Grund war er aber auch die ideale Besetzung für den Kundschafter Hansen im Spionagefilm »For Eyes Only«. Müllers höchst professionelles Spiel macht ihn zu einem wandlungsfähigen Schauspieler. Ironie und scharfer Intellekt lauern hinter der unscheinbaren Fassade, Skurrilität schillert in allen Facetten, auch eine kabarettistische Ader schlägt in ihm. Und einstige junge Zuschauer kennen ihn als Karl Marx aus »Mohr und die Raben von London«.

Heiner Müller
9.1.1929-30.12.1995, Dramatiker
Kein Autor der DDR hat mehr polarisiert als Heiner Müller. Seine Stücke wurden an renommierten Bühnen gespielt oder gar nicht, wurden gefeiert, abgesetzt, verboten. Seine Schriften waren Steinbrüche für Sentenzensucher jeder Couleur; Freund und Feind, Kenner und Unbedarfte hielten sich schadlos. Seine ersten Arbeiten mit DDR-konkreten Stoffen (»Die Umsiedlerin«, »Der Bau«) stellten die Frage nach politischer Macht und Ideal, seine späteren Arbeiten mit oftmals mythischen Stoffen (»Germania«, »Hamletmaschine«) spitzten sie auf das Verhältnis von Veränderbarkeit und Vernunft zu.

Armin Mueller-Stahl
17.12.1930, Schauspieler
»Mangels Begabung« musste der heutige Weltstar seine Schauspielerausbildung abbrechen. Spätestens seit »Fünf Patronenhülsen« war das Talent dann einfach nicht mehr zu übersehen. Mit ungeheurer emotionaler und intellektueller Präsenz spielte er in Literaturverfilmungen (Fallada, Apitz, Panitz, Jurek Becker), wurde als Abenteurer, Ganove, Spion besetzt, gab einen »sozialistischen James Bond« im »Unsichtbaren Visier«. Als nach seinem Protest gegen die Biermann-Ausbürgerung gute Rollenangebote ausblieben, verließ er die DDR über die BRD in Richtung Hollywood, wo er gut ankam.

Otto Nagel
27.9.1894-12.7.1967
Maler & Akademiepräsident
Der Sohn eines Tischlers und gelernte Glasmaler war Berliner und Autodidakt. Er war ein Freund von Heinrich Zille und Käthe Kollwitz. Er war Mitglied der Spartakusgruppe und der KPD. Er war ein Maler seiner Klasse und malte sie dort, wo sie zu Hause war. In den Berliner Arbeiterbezirken. Die Nazis sagten dazu »entartete Kunst«, vernichteten die Bilder und brachten den Künstler ins KZ. Seine Berliner Straßenszenen lassen nichts ahnen vom heutigen »Berlin der Neuen Mitte«. Seine Selbstporträts zeigen einen stets nachdenklichen Menschen. Er war ein realistischer Maler.

Gerd Natschinski
23.8.1928, Komponist
Obwohl er auf Wunsch des Vaters seine musikalische Ausbildung abbrechen musste (er *unter*brach sie zumindest), leitete er mit 20 Jahren bereits ein großes Unterhaltungsorchester und wurde ein erfolgreicher Komponist: »Messeschlager Gisela«, die 1. DDR-Operette, »Mein Freund Bunbury«, das meistgespielte deutsche Musical, Bühnen- und Filmmusiken, Lieder. Sohn Thomas hatte es mit dem ererbten Talent in der Familie leichter und steht als Komponist heute dem Vater nicht nach, wenn auch zunächst für die »Beat«-Musik, wie er sie als einer der ersten in der DDR für seine Gruppe »Team 4« komponierte, der Weg nicht eben war.

Erik Neutsch
21.6.1931, Schriftsteller
Der gelernte Journalist aus Halle arbeitete in Betrieben und ging zur NVA, um die Stoffe für Gegenwartsgeschichten zu finden. In seiner Diktion hieß das, »auf der Suche nach dem prallen, bunten Leben«. Er hat in vielen Romanen solche aus dem Leben gegriffenen Figuren gezeichnet, ihnen oft auch großen moralischen Anspruch aufgeladen. Die bekannteste ist bis heute der Brigadier Balla aus »Spur der Steine«. Im Leseland fanden seine Romane und Erzählungen, darunter auch historische Themen, ein großes Publikum. Die Arbeit an seinem mehrbändigen Romanwerk »Der Friede im Osten« brach Neutsch 1990 ab.

Dieter Noll
31.12.1927-6.2.2008, Schriftsteller
Mit dem zweibändigen Roman »Die Abenteuer des Werner Holt« schrieb Dieter Noll ein Stück DDR-Literaturgeschichte im Zeichen eines ihrer wichtigsten Themen: die Auseinandersetzung mit dem Faschismus. Die Geschichte vom Mitläufer Holt und Nazi Wolzow (verfilmt mit Klaus-Peter Thiele und Manfred Karge) handelt von der Generationserfahrung der Leute, die nach 1945 den Neuanfang fanden oder finden mussten – und die Eltern der Leser waren. Das Buch war Schullektüre und wurde wirklich und fasziniert gelesen, was man bekanntlich verordneten Antifaschismus nennt.

Albert Norden
4.12.1904-30.5.1984, Politbüromitglied
Als Sohn eines Rabbiners, KPD-Mitglied und Chefredakteur der »Roten Fahne« musste Norden 1933 Deutschland verlassen. Er ging nach Frankreich, wo er journalistisch tätig war, und 1940 in die USA. 1946 zurückgekehrt, übernahm er Aufgaben in Presse und Politik. Als »Deutschland, einig Vaterland« – das von der Nationalhymne beschworene und von Norden erstrebte – nicht machbar war, vertrat er maßgeblich die These von der Existenz zweier deutscher Nationen. Dass er ein kluger Kopf und brillanter Denker war, legt die Kurzbezeichnung »Propagandachef der SED« nicht unbedingt nahe.

Otto Nuschke
23.2.1883-27.12.1957
CDU-Vorsitzender
Dem gelernten Buchdrucker und Chefredakteur der »Berliner Volkszeitung« erteilten die Nazis Berufsverbot. Nuschke lebte als Landwirt, zum Schluss illegal, in Deutschland. 1945 war er Mitbegründer der CDU und wurde Verlagsleiter der »Neuen Zeit«, ab 1948 Vorsitzender der CDU, von 1949 bis zu seinem Tod stellvertretender Ministerpräsident und Leiter der Hauptabteilung Kirchen. Als Blockflöte der ersten Stunde brachte er die Partei-Politik der CDU und die Kirchenpolitik der SED in die Bahnen, in denen sie bis zum Ende liefen.

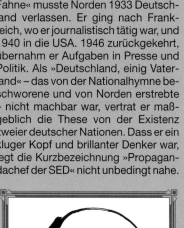

Vera Oelschlegel
5.7.1938, Schauspielerin
Als böse Fee (in »Dornröschen«) oder als Vamp besetzt, spielte die markante Blondine in DEFA- und Fernsehfilmen. Sie gründete das »Ensemble 66« und profilierte sich als Chansonsängerin und international als Brecht-Interpretin, auch als Ehefrau von Hermann Kant, anschließend von Konrad Naumann, dem noch einflussreicheren 1. Sekretär der SED-Bezirksleitung Berlin. 1975-1989 war sie Intendantin vom »Theater im Palast«, wo sie interessante Künstler zu Gast hatte und ein eigenwilliges Programm umsetzte. Einen Anspruch, den sie für ihre Nachwendegründung, das Tournee-Ensemble »Theater des Ostens«, aufrecht erhielt.

Heinz Florian Oertel
11.12.1927, Sportreporter
Bevor er zur »Stimme des Sports« wurde, folgte er seinem eigentlichen Wunsch: Er wurde Schauspieler. Aber kein Schauspieler des Landes war so populär wie der Reporter Oertel, der mit ansteckender Begeisterung und profunden Kenntnissen den Sport in Funk und Fernsehen kommentierte, u. a. von 17 Olympischen Spielen berichtete und 25 Jahre lang »He, he, he, Sport an der Spree« moderierte. Mit »Porträt per Telefon« brachte er die Talk-Show ins Fernsehen, ehe dieser Name überhaupt erfunden wurde, und begab sich mit »Schlagern einer kleinen/großen Stadt« oder Gastauftritten im »Kessel Buntes« auch ins Show-Business.

Gret Palucca
8.1.1902-22.3.1993
Tänzerin & Tanzpädagogin
... war eine der ganz Großen des modernen Ausdruckstanzes. Sie wurde 1923 Mitglied der Mary-Wigman-Tanzgruppe, hatte 1924 ihren ersten Solo-Abend, eröffnete 1925 die Palucca-Schule in Dresden. Wegen fehlenden »Ariernachweises« durfte sie bis 1945 nur eingeschränkt arbeiten. 1951 dann ihr letzter Soloauftritt – zu Wilhelm Piecks 75. Geburtstag. Im neuerbauten Gebäude der Palucca-Schule arbeitete sie als künstlerische Leiterin und bildete bis 1992 den tänzerischen Nachwuchs aus, unterbrochen nur von Gastprofessuren in Dänemark, Schweden, der Sowjetunion.

Wilhelm Pieck
3.1.1876-7.9.1960, Präsident
... war der erste und einzige Präsident der DDR. Mit seinem Tod wurde dieses Amt abgeschafft. Pieck hatte die KPD mitgegründet und trat auf deren letzter legaler Kundgebung auf. Er war Abgeordneter des Preußischen Landtages und Vorsitzender der KPD nach Thälmanns Verhaftung. Im sowjetischen Exil war er Mitinitiator des Nationalkomitees »Freies Deutschland«. Angesehen in der internationalen Arbeiterbewegung, stand ihm die Rolle des Landesvaters gut zu Gesicht. Doch konnte er wegen seiner schwer angegriffenen Gesundheit bald nur noch Repräsentationsaufgaben wahrnehmen.

Ulrich Plenzdorf
26.10.1934-9.8.2007
Schriftsteller & Drehbuchautor
... schrieb in den »Neuen Leiden des jungen W.« so über das Lebensgefühl der jungen Generation der DDR, wie es vor ihm keiner getan hatte. Die fand sich hier wieder und verstanden; der Anti-Held Edgar Wibeau brachte jene Mischung von Romantik und Protest, Aufbegehren und Idealismus mit, die ihren Nerv traf. Stück und Buch wurden sensationelle Erfolge. Als Drehbuchautor lieferte Plenzdorf der DEFA Szenarien, aus denen Filme wurden, die das Publikum auch sehen wollte. Allen voran Heiner Carows zum Kult avancierte »Legende von Paul und Paula«.

Heinz Quermann
10.2.1921-14.10.2003
Entertainer & Komiker
Der Bäckergeselle, der »wegen seiner Plattfüße« um den Zweiten Weltkrieg herumkam, war ein begnadeter Entertainer und ein gnadenloser Macher. Er machte: die längste Hitparade der Rundfunkgeschichte (»Schlagerrevue«), die erste Fernsehshow der DDR (»Da lacht der Bär«), den Schlager-Nachwuchs im Land (»Herzklopfen kostenlos«), die beliebteste Weihnachts-Sendung (»Zwischen Frühstück und Gänsebraten«), zwölf Revuen im Friedrichstadtpalast. Er machte insgesamt rund 2500 Sendungen in Fernsehen und Funk und 7500 Veranstaltungen.

Helmut Recknagel
20.3.1937, Skispringer
Sein Geburtsort Steinbach-Hallenberg prädestinierte ihn für seine sportliche Karriere. Ein richtiger Thüringer wird nicht Schwimmer oder Leichtathlet, sondern Wintersportler. Seine beeindruckende Medaillenbilanz mit zweimaligem Sieg bei der Vierschanzentournee, Olympiasieg 1960, Weltmeistersieg 1962 und fünf Siegen bei der Skiflugwoche bedarf in einem Fall des Zusatzes: Als er 1957 am Holmenkolben siegte, war es der erste Sieg eines Mitteleuropäers seit 1883. Der promovierte Veterinärmediziner war nach seiner aktiven Zeit 20 Jahre Mitglied des NOK und betreibt heute einen Orthopädieladen mit Werkstatt in Berlin.

Dean Reed
22.9.1938-12.6.1986
Schauspieler & Sänger
... ist der Amerikaner, der sich in die DDR verirrte, wo ihn die Leute schon deshalb liebten, weil er einen Hauch von großer weiter Welt und ein Stück revolutionärer Romantik mitbrachte und schließlich ja ihr Land zu seiner politischen und wirklichen Heimat gewählt hatte. Der Kommunist und Freund Victor Jaras und Allendes konnte sich da gut aufgehoben fühlen. Eine Weile jedenfalls, aber irgendwie wurde aus der Heimat Haus und Herd, und irgendwann wollten auch seine Fans nicht mehr in sein »We shall overcome« einstimmen, und seine Filme floppten, und alles endete traurig mit seinem Freitod.

Brigitte Reimann
21.7.1933-20.2.1973, Schriftstellerin
Ihre Erzählung »Ankunft im Alltag« gab einer ganzen Literaturrichtung den Namen: Ankunftsliteratur. Das waren, nach Germanistenmeinung, wirklichkeitsnahe und also gute Bücher, weil ihre Protagonisten fest auf dem Boden des sozialistischen Alltags standen. Über den und ihren privaten schrieb Brigitte Reimann unermüdlich – in Briefen, Tagebüchern, Geschichten und ihrem Roman »Franziska Linkerhand«. Die vitale Autorin pflegte Freundschaften und Amouren, versuchte den »Taumel zwischen Optimismus und Depression« auszubalancieren und dem nach einer Krebserkrankung drohenden Tod mit besessener Arbeit zu begegnen.

Ludwig Renn
(eigtl. Arnold Vieth von Golßenau)
22.4.1889-21.7.1979, Schriftsteller
Jede Generation hat ihre Kinderbücher. Ludwig Renn schrieb einige und mit der Geschichte von »Nobi« einen Klassiker. Da hatte er seine prägenden Erlebnisse schon in Literatur umgesetzt: Der Mann von Adel hatte augenzwinkernd den »Adel im Untergang« beschrieben, der königliche Offizier »Krieg« und »Nachkrieg« aus der Sicht des Soldaten Ludwig Renn, dessen Namen er annahm, der Stabschef einer Interbrigade sein Spanienerlebnis. Nach der Rückkehr aus mexikanischem Exil war er Anthropologieprofessor und Akademie-Ehrenpräsident.

Heinz Rennhack
5.3.1937, Schauspieler & Komiker
Berliner Schnauze, nöliges Norddeutsch oder charmantes Wienerisch? Ganz wie's gefällt. Schunkellied oder Chanson? Was Sie wünschen. Schlitzohr, Unglücksrabe, Trottel, Gauner? Was immer die Rolle hergibt, die komische Palette rauf und runter. Ob auf der Bühne oder im Film, als Moderator, Sänger oder Kabarettist, Heinz Rennhack fühlt sich dort pudelwohl, wo er das Publikum fürs Lachen auftun kann. Der ausgebildete Opernsänger, der 1969 zum Fernsehensemble kam, spielte sich in Schwänken in die erste Reihe der Komiker, und dort spielt er noch heute.

Peter Reusse
15.2.1941, Schauspieler
Während seine Ehefrau Sigrid Göhler als Leutnant Arndt die »Polizeiruf«-Verbrecher hinter Schloss und Riegel brachte, stand Peter Reusse in vielen Ganovenrollen auf der anderen Seite. Der jungenhaft wirkende, quirlige Schauspieler konnte den berechnenden Typ ebenso verkörpern wie den skurrilen Kleinkriminellen, gab in Charakterrollen sowohl den Draufgänger als auch den grüblerischen Typ. Komisches Talent bewies er als Parteisekretär Mattes in »Ein irrer Duft von frischem Heu«, populär machte ihn die Rolle als Bauarbeiter Matti Wruck in der TV-Serie »Kiezgeschichten«.

Katrin Saß
23.10.1956, Schauspielerin
1977 sorgte Heiner Carows »Bis dass der Tod euch scheidet« für Aufsehen. Frustender Alltag in einer jungen Ehe, Suff und Zoff, so sollte das sozialistische Leben nicht aussehen. Die zwanzigjährige Katrin Saß in der Hauptrolle. Fünf Jahre später spielte sie in Herrmann Zschoches »Bürgschaft für ein Jahr« eine alleinstehende Arbeiterin, die um das Sorgerecht für ihre Kinder kämpft. Auf der Berlinale wurde sie dafür als beste Schauspielerin ausgezeichnet. Mit ihrer Sensibilität, die sie in Härte, aber auch Komik wandeln kann, wurde und wird sie vielfältig besetzt, und spielte als Mutter in »Good bye, Lenin!« eine Paraderolle.

Helmut Sakowski
1.6.1924-9.12.2005, Schriftsteller
... war für das Ländliche in der Literatur zuständig. Lag es daran, daß er ein Dutzend Jahre als Förster gearbeitet hatte? »Ländliches« hieß in der DDR aber nicht »Förster-Liesel«, sondern behandelte »Konflikte und Veränderungen im Landleben«, also große Geschichten von kleinen Leuten. Als im Westfernsehen Durbridge zum Straßenfeger wurde, schafften Sakowskis Filmerzählungen »Wege übers Land« oder »Daniel Druskat« das im Osten. Sakowski, selber ZK-Mitglied, soll Erich Honecker erklärt haben, Literatur sei nicht dazu da, das Eiapopeia vom Sozialismus zu singen. Es steht zu vermuten, dass der Staatschef das bereits wusste.

Günter Schabowski
4.1.1929, Politbüromitglied
Bevor Günter Schabowski durch einen einzigen Satz zum ruhmreichen Politiker wurde, hatte er sieben Jahre lang den Chefredakteursposten des »Neuen Deutschlands« und ab 1985 den des ersten Bezirkssekretärs der Hauptstadt inne. Nachdem er also die Mauer geöffnet hatte, gab's trotzdem Ärger: Prozesse und Verurteilung wegen »Mitverantwortung«, nach kurzer Haftzeit wurde er begnadigt. Publizistisch vollzog er 1991 den »Absturz« und 1994 den »Abschied von der Utopie«. Asche auf sein Haupt streuend, streckte er selbiges vorzugsweise für »Hau den Lukas«-Aufarbeitung in diversen Polit-Talks hin.

Ekkehard Schall
29.5.1930-3.9.2005
Schauspieler & Regisseur
... war nicht nur Brechts Schwiegersohn, sondern glänzte in vielen Brecht-Rollen am Theater. Mit dem Arturo Ui, den er am Berliner Ensemble über 500mal spielte, erlangte er internationales Ansehen. In seinem virtuosen, hochartifiziellen Spiel werden die Figuren zu so widersprüchlichen wie erkennbaren Akteuren der Geschichte. Bahnbrechend und wegweisend sein Puntila, sein Azdak, Coriolan, Galilei. Unter seinen Filmrollen sind die in Maetzigs »Schlösser und Katen« und Gerhard Kleins »Berlin – Ecke Schönhauser« besonders prägnant.

Erich Schmitt
11.3.1924-29.12.1984, Pressezeichner
... lernte Schlosser und autodidaktisch das Zeichnen. Er war ein Urberliner, der den dieser Spezies Mensch nachgesagten Witz in Karikaturen auf das politische Tagesgeschehen festhielt und seine spitze Feder auch an »Menschlichem, Allzumenschlichem« erprobte. Von 1948 an bis zu seinem Tode lieferte er der »Berliner Zeitung« täglich eine Karikatur und kreierte daneben Geschöpfe wie »Schwester Monika«, »Tierparklehrling Ede«, »Nixi« oder »Kuno Wimmerzahn«, die als Nachkommen der Wilhelm Busch'schen Bildgeschichten und Vorläufer späterer Comic-Helden Jung und Alt erfreuten.

Siegfried Schnabl
27.2.1927, Sexualwissenschaftler
... ist Autor eines Bestsellers, den es so nur in der DDR geben konnte. »Mann und Frau intim« hieß sein Buch, das in achtzehn Auflagen konkurrenzlosen Einzug in die Haushalte hielt. Ach wie dröge wurde da über Sexualität geschrieben. Oder war es Berechnung? Gar Anstiftung zum Selbstversuch? Als ernsthafter und international anerkannter Sexualkundler gab er jedenfalls sein Bestes für die Aufklärung von Generationen von DDR-Bürgern, veröffentlichte Artikel, hielt Vorträge, trat in Rundfunk- und Fernsehsendungen auf und war Leiter einer Ehe- und Sexualberatungsstelle.

Karl-Eduard von Schnitzler
28.4.1918-20.9.2001
Fernseh-Chefkommentator
Ein Quotenbringer war »Der schwarze Kanal« gewiss nicht. Der Witz: »Was ist ein Schnitz?« – »Die Zeit, die man braucht, um bei Beginn der Sendung auf einen anderen Kanal zu schalten«, ist so alt wie die Sendung. Er selber bezeichnete sie als »Hygiene im Äther«. Allzugerne holte sich der DDR-Bürger den goldenen Westen via Bildschirm in die Stube und glaubte sich gefeit oder klug genug, um auf Schnitzlers beißend sarkastische Kommentare zur westlichen Welt verzichten zu können. »Schnitzler in die Muppet-Show« war denn auch eine der wahnsinnig mutigen Forderungen der 89er Demonstranten.

Frank Schöbel
6.12.1942, Sänger
... ist der Superstar des DDR-Schlagers, Image Sunnyboy und Traum aller Schwiegermütter. So viele Hits wie er hatte keiner. Seine Schlager waren frischer, ehrlicher und machten einfach mehr Spaß – und der sie sang, mal rockig, mal krachig, mal gefühlvoll-einschmeichelnd, war identisch mit dem, was er machte. Er hat geschauspielert, moderiert, Bühnenshows gemacht, Kinderlieder herausgebracht, bevor es Mode wurde, und sein »Weihnachten in Familie« mit Partnerin Aurora Lacasa ist die überhaupt am meisten verkaufte Amiga-Platte. Sein Publikum hält ihm seit über vierzig Jahren die Treue – und er ihm.

Gerhard Schöne
10.1.1952, Liedermacher
Der Pfarrerssohn aus Coswig ist ein echter Kinderfreund und hat seine Musik wie kein anderer den kleinen Hörern gewidmet, hat ihnen »Die-Welt-verstehen-lernen-Lieder« gesungen und »Mutmach-Lieder« und dabei nie das Pädagogische vor den Spaß gehen lassen. Er schrieb Liebeslieder, und das politische Lied, wie es einst in der DDR gepflegt wurde, fand sich ebenfalls und besser in seinem Repertoire. Wenn er heute auftritt, sitzen im Publikum die, die mit seinen Liedern aufgewachsen sind. Vielleicht, weil sie wissen, was ein Kritiker sagte: »Schönes Lieder sind Lebensmittel, die es nicht im Konsum gab, und die auch im Supermarkt fehlen.«

Peter Schreier
29.7.1935, Kammersänger & Dirigent
Es wird nicht mehr zu klären sein, ob ihm sein musikalisches Talent in die Wiege gelegt wurde oder sich erst bildete, als sein Vater, der Lehrer und Kantor war, das Baby Peter beim Musizieren auf den heimischen Flügel legte. Von da aus ging es jedenfalls in den Kreuzchor und über den Leipziger Rundfunkchor an die Dresdner Oper. Und schließlich auf die Bühnen der Welt. Den Wohlklang seiner Stimme steigerte er mit leidenschaftlicher Hingabe so, dass er zum führenden Mozart-Tenor und einmaligen Lied- und Oratorieninterpreten wurde, was auf über 300 Schallplatten festgehalten ist.

Täve Schur (Gustav-Adolf Schur)
23.2.1931, Radrennfahrer
Täve, der Radrennweltmeister von 1958 und 1959 und Friedensfahrtsieger von 1955 und 1959, war das Idol des DDR-Sports schlechthin. Die Massen jubelten ihm von den Straßenrändern zu, die Kinder spielten beim Rollerrennen Täve! Jeder kannte und kennt den freundlichen Mann, den unermüdlichen Förderer des Sports, der 1998 in den Bundestag zog und sich für Schul- und Massensport stark machte. Seine Karriere startete er auf einem in Einzelteilen zusammengekauften Fahrrad im Training gegen den Linienbus. Täve wurde zum beliebtesten Sportler der DDR überhaupt gewählt.

Willi Schwabe
21.3.1915-12.7.1991, Schauspieler
... war Millionen Fernsehzuschauern als der bedächtige alte Mann bekannt, der mit einer Laterne in der Hand die Treppe zu einer Rumpelkammer heraufsteigt, in der Filmrequisiten und alte UFA-Filme lagerten. Letztere servierte er häppchen-, also ausschnittweise und garnierte sie mit Anekdoten über die Stars. Der ältere DFF-Zuschauer schwelgte in Erinnerungen, der jüngere staunte, was den Eltern einst gefallen hatte, und alle sahen die Sendung gern, die ab 1955 fast 400 mal ausgestrahlt wurde. Schwabe spielte auch kleinere Film- und Theaterrollen, sang Chansons und moderierte Shows.

Jaecki Schwarz
26.2.1946, Schauspieler
... gibt heute den Hallenser Tatort-Kommissar Schmücke (die dortige Polizei ernannte ihn zum »ehrenamtlichen Hauptkommissar«) und hat aus der eigenen Biografie seine Leidenschaft fürs Kochen in diese Rolle eingebracht. Er startete seine Schauspielerkarriere noch als Student in Konrad Wolfs einzigartigem Anti-Kriegs-Film »Ich war neunzehn«. Dem sensationellen Erfolg folgten ein Engagement am Berliner Ensemble und rund 120 Film- und Serienrollen (»Die Schlüssel«, »Bürgschaft für ein Jahr«, »Front ohne Gnade«), womit er zu den meistbeschäftigten DEFA- und DFF-Schauspielern gehörte.

Anna Seghers (eigtl. Netty Reiling)
19.11.1900-1.6.1983, Schriftstellerin
... war die große alte Dame der DDR-Literatur, die bereits große Literatur schrieb, bevor es die DDR gab. Der Welterfolg des Romans »Das siebte Kreuz« begründete ihren Ruhm, ein Wort, das zu der freundlichen, zurückhaltenden Frau wenig passte. Als Jüdin und Kommunistin emigrierte sie beim Antritt der braunen Machthaber, kehrte 1947 aus Mexiko zurück, wurde 1952 Präsidentin des Schriftstellerverbandes bis zu ihrer Ablösung durch Hermann Kant 1978. Ihre Erzählungen (»Ausflug der toten Mädchen«, »Überfahrt«) und Romane (»Die Toten bleiben jung«) sind Jahrhundert-Geschichten von der »Kraft der Schwachen«.

Gaby Seyfert
23.11.1948, Eiskunstläuferin
... war die erste Frau der Welt, die einen Dreifachsprung stand; die erste, die den Preisrichtern gleich viermal die Note 6,0 abnötigte; war der erste internationale Star der DDR überhaupt. Durch sie wurde Eislaufen populär wie später das Boxen durch Henry Maske. Mit Leistung und Show-Talent, grazilem wie kraftvollem Laufen zog sie die Zuschauer beider deutscher Staaten vor die Fernseher. Fröhlicher als ihr »Natalie«-Schaulauf es zeigte, konnte Sport nicht sein. Unter Trainerin (und Mutter) Jutta Müller wurde sie Europameisterin 1967, '69, '70, Weltmeisterin 1969 und '70. Später war sie Chefin der Eisshow im Friedrichstadtpalast.

Elizabeth Shaw
4.5.1920-27.6.1992
Kinderbuchautorin & Illustratorin
Die Liebe verschlug die Irin nach Berlin. In London hatte sie den emigrierten Bildhauer René Graetz kennengelernt, folgte ihm 1946 nach Deutschland und wurde zu einer gefragten Buchillustratorin. Als Mutter zweier Kinder fing sie irgendwann an, Kinderbücher zu schreiben und zu zeichnen. Welch Glück, denn ohne »Zilli, Billi, Willi«, »Den kleinen Angsthasen« oder »Wie Putzi einen Pokal gewann« hätte es trister ausgesehen in den Kinderzimmern. Bei Elizabeth Shaw konnten die kleinen Leser lernen, dass Humor und Fantasie eine Schule fürs Leben sind.

Günther Simon
11.5.1925-25.6.1972, Schauspieler
... hat in über 50 DEFA-Filmen mitgespielt, aber es hat in einem Punkt wenig genützt: Wo immer er sich blicken ließ, sagten die Leute: Da kommt Teddy Thälmann. Sie sagten es mit Sympathie für den Schauspieler *und* für »den Sohn und Führer seiner Klasse«, der die populärste Figur der Arbeiterbewegung war. Simon trat auch in Kinderfilmen und Lustspielen auf, aber die nachdrücklich und zuverlässig gespielten Arbeiterrollen holten ihn immer wieder ein. So war er Krause im Fünfteiler »Krupp und Krause«, wo er es vom Arbeiter bei Krupp zum Generaldirektor der Thälmannwerke bringt.

Horst Sindermann
5.9.1915-20.4.1990
Vorsitzender des Ministerrats
... musste 10 Jahre unter den Nazis in KZ und Zuchthaus verbringen, kam nach einer Tätigkeit als Chefredakteur verschiedener Zeitungen in die Abteilung Agitation und Propaganda beim ZK, war Bezirkschef in Halle und schließlich Politbüromitglied und als Nachfolger von Gerald Götting Präsident der Volkskammer. Wolf Biermann erklärte ihn – vermutlich wegen des Reimes – zu seinem besonderen Feind: »Sindermann, du blinder Mann ...«, sang er. 1989 meinte Sindermann: »Wir weinen ihnen (den Republikflüchtigen) keine Träne nach.«

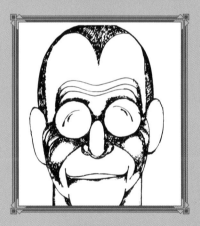

Willi Sitte
28.2.1921, Maler
... war Präsident des Verbandes bildender Künstler. Außerdem wusste der Volksmund: Lieber vom Schicksal gezeichnet, als von Sitte gemalt. Seine monumentalen Bilder mit den massigen Körpern fanden nicht nur Freunde. Was den einen nicht »schön« genug war, galt den anderen als geschöntes Menschenbild. Was den einen zu gefällig schien, galt den anderen als roh. Wer sehen kann, wird jedoch in seinen Bergarbeiter- und »Leuna«-Bildern, seinem »Höllensturz in Vietnam«, seinem »Rufer« und seinem »Mensch, Ritter, Tod und Teufel« mehr als illustrierte Geschichte oder die sogenannte »Parteikunst« erblicken.

Steffie Spira
2.6.1908-10.5.1995, Schauspielerin
Ihr Leben spiegelt Theatergeschichte: Anfänge in Wangenheims Truppe, Theaterarbeit im Exil und entscheidender Anteil an dem, was heute als »sozialistische Theaterkultur der DDR« in Anführungsstriche gesetzt wird. In ihren Rollen vor allem an der Volksbühne und vielen Charakterchargen in Filmen war sie auf den Typus der Mütterlichen, Glaubwürdigen, Zuverlässigen abonniert, ihr bodenständiger Witz machte sie zu einer echten Volksschauspielerin. Ihr Vorschlag bei der Demo auf dem Alexanderplatz 1989, aus Wandlitz ein Altersheim zu machen, bekam mehr Beifall als jede andere Rede, gehört wohl aber ins Fach Theatereffekt.

Willi Stoph
9.7.1914-13.4.1999, Politbüromitglied
Der gelernte Maurer und Bautechniker war von 1952 an Minister, wurde 1964 Nachfolger von Grotewohl als Vorsitzender des Ministerrats und 1973 Nachfolger von Ulbricht als Staatsratsvorsitzender – für drei Jahre, bis Honecker dieses Amt in üblicher Personalunion mit dem Generalsekretär wieder übernahm. Als Pflicht- und Aktenmensch wird Stoph nicht verstanden haben, warum 1986 sein Brief an Gorbatschow mit dem Vorschlag zur Ablösung Honeckers unbeantwortet blieb. Am 18.10.89 leitete er dessen Rücktritt in der Volkskammer mit den Worten ein: »Erich, es geht nicht mehr. Du musst gehen«, und trat drei Wochen später selber zurück.

Rudi Strahl
14.9.1931-4.5.2001, Schriftsteller
Nach einem Studium am Literaturinstitut in Leipzig kam Rudi Strahl als Redakteur zum »Eulenspiegel« und verschrieb sich von nun an der heiteren Muse: Neben Gedichten und Erzählungen entstanden Drehbücher als Vorlage zu Publikumsrennern wie dem Film »Der Reserveheld«. Mit seinen Stücken in Volkstheatertradition (»In Sachen Adam und Eva«, »Ein irrer Duft von frischem Heu«) wurde er schließlich zu einem der meistgespielten Dramatiker des Landes, der mit Witz, Hintersinn und tolldreister Übertreibung die kleinen Alltagskonflikte in den Farben der DDR auf die Bühne brachte.

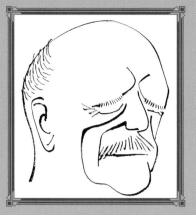

Erwin Strittmatter
14.8.1912-31.1.1994, Schriftsteller
Er war Bäcker und Bauer, davon hat er in seinen Büchern erzählt. Er liebte Pferde und das Leben auf dem Lande, auch davon erzählen seine Bücher: »Ochsenkutscher« 1950 sein erstes, »Der Wundertäter«, »Die blaue Nachtigall«, die Trilogie »Der Laden« … Ein Heimatdichter ist er trotzdem nicht, denn der naive Blick, den Tinko, Ole Bienkopp, Stanislaus Büdner oder Esau Matt in die Welt werfen, reicht über die Scholle weit ins Leben hinein; die Weisheiten, die sie von sich zu geben nicht lassen mögen, sind im kunstvollen Fabulieren des Autors gut aufgehoben. In über 40 Sprachen sind seine Bücher übersetzt.

Reiner Süß
2.2.1930, Kammersänger
Der gebürtige, bekennende und unverkennbare Sachse (was nicht nur eine Frage der Sprache, sondern des Gemüts ist) sang im Thomanerchor, bevor er zum Rundfunkchor Leipzig ging. Als Solist kam er über das Bernburger und Hallenser Theater an die Staatsoper, wurde 1962 zum Kammersänger ernannt und ersang sich auf zahllosen Auslandsgastspielen und nicht wenigen Eterna-Platten internationalen Ruhm. Nationale Beliebtheit erwarb er sich als Gastgeber der Fernseh-Unterhaltungsshow »Da liegt Musike drin«, die von 1968 bis 1985 ausgestrahlt wurde.

Hilmar Thate
17.4.1931, Schauspieler
Wolfgang Staudte holte den Absolventen der Schauspielschule Halle vor die Kamera, es folgten Engagements am Berliner Ensemble und am Deutschen Theater mit herausragenden und aufsehenerregenden Rollen für den vitalen, widerborstig-geschmeidigen Schauspieler. Er kann den proletarischen Typ wie den Intellektuellen verkörpern und zeigte das in Filmen wie »Daniel Druskat« oder »Die Wahlverwandtschaften«. Den Eigensinn der Figuren macht er zu seiner Sache. Als er gemeinsam mit seiner Frau Angelica Domröse 1980 die DDR verließ, war es ein unübersehbarer Gewinn für das bundesdeutsche Theater.

Ulrich Thein
7.4.1930-21.6.1995
Schauspieler & Regisseur
Thein studierte Musik und nebenbei Schauspiel. 1951 kam er als jüngstes Mitglied ans Deutsche Theater. Das Filmpublikum lernte ihn zumeist als schwerblütigen, melancholischen Typ kennen, doch überraschte er 1978 in der Titelrolle einer der intelligentesten DEFA-Komödien, Günter Reischs »Anton der Zauberer«, wofür er mit dem Schauspielerpreis der Moskauer Filmfestspiele ausgezeichnet wurde. Seine Rollen erarbeitete er sich konzentriert und mit Detailbesessenheit, was der Glaubwürdigkeit historischer Figuren wie M. Luther und J. S. Bach in mehrteiligen Fernsehverfilmungen zugute kam.

Harry Thürk
8.3.1927-24.11.2005, Schriftsteller
Thriller hießen in der DDR Spannungsliteratur. Alles, was ein Thriller braucht, und noch etwas mehr, fanden Millionen Leser in Harry Thürks Büchern. Agenten, Intrigen, Verbrechen, schlechte und gute Menschen, Liebesgeschichten. Die spielten vor aktuell-geschichtlichem Hintergrund, den der einstige Auslandsreporter bevorzugt in Asien recherchierte, wo ihm das Treiben der Dikatoren von Sucharto bis Pol Pot reichlich Stoff lieferte. In die deutsche Geschichte und den 2. Weltkrieg führte sein Bestseller »Stunde der toten Augen«. Thriller lieferte er auch mit seinen Drehbüchern zu Filmen wie »For eyes only« und »Die gefrorenen Blitze«.

Harry Tisch
28.3.1927-18.6.1995
Vorsitzender des FDGB
Nicht vielen DDR-Politikern gab der Volksmund Spitznamen, dieser hier hatte gleich zwei: Cognac-Harry und Harry Zisch. Es war ja auch ein geselliger Verein, dem er vorstand, denn Gewerkschaftsarbeit hieß nicht nur, die rund zehn Millionen Mitglieder zur Planerfüllung anzuhalten, sondern auch die vergnüglichen Seiten, z. B. den Urlaub, zu organisieren, wofür der FDGB einen Feriendienst betrieb. Der Betriebsschlosser wurde Gewerkschaftsfunktionär in seinem Heimatbezirk Rostock, 1975 Vorsitzender des FDGB und gehörte dem Politbüro bis 1989 an.

Werner Tübke
30.7.1929-27.5.2004, Maler
Er schuf das größte Wandgemälde der Welt, das Bauernkriegspanorama in der Gedenkstätte Bad Frankenhausen. Dass der Maler Tübke den Auftrag für dieses Wandbild erhielt, hatte gute stilistische und inhaltliche Gründe. Längst hatte er sich malend auf den verschlungenen Weg in die Geschichte gemacht und dabei nicht nur altmeisterliche Ausdrucksmittel erobert, sondern auch bewiesen, dass diese sich mit durchaus neuzeitlichen Erkenntnissen vereinbaren ließen. Mancher höhnte: epigonal! Der Meister blickt solche von seinem »Selbstbildnis mit roter Kappe« ratlos-strafend an.

Franziska Troegner
18.7.1954, Schauspielerin
Mit fünf Jahren stand sie zum ersten Mal auf der Bühne, trat dann in der »Distel« in Papas Fußstapfen (der Kabarettist Werner Troegner) und wurde am Berliner Ensemble, dem sie bis 1992 angehörte und wo sie herausragende Rollen in Brechtsücken spielte, zu einer Charakterdarstellerin. Sie spielte ernste Rollen, war aber auch Sketchpartnerin von Helga Hahnemann, später von Dieter Hallervorden. In rund 100 Kino- und Fernsehfilmen und zahlreichen Soloprogrammen eroberte sie als lustige, dralle Aktrice mit herzerwärmendem komödiantischem Talent ihr Publikum.

Walter Ulbricht
30.6.1893-1.8.1973, 1. Sekretär des ZK der SED, Staatsratsvorsitzender
Wäre politische Leistung an Sympathien zu messen, läge Ulbricht auf den hinteren Rängen. »Spitzbart«, näselnder Sachse, Vasall Moskaus nannte man ihn. Er verbot den Ostdeutschen, Verbrecher wie Hitler sympathisch zu finden, setzte die Machtposition der SED durch und schuf einen sozialistischen deutschen Staat, der halb spöttisch, halb respektvoll das eigentliche Wirtschaftswunder genannt worden ist. 1966, auf dem Höhepunkt seiner Wirksamkeit, nannte Sebastian Haffner ihn einen der wenigen deutschen Staatsmänner von Format und den nach Bismarck erfolgreichsten Politiker.

Jutta Wachowiak
13.12.1940, Schauspielerin
... hat starke Frauen gespielt. Auf der Bühne und im Film. Sie verfügt über viele Arten, sich zu geben und im Spiel aufzugehen, ohne sich zu ganz zu verausgaben. Das Mädchenhafte, Verletzbare hat sie nie verloren. Ihr ernstes Gesicht fordert Distanz; ihr Lächeln lässt diese verschwinden, ohne Unverbindlichkeit aufkommen zu lassen. Mit ihrem spannungsvollen Spiel von Hingabe und Rücknahme, Spontanität und Innehalten hat sie der Babka im »Streit um den Sergeanten Grischa«, der »Verlobten« in Günther Rückerts Film, der Anna Ditzen in Roland Gräfs »Fallada – letztes Kapitel«, der »Maria Stuart« unverwechselbare Gesichter gegeben.

Angelika Waller
26.10.1944, Schauspielerin
... arbeitete als Eisverkäuferin, als Kurt Maetzig sie für den Film entdeckte. Er gab ihr 1965 die Rolle der Maria in »Das Kaninchen bin ich« – den die Zuschauer erst 25 Jahre später zu sehen bekamen. So hatte die Waller ihr eigentliches Leinwanddebüt im Zirkusfilm »Schwarze Panther« von 1966. Nach ihrer Ausbildung im Nachwuchsstudio des DFF war sie am Berliner Ensemble engagiert und spielte weiterhin in zahlreichen Filmen: mit großer Wandlungsfähigkeit gab sie das bodenständige Landmädchen (»Daniel Druskat«) und die Femme fatale, die lebenslustige Briefträgerin (»Rotfuchs«) und die kühle Intellektuelle mit lasziven Einschlag.

O. F. Weidling
2.8.1924-6.1.1985, Conférencier
Weil man in der DDR nichts ohne offiziellen Nachweis tun durfte, konnte auch ein Naturtalent nicht einfach so die Bühne betreten. O. F. Weidling erwarb also 1955 einen Berufsausweis als Conférencier und trat von nun an in Varietés, Kabaretts und im Fernsehen auf. Er galt als bissigster Conférencier des Landes und verstand es, das anspielungsreiche Wort an richtiger Stelle einzusetzen, was ihm eine Funktion unter dem klangvollen Namen »Vorsitzender der Sektion Wortkunst beim Komitee für Unterhaltungskunst« und 1984 ein Auftrittsverbot einbrachte. Übrigens: O steht für Otto, F für Franz.

Helene Weigel
12.5.1900-6.5.1971
Schauspielerin & Intendantin
Ihr gestischer Reichtum machte sie zu einer der ganz Großen der Theaterkunst des letzten Jahrhunderts. »Unterricht brauchen Sie nicht zu nehmen«, bekam die junge Wienerin bei ihrem ersten Vorsprechen zu hören. Von ihren vielen legendären Rollen ist es die »Mutter Courage«, die zum Sinnbild einer Theaterepoche wurde. Die Schauspielerin heiratete 1929 Brecht, ging mit ihm ins Exil, kam nach Berlin zurück, wo sie gemeinsam mit ihm das Berliner Ensemble gründete, dessen Intendantin sie von 1949 bis zu ihrem Tode war.

Liselotte Welskopf-Henrich
15.9.1901-16.6.1979, Schriftstellerin
... kannte sich aus im Alten Orient und antiken Rom. Das war die Spezialstrecke der Professorin für Alte Geschichte, die als erste Frau der DDR Ordentliches Mitglied der Akademie der Wissenschaften wurde. Mit subtiler Kenntnis und Zuneigung wandte sie sich einem anderen Landstrich zu: Nordamerika. Ihre Indianerbücher, allen voran der Romanzyklus »Die Söhne der großen Bärin«, sind beste Spannungsliteratur, waren Bestseller im Leseland und trugen nicht weniger, wohl aber differenzierter als einst Karl Mays Fantasien dazu bei, dass der »rote Bruder« in hohem Ansehen stand.

Ruth Werner (eigtl. Ursula Kuczynski)
15.5.1907-7.7.2000
Kundschafterin & Schriftstellerin
... ist die erfolgreichste Agentin des 20. Jahrhunderts: Deckname Sonja; Oberst der Roten Armee. Sie versorgte Stalin aus China, Polen, der Schweiz mit Daten über entscheidende Militärbewegungen, brachte aus England die Formel der Atombombe nach Moskau. Begonnen hatte alles 1930. Da lernte die Kommunistin, die ihrem Mann nach Shanghai gefolgt war, den Topspion Richard Sorge kennen und bei ihm ihr Handwerk. Jahrzehnte später – sie lebte seit 1950 in der DDR – hat sie in Erzählungen und in ihren Memoiren jenseits jeder Agentenromantik Auskunft über ihr einzigartiges Leben gegeben.

Katarina Witt
3.12.1965, Eiskunstläuferin
»Das schönste Antlitz des Sozialismus« wurde einst über sie gesagt. Der Superlativ hat sich erledigt. Wegen des Sozialismus. Aber »unsere Gold-Kati« aus Jutta Müllers Trainerschule hat noch andere Superlative vorzuweisen: 11mal nahm sie an Europa-, 9mal an Weltmeisterschaften teil: 5mal Sieger der einen, 4mal Sieger der anderen. Zwei Olympiasiege bei 3maliger Teilnahme. 1988 trat sie erstmals bei »Holiday on Ice« auf, drehte 1990 den Film »Carmen on Ice«, produziert heute Eislaufshows in den USA und Europa, präsentiert mit sächsischem Charme Schmuck oder auch sich selbst im »Play-Boy«.

Christa Wolf
18.3.1929, Schriftstellerin
Ihr erster großer Erfolg war der Roman »Der geteilte Himmel«, und jedes weitere Buch rissen ihr die Leser – in Ost und West gleichermaßen – aus der Hand. Sie hat vernachlässigte, übersehene, umstrittene Themen in die Literatur geholt, indem sie ihr eines, umfassendes verfolgte: Subjektivität zu erkennen und zu verteidigen. Sie fragt den Dingen nach, um ihnen auf den Grund zu gehen – weit bis in die mythischen Verästelungen der Geschichte hinein, nah bis unter die eigene Haut. Ihre Romane, Erzählungen und Essays wurden mit angesehenen Preisen ausgezeichnet; sie ist Ehrendoktor mehrerer Universitäten.

Konrad Wolf
20.10.1925-7.3.1982
Regisseur & Akademiepräsident
In der Rotarmistenuniform kam der Emigrantensohn nach Deutschland – sein Film »Ich war neunzehn« erzählt davon; zum Regiestudium ging er nach Moskau zurück. Zunächst Assistent bei Kurt Maetzig, drehte er bei der DEFA vierzehn Spielfilme: autobiografische (»Mama, ich lebe«), Gegenwartsthemen (»Solo Sunny«), Literaturverfilmungen (»Goya«), die Filmgeschichte schrieben. Sein großes Vorhaben über drei Freunde aus der Emigrationszeit konnte er nicht mehr umsetzen; sein Bruder Markus erzählte die Geschichte in seinem Buch »Die Troika«.

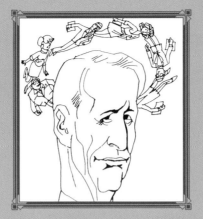

Markus Wolf
19.1.1923-9.11.2006, Spionagechef
Als »Mann ohne Gesicht« wurde er im Westen gehandelt, kein Foto existiere. Dabei wäre alljährlich auf der Maitribüne, von anderen offiziellen Anlässen abgesehen, der Chef der HVA Aufklärung zu konterfeien gewesen. Mit seinem Rücktritt 1986 hörte das Geheimnis um diesen Mann, nicht aber das Interesse an seiner Person auf. Dazu ist sein Weg vom Moskauer Emigrantensohn über die Kominternschule zum »Kämpfer an der Stillen Front« zu spannend, waren seine Erfolge als Geheimdienstchef zu groß. Sie machten ihn zu einer gehassten wie bewunderten Person.

Gerry Wolff (eigtl. Gerald Wolff)
23.6.1920-16.2.2005, Schauspieler
... ist der Enkel eines Rabbiners und Sohn eines Kaufmanns. Die Familie emigrierte 1935 nach London, wo er in einem Job in einer Möbelfabrik »Umgang mit Brettern hatte, und von da«, so meint er, »ist es nur ein kleiner Schritt zu den Brettern, die die Welt bedeuten«. Nach Theaterengagements ist er ab 1961 vielbeschäftigtes und vielseitiges Fernseh-Ensemblemitglied, spielt eindrucksvolle Rollen in antifaschistischen Stoffen und heitere und Charakterchargen, ist Sprecher, tanzender und singender Moderator (»Von Melodie zu Melodie«), Chansonnier (»Die Rose war rot«).

Marianne Wünscher
30.12.1930-9.8.1990, Schauspielerin
In rund 150 Filmen spielte Marianne Wünscher, das heißt 150mal Charme, Temperament, Seele. Ob ernste oder komische, Neben- oder Hauptrollen, sie war stets gleichermaßen hinreißend. Ihr nahm man die exaltierte Dame auf Männerfang ebenso ab wie die Mutter oder Großmutter, bei der sich Kinder, Verwandte, Nachbarn ausheulten. Die füllige Schauspielerin füllte ihre Rollen mit so lebensklugem wie verschmitztem Spiel ganz aus. Unvergessen ihre Frau Wolff im »Biberpelz«, die Magd Sina im Fernsehfünfteiler »Verflucht und geliebt«. Sie trat auch in Kabarettrevuen und als Chansoninterpretin auf.

Arnold Zweig
10.11.1887-26.11.1968, Schriftsteller
... gehörte zu jenen Emigranten, auf deren Übersiedlung in die DDR man besonders stolz war. Der Autor so weltberühmter Romane wie »Der Streit um den Sergeanten Grischa« und »Erziehung vor Verdun« hatte sich während des 1. Weltkriegs vom preußischen Patrioten zum Pazifisten gewandelt; nun entschied er sich für die Rückkehr aus dem Exil in Israel nach Berlin-Ost. Er übernahm Funktionen im PEN und Kulturbund und war erster Präsident der Akademie. Sein Thema, die »Bewährung des Intellektuellen in den Stürmen der Zeit«, setzte er mit historischem Weit- und psychologischem Durchblick in einem monumentalen Werk um.

Harald Kretzschmar
23.5.1931, Karikaturist & Porträtist
... hat nicht nur all die hier Abgebildeten porträtiert, sondern im wahrsten Sinne des Wortes Gott (pardon, das Porträt fehlt nun wirklich in seiner Galerie) und die Welt. Von Böll bis Effel, von Paul Robeson bis Albert Schweitzer. An der altehrwürdigen Kreuzschule, die er besuchte, bekam er für seine »Kritzeleien« welche auf die Finger, was ihn nicht abhielt, seinem Talent zu folgen und es professionell ausbilden zu lassen. Als die Zeichenhand des Rechtshänders einmal in Gips ruhen musste, benutzte er einfach die linke. Ein Kopfjäger, der über 3000 Köpfe erjagt hat. Ungezählt die Schnellporträts, die er zu allen Gelegenheiten zeichnet.

Made in GDR

~ 146 ~

Gut gekauft – gern gekauft

Qualitätserzeugnisse für unsere Werktätigen

Made in GDR

AMIGA
... war eines der fünf Label des VEB Deutsche Schallplatten und zuständig für populäre Musik. Hier wurden Schlager, Jazz, Pop und Rock – ganz nach dem Geschmack der Zeit und manchmal etwas hinterher – auf Vinyl gepresst. Von der Gründung 1947 bis zum Mauerfall gab es rund 2200 Scheiben zum Preis von je 16,10 Mark und 5000 Singles.

Ata

... war der Inbegriff aller Scheuermittel, und das seit Urgroßmutters Zeiten. Schmutz und Fett hatten keine Chance – der feine Sand kratzte sie im wahrsten Sinne des Wortes weg. Der Klassiker im blauen Pappkarton kostete 13 Pfennig. Ata verschwand nach der Wende aus den Regalen, und so mag es sein, dass die Enkel den Kampf gegen Schmutz und Fett besser ausfechten, aber gewiss nicht so preiswert.

AUBI
... ist eine Wortbildung aus **Au**tofahrer-**Bi**er. Das war in einem Land mit Null-Promille-Grenze für motorisierte Teilnehmer des Straßenverkehrs durchaus eine nützliche Sache. Aber es schmeckte niemandem. So sei es klipp und klar gesagt: Allein dem originellen Namen verdankt das Produkt, dass es bei diesem Schaufensterbummel Erwähnung findet.

Bambina
... die gefüllte Schokolade für die, die es wirklich süß mögen. 1990 hieß es Abschied nehmen – acht Jahre später war sie wieder da.

Bautzener Senf
... war marktführend, würzig und scharf. Er verlor nach 1990 eine Silbe und gewann ein Apostroph und ist im Osten als Bautz'ner Senf wieder Marktführer. Die Geschäfte werden aus Unterhaching bei München geführt.

Bebo-Sher
... rückte dem »Besten im Mann« zu Leibe. Der Rasierapparat wurde im Rahmen der Konsumgüterproduktion im Berliner Traditionsbetrieb **Be**rgmann-**Bo**rsig produziert.

Bienenhonig
... aus dem VEB Bienenwirtschaft Meißen. Die volkseigen wirtschaftenden Bienen sammelten Honig, der sich vor allem durch einen schnellen Härtungsprozess auszeichnete.

Brockensplitter
... der Name lässt es vermuten, eine Herausforderung für die Zähne: die dreieckigen Schokoladen-Krokant-Stücken waren echte Plombenzieher, also eine Süßigkeit, von der man lange etwas hatte. Das »Original« aus Wernigerode gibt es bis heute.

Burger Knäckebrot

... gibt es seit 1927, da gründete Wilhelm Kraft in der Bördestadt Burg – in einer Gegend also, wo bester Roggen geerntet wurde – seine Fabrik. 1948 wurde daraus der VEB Erste Deutsche Knäckebrotwerke.

Cama
... war die erste gesunde Margarine der DDR, trug die Aufschrift »Delikateßmargarine« aus dem VEB Thüringer Öl- und Margarinewerke und erhielt 1973 Leipziger Messegold.

Chlorodont
... die Traditionszahnpasta aus dem Jahre 1907, die gerade noch damit geworben hatte, dass »zukunftsfrohe Menschen unsere Pläne mit ganzer Kraft erfüllen und zur Erhaltung dieser Kraft regelmäßig ihre Zähne

pflegen«, verschwand vom Markt, als aus den Dresdner Werken 1957 der VEB Elbe-Chemie wurde. Der brachte Produkte wie Rot-Weiß-Zahnpasta und Putzi heraus, die unvergessene Kinderzahnpasta mit Fruchtgeschmack.

Club
... war die erste Zigarette, deren Preis an die 4-Mark-Grenze rührte. Sie wurde bald durch die 6-Mark-Zigarette Duett getoppt, und wer schick rauchen wollte, griff lieber zu dieser Marke.

Club-Cola
... das »Koffeinhaltige Kola-Getränk« trat in den 70ern seinen Siegeszug an; wer schon einmal westliche Cola geschlürft hatte, schätzte den weniger süßen Geschmack. Als Wodka-Cola wurde sie das Partygetränk Nummer 1.

Made in GDR

Diamant
... da stand der Markenname für das Produkt. Diamant war das Fahrrad schlechthin im Arbeiter-und-Bauern-Staat. Weltmeister Täve fuhr selbstverständlich Diamant. Eine viertel Million Fahrräder produzierte das Werk in Karl-Marx-Stadt alljährlich.

DKK-Kühlschränke
... aus dem VEB **D**eutsche **K**ühl- und **K**raftmaschinengesellschaft standen in den Haushalten der Republik und machten von sich reden, als das Kombinat nach der Wende den ersten FCKW-freien Kühlschrank auf den Markt brachte. Da hatten sie sich was einfallen lassen, die Kühlschrankbauer aus Scharfenstein, und der David unter den Kühlschrankproduzenten wurde mit dem Deutschen Umweltpreis ausgezeichnet.

Duosan Rapid
... sollte alles kleben, klebte aber vor allem überall.

Eberswalder Würstchen
... aß man mit Bautzener Senf zu Mutterns Kartoffelsalat, das war so im Arbeiter-und-Bauern-Staat.

Eg-gü
... war aus keinem Haushalt wegzudenken, Eg-gü war »feinste deutsche Schuhcreme«, ob in Dosen oder Tuben, und das seit 1890, da hatte **Eg**berth **Gü**nther in Dresden seine Firma gegründet. 1972 in den VEB Schuhpflegemittel Dresden umgewandelt, 1980 dem VEB Wittol angegliedert, wurde die Firma 1993 reprivatisiert.

Erika
... hießen die Schreibmaschinen aus dem VEB Robotron, und wer denkt, dass Werbestrategen in Erika das vertrauenerweckende Synonym für tüchtige Sekretärinnen eines VEB-Direktors sahen, der irrt, denn schon 1910 kam die erste Erika-Schreibmaschine auf den Markt.

Esda
... »ein Strumpf der Anmut«, meint **E**rzgebirgische **S**trümpfe für **Da**men. Ab 1955 wurden die begehrten Perlon-Strümpfe produziert. Dass sie ab 1959 Dederon-Strümpfe hießen, hing damit zusammen, dass sich die BRD das Warenzeichen Perlon gesichert hatte.

Eterna
... ist eine Schwester von –›Amiga, und zwar die ernste, die »1000 Jahre Musikgeschichte« in anspruchsvollen Interpretationen international angesehener Künstler edierte, für 12,10 Mark je Schallplatte.

Exlepäng
... so klangvoll der Name ist, das Überleben des Produktes konnte er nicht sichern. Es steht zu vermuten, dass sein Untergang am landesweit mangelnden Glauben lag: Exlepäng war ein Haarwuchsmittel.

F 6
... hartgesottene Raucher geraten noch heute ins Schwärmen: das war der Geschmack des Ostens! Mit schön viel Teer und noch mehr Nikotin. Auch der Osten hat sich bekanntlich den EU-Normen angepasst und kennt inzwischen Light-Varianten.

Filinchen
... wer zu Filinchen Knäckebrot sagt, hat sich schon als Nichtkenner geoutet. Filinchen ist ein Waffelbrot, das im Waffeleisen im VEB Gutena in Apolda gebacken wurde und in der

Gutena GmbH Apolda gebacken wird.

Fit
... brachte der VEB Fettchemie Karl-Marx-Stadt 1957 auf den Markt. Das Geschirrspülmittel machte den Abwasch kinderleicht. Heute kommt »fit« aus Hirschfelde bei Zittau und hat im Osten einen Marktanteil von 40 Prozent.

Flibol
... ging dem Ungeziefer an den Kragen, »denn Hygiene und Sauberkeit dienen der Gesundheit und Behaglichkeit« – ob Mücken, Fliegen, Motten, die Flibol-Kugeln, -Cremes und -Sprühflaschen aus dem VEB Fettchemie Karl-Marx-Stadt machten ihnen den Garaus.

Florena
... verfügte bei seiner Gründung 1852 in Waldheim Sachsen über die größte Kosmetik-Produktionsanlage der Welt. 1950 kam die erste Hautcreme auf den Markt, und wer auf sich und zarte Haut hielt, salbte sich mit Florena. Die Palette der Produkte wuchs ständig, Florena-Produkte waren auch Exportschlager in die sozialistischen Nachbarländer. Die Firma selbst exportierte sich 2002 in die Beiersdorf AG Hamburg.

Frottana
... 1965 produzierten 22 Oberlausitzer Frottierbetriebe ca. 10 Mill. Quadratmeter Frottierstoffe. 1972 in VEB umgewandelt, hielten neue Technik und neue Technologien Einzug. Die unter VEB Frottana zusammengeführten Betriebe produzierten 1988 rund 25,8 Mio. Quadratmeter, d. h. Stoff für 1,8 Mio. Bademäntel und ca. 30 Mio. Frot-

Made in GDR

Nudossi
... hatte im friedlichen Wettstreit der Systeme gegen Nutella anzutreten. Zwischen Nutella- und Nudossi-Essern verläuft die Mauer in unseren Töpfen.

Odol
... das antiseptische Mundwasser des Dresdner Industriellen Karl-August Lingner, des Initiators der I. Dresdner Hygieneausstellung 1911, war fester Bestandteil der sozialistischen Mundhygiene.

Orwo
... der VEB Filmfabrik Wolfen - Fotochemisches Kombinat versorgte Bürger der DDR und aus Freundesland mit Filmmaterial. ORWO (**Or**iginal **Wo**lfen) gehörte zu den größten Filmfabriken der Welt und stellte auch Magnettonbänder und -kassetten her.

Ovosiston
... war die erste in der DDR zugelassene und gebräuchlichste Anti-Baby-Pille.

Pentacon
... hießen die Fotoapparate und die Normal-Acht-Filmkameras, die der VEB Pentacon Dresden in alle Welt lieferte.

Pfeffi
... als Dr. Fahlberg und Dr. List 1896 die Fahlberg-List-Werke in Magdeburg gründeten, um Agrochemikalien zu entwickeln, entdeckten sie zufällig den Süßstoff Saccharin. Die Firma wurde ein großer Pharmabetrieb und dann ein VEB – und belieferte die ganze DDR mit einem schönen Nebenprodukt, Pfeffi, die scharfen, frischen, eckigen Lutschbonbons, erhältlich auch in einer Zitrusvariante, zu 10 Pfennig die Packung.

Pitty
... hieß der erste Motorroller und wurde in Ludwigsfelde gebaut. Er kostete 1955 stolze 2300 Mark. Ein Jahr später rollte das Konkurrenzmodell »Wiesel« über die Straßen.

Pouch
... war ein Markenname für Zelte, Rucksäcke und Faltboote, und da Camping in der DDR großgeschrieben wurde, kam das Kombinat VEB Favorit Taucha, dem Pouch seit 1956 angehörte, mit der Produktion kaum nach.

Pouva Start
... war mit 2,5 Millionen der meistverkaufte Fotoapparat der DDR kostete 24 Mark, schoss 12 Bilder und war kinderleicht in der Bedienung, denn außer Entfernung und Sonne oder Wolken gab es nichts einzustellen.

Präsent 20
... gab es zum 20. Jahrestag der DDR. Kostüme, Röcke, Anzüge, Hosen. Das »Großrundgestrick« aus 100 % Polyester war »elastisch, formbeständig, waschmaschinenfest, knitter- und bügelfrei« – und fast luftundurchlässig. Der »Armani des Ostens« nahm seine Träger im wahrsten Sinne des Wortes in den Schwitzkasten.

Praktika-Kameras

... waren die Edelmarke unter den Fotoapparaten, und wer was vom Fotografieren verstand, fotografierte mit Praktika.

Primasprit
... stand in Mutters Speisekammer, nicht, weil sie heimlich vom 96-Prozentigen schlürfte, sondern Eierlikör, Rumtöpfe und ähnliche Leckereien daraus machte.

Radeberger
... firmierte als Exportbrauerei – wie auch Wernesgrüner –, und der gemeine DDR-Bürger leckte sich die Finger und streckte sie weit aus nach diesen Bieren.

Made in GDR

Rembrandt
... oder Rubens waren die Namenspatrone der ersten DDR-Fernsehapparate.

RFT
... DDR-Fernseh- und Rundfunkgeräte sowie Zubehör kamen von verschiedenen Betrieben, die dem VEB Kombinat Radio- und Fernmeldetechnik angehörten, insgesamt 56 Betriebe, so der VEB Stern-Radio Sonneberg, der VEB Stern-Radio Rochlitz, der VEB Fernsehgerätewerke Staßfurt, der VEB Phonotechnik Pirna/Zittau.

Riesaer Zündwaren
... war der Monopolist unter den Streichholzfabrikanten. Sicherheitszündhölzer stand auf den Schachteln, und sicher war nicht, dass die Hölzer auch zündeten. Aber unverändert ihr Vor- und ganzes DDR-Leben lang kostete eine Schachtel 10 Pfennige.

Riesaer Nudeln
... gibt es seit 1914. In der DDR kam jede fünfte Nudel – ob Makkaroni, Sternchen, Hörnchen, Spirelli – aus der Konsum-Teigwarenfabrik Riesa. Auch Moewe Eierteigwaren aus der Müritzstadt Waren waren beliebt. Die brachten es – ganz nach dem Motto »Nimm ein Ei mehr« – auf 2 1/4 Eier auf 1 Kilo. Und das war doch was.

Rondo
... 1953 kam der erste Kaffee unter dem Namen Röstfein aus den Magdeburger Kaffeewerken auf den

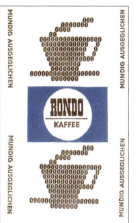

Markt. Es folgten die Sorten »Mona gold«, »Mona silber«, »Kosta«, »Melange« und »Rondo«. Und so mancher Kaffeetrinker von damals kann heute wieder sagen: Rondo ist und bleibt meine Mischung.

Rotkäppchen
... aus Freyburg an der Unstrut ist heute die erfolgreichste deutsche Sektmarke; die Erfolge reichen bis ins Jahr 1856 zurück.

Rotplombe
... stand auf den Puddingpulver- und Götterspeisentüten aus den Konsum Nährmittelwerken Erfurt, die uns das Leben süß machten. Das Geheimnis der lecker schmeckenden Klümpchen, die sich trotz eifrigen Rührens zum Ärger der Köchin, zur Freude der Kinder in der Puddingmasse bildeten, nahm die Firma bei ihrem Ableben mit ins Grab.

Schlager-Süßtafel
... erinnerte in Form und Farbe an eine Tafel Schokolade, im Geschmack aber war sie was ganz anderes. Nur was?

Schwalbe
... war der kultige Kleinroller aus dem Fahrzeug- und Gerätewerk Simson Suhl, der von 1964 bis 1986 gebaut wurde und die Ableger »Spatz«, »Star«, »Sperber« und »Habicht« hervorbrachte.

Spee
... aus dem VEB Waschmittelwerk Genthin wurde in der DDR das, was Persil für die Vorkriegsgeneration war. Eine Hausfrau, die auf sich hielt, wusch mit Spee.

Sprachlos
... der zigarren- und zigarillorauchende DDR-Bürger hatte Auswahl unter so klangvollen Marken wie Sprachlos, Diplomat, Die Schöne, Rostock Gold, Privat, Jagdkammer Trumpf, Jagdkammer Extra, Stadtwappen Halle, Elegantes, Finesse, Bode Spitzen, Aviso, Don Ramiro, Don Ramiro Brasil, Brasil Kurier, Brasil Zauber, Swirtigal 40, Tris.

~ 153 ~

Made in GDR

Tempo-Linsen, -Erbsen, -Bohnen
... waren der Renner aus dem VEB Nahrungsmittelwerke Suppina Auerbach. In 10 Minuten war die Grundlage für ein lecker Süppchen weich.

Timms Saurer
... hieß ein Wodkagetränk aus dem VEB Schilkin Berlin-Kaulsdorf. Dort produzierte der Berliner Spirituosen-Zar Sergej Schilkin Klassiker wie Serschin Wodka. Von dort kommt auch heute noch Timms Saurer.

Trabant
»Mein Trabi passt mir wie angegossen,
ein Auto des Volkes für Bürger, Genossen.
Ein Wagen des Volkes für dich und für mich,
den könn' wir uns leisten, mehr aber nicht.«
Der Volkswagen der DDR rollte im VEB Sachsenring Automobilwerk Zwickau vom Band, 1957 der erste, 1991 der 3 096 099. und letzte.
Die Modelle:
Trabant P50 (18 PS)
Trabant P500, Trabant P500 Kombi (20 PS)
Trabant P600, Trabant P600 Kombi (23 PS)
Trabant 601 S, de Luxe ,Universal (23-26 PS)
Trabant 1.1 (VW-Motor 40 PS)

Wartburg
... war der Mercedes der DDR-Autos, was keine Aussage über Alteigentümer ist, denn beim VEB Automobilwerke Eisenach hatte nach der Wende BMW – die den Eisenacher Standort 1928 übernommen hatten – das Sagen.
Die Modelle:
Wartburg 311/312 (38 PS) Limousine / Kombi / Camping / Coupé / Pick up / Cabrio
Wartburg 313 Sportcoupé (50 PS)
Wartburg 353 Limousine / Tourist (50 PS)
Wartburg 1.3 Irmscher / Trans (VW-Motor 58 PS)

Wittol-Kerzen
... kamen aus Europas größter Kerzenfabrik, dem VEB Wittol Wittenberg, und reichten doch oftmals nicht für Bedarf der kleinen DDR.

WM 66
... war eine halbautomatische **W**asch**m**aschine aus dem VEB Monsator Haushaltsgerätewerk Schwarzenberg.

Wofasept
... hieß ein Desinfektionsmittel, das nicht nur in Einrichtungen des Gesundheitswesen, sondern auch in besonders reinlichen Haushalten seinen prägnanten Geruch verbreitete.

Yvette intim
... war weder die Sexualkolumne einer Frauenzeitung noch der Name einer Nachtbar, sondern ein Kosmetikprodukt für die intimen Bereiche des Körpers, weswegen es in der Werbung hieß: »Yvette – trägt zum körperlichen Wohlbefinden bei und gibt ein Gefühl der Sicherheit.«

Zekiwa
... heißt **Ze**itzer **Ki**nder**wa**genindustrie, und mehr oder weniger sind wir alle darin durch die Gegend geschoben wurden. 2200 Mitarbeiter produzierten 450 000 Kinderwagen und 160 000 Puppenwagen im Jahr. Heute wird in Fernost produziert; Produktentwicklung und Vermarktung finden im Stammbetrieb statt.

Made in GDR

Was kostete wie viel?*

Lebens- und Genussmittel

5 Kilo Kartoffeln – 85 Pfennige.
1 Kilo Möhren – 53 Pfennige.
1 Kilo Rotkohl – 41 Pfennige, günstiger kam man mit Weißkohl – 38 Pfennige.
1 Kilo Äpfel – 1,87 Mark.
1 Kilo Mehl – 1,32 Mark.
1 Zwei-Pfund-Roggenmischbrot – 52 Pfennige.
1 Zwei-Pfund-Weißbrot – 1 Mark.
1 Kilo Zucker – 1,55 Mark.
125 g Kakao – 4 Mark.
Ein 500-g-Glas Marmelade – 1,08.
1 Kilo Rinderschmorfleisch – 9,80 Mark.
1 Kilo Schweinebauch – 4,60 Mark.
1 Kilo Landleberwurst – 6,20 Mark.
1 Dose Heringsfilet in Tomatensoße – 1,15 Mark.
1 Liter Milch – 72 Pfennige.
1 Stück Butter – 2,50 Mark.
1 Stück Margarine (Sonja) – 50 Pfennige.
1 Stück Margarine (Sahna) – 1 Mark.
1 Ei – 34 Pfennige.
0,7 Liter Weinbrand-Verschnitt Marke Joker, 38 % – 17,30 Mark.
0,33 Liter Vollbier – 0,48 Pfennige.
1 Kilo Röstkaffee Rondo – 70 Mark.
50 g Tee (Teehaus Spezial) – 1,20 Mark.
Filterzigaretten, mittlere Preislage – Stück 16 Pfennige.

Industriewaren

Kinderhalbschuhe, Größe 35, Rindbox mit Gummisohle – 18 Mark.
Großrundstrickanzug, Grisuten – 274 Mark.
Großrundstrickkleid, vollsynthetisch – 122 Mark.
Herrenpullover Polyester – 64 Mark.
Herrenjacke Wolpryla – 80 Mark.
Damenstrumpfhose – 18 Mark.
Damenstrümpfe Feinsilastik – 7 Mark.
Herrenanzugshemd Polyester/Baumwolle – 43 Mark.
Bettbezug Linon – 21, 80 Mark.
Vollwaschmittel Spee, 503 g – 2,60 Mark.
1 Dose Florena-Creme, 60 g – 1,95 Mark.
1 Tube Zahnpaste – 95 Pfennig.
1 Stück Luxus-Seife – 87 Pfennig.
1 Herrenfahrrad Diamant, 26 Zoll – 242 Mark.
1 Bodenstaubsauger – 195 Mark.
1 Haushalt-Waschautomat – 1450 Mark.
1 Haushalt-Gasherd – 532 Mark.
1 Haushaltkühlschrank – 1100 Mark.
1 Rasierapparat bebosher – 72 Mark.
1 automatische Nähmaschine Veritas – 662 Mark.
1 Stereoradio Proxima – 1090 Mark.
1 Taschenradio Stern – 140 Mark.
1 Radiokassettenrecorder Anett – 750 Mark.
1 Fernseher Luxomat – 2050 Mark.
1 Erika-Schreibmaschine – 430 Mark.
Moped Schwalbe – 1265 Mark.
Trabant 601, Grundausstattung – 8000 Mark.
Wartburg 353, Grundausstattung – 16 900 Mark.

Kohlen, Gas, Strom, Miete

50 Kilo Braunkohlenbriketts auf Kohlenkarte – 1,70 Mark.
50 Kilo Braunkohlenbriketts frei käuflich – 3,51 Mark.
Haushaltstarif für 1 kWh Strom – 8 Pfennige.
Haushaltstarif für 1 Kubikmeter Gas – 16 Pfennige.
Miete – 0,80 bis 1,25 Mark pro Quadratmeter.

Post- und Fernmeldewesen

1 Standardbrief, 20 g – 20 Pfennige.
1 Postkarte – 10 Pfennige.
1 Päckchen bis 2000 g – 70 Pfennige.
1 Paket bis 10 Kilo – bis 100 Kilometer 2 Mark, über 100 Kilometer 3,50 Mark.
Eil- und Einschreibsendungen je 50 Pfennige Aufschlag.
1 Telegramm – Ortstelegramm 10 Pfennige je Wort, Ferntelegramm 15 Pfennige je Wort.
Telefon 3 Minuten – bis 10 Kilometer 30 Pfennige, bis 15 Kilometer 45 Pfennige, bis 25 Kilometer 60 Pfennige, bis 50 Kilometer 90 Pfennige, bis 75 Kilometer 1,35 Mark, bis 100 Kilometer 1,80 Mark, bis 200 Kilometer 2,25 Mark und für je weitere 100 Kilometer plus 45 Pfennige.
Hörrundfunk – 2 Mark im Monat.
Hör- und Fernsehrundfunk – 1. Programm 7 Mark; 1. und 2. Programm – 10 Mark im Monat.

Verkehrsleistungen

Eisenbahnfahrt 2. Klasse, 50 Kilometer – 4 Mark.
Arbeiterwochenkarte Personenzug – 2,50 Mark.
Straßenbahn, 1 Person – von 12 bis 20 Pfennige.
Flugverkehr Berlin-Leipzig, 1 Person, Hin- und Rückflug – 58 Mark.
Flugverkehr Erfurt-Heringsdorf, 1 Person, Hin- und Rückflug – 174 Mark.

*Preise von 1977

Die deutsche Sprache der DDR

Es war einmal

... ein Land, in dem begannen die Märchen so: Dieses Jahr, Genossen, sind wir wieder ein gutes Stück vorangekommen. Die Wirtschaftspläne wurden Jahr für Jahr erfüllt und übererfüllt, so lange, bis der ganze Staat mit einem gewaltigen Knall in sich zusammenbrach.

Die DDR-Bonsais waren die größten Bonsais der Welt, und die Bewohner hatten, obwohl sie kaum reisen durften und sich die Welt noch gar nicht angeschaut hatten, erstaunlicherweise trotzdem eine Weltanschauung. Und außer ihrer Muttersprache eine Vatersprache, die Sprache von Vater Staat.

Alle Welt war begeistert von der Komik dieser deutschen Sprache der DDR. Der Dauerlutscher war umbenannt worden in Fruchtstielbonbon, der Flaschenöffner war der Kapselheber, Mutters Kittelschürze der Frauenberufsmantel, und das gegrillte Hähnchen hieß Broiler und das Wienerwald-Restaurant HO-Gaststätte »Zum Goldbroiler«, und die Kuh, das Rindvieh im Allgemeinen, hieß rauhfutterverzehrende Großvieheinheit, und der gute alte Sack, eine Perle der deutschen Sprache, hieß plötzlich Weichraumcontainer oder sogar flexibler transportabler Schüttgutbehälter. In Dresden hieß ein Standesamt für ein paar Monate sogar Eheschließungsobjekt.

An Haupt- und Staatsfeiertagen gab es Aufmärsche und Paraden mit schmissiger Marschmusik, und die Staatsbürger standen am Straßenrand, Papierfähnchen in der Hand in den Farben der DDR, schwarz, rot, gold, und in der Mitte ein Problem. Diese Papierfähnchen hatten den Namen Winkelemente, im Untergrund bei den Ironikern sogar den Namen Euphoriefetzen.

In aller Welt war diese Sprache berühmt dafür, dass sie so kämpferisch war. Jeder Arbeitsplatz ein Kampfplatz. Die DDR empfand sich als die kleinste Großmacht der Welt, und der Landesvater, Erich Honecker, genauer gesagt der Generalsekretär des Politbüros des Zentralkomitees der Sozialistischen Einheitspartei Deutschlands und Vorsitzende des Staatsrats usw., hörte gar zu gerne die folgende Scherzfrage: Kennen Sie drei Großmächte mit dem Anfangsbuchstaben U? Antwort: Jawohl, die USA, die UdSSR und Unsere DDR.

Unsere DDR hatte im Friedenskampf kämpferisch Kampfposition bezogen, die Kampfgruppen der Arbeiterklasse hielten den Weltimperialismus in Schach, die Brigaden der Genossenschaftsbauern kämpften das liebe lange Jahr hindurch die Ernteschlacht um die verlustlose Einbringung der Ernte.

Diese Sprache war von so unglaublichem Humor, dass das Land auf humoristischem Gebiet den internationalen Vergleich nicht scheuen musste. Das zeigt allein schon der Vergleich mit Spanien. Über Spanien lacht nur die Sonne, über die DDR lacht die ganze Welt. Bis auf den heutigen Tag.

Ernst Röhl

Wortschatzkammer

Kaderwelsch & Kreationen

A

Aktivist –> Bestarbeiter, *also alle*.

Allseitig gebildete/entwickelte sozialistische Persönlichkeit –> Absolvent der POS, auch: *allseitig verbildete sozialistische Persönlichkeit*.

Aluchips –> Mark der DDR.

Antifaschistischer Schutzwall –> Die Mauer.

Arbeite mit, plane mit, regiere mit!

–> Zentrale Losung des sozialistischen Wettbewerbs.

Arbeiterfahne –> »*... und diese Fahne ist rot!*«

Arbeiterfestspiele –> Volksfest zur Dokumentation der »kulturschöpferischen Leistungen der Werktätigen«.

Arbeiterschließfach –> Wohnung im Plattenbaublock.

Arbeiter-und-Bauern-Staat –> Die Arbeiterklasse herrscht und lässt die Bauern mitmachen.

Arbeiterveteran –> Einer, der von Anfang an dabei war.

Arbeitsschutzbeauftragter –> Schickte die Gewerkschaft.

Arbeitszeit – Leistungszeit

–> Losung des FDGB.

Aufbaustunden –> »*Bau auf, bau auf ...*«, freiwillig und unbezahlt »zur Schaffung und zum Erhalt von volkseigenen Werten«.

Augenzeuge –> DEFA-Wochenschau.

Ausbauwohnung –> Heruntergekommene Wohnung, die nicht mehr im staatlichen Wohnraumvergabeplan war. Per Ausbauvertrag mit der KWV und materieller Unterstützung vom Bürger instandgesetzt.

Ausreiseantrag –> *Der Letzte macht das Licht aus!*

B

Babyjahr –> Ein Jahr bezahlte Freistellung mit Arbeitsplatzgarantie, galt ab 1976 und kurbelte die Geburtenrate an.

Bassow-Initiative –> Nach einem Moskauer Brigadier benannte Initiative für Ordnung und Sauberkeit am Arbeitsplatz zwecks besserer Planerfüllung.

Bausoldat –> Ab 1964 war die Verweigerung des »Dienstes an der Waffe« möglich. Einberufung der Wehrpflichtigen zu Baukompanien.

Bedarfslücke –> Mangel.

Beförderungsdokument –> Fahrschein.

Behelfsetikett –> Unansehnliche Etiketten ohne grafische Gestaltung, mit dem Vermerk »Behelfsetikett«, die auf die Waren kamen, wenn es einen Engpass in der Etikettenproduktion gab.

Betriebsferienlager –> Größere Betriebe hatten eigene Ferienlager (Zeltlager, Bungalowsiedlungen), organisierten die Ferienbetreuung der Kinder ihrer Belegschaft, nahmen auch aus Fremdbetrieben Kinder auf und tauschten gelegentlich mit Partnerbetrieben des befreundeten Auslands. Ein vierzehntägiger Aufenthalt kostete 12 bis 15 Mark.

Bevölkerungsbedarf –> Alles, was das Volk brauchte. Unterteilt in Waren zum freien Verkauf bestimmt, Ladenhüter und Bückware.

Bewaffnete Organe –> NVA. Volkspolizei. Wachregiment des MfS. Bereitschaftspolizei. Kampfgruppen. Zivilverteidigung. Unterstanden dem Nationalen Verteidigungsrat.

Bitterfelder Weg –> Initiative, durch engen Kontakt von Kulturschaffenden und Arbeiterklasse parteiliche und volksverbundene Kunst zu schaffen.

Greif zur Feder, Kumpel

Blaue Fliesen –> Westgeld.

Blauhemd –> FDJ-Bluse, Verbandskleidung.

Blitz contra Wattfraß –> FDJ-Initiative von 1958 zum Energiesparen.

Blockflöten –> Parteifreunde der Blockparteien CDU, LDPD, DBD, NDPD.

Blockpolitik –> Gemeinsame Politik der im demokratischen Block 1945, später in der Nationalen Front zusammengeschlossenen Parteien unter der Führung der KPD, später SED.

Bodenreform, demokratische –> 1945/46 durchgeführte entschädigungslose Enteignung von Junkern, Großgrundbesitzern und aktiven Faschisten und Vergabe des Bodens an landlose Bauern.

Junkerland in Bauernhand

Bonbon –> Parteiabzeichen.

Bonzenschleuder –> Städteschnellverkehr der Reichsbahn, auch Dienstautos der Genossen.

Brieffreundschaften –> Von Freundschaftsorganisationen, insbesondere der DSF organisierte Briefwechsel mit meist Jugendlichen in den Bruderländern.

Brigade –> Kollektiv von Werktätigen am Arbeitsplatz.

Brigadeausflug –> *Hoch die Tassen!*

Brigadier –> Chef der Brigade.

Brigadetagebuch –> Alles über das Brigadeleben.

Broiler –> Brathähnchen spezieller Züchtung.

Bruder, großer –> Sowjetbürger.

Bruderbund –> Alle kommunistischen und Arbeiterparteien der Welt.

Bruderpartei –> Die Parteien der sozialistischen Länder.

Bückware –> Ware unterm Ladentisch.

Bürge –> Brauchte man, einen oder zwei, um in die Partei oder auch in bestimmte Verbände aufgenommen zu werden.

Buntfernseher –> Farbfernseher.

C

CA –> *Circus Aljosha oder C & A oder Camping in Afghanistan*. Sowjetskaja Armija. Die Truppen der Roten Armee in der DDR.

D

Datsche –> Bungalow, Laube.

Delikatladen –> Ab 1966 Ladenkette mit hochwertigen Nahrungs- und Genussmitteln. Zur »immer besseren Befriedigung der materiellen Bedürfnisse« und zur Abschöpfung von Kaufkraft. Ende der 80er Jahre gab es rund 25000 Verkaufsstellen.

Dienstleistungskombinat –> Zentrale Stützpunkte mit Belegschaften für Reparatur-, Reinigung- und Pflegeleistungen unterschiedlichster Art.

Die Zukunft wird heller! –> Werbeslogan des VEB Glühlampenwerkes NARVA.

Direktive –> Weisung von oben.

Direktstudium –> Studium an einer Hoch- oder Fachschule, Zulassung durch Hochschulkommissionen bei Empfehlung durch Schulen oder Betriebe. Direktstudenten erhielten ein Stipendium von mindestens 190 Mark.

Dispatcher –> Berufsbezeichnung für Lenkung und Kontrolle im Bereich von Produktions-, Verkehrs- und warenbewegenden Prozessen.

Dok-Filmfestival –> Alljährlich stattfindendes internationales Festival in Leipzig.

Drüben –> Je nachdem, wo man lebte: Osten oder Westen.

Druckgenehmigung –> Wurde von der Hauptverwaltung Verlage beim Ministerium für Kultur erteilt, oder auch nicht. Ohne Druckgenehmigung keine Buchveröffentlichung.

Druschba –> Freundschaft (russ.)

E

Ehekredit –> Zinsfreier Kredit von 5000 Mark (ab 1976) und 7000 Mark (ab 1981) für Eheleute bis zu 30 Jahren. Rückzahlung: 50 Mark monatlich. Erlassung der Rückzahlung: 1000 Mark bei einem Kind, 1500 beim zweiten, 2500 ab dem dritten. *Abkindern*.

Ehrenbanner –> Fahne oder Wimpel für herausragende Leistungen.

Ehrendienst –> 18 Monate bei der NVA.

Eierteigwaren –> Nudeln.

Eigeninitiative –> Wenn Initiative allein nicht reicht.

Wortschatzkammer

Eingabe –> Petition, am besten direkt an die »Eingabenstelle des Staatsratsvorsitzenden«.

Einheit von Wirtschafts- und Sozialpolitik –> Vom VIII. Parteitag erstmals proklamierte Formel für das System sozialpolitischer und ökonomischer Maßnahmen zur Erhöhung des Lebensstandards.

Ich leiste was, ich leiste mir was

Einstufung –> Graduierungen für die Unterhaltungskünstler, nach denen sich das Honorar richtete. Erfolgte alle 2 Jahre neu. Ohne Einstufung keine Spielerlaubnis.

Ein-/Zwei-/...-Raumwohnung –> Ein-/Zwei-/...-Zimmerwohnung.

Elternabend –> Mindestens zweimal jährlich stattfindende Versammlung der Eltern von Krippen-, Kindergarten- und Schulkindern unter Leitung des Erziehers/Lehrers.

Elternaktiv –> Elternvertreter der Klasse.

Elternbeirat –> Elternvertreter der Schule.

Engpass –> Versorgungslücke.

Erdmöbel –> Sarg.

Erntehelfer, Ernteeinsatz –> Hilfe bei der Ernte durch Schüler und Studenten, auch von Werktätigen aus Betrieben und Einrichtungen.

Erntekapitän –> Mähdrescherfahrer.

Essengeld –> 0,35 M pro Tag in Kinderkrippe/-garten, 0,55 für Schüler. Essenmarken berechtigten zur Teilnahme an der Schulspeisung.

Exquisitläden –> Ladenkette für hochwertige und hochpreisige Textilien. Pendant zu Delikatläden.

F

Facharbeiter –> Grundberufsbezeichnung für Lehrberufe aller Spezialisierung, zu erwerben nach dem Abschluss der zehnjährigen POS und meist zweijähriger Lehre.

Fackelzug –> Im Rahmen von Groß- und Gedenkveranstaltungen organisierter Umzug.

Fahnenappell –> Das Hissen der Fahne mit Reden und Bekenntnissen zu allen möglichen Anlässen: neues Schuljahr, neue Schulwoche, Ferienlager etc.

Fahrerlaubnis –> Führerschein.

Familiengesetzbuch –> 1965 erlassen »zur Entwicklung sozialistischer Familienbeziehungen«, basierend auf Engels' Auffassung von »der Familie als kleinster Zelle der Gesellschaft«.

Fanfarenzug –> Beim Marschieren Musizieren auf Blechblasinstrumenten und Schalmeien.

FDJ-Aufgebot –> Aufgaben- und Verpflichtungskatalog, der der SED zu feierlichen Anlässen überreicht wurde.

FDJ-Sekretär –> Vorsitzender einer FDJ-Leitung der Grundorganisation oder auf höherer Leitungsebene. *FDJnik.*

FDJ-Studienjahr –> Schulung der FDJ-Mitglieder in »Zirkeln junger Sozialisten«. Erwerb des Abzeichens »Für gutes Wissen«.

Feierabendbrigade –> Team für Schwarzarbeit.

Feierabendheim –> Altenheim.

Ferienheim –> Dem FDGB unterstellte, gelegentlich auch betriebseigene Einrichtungen in schönen Gegenden des Landes, in denen Betriebsangehörige, auch Rentner, auf Antrag und durch Zuteilung der BGL preiswert Unterkunft und Verpflegung für ein-, zwei- oder dreiwöchige Feriendurchgänge fanden. Der FGDB-Urlauber trug nur ca. 25 % der realen Kosten selber.

Feriencheck –> Beleg für die Belegung eines FDGB-Ferienplatzes.

Ferienspiele –> Von Lehrern und Hortnern betreute Feriengestaltung für Kinder, die nicht verreisten. In den immer 8 Wochen dauernden »Großen Ferien« (erster Schultag: 1. September) gab es mehrere Durchgänge: baden, wandern, basteln, Kino, Ausflüge. Teilnahmekosten für 2 Wochen: 1 Mark.

Ferkeltaxe –> Triebwagen der Deutschen Reichsbahn auf den Regionalstrecken.

Festival des politischen Liedes –> Von 1970 an jährlich stattfindende Woche mit Singeveranstaltungen, von der FDJ organisiert, zu der auch internationale Künstler geladen wurden.

Figurenkarussell –> Weihnachtspyramide.

Firma, die –> Ministerium für Staatssicherheit (MfS), auch: Stasi. *Horch und Guck.*

Forumscheck –> Westgeldäquivalent für den Einkauf im Intershop.

Frauenförderpläne –> Gleicher Lohn für gleiche Arbeit war selbstverständlich, darüber hinaus wurden spezielle Fortbildungen (Frauensonderstudium) und Sonderregelungen in den Betrieben vereinbart.

Frauenruheraum –> *Raum zum Abruhen.* Jeder Betrieb war verpflichtet, diesen Raum zur Verfügung zu stellen.

Freund der Jugend –> Alt- oder Uralt-FDJler.

Freunde, die –> Sowjetmenschen, auch: Russen.

Freundschaft –> Gruß der FDJ.

Freundschaftsrat –> Oberstes Organ der Pionierorganisation an den Schulen. Die Gruppenräte jeder Klasse wählten einen Vertreter in den Freundschaftsrat.

Freundschaftstreffen –> Treffen von Schulklassen mit den in der DDR stationierten sowjetischen Streitkräften oder Pionieren aus den Bruderländern. Freundschaftstreffen fanden auch zwischen Funktionären der Bruderparteien statt.

Freundschaftszug –> Züge, die zu Pionier- und FDJ-Treffen oder zu Ferien- und Auszeichnungsreisen in die Bruderländer fuhren.

Friedenstaube, kleine, weiße –> Pionierlied.

Friedenswacht –> Grenzdienst.

Fruchtstielbonbon –> Lutscher.

Fünfjahrplan –> Staatlicher Plan zur politischen, ökonomischen, sozialen, kulturellen Entwicklung des Landes. 1. Fünfjahrplan 1951-55. Entsprach dem Planungsturnus in der Sowjetunion.

»Für Frieden und Sozialismus: Seid bereit!« – »Immer bereit!« –> Gruß der Pioniere.

Fußgängerschutzleuchte –> Taschenlampe.

G

Galerie der Freundschaft, zentrale –> Von 1964 an alle 2 Jahre in einer Bezirksstadt stattfindende Ausstellung der künstlerischen Arbeiten von Pionieren, die sich über Kreis- und Bezirksgalerien qualifiziert hatten.

Gegenplan –> Plankorrektur nach oben, aufgestellt durch BGL und Belegschaft.

Generalsekretär des ZK der SED, bis 1976 Erster Sekretär des ZK der SED –> Parteichef der SED.

Genex –> Handelsfirma, über die DDR-Bürger mit Valutaeinkommen oder über Westverwandte Waren beziehen konnten, z. B. Autos ohne Wartezeit.

Genossen –> SED-Mitglieder.

Gestattungsproduktion –> Lizenzproduktionen in der DDR zur Devisenerwirtschaftung. Vor allem BRD-Firmen ließen Markenprodukte im Billiglohnland DDR produzieren. Geringe Teile davon kamen auch in Delikat- und Exquisitläden.

Giftschrank –> Aufbewahrungsort für »gefährliche« Literatur, nur per Sondergenehmigung einsehbar.

Goldbroiler –> Siehe Broiler.

Grilletta –> Hamburger.

Gruppenratsvorsitzender –> Der gewählte Vorsitzende der Pioniergruppe einer Klasse. Der Gruppenrat bestand außerdem aus dem stellvertretenden Vorsitzenden, Schriftführer, Wandzeitungsredakteur, Kassierer (des Pionierbeitrags von 10 Pfennigen pro Monat) und dem Verantwortlichen für Agitation und Propaganda.

Grenztruppen –> Einheiten zur Sicherung der Staatsgrenze der DDR, aus der Grenzpolizei hervorgegangen.

Große sozialistische Oktoberrevolution –> Die erste siegreiche proletarische Revolution, 24./25. Oktober (6./7. November) 1917 in Russland unter Führung Lenins und der Bolschewiki. Dekret über den Frieden. Dekret über den Grund und Boden. Gründung der Sowjetrepublik.

Wortschatzkammer

Großer Vaterländischer Krieg –> In der Sowjetunion Bezeichnung des Kampfes des Völker der Sowjetunion und der Roten Armee gegen Hitler. Bis heute gebräuchlich.

GST-Lager –> Zweiwöchige vormilitärische Ausbildung in der Abiturstufe.

H

Haftschalen –> Kontaktlinsen.

Hans-Beimler-Wettkämpfe –> Meisterschaften in der vormilitärischen Ausbildung an den Schulen.

Hauptaufgabe, die –> Vom VIII. Parteitag beschlossen. »Die Hauptaufgabe besteht in der weiteren Erhöhung des materiellen und kulturellen Lebensniveaus des Volkes auf der Grundlage eines hohen Entwicklungstempos der sozialistischen Produktion, der Erhöhung der Effektivität, des wissenschaftlich-technischen Fortschritts und des Wachstums der Arbeitsproduktivität.«

Hauptstadt der DDR –> Ostberlin.

Hausbuch –> Eintrag des Ein- und Auszuges der Mieter eines Hauses in ein pflichtmäßig vom Hausbesitzer oder Hausvertrauensmann zu führendes Buch, in das sich auch Besucher aus dem NSW einzuschreiben hatten.

Haushaltstag –> Ein bezahlter arbeitsfreier Tag für werktätige Frauen im Monat. Ab 1961 für alleinstehende und vollbeschäftigte Frauen, ab 1981 für alle Mütter, Ehefrauen und alleinstehende Frauen über 40.

Hausherren von morgen –> Die DDR-Jugend.

Hausnummer, goldene –> Im Wettbewerb »Schöner unsere Städte und Gemeinden« verliehene Nummer für Hausgemeinschaften, die sich bei Pflege und Erhalt der Häuser besonders hervorgetan hatten.

Heimatkunde –> Unterrichtsfach der Unterstufe.

Helfer der Volkspolizei –> Halfen der Volkspolizei in ihrer Freizeit und freiwillig.

Holzgliedermaßstab –> Zollstock.

Horch und Guck –> Stasi.

I

Industriewaren –> Alles, was nicht aus der Landwirtschaft oder dem Kleingewerbe in den Handel kam.

Intelligenzrente –> Sonderrente für Angehörige der Intelligenz (Lehrer, Ärzte).

Interhotel –> Hotelkette mit höherem Standard, auch gekoppelt mit Devisen-Restaurants, Leipzig 5, Dresden 4, Berlin und Karl-Marx-Stadt je 3, Potsdam, Halle, Gera, Erfurt, Weimar, Jena, Suhl, Oberhof, Magdeburg, Rostock je 1.

Intershop –> Westkram für Westknete. Ladenkette.

J

Jahresabschlussfeier –> Weihnachtsfeiern in den Betrieben.

Jahresendflügelfigur –> Weihnachtsengel.

Jahresendprämie –> Anfangs Mittel zur Stimulanz, gezahlt bei Planerfüllung. Am Ende 13. Monatsgehalt.

> **Jeder nach seinen Fähigkeiten, jedem nach seinen Leistungen**

–> Leistungsprinzip für den Sozialismus.

Jedem nach seinen Bedürfnissen –> Leistungsprinzip für den Kommunismus.

Jugendbrigade –> Eine mehrheitlich aus Jugendlichen bestehende Brigade, die beispielhafte Arbeitsleistungen erbringen sollte und von der FDJ in den Betrieben angeleitet wurde.

Jugendfreund –> Mitglied der FDJ, Anrede.

Jugendobjekt –> Übertragung einer befristeten oder konkret bemessenen Produktionsaufgabe an eine oder mehrere Jugendbrigaden, z. B. Meliorations-Objekte »Friedländer Wiese«, »Rhin-Havel-Luch«, »Drömling«, Bau der »Talsperre des Friedens« Sosa, Drushba-Trasse, das Zentrale Jugendobjekt »FDJ-Initiative Berlin«.

Jugendparlament –> Höchstes Organ der FDJ, wählte alle vier Jahre den Zentralrat.

Jugendtanz –> Disko.

Jugendstunde –> Zur Vorbereitung auf die Jugendweihe durchgeführte Veranstaltungen, die mit Traditionen der Arbeiterbewegung, dem antifaschistischen Widerstand (Besuch einer KZ-Gedenkstätte), der Arbeitswelt und kulturellen Leistungen bekanntmachten.

Jugendtourist –> Reisebüro der FDJ für preiswerte Urlaubs- und Bildungsgruppenreisen ins Ausland, in begrenzter Anzahl auch ins kapitalistische Ausland.

Jugendweihe –> Zeremonie zum »Eintritt in das Erwachsenenalter« für Jugendliche der 8. Klasse. An den Schulen organisierte Feierstunden mit anschließender Familienfeier, die in den 80er Jahren zunehmend im Klassenkollektiv gefeiert wurden. Geldgeschenke der Verwandten waren üblich. Von nun an wurden die Jugendlichen von den Lehrern gesiezt.

Jugendwerkhof –> Verwahrung für straffällig gewordene Jugendliche, zumeist in Verbindung mit der Arbeit in Werkstätten.

Jungpioniere –> *Sozialistische Schülerpersönlichkeiten.* Mitglieder der Pionierorganisation der 1. bis 3. Klasse, die dann Thälmann-Pioniere wurden.

K

Kader –> Werktätiger.

Kaderakte –> Personalakte.

Kaderleiter –> Personalchef.

Kaderschmiede –> Parteischule.

Kaderwelsch –> Parteichinesisch.

Kampfesgrüße –> *Von Bruderpartei zu Bruderpartei.*

Kampfgruppenübung –> *Indianerspiel für rote Kämpfer.*

Kampfreserve der Partei –> FDJ.

Kandidatenjahr –> Jahr der Prüfung für die Mitgliedschaft in der SED.

Kasse der gegenseitigen Hilfe –> Betriebliche Einrichtung des FDGB für Darlehen oder finanzielle Zuwendung für Werktätige, die in Notlage geraten waren.

Kaufhalle –> Supermarkt.

Kettwurst –> Hot Dog.

Kinderkombination, Kinderkrippe (für die Kleinen), Kindergarten (ab 3 Jahre) –> Kita.

Kinderreich –> Alleinstehende ab 3 Kinder, Familien ab 4 Kinder. Kostenvergünstigungen und -erlasse im sozialen und kulturellen Bereich, z. B. kostenlose Wäschereileistungen, Kino-, Theater- und Rummelbesuche.

Klassenfeind –> Der Gegner. Der Weltimperialismus.

Klassiker des Marxismus-Leninismus –> Marx, Engels, Lenin. vorübergehend: Marx, Engels, Lenin, Stalin.

Kollektiv –> Begriff für Gruppen von Werktätigen, Schülern, Armeeangehörigen. *Jeder verlässt sich auf jeden.*

Kollektiv der sozialistischen Arbeit –> Ehrentitel, der im sozialistischen Wettbewerb verliehen wurde.

> **Sozialistisch arbeiten, lernen und leben**

Kombinat –> Sozialistische Wirtschaftseinheit. Juristisch selbständiger Großbetrieb, dem einzelne Kombinatbetriebe unterstellt waren. Die Generaldirektoren unterstanden dem jeweiligen Industrieminister. 2,7 Mio Werktätige arbeiteten 1989 in zentralgeleiteten Kombinaten.

Komplexannahmestelle –> Annahmestelle für Reparaturen aller Art.

Konfliktkommission –> Gewähltes gesellschaftliches Gericht in den Betrieben zur Schlichtung bei Arbeitsrechts- und Schulpflichtverstößen und kleineren zivilrechtlichen Fällen. Die Entscheidungen trugen meist erzieherischen Charakter. Widerspruchsrecht beim Kreisgericht.

Konsum –> Handelskette, Beschluss der SMAD im Dezember 1945 über Neuaufbau der Konsumgenossenschaften. Mitglieder bekamen beim Warenkauf Rabattmarken.

Konsummarken –> Rabattmarken.

Konzert- und Gastspieldirektion –> 1953 gegründete Agentur für Unterhaltungskunst und Konzertwesen. Vermittelte Künstler im Inland, für Auslandsauftritte war die »Künst-

Wortschatzkammer

leragentur der DDR« zuständig.

Kosmonaut –> Astronaut.

Kreisleitung, Bezirksleitung –> Leitungen der Partei auf regionaler Ebene.

Kritik und Selbstkritik –> *Nach oben buckeln, nach unten treten.* »Auf der materialistischen Dialektik beruhende Methode, Widersprüche zwischen den gesellschaftlichen Erfordernissen und überholten subjektiven Auffassungen aufzudecken und schöpferisch zu lösen.«

Kulturelles Erbe –> Nach wertvollen und weniger wertvollen Traditionen gesiebte Kunst.

Kulturfünfer –> 5 Pfennige auf jeder Kino-/Theater-/Konzertkarte zur Abführung an den Staatshaushalt.

Kulturhaus –> Wurden insbesondere in den 50er Jahren in Städten und Gemeinden errichtet als Mittelpunkt des kulturellen Lebens. Meist mit Tanzsaal, Klubräumen, kleinen Bühnen.

Kulturobmann –> gewähltes Gewerkschaftsmitglied, das die »kulturellen Maßnahmen« wie Theaterbesuch oder Brigadeausflug organisierte.

Kulturschaffende –> Maler, Musiker, Schriftsteller, Architekten, Schauspieler ...

Kumpeltod –> Bergmannsschnaps, auf Bezugsschein kostengünstig zu beziehen.

Kundschafter –> Spion.

Kunstausstellung –> Leistungsschau der bildenden Künstler. Alle zwei Jahre auf Bezirksebene. Die »Kunstausstellung der DDR« fand alle 4 Jahre statt, die letzte 1987/88.

L

Lager für Arbeit und Erholung –> Bezahlte Arbeitseinsätze für Studenten im In- und Ausland von 3 bis 6 Wochen mit Kultur- und Freizeitprogramm.

Lehrkörper –> Alle Lehrer einer Schule.

Lehrling –> Auszubildender.

Leistungsstipendium –> Neben dem Grundstipendium gab es bei gutem Notendurchschnitt ein gestaffeltes Leistungsstipendium von 60 bis 150 Mark. Selten waren die Sonderstipendien, die FDJ und Partei in einer Höhe bis zu 450 Mark vergeben konnten.

Lichtsignalanlage –> Verkehrsampel.

Lipsi –> Ein in Leipzig kreierter Tanz.

Losung –> Politische Parole.

M

Mach-mit-Wettbewerb –> Initiative der Nationalen Front zu freiwilliger Arbeit der Bürger für Erhalt und Instandsetzung öffentlicher Plätze und des Wohnumfeldes.

> *Schöner unsere Städte und Gemeinden – mach mit!*

Mahn- und Gedenkstätte –> Stätten zur Ehrung der Opfer des antifaschistischen Widerstands. Meist an Orten errichtet, an denen Nazis ihre Gegner interniert, gefoltert, hingerichtet hatten (Buchenwald, Sachsenhausen).

Mainelke –> Rote Kunstblume, am 1. Mai im Knopfloch zu tragen. Symbol aus der Arbeiterbewegung.

Manifestation, kraftvolle –> Aufmarsch zu Jubelanlässen.

Manöver Schneeflocke –> Jährliches Abenteuerspiel der Pioniere.

Massenorganisationen –> Vereinigung von Bürgern »zur Wahrnehmung ihrer politischen, ökonomischen, kulturellen und sportlichen Interessen«.

Matheolympiade –> Schülerwettstreit. Schulausscheide, Kreis- und Bezirksolympiaden.

> *Max braucht Wasser*

–> Losung des Jugendobjekts Talsperrenbau für die Hütte in Unterwellenborn.

> *Mehr produzieren, gerechter verteilen, besser leben!*

–> Losung des II. Parteitages. **Meine Hand für mein Produkt** –> Losung des FDGB für qualitäts- und verantwortungsvolle Arbeit.

> *Mein Arbeitsplatz – ein Kampfplatz für den Frieden*

Menschenhändler, kriminelle –> Fluchthelfer.

Milchgeld, Milchpause –> Ausgabe von Trinkmilch an Schüler.

Mindestumtausch –> DDR-Geld gegen Westgeld 1 : 1 beim Besuch der DDR. Zuletzt 25 Mark.

Ministerrat –> Regierung der DDR.

Mit sozialistischem Gruß –> Grußformel unter offiziellen Briefen.

Mütterberatung –> Beratung und Gesundheitskontrolle des Kindes bis zum 3. Lebensjahr mit Pflichtbesuchen (im ersten Jahr monatlich) in den Stellen der Mütterberatung.

N

Naherholungsgebiet –> Schöne Gegend in der Nähe.

Nasszelle –> Bad.

Natascha-Laden –> Läden mit russischen Waren, meist auf dem Gelände russischer Kasernen.

Nationale Front –> Bezeichnung für die unter Führung der SED zusammengeschlossenen Parteien und gesellschaftlichen Organisationen. War Träger der Wahlen zur Volkskammer: Man wählte also immer »die Kandidaten der Nationalen Front«.

Nationalhymne –> Einzige nur konzertant dargebotene Nationalhymne der Welt.

Nationalrat –> Leitendes Organ der Nationalen Front.

Neuerervorschlag –> Einreichung von Verbesserungsvorschlägen der Werktätigen zur Steigerung der Arbeitsproduktivität.

Nuttenbrosche –> Brunnen auf dem Alexanderplatz.

O

Oberliga –> Höchste Spielklasse in der DDR.

Objektumfriedung –> Zaun.

Oder-Neiße-Friedensgrenze –> Grenze zu Polen.

Ordnungsgruppe –> Einsatzgruppe der FDJ.

Organe, staatliche –> Entscheidungstragende Gremien der Parteien, Massenorganisationen und des Staates.

Ostseewoche –> Seit 1958 alljährlich in Rostock stattfindende Begegnung der Anliegerstaaten der Ostsee.

> *Die Ostsee muss ein Meer des Friedens sein!*

P

Palast der Republik –> 1976 eingeweihtes Mehrzweckgebäude am Spreeufer in Berlin. Mit Galerie und kulturellen Einrichtungen (Großer Saal für 5000 Besucher, Theater im Palast), Gaststätten, Bowlingbahn. Sitz der Volkskammer.

Partei, die, Partei, die –> hat immer recht. SED. Lied nach Gedicht von Louis Fürnberg.

Parteiabzeichen –> Abgebildet ein Handschlag, die Vereinigung von KPD und SPD symbolisierend. *Eine Hand wäscht die andere.*

Parteiauftrag –> Auftrag der Partei.

Parteilehrjahr –> Weiterbildungsmaßnahme für Mitglieder, montags, nach der Arbeit, einmal im Monat.

Parteisekretär –> Wahlfunktion zum Vorsitzenden der Parteigruppe bis hin zu den hauptamtlichen Sekretären eines Betriebes und der regionalen Parteileitungen.

Parteistrafe bzw. Parteiverfahren –> Rügung von Fehlverhalten der Genossen, bis zum Ausschluss.

Parteitag –> Höchstes Organ der SED. Legte Programm und Aufgaben fest. Letzter Parteitag: der XI. im April 1986.

Patenbrigade/Patenklasse –> Partnerschaft zwischen Schulklassen und Brigaden.

Pfingsttreffen –> FDJ-Großveranstaltung.

Pionier –> siehe Jung- und Thälmannpionier.

Pionierehrenwort, großes –> Gaben nicht nur die Pioniere, sondern ironisch auch die Erwachsenen.

Pioniergeburtstag –> Wurde am 13.12., dem Gründungstag der Pionierorgansiation (1948), gefeiert.

Pioniergesetze –> Die zehn Gebote der Jungpioniere. Sie einzuhalten gelobte man beim Eintritt.

Pionierhalstuch, rotes und blaues –> Zur Pionierkleidung (weiße

~ 162 ~

Wortschatzkammer

Bluse mit Pionieremblem am Ärmel, dunkelblauer Rock oder Hose) gehörendes Halstuch, dessen drei Ecken das Zusammenwirken von Elternhaus, Schule und Pionierorganisation symbolisierten.

Pionierleiter –> Hauptamtlicher Oberpionier an der Schule.

Pioniernachmittag –> Mittwochs unternahm die Pioniergruppe was (Basteln, Wandern, Veteranen treffen).

Pionierpalast –> Mehrzweckgebäude für die Freizeitbetätigung der Pioniere.

Pionierrepublik Wilhelm Pieck –> 1952 gegründetes Pionierlager für Aufenthalte ausgezeichneter Pioniere über das ganze Jahr verteilt.

Planauflage –> Was der Plan vorgab.

Planplus –> Planübererfüllung.

Plansilvester –> Tag der Planerfüllung.

Plaste & Elaste –> Kunststoffe.

Poetenbewegung –> Von der FDJ initiierte Förderung des literarischen Nachwuchses mit dem alljährlichen Poetenseminar in Schwerin.

Poliklinik –> Ärztehaus.

Polylux –> Overheadprojektor.

Prämienfonds –> Innerbetrieblicher Fonds, in den prozentualer Anteil des Gewinnes floß, aus dem die Werktätigen Jahresend- und Sonderprämien erhielten.

Präsent 20 –> Rundstrickgewebe.

Q

Qualifizierungsmaßnahme –> Lehrgang.

R

Raumheizer –> Ofen.

Real existierender Sozialismus –> Beleg für die Verwirklichung der Lehre von Marx, Engels, Lenin.

Rechenschaftsbericht –> Von gewählten oder staatlichen Leitungen abzugebende Bilanz in wirtschaftlichen, politischen und gesellschaftlichen Bereichen.

Reihenuntersuchung –> Turnusmäßige prophylaktische Gesundheitsuntersuchungen der Werktätigen.

Reisekader –> Durfte dienstlich ins NSW reisen.

Rekonstruktion –> Sanierung.

Rennpappe –> Trabant.

Rentnervolvo –> Einkaufstasche auf Rädern.

Reparaturstützpunkt –> Einrichtung der KWV zur Ausführung von Kleinstreparaturen oder Ausgabe von Material an den Mieter. *Selbst ist der Mann!*

Republikflucht –> Ungesetzliches Verlassen der DDR.

Republikgeburtstag –> 7. Oktober. Nationalfeiertag.

Rinderoffenstall –> Nach sowjetischem Vorbild eingerichtete Freilufthaltung der Tiere.

Rock für den Frieden –> Von der FDJ ins Leben gerufene Veranstaltungsreihe im Palast der Republik von 1982-87. Auch LP-Reihe bei Amiga.

Rostquietsch –> Auto der Marke Moskwitsch.

»Rote Ecke« –> Platz zur Würdigung des Namensgebers einer Schule, eines Betriebes.

Rote Woche –> Eine Woche intensiver »Rotlichtbestrahlung« z. B. bei Beginn eines neuen Studienjahres.

Rotlichtbestrahlung –> Jede Form politischer Schulung.

Ruhetag –> Gaststättenschließtag.

Russenmagazin –> Läden in sowjetischen Militärobjekten.

Russischolympiade –> Siehe Matheolympiade.

S

Sättigungsbeilage –> Der Mensch lebt nicht vom Fleisch allein, deswegen gab es in den Gaststätten Beilagen zum Sattwerden: Kartoffeln, Reis, Nudeln.

Schild und Schwert der Partei –> Staatssicherheit.

Schonarbeitsplatz –> Bei eingeschränkter Arbeitsfähigkeit ärztlich angeordneter verminderter Einsatz bei gleichem Lohn.

Schriftführer –> Mussten überall alles protokollieren.

Schule der sozialistischen Arbeit –> Freiwillige politische Schulung parteiloser Gewerkschaftsmitglieder.

Schulspeisung –> 86 % der Schüler nahmen 1989 an der Schulspeisung teil.

Sichtelement –> Transparent.

Siedlerbedarf –> Baumarkt.

Sie werden plaziert! –> Hinweis in Gaststätten, dass man früher oder später durch einen Kellner plaziert wurde – und zwar auf einem Platz *seiner* Wahl.

So wie wir heute arbeiten, werden wir morgen leben
–> Losung, von Bestarbeiterin Frida Hockauf 1953 geprägt.

Solibeitrag, Solimarken –> Einzahlungen der Schüler und Werktätigen an den Solidaritätsfonds der DDR, dem die Verteilung der Gelder oblag.

Solidaritätsbasar –> Bestandteil öffentlicher Veranstaltungen, bei dem durch Spenden oder Verkauf von Basteleien Geld gesammelt wurde.

Sozialistische Menschengemeinschaft –> Alle sozialistischen Menschen. Der Begriff kam in den 70er Jahren aus der Mode.

Sozialistische Staatengemeinschaft –> Alle sozialistischen Länder.

Sozialistische Wartegemeinschaft –> Kundenschlange.

Sozialistischer Wettbewerb –> *Konkurrenz ohne Kampf.* »Methode zur Entwicklung von schöpferischer Masseninitiative.«

Sozialistisches Eigentum –> Eigentum an Produktionsmitteln; Volks- oder genossenschaftliches Eigentum.

Spare mit jedem Gramm, jedem Pfennig, jeder Minute!
–> Losung von 1960.

Spartakiade –> Sportkämpfe der Kinder und Jugendlichen. Motto: *Spartakiadesieger von heute, Olympiasieger von morgen.*

Speckitonne –> Biogutbehälter.

Sperrgebiet –> Grenznahes Gebiet, Besuche der Anwohner nur mit Genehmigung möglich.

Sprachmittler –> Dolmetscher.

Staatsbürgerkunde –> Unterrichtsfach ab 7. Klasse der POS.

Staatsratsvorsitzender –> Oberster Repräsentant der DDR. Walter Ulbricht 1960-73. Erich Honecker 1976-89 (in Personalunion mit dem Ersten bzw. Generalsekretär der Partei), Willi Stoph 1973-76.

Stachanowbewegung –> Der sowjetische Hennecke.

Stanniolpapier –> Alufolie.

Studentensommer –> Ferienarbeit für Studenten, von der FDJ organisiert und gut bezahlt.

Studentenwohnheim –> Wohnheimplätze für Direktstudenten. Kosteten (inklusive aller Nebenkosten) 10 Mark im Monat. In der Regel 4-Bett-Zimmer, auch 2-Bett-Zimmer und Zimmer für Studentinnen mit Kind.

Straße der Besten –> Fotogalerie der Bestarbeiter.

Subbotnik –> Freiwilliger, unbezahlter Arbeitseinsatz nach russischem Vorbild (Subbota: Sonnabend).

SV-Ausweis –> Grünes Ausweisbuch der Sozialversicherten, das die Leistungsansprüche festhielt.

T

Tabuwörter –> Gab es nicht, nur Reizwörter, und die waren tabu.

Tal der Ahnungslosen –> Raum rund um Dresden: kein Westfernsehempfang.

Tele-Lotto –> Spielform des Staatlichen Wettspielbetriebes seit 1972. 5 aus 35. Übertragung im Fernsehen mit einem Show-Act zu jeder gezogenen Nummer.

Telespargel –> Von der Presse propagierter Kosename für den Berliner Fernsehturm.

Thälmannpioniere –> Aus Jungpionieren wurden in der 4. Klasse Thälmannpioniere. Die Pionierorganisation trug den Namen »Ernst Thälmann«.

Timur und sein Trupp –> Buch von Arkadi Gaidar. Timurhilfe: hilfsbereite Jungs und Mädchen, die für Rentner Kohlen schleppten und einkauften.

Tonfilmbühne –> Kino.

Tonmöbel –> Radio und Fernseher.

Transparent –> Werbeträger für politische Losungen.

Trasse –> Erdgasleitung vom Ural in die DDR, von der DDR (Abschnitt Orenburg bis zur Westgrenze der UdSSR) miterbaut. »Drushba-Trasse.«

Wortschatzkammer

U

Überholen ohne einzuholen

–> Von Walter Ulbricht geprägte Losung, die den eigenen Weg und die Überlegenheit des sozialistischen Wirtschaftssystems gegenüber dem kapitalistischen kennzeichnen sollte.

Umrubeln –> Geld schwarz tauschen.

Unser Dank gilt der Partei, wenn sie ruft, sind wir dabei!

–> FDJ-Losung.

Untererfüllen –> Den Plan nicht erfüllen.

Unterleutnant –> Dienstgrad in den bewaffneten Organen, DDR-spezifisch.

Unterstufe –> Klassen 1 bis 4, Oberstufe –> Klassen 5 bis 10.

V

Valuta –> Richtiges Geld.

Veteran –> Rentner.

Vertragsarbeiter –> Gastarbeiter.

Vitamin B –> Beziehungen.

Volksbuchhandel –> Staatliche Handelskette mit rund 700 Läden neben 400 privat betriebenen.

Volkseigentum –> Gesellschaftliches Eigentum an Produktionsmitteln.

Volkskammer –> Parlament der DDR.

Volkskunst –> Die künstlerische Betätigung des Volkes.

Volkssolidarität –> 1945 gegründete Organisation mit 1,8 Mio Mitgliedern insbesondere zur Betreuung älterer Bürger.

Von der Sowjetunion lernen heißt siegen lernen

–> Losung. Die Sowjetunion als führende Kraft des sozialistischen Weltsystems hatte Vorbildcharakter.

W

Waffenbrüder –> Die Armeen des Warschauer Vertrages.

Wahlhelfer –> Ehrenamtliches Mitglied einer Wahlkommission.

Wandzeitung –> Politische und sachliche Informationen in Klassenzimmern und Betrieben.

Warschauer Vertrag(-sstaaten) –> »Vertrag über Freundschaft, Zusammenarbeit und gegenseitigen Beistand« von 1955. Beistand im Falle militärischer Operationen.

Weltall, Erde, Mensch –> Titel des Jugendweihebuches, das bis 1975 alle Teilnehmer erhielten.

Weltanschauung, wissenschaftliche –> Marxismus-Leninismus.

Weltfestspiele –> Vom Weltbund der demokratischen Jugend initiiertes politisches Festival.

Werktätiger –> Arbeitnehmer.

Werkunterricht –> Basteln für Zensuren.

Westpaket –> Paket aus dem Westen von der –> Westverwandtschaft, die es von der Steuer absetzte.

Wissenschaftlich-technische Revolution –> Form der Produktivkraftentwicklung.

Wo ein Genosse ist, ist die Partei

–> Parteilosung.

Wohngebietsausschuss –> Kleinste organisatorische Einheit der Nationalen Front.

Wohnungsbauprogramm –> Vom VIII. Parteitag beschlossener verstärkter Bau von Wohnungen zur Lösung des Wohnungsproblems bis 1990.

Würzfleisch –> Ragout fin.

Z

Zappelfrosch –> PKW der sowjetischen Marke Saporoshez.

Zentralkomitee –> Führungsgremium der SED. Auf den Parteitagen für eine Legislaturperiode gewähltes höchstes Organ der Partei.

Zentralorgan –> Überregionale Tageszeitungen der SED und der Blockparteien.

Zentralrat der FDJ –> Oberstes Verwaltungsorgan der FDJ mit rund 400 hauptamtlichen Mitarbeitern.

Zirkel schreibender Arbeiter –> Arbeitsgemeinschaften von Hobbyschreibern (nicht nur von Arbeitern) unter fachkundiger Anleitung in der Trägerschaft von Betrieben oder Organisationen.

Zettelfalten –> Wählen.

Zuführung –> Unfreiwilliger Besuch bei den Organen.

Zur Fahne gehen –> Wehrdienst ableisten.

Abgekürzt & durchschaubar

A

ABF –> Arbeiter-und-Bauern-Fakultät. An Universitäten und Hochschulen zur Vorbereitung von jungen Arbeitern und Bauern auf das Hochschulstudium, 1949-64. *Berühmteste Absolventen: Quasi Rieck und Robert Trullesand.*

ABI –> Arbeiter- und Bauerninspektion. 1963 gegründetes Kontrollorgan mit rund 100000 ehrenamtlichen Bürgern. *Damit alles seinen sozialistischen Gang ging.*

ABV –> Abschnittsbevollmächtigter (der Deutschen Volkspolizei). Zuständiger Wohngebietspolizist. »Der Volkspolizist, der es gut mit uns meint« oder »Der Leutnant vom Schwanenkietz«.

AdL –> Akademie der Landwirtschaftswissenschaften der DDR, 1951 gegründet.

ADN –> Allgemeiner Deutscher Nachrichtendienst. 1946 gegründete, erste Nachrichtenagentur in Deutschland, heute in ddp aufgegangen. *Gute Nachrichten für die SED.*

AdW –> Akademie der Wissenschaften. 1946 in Nachfolge der Preußischen Akademie der Wissenschaften gegründet. Mit bis zu 90 ordentlichen, bis zu 100 korrespondierenden, ca. 130 auswärtigen Mitgliedern und rund 20000 Mitarbeitern. *Sozialistische Gelehrtenrepublik.*

AG –> Arbeitsgemeinschaft. In Schulen und Betrieben gebildete freiwillige Vereinigungen außerschulischer und außerbetrieblicher Arbeit auf unterschiedlichsten Wissens- und Hobbygebieten, meist unter fachkundiger Anleitung.

AGB –> Arbeitsgesetzbuch. Regelte in 17 Kapiteln die Grundsätze des Arbeitsrechts (Leitung des Betriebs und Mitwirkung der Werktätigen, Arbeitszeit, Arbeitsschutz, Lohn, Prämien, Aus- und Weiterbildung, Urlaub, soziale Betreuung, Sozialversicherung, besondere Rechte werktätiger Frauen und Mütter etc.); Grundlage des Abschlusses von Betriebskollektivverträgen zwischen Betriebsleitung und Gewerkschaft.

Agitprop –> Agitation und Propaganda. Wiederbelebte Form der massenpolitischen Arbeit aus den 20er Jahren und der KPD-Tradition, insbesondere auch mit künstlerischen Ausdrucksmitteln. *Kunst ist Waffe (Friedrich Wolf).*

AGL –> Abteilungsgewerkschaftsleitung. Der BGL unterstellte Gewerkschaftsleitungen einzelner Abteilungen in Betrieben ab 300 Mitarbeitern.

ASK, ASV –> Armeesportklub, Armeesportvereinigung. Jeder NVA-Angehörige war Mitglied im Militärsportverein. Die braunen ASK-Trainingsanzüge wurden nach der aktiven Dienstzeit den Entlassenen mitgegeben und gern von Heimwerkern und Kleingärtnern aufgetragen.

AWG –> Arbeiterwohnungsbaugenossenschaft. Ab 1953 freiwillige Zusammenschlüsse zum genossenschaftlichen Wohnungsbau. Ziel: Verbesserung der Wohnverhältnisse in Industriezentren und Wohnraum für Stammbelegschaften. AWG-Mitgliedschaft regelte sich über Empfehlung der BGL, staatliche Wohnraumlenkung, Anerkennung des Statuts, finanzielle Beteiligung bis zu 3000 Mark und Erbringung von Eigenleistungen.

B

BAM –> Baikal-Amur-Magistrale. Eisenbahnlinie zur Verbindung der Rohstoffzentren der Baikalregion mit Industriezentren im Westen der Sowjetunion und den Fernost-Häfen. Vom RGW beschlossen. Die

Wortschatzkammer

Betriebe der Mitgliedsstaaten delegierten Arbeitskräfte, die DDR mehr als zehntausend Bauarbeiter für je maximal drei Jahre mit guten Verdienstmöglichkeiten.

BBS –> Betriebsberufsschulen. *Als Azubis noch Lehrlinge hießen* und die Betriebe selbst die Verantwortung für die praktische wie theoretische Ausbildung übernahmen.

BFC –> Berliner Fußball Club. Geliebt oder (von FC Union Berlin-Fans) gehasst.

BGL –> Betriebsgewerkschaftsleitung. Mitglieder der BGL wurden von den Gewerkschaftsmitgliedern in der Regel für die Dauer von zweieinhalb Jahren gewählt.

BHG –> Bäuerliche Handelsgenossenschaft. Großhandelsorganisation, die alles vertrieb, was man braucht, um Landwirtschaft zu betreiben. Entstand 1946 aus den Bauernkomitees und Ausschüssen der gegenseitigen Bauernhilfe. Gingen 1950 in den VdgB –> Vereinigung der gegenseitigen Bauernhilfe – ein.

BKV –> Betriebskollektivvertrag. Zwischen Betriebsleiter und BGL abgeschlossener Vertrag über die Verpflichtungen für das entsprechende Planjahr.

BSG –> Betriebssportgemeinschaft. Die Betriebe führten aus ihrem Erlös Geld an den Sportfonds ab, aus dem Sportanlagen und Trainer finanziert worden. Standen jedermann offen und setzten nicht die Zugehörigkeit zum Trägerbetrieb voraus.

BVB –> Berliner Verkehrsbetriebe. Mit 20 Pfennig war man dabei.

C

CDU –> Christlich-Demokratische Union Deutschlands.

D

DBD –> Demokratische Bauernpartei Deutschlands.

DDR –> Deutsche Demokratische Republik oder: *Der Doofe Rest*.

DEFA –> Deutsche Film-AG. Mit Lizenz der SMAD 1946 auf ehemaligem UFA-Gelände in Potsdam gegründete erste Filmgesellschaft nach dem 2. Weltkrieg.

DEWAG –> Deutsche Werbe- und Anzeigengesellschaft. Unterstand Abteilung Agitation und Propaganda der SED, übernahm gesamte Werbung für die großen DDR-Betriebe.

DFD –> Demokratischer Frauenbund Deutschlands. 1947 in Berlin gegründet.

DFF –> Deutscher Fernsehfunk, später: Fernsehen der DDR. Standort Berlin-Adlershof. 1952 erste Versuchssendungen, ab 1969 gab es ein 2. Programm.

DHFK –> Deutsche Hochschule für Körperkultur und Sport. Gegründet 1952 in Leipzig, galt als eines der wichtigsten Zentren des Leistungssports, hier trainierten Spitzensportler und studierten mit Abschluss als Diplomsportlehrer.

DR –> Deutsche Reichsbahn oder: *Dein Risiko*. Träger des Eisenbahnbetriebes in der DDR, 14000 km Streckennetz, 250000 Beschäftigte, wurde als staatliches Verkehrsunternehmen vom Ministerium für Verkehrswesen zentral- und gelegentlich fehlgeleitet.

DSF –> Gesellschaft für Deutsch-Sowjetische Freundschaft. Diente der Festigung des geschwisterlichen Verhältnisses zum »großen Bruder«.

DTSB –> Deutscher Turn- und Sportbund. 1957 gegründet als Dachorganisation der Sportverbände für alle sportinteressierten Bürger, organisierte den Leistungssport.

E

EDV –> Elektronische Datenverarbeitung.

EOS –> Erweiterte Oberschule, Abschluss Abitur als Voraussetzung fürs Studium.

ESP –> Einführung in die sozialistische Produktion. Unterrichtsfach an der POS ab 7. Klasse.

EVP –> Einzelhandelsverkaufspreis. Stand auf jeder einzelnen Ware, da es keine freie Preisbildung gab. Staatlich festgelegt, setzte sich aus Industrieabgabepreis und Handelsspanne zusammen.

F

FDJ –> Freie Deutsche Jugend. Massenorganisation der Jugend. Am 7.3.1946 gegründet, Mitgliedschaft ab 14 Jahre.

FDGB –> Freier Deutscher Gewerkschaftsbund. 1945 gegründet, Dachorganisation der 16 Industriegewerkschaften.

FKK –> Freikörperkultur. Von dem gemeinen DDR-Bürger bevorzugtes, der persönlichen Gesundheit zuträgliches und Offenheit demonstrierendes Nichtbekleidetsein an allen dafür ausgewiesenen Badestellen.

FSA –> Fachschulabsolvent. Abitur war keine Voraussetzung.

G

GOL –> Grundorganisationsleitung. Oberstes Exekutivorgan der FDJ, leitete und kontrollierte die Arbeit der FDJ in Schulen, Hochschulen und Betrieben, den Vorsitz hatte ein hauptamtlicher Funktionär.

GPG –> Gärtnerische Produktionsgenossenschaft. Obst- und Gemüseproduzenten boten ihre Waren für den heimischen Markt an. Als Produzent von landwirtschaftlichen Gütern eine Art Sonderform der LPG.

GST –> Gesellschaft für Sport und Technik. 1952 gegründet zum Zweck der Wehrbereitschaft der Werktätigen und der Vermittlung von Fähigkeiten und Kenntnissen zum Schutz des Sozialismus.

H

HGL –> Hausgemeinschaftsleitung. Bestand aus freiwilligen Mitgliedern, die sich um den baulichen Zustand des Hauses, Reinigungspläne, Arbeitseinsätze und Hausbeflaggungen (1. Mai) kümmerte.

HGS –> Hausgeräteservice. Gehörte als Teilbetrieb zu den Dienstleistungskombinaten. Reparierte Geräte direkt vor Ort, *wenn die entsprechenden Ersatzteile vorhanden waren*.

HO –> Staatliche Handelsorganisation der DDR. 1948 gegründet, Gesamtheit aller wirtschaftlichen Organe, Betriebe und Verkaufseinrichtungen des volkseigenen Einzelhandels (Fachhandel, »Centrum«- und »Magnet«-Warenhäuser, Wismut-Handel, Interhotels). *Hungernde Ostzone.*

HSA –> Hochschulabsolvent.

I

IAP –> Industrieabgabepreis. Abgabepreis industrieller Hersteller für Erzeugnisse und Leistungen an Betriebe, von der staatlichen Plankommission festgelegt, band Betriebe an Kosten und Erlöse, die für das Wirtschaftsjahr geplant waren.

IGA –> Internationale Gartenausstellung. Seit 1961 auf Messegelände in Erfurt.

J

JUMO Markenname für Jugendmode. Der Verkauf erfolgte in speziellen Jugendmode-Läden oder den entsprechenden Kaufhausabteilungen.

K

K, die –> Kriminalpolizei.

KAP –> Kooperative Abteilung Pflanzenproduktion.

KIM –> Kombinat industrielle Mast. Volkseigener Tierproduktionsbetrieb, hauptsächlich bekannt durch Broiler- und Eierproduktion. Werbeslogan: **K**östlich, **i**mmer **m**arktfrisch.

KJS –> Kinder- und Jugendsportschule. Besondere Schulform, die sportlich talentierte Kinder und Jugendliche gezielt förderte.

KPdSU –> Kommunistische Partei der Sowjetunion.

KWV –> Kommunale Wohnungsverwaltung. 1958 geschaffen, war der größte Wohnungsverwalter im jeweiligen Gebiet, entschied über alle Fragen der Wohnungsvergabe.

L

LDPD –> Liberal-Demokratische Partei Deutschlands.

LKG –> Leipziger Kommissions- und Großbuchhandel.

LPG –> Landwirtschaftliche Produktionsgenossenschaft. Sozialistischer Großbetrieb, entstanden im Zuge der Kollektivierung der Landwirtschaft Anfang der 50er Jahre.

Wortschatzkammer

M

Malimo –> Nähgewirke aus Baumwolle, Viskose und Chemiefasern, nach dem Erfinder Mauersberger aus Limbach-Oberfrohna benannt.

MAS –> Maschinenausleihstation. Geschaffen nach der Bodenreform 1948 für den Verleih von Technik an die Neubauern. Später MTS: Maschinen- und Traktorenstation.

MdI –> Ministerium des Inneren.

MEGA –> Marx-Engels-Gesamtausgabe. Erschien ab 1951 im Dietz Verlag.

MfAA –> Ministerium für auswärtige Angelegenheiten.

MfS –> Ministerium für Staatssicherheit.

MHO –> Militärische Handelsorganisation.

MMM (und ZMMM) –> (Zentrale) Messe der Meister von morgen, auf der Schüler und Jugendliche ihre Exponate ausstellten: Tüfteleien, Erfindungen und Forschungsergebnisse.

ML –> Marxismus-Leninismus. Wissenschaftliche Weltanschauung der Arbeiterklasse und ihrer Partei, Lehre vom Aufbau der sozialistischen und kommunistischen Gesellschaft.

MUK –> Morduntersuchungskommission.

N

NAW –> Nationales Aufbauwerk. Nach dem Krieg durch die Nationale Front ins Leben gerufen, um die Bevölkerung für den Wiederaufbau des Landes zu mobilisieren.

ND –> Neues Deutschland. Tageszeitung und Zentralorgan der SED.

NDPD –> National-Demokratische Partei Deutschlands.

NÖSPL od. NÖS –> Neues Ökonomisches System der Planung und Leitung der Volkswirtschaft.

NSW –> Nichtsozialistisches Wirtschaftsgebiet, das sich durch die harte Währung auszeichnete.

NPT –> Nationalpreisträger.

NVA –> Nationale Volksarmee.

O

OdF –> Opfer des Faschismus.

OGS –> Obst Gemüse Speisekartoffeln. Großhandelsgesellschaft für landwirtschaftliche Produkte.

OibE –> Offizier im besonderen Einsatz. Nämlich für das MfS.

P

PA –> Personalausweis. Mit dem PA trug der DDR-Bürger stets seine Identität bei sich: auch: –> Praktische Arbeit. Das zweite bezeichnete ein Unterrichtsfach an den POS, bei dem die Schüler einmal pro Woche unter Anleitung eines Lehrers in einem Betrieb praktisch produzierten und häufig Zuarbeiten für die Montage von Fertigprodukten lieferten.

PGH –> Produktionsgenossenschaft des Handwerks. Mitglieder waren Handwerker und Gewerbetreibende, die ihre Werkzeuge, Maschinen und Anlagen einbrachten.

PO –> Parteiorganisation.

POS –> Polytechnische Oberschule. Schüler besuchten die POS bis zur 10. Klasse. Danach hatte jeder Absolvent das Recht auf eine Fachschulausbildung oder den Besuch der EOS (bis Anfang der 70er Jahre Wechsel zur EOS nach 8. Klasse).

PHS –> Parteihochschule »Karl Marx«.

PKZ –> Personenkennzahl. Eingetragen im PA, bestehend aus sechs Stellen für das Geburtsdatum, zwei Stellen für das Geschlecht und vier Verwaltungsstellen, man musste sie fast auf allen Anträgen angeben.

Q

Q –> Gütezeichen für Erzeugnisse, *egal wie gut sie waren*.

R

RFT –> VEB Industrievertrieb Rundfunk und Fernsehen. Kombinat für Heimelektronik mit Fachgeschäften in der gesamten DDR.

RGW –> Rat für gegenseitige Wirtschaftshilfe. 1949 in Moskau gegründete, internationale Wirtschaftsorganisation der sozialistischen Staaten.

S

SAG –> Sowjetische Aktiengesellschaft.

SBZ –> Sowjetische Besatzungszone.

SED –> Sozialistische Einheitspartei Deutschlands.

SEZ –> Sport- und Erholungszentrum. Eröffnung 1981 in Berlin. Seine Beliebtheit zeigte sich in endlos langen Warteschlangen.

SKET –> Schwermaschinenbau-Kombinat »Ernst Thälmann« (Magdeburg). 1969 gebildet mit 14 Kombinatsbetrieben. 28 000 Beschäftigte.

SMAD od. SMA –> Sowjetische Militäradministration in Deutschland. Von der UdSSR im Juni 1945 eingesetzt, als Verwaltungsorgan die oberste Regierungsgewalt in der sowjetischen Besatzungszone.

Spowa –> Sport- und Wanderbedarf.

SV –> Sozialversicherung. Gesetzliche Pflichtversicherung (Krankenkasse und Rente).

T

TGL –> Technische Güte- und Lieferbedingungen, technischer Standard.

TiP –> Theater im Palast (der Republik).

TZ –> Technisches Zeichnen. Unterrichtsfach ab Klasse 7 der POS.

U

UTP –> Unterrichtstag in der Produktion. Unterrichtsfach, ab Klasse 7 an der POS, das in der Regel außerhalb der Schule (meist in extra Lehrkabinetten) in Betrieben stattfand.

V

VdN –> Verfolgter des Naziregimes.

VEB –> Volkseigener Betrieb.

VEG –> Volkseigenes Gut. Staatlicher Landwirtschaftsbetrieb in der DDR. Nach der Bodenreform entstanden. Im Gegensatz zur LPG waren in den VEG die Produktionsmittel Volkseigentum.

VKSK –> Verband der Kleingärtner, Siedler und Kleintierzüchter. Hobbygärtner und Kleintierhalter werkelten in ihren Pachtgärten und unterstützten mit der vorgeschriebenen Abgabe von Obst und Gemüse die Volkswirtschaft. 4,5 Mio Mitglieder.

VMI –> Volkswirtschaftliche Masseninitiative.

VOB –> Vereinigung organisationseigener Betriebe.

VP –> Deutsche Volkspolizei. War Hauptzielgruppe des DDR-Humors und bestand aus: Schutzpolizei, Kriminalpolizei, Verkehrspolizei, Pass- und Meldewesen und Bereitschaftspolizei.

VVB –> Vereinigung volkseigener Betriebe. Wirtschaftsleitendes Organ der VEB eines Industriezweigs.

VVN –> Vereinigung der Verfolgten des Naziregimes.

W

WBS70 –> Wohnungsbauserie, standardisierte, industriell produzierbare Wohnungen.

Z

ZASK –> Zentraler Armeesportklub.

Zekiwa –> Zeitzer Kinderwagen.

ZENTRAG –> Zentrale Druckerei-, Einkaufs- und Revisionsgesellschaft mbH.

ZEUTRIE –> Möbelkombinat Zeulenroda-Triebes.

ZGB –> Zivilgesetzbuch. Trat am 1.1.1976 in Kraft und regelte die Grundrechte und Grundpflichten der DDR-Bürger.

ZIBL –> Zentralinstitut des Ministeriums für Bezirksgeleitete Industrie und Lebensmittelindustrie.

ZIJ –> Zentralinstitut für Jugendforschung. Gegründet 1966 in Leipzig. Interdisziplinäres Forschungsinstitut.

ZK –> Zentralkomitee. Das höchste Führungsgremium, das die Partei zwischen den Parteitagen leitete. Gewählt auf den Parteitagen für die jeweilige Legislaturperiode. Rechenschaftspflichtig gegenüber der Parteikontrollkommission.

ZV –> Zivilverteidigung. Zum Schutz der Bevölkerung im Falle einer militärischen Aggression. Ihr oblagen Lehr- und Ausbildungsaufgaben, die Maßnahmen im Ernstfall einschlossen. Diente auch dem Katastrophenschutz.

Heiteres Beruferaten

Facharbeiter für Agrotechnik –> **Bauer**

Facharbeiter für Bedienprozesse an optisch-akustisch-mechanischen Apparaturen –> **Filmvorführer**

Facharbeiter für Betrieb und Verkehr des Post- und Zeitungswesens –> **Briefträger**

Facharbeiter für den Betriebs- und Verkehrsdienst der Deutschen Reichsbahn –> **Schaffner**

Facharbeiter für den Fernsprechverkehr –> **Telefonistin**

Facharbeiter für die Be- und Verarbeitung von Körnerfrüchten –> **Müller**

Facharbeiter für BMSR- (Betriebsmess-, Steuerungs- und Regelungs-) Technik –> **Mechaniker**

Facharbeiter für Fleischerzeugnisse –> **Fleischer**

Facharbeiter für Holztechnik –> **Tischler**

Facharbeiter für Schreibtechnik –> **Sekretärin**

Facharbeiter für Schuhreparaturen –> **Schuster**

Facharbeiter für städtischen Nahverkehr –> **Straßenbahnfahrer**

Facharbeiter für Umformtechnik –> **Schmied**

Facharbeiter für Umschlagprozesse und Lagerwirtschaft –> **Lagerarbeiter**

Facharbeiter für Viehwirtschaft –> **Melker**

Facharbeiter für warenbewegende Prozesse –> **Berufskraftfahrer**

Dachinstandsetzer –> **Dachdecker**

Desinfektor –> **Kammerjäger**

Edelmetallfacharbeiter –> **Goldschmied**

Gaststättenfacharbeiter –> **Kellner**

Instandhaltungsmechaniker –> **Schlosser**

Jagdwaffenmechaniker –> **Büchsenmacher**

Kleidungsfacharbeiter –> **Schneider**

Maschinist für Transportmittel und Hebezeuge –> **Gabelstaplerfahrer**

Plast- und Elastfacharbeiter –> **Vulkaniseur**

Streichinstrumentenfacharbeiter –> **Geigenbauer**

Textilreinigungsfacharbeiter –> **Wäscherin**

Zerspanungsfacharbeiter –> **Dreher, Hobler, Fräser, Schleifer**

Mechanisator für Rinderproduktion –> **Tierwirt**

Kuriositätenkabinett

Unsere DDR ist die grösste DDR

Kuriositätenkabinett

Not macht erfinderisch

Im Märchen spann man Stroh zu Gold, und hierzulande machte man aus Braunkohle Koks. Das eine geht natürlich nicht, das andere funktionierte tatsächlich. In Ermangelung von Steinkohle, aus der man durch Entgasung Koks gewann, machte man aus Braunkohlenbriketts BHT-Koks. Erfunden haben das Verfahren die Chemiker Erich

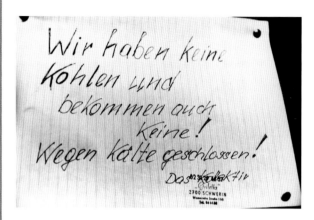

Rammler und Georg Bilkenroth. Diesen Braunkohlenhochtemperaturkoks setzte man bei der Herstellung von Karbid ein, aus dem man dann Acetylen gewann ...
Die Idee war so genial, daß die BHT-Kokerei in Lauchhammer die einzige der Welt blieb, die dieses Verfahren praktizierte und jährlich etwa 1 Million Tonnen Koks herstellte. Bis man sie in den 90er Jahren schloss.

Ausreise

Mit der Nase reisten die Ossis in die weite Welt. Kurz nach dem Mauerbau, 1962, wurden an Grenzübergängen und Transitstrecken, in Interhotels und Flughäfen Geschäfte eingerichtet, in denen man gegen harte Devisen Westwaren kaufen konnte. Da die auswärtige Klientel diese Einrichtungen nur in bescheidenem Maße frequentierte, wurde es ab 1974 auch den DDR-Bürgern erlaubt, die zurückgelassenen Geldscheine der Brüder und Schwestern aus der Bundesrepublik selbst dorthin zu tragen. So emigrierte fortan ein Teil der Einwohnerschaft

zumindest mit der Nase regelmäßig in den Westen. Denn im Intershop roch es nun einmal anders als in der Kaufhalle. Der Währungsriss, der seither durch die Gesellschaft ging, wurde auch nicht dadurch gekittet, dass ab 1979 die D-Mark gegen Forum-Schecks eingetauscht werden musste, weil der Staatsbank der Umweg über die 250 Intershops einfach zu lang war.

Logik

Die größte DDR der Welt edierte auch das größte Postwertzeichen der Welt und ließ damit führende Briefmarkenstaaten wie San Marino oder die Bermuda Islands weit hinter sich. 1964, zum 15. Geburtstag der Republik, erschien Block Nr. 13 im Format 210 mal 285 Millimeter. Vermutlich gab es kaum echt gelaufene Blöcke: Selbst in der DDR existierten keine Umschläge größer als A 4 – mithin: Für die Anschrift ließ der Block keinen Millimeter Raum auf dem Kuvert.

Durchs Netz gegangen

In der DDR wurde eine Reihe nützlicher Dinge erfunden, die – hätte man zur Weltwirtschaft dazugehört – bei weltweiter Vermarktung auch ein weltweites Monopol begründet und Erlöse ohne Ende bedeutet hätten. Einen solchen Fall stellte die sogenannte Flecht-Flecht-Technik dar. 1973/74 hatte man am Institut für Hochseefischerei und Fischverarbeitung in Rostock-Marienehe eine Technologie zur Herstellung knotenloser Netze entwickelt. Im Unterschied zu den traditionell geknüpften Fischfang-

netzen waren diese, wie die Tests auf allen Meeren ergaben, erheblich reißfester. Zudem sparte man bei der Herstellung 40 Prozent Material. Pech: Die DDR hatte keine Devisen, um die für die Produktion benötigten Spezialmaschinen zu kaufen. So wurde das Patent an eine Firma in der Bundesrepublik verkauft. Die machte den Reibach. Inzwischen wird nämlich weltweit mit knotenlosen Netzen (aus Rostock) gefischt.

Kuriositätenkabinett

Gleichermaßen begehrt: Mercedes und Trabant
Statistiken sind unerbittlich. Die Liste der in Deutschland am häufigsten gestohlenen PKW wird von Mercedes und Trabant angeführt. Kein Wunder: Der Trabant ist ein abgeschlossenes Sammelgebiet – es kommen keine neuen nach. Zwischen 1957 und 1991 wurden in Zwickau 3 096 099 PKW mit Duroplast-Karosse gebaut, davon rollten im Jahre 2008 noch immerhin rund 35 000 übers Land. Bundesweit gibt es 130 Trabant-Vereine und -Klubs, im Ausland noch einmal 70. Besonders in Frankreich und in den Niederlanden steht die Marke hoch im Kurs. Sogar in Finnland gibt es ein Trabant-Museum.

Haute de cuisine
Deutsche Kochkunst war zwar nie so miserabel wie etwa die britannische, aber auch nie so fein wie die französische. Das war ein wunderbarer Markt für Maggi. Herr Liebig erfand, wie bekannt, seinerzeit diese Kochwürze, mit der man jedem faden Gericht eine gewisse Note verlieh. Die DDR musste Maggi zum zweiten Mal erfinden, da sie kein Geld für eine Lizenz hatte. Das passierte im Elektrochemischen Kombinat in Bitterfeld-Nord, womit man auch schon den Namen hatte: Bino. Gleichzeitig mit der Würze erblickte auch einer der populärsten Werbesprüche das Licht der DDR: »Koche mit Liebe, würze mit Bino!« Ganz nebenbei: Am Siegeszug hatte auch der Sänger Manfred Krug einen gehörigen Anteil, der diesen Slogan in dem Film »Auf der Sonnenseite« in einem Lied zu Gehör brachte.

Runde Sachen
Das größte Kino der DDR öffnete 1972 in Dresden. Der Bau in der Prager Straße zählte 1017 Plätze. Aber nicht das war die Sensation, sondern die Tatsache, dass es sich um ein sogenanntes Rundkino handelte, das damals zu den modernsten in Europa gehörte.

Wenig später entstand auf dem Schlachtenberg bei Bad Frankenhausen ein Rundbau, der respektlos als »Elefantenklo« bezeichnet wurde. 500 Jahre zuvor hatte dort die entscheidende Schlacht des Bauernkrieges getobt. Daran erinnerte der Leipziger Maler Werner Tübke, der in jahrelanger Arbeit – gemeinsam mit vielen Helfern – das größte Gemälde der Welt im Innern dieses Rundbaus schuf. Auf den 1722 Quadratmetern sind mehr als dreitausend Personen zu besichtigen. Historische wie Zeitgenossen des Künstlers.

Nacktärsche
Die DDR war vermutlich das erste Land, das das Nacktbaden gesetzlich regelte. Die sogenannte Freikörperkultur kam bereits um die Jahrhundertwende auf. Luft, Licht und Sonne sollten ungehindert die Proletarierkörper erreichen. In den 20er Jahren entstanden abgeschlossene Nudisten-Kolonien, die besonders in einfachen Kreisen beliebt waren. Der Arbeiter-und-Bauern-Staat regelte im Gesetzblatt vom 6. Juni 1958 das Nacktbaden offiziell. Auf den Inseln Hiddensee und Usedom (Ahlbeck und Ükkeritz) sowie auf dem Darß (Prerow und Ahrenshoop) waren die FKK-Strände fortan staatlich erlaubt. Später wurden es immer mehr, nicht nur die Ostseestrände entlang: Nackedeis tummelten sich an Steinbrüchen, Baggerseen, Flüssen und Tümpeln im ganzen Land.

Kuriositätenkabinett

Kein Oscar und kein Nobelpreis
Kein DDR-Bürger erhielt je eine solche Trophäe. Nicht bekannt ist, ob im Nobelpreiskomitee jemals ein ostdeutscher Wissenschaftler oder Schriftsteller überhaupt diskutiert wurde. Bekannt hingegen ist, dass ergebnislos auf Politbüro-Ebene beraten wurde, Anna Seghers für den Nobelpreis vorzuschlagen.
Ein DEFA-Film immerhin wurde für einen Oscar nominiert. »Jakob der Lügner« kam in die engere Wahl. Alles in allem eine dürftige Ausbeute, wenn man bedenkt, dass zwischen 1946 und 1994 die Deutsche Film AG (DEFA) in Potsdam-Babelsberg, dem größten Filmstudio in Europa, rund 700 Spielfilme produzierte.

Amis mit Geschmack
Nach dem Untergang der DDR kam auch ihre Bildende Kunst in Verruf. Sie sei ja keine gewesen, lautete das Verdikt, sondern nur Propaganda. Schließlich wären die meisten Kunstwerke im Staatsauftrag entstanden. Die, die solches behaupteten, hatten offenkundig übersehen, dass die meisten Werke der Kunstgeschichte sogenannte Auftragswerke waren. Das in der DDR am häufigsten reproduzierte Gemälde war Walter Womackas »Am Strand« (1962/63), von dem übrigens auch der Fries am Berliner Haus des Lehrers und der Brunnen auf dem Alexanderplatz stammen. Die gesamte erste Auflage – immerhin 3 000 Reproduktionen – ging in die USA, Großbritannien und nach Belgien.

Radeln für Erich
Die DDR baute zwar nicht die meisten Fahrräder, wohl aber die schnellsten und auch das größte. Das kreierte 1988 Dieter Senft aus Kolpin nahe Fürstenwalde. Die Räder hatten einen Durchmesser von 2,50 Meter, der Sattel befand sich drei Meter über dem Boden. Senft baute auch das kleinste fahrbare Rad: Mit 32 Zentimetern Länge passte es in einen Schuhkarton. Insgesamt schaffte es Senft dreizehnmal ins Guinness-Buch.

Rucksackbulle
Als man in der Landwirtschaft wie in der Industrie zur Massenproduktion überging, kam eine neue Profession zur Blüte: die künstliche Besamung. Die Rinder wurden nicht mehr zum Bullen geführt, sondern den entscheidenden Tropfen führte ihnen profan ein Veterinär ein. Ob dieser Verrichtung hieß er »Rucksackbulle«. Es gab nicht viele Samenspender. Der DDR-Rekordbulle hieß »Achaz« und stand in der LPG »Lenin« in Battin im Kreis Jessen. Er war nachweisbar Vater von mehr als 60 000 Kälbchen. 1988, als man ihm den Gnadenschuss gab, zählte er elf Jahre und wog 1 040 Kilo. Der Kopf des tonnenschweren Tieres wurde präpariert und hängt heute im Geschäftszimmer des LPG-Nachfolgebetriebes in Battin. Ehre wem Ehre gebührt. Leider war »Achaz« nicht an der einzigen Vierlingsgeburt der DDR beteiligt. Die gab es 1988 in der LPG Leppin im Kreis Osterburg.

Hoch hinaus
Die Baukunst der DDR wird zuweilen mit Verweis auf die Plattenbauten lächerlich gemacht. Das Bauen mit industriell gefertigten Elementen war keine Erfindung der DDR, und es wurde auch anderenorts erfolgreich praktiziert. Der erste Plattenbau der DDR wurde übrigens 1957 am Cottbuser Stadtring errichtet. Internationale Maßstäbe in der Baukunst setzte die DDR allerdings mit dem Berliner Fernsehturm: Das mit 365 Meter höchste Bauwerk der DDR wurde mit einer Technologie errichtet, die damals völlig neu war und später oft kopiert wurde. Zwei-

felhaft hingegen war das längste Wohnhaus der DDR. Der Zehngeschosser in Halle-Neustadt ist so lang wie der Fernsehturm hoch: eben 365 Meter. Er hatte 883 Wohnungen und darin so viele Bewohner wie eine kleine Stadt.

Kuriositätenkabinett

Eine kleinere Ausgabe – nur 300 Meter lang, dafür aber elf Geschosse hoch – entstand im Rahmen des Wohnungsbauprogramms in Suhl.

Singe, wem Gesang gegeben
1963 war das Jahr der Beatles. Die Musik von der Insel drang auch bis in die DDR und fand zahlreiche geduldete Epigonen. Denn immerhin: Die Fab Four kamen nicht nur aus Liverpool, sondern auch aus proletarischen Kreisen. Im September 1964 wurde die erste Beatgruppe der DDR gegründet. Sie hieß folgerichtig »Team 4«. Als die

Beatles gar nicht mehr so proletarisch waren und sich während des Vietnamkrieges sogar einmal im Militärdrillich ablichten ließen, gerieten sie auf den DDR-Index. »Team 4« nannte sich seit 1967 treudeutsch »Thomas Natschinski und Gruppe«. Der Lohn: Im Juni 1968 erschien ihre LP »Die Straße« – es war die erste Platte mit originärer DDR-Rockmusik. Trotz vieler nachfolgender Hits: Der Rekord (mit Eintrag ins Guinness-Buch) ging aufs Konto von Reinhold Limberg aus Burg bei Magdeburg. Sein FDJ-Lied »Bau auf, bau auf, Freie Deutsche Jugend, bau auf!« wurde nicht nur häufig gesungen – es fand auch Eingang in 41 Filme. Den eingängigen Rhythmus hatte der nachmalige Musiklehrer übrigens als Neubauer gefunden. Er sei ihm eingefallen, sagte er, als er mit dem Pflug seine Furche zog und dabei beständig auf das Hinterteil des vor ihm laufenden Pferdes starren musste.

Demokratie
Entgegen anderslautenden Behauptungen sind Kommunalpolitiker sehr wohl von der Zustimmung ihres Wahlvolks abhängig. Auch in der DDR galt: Wer das Dorf gegen sich hatte, war weg vom Fenster. Ob das nun der SED-Kreisleitung passte oder nicht. Insofern spricht der Rekord, den Arno Ludwig aufstellte, für den Amtsinhaber. Der war 42 Jahre lang Dorfschulze in Sondra. Als der Ort 1974 eingemeindet wurde, regierte er von dort aus. 1988 ging der damals 65jährige planmäßig in Rente und zeigte als echter Demokrat, dass er nicht an seinem Stuhl klebte.

Fehlinvestition
Ende der 80er Jahre wurde die größte Förderbrücke der Welt im Braunkohlentagebau Klettwitz-Nord in Betrieb genommen. Die F 60 hatte die DDR vier Milliarden Mark gekostet, wog 13500 Tonnen, war 502 Meter lang und 74 Meter hoch. Allerdings war sie nur ganze dreizehn Monate in Betrieb. Heute ist sie nach aufwändiger Rekonstruktion technisches Denkmal, von dem man an schönen Tagen bis nach Leipzig blicken kann.

Beitrag zum Umweltschutz
Autos waren in der DDR knapp. Am Ende lagen die Wartefristen bei anderthalb Jahrzehnten. War einer 40, sagte er, er habe noch zwei Autoleben vor sich. Weil das so war, wurden auch die Preise im öffentlichen Nahverkehr gestützt. Wer schon kein Auto hatte, sollte wenigstens billig auf andere Weise verkehren dürfen. In der Regel kostete das Ticket für eine Fahrt mit U- oder S-Bahn, mit Stadtbus oder Straßenbahn 20 Pfennig. Manche Kommunen legten noch etwas dazu. So fuhren die Magdeburger mit 15 Pfennigen. In der heutigen Bundesrepublik geht man den anderen Weg, um möglichst viele Menschen aus dem öffentlichen Nahverkehr weg ins Auto zu locken: Man erhöht dort fortgesetzt die Tarife.

Heut tanzen alle jungen Leute im Lipsi-Schritt
»Es genügt nicht, die kapitalistische Dekadenz in Worten zu verurteilen, gegen die ›Hotmusik‹ und die ekstatischen Gesänge eines Presley zu sprechen. Wir müssen etwas

Geschichten von unseren Werktätigen

Wenn einer nicht da ist

Aus einem Sitzungsprotokoll

»Da wäre ja noch viel mehr zu sagen«, sagte Förster, »Kollegen; aber ich bin der Meinung, wenn einer nicht da ist, soll man auch nicht über ihn richten. Zum Beispiel: Hübner. Ist er da? Nun, er ist nicht da. Gut. Was hat Hübner gemacht? Nun, er hat gegen die zehn Gebote verstoßen. Was? Also die zehn Gebote der sozialistischen Moral, alter Quatschkopp, wie sie der Genosse Walter Ulbricht aufgestellt hat. Ist Hübner ein Trinker, Kollegen? Nun, man soll nicht alle Stäbe auf einmal über einen Kollegen brechen, solange er noch zu retten ist. Ist der Kollege Hübner noch zu retten? Er ist es. Kollege Hübner also – ist er inzwischen gekommen? Nein? Nun gut. Schade. Hübner geht also in die Kantine, trinkt vier Flaschen Bier in einer halben Stunde und haut der Kollegin Kalte Mamsell Trude Schultze auf den A-Allerwertesten. – Ich weiß wirklich nicht, Kollegen, was man daran komisch finden kann! Damit nicht genug: Hübner – ist er schon da? Nein? Nun, wenn einer nicht da ist … Also zur Sache. Kollege Hübner würzt seinen antimoralischen Schlag mit einem deftigen und äußerst zweideutigen Ausspruch folgenden Inhaltes. Hübner, ja, schlägt also, nicht wahr, und sagt dabei: ›Verbunden mit einem schönen Gruß von der Brigade Völkerfreundschaft!‹ – Kollegen, Kollegen! – Kollegen, ihr lacht! Ruhe bitte, Kollegen! Wie alt ist der Kollege Hübner? Nun, er ist ein noch junger Kollege. Er ist geboren – ist er inzwischen eingetroffen, der Kollege? Nein. Also Hübner ist geboren neunzehnhundertsechsunddreißig. Einverstanden, Kollegen. Aber wie sagt ein etwas abgewandeltes Sprichwort? Nun, es sagt, dass man den Kollegen schmieden muss, solange er noch warm ist. – Ruhe bitte, Kollegen. An dieser Stelle möchte ich den Hebel beim Kollegen Hübner ansetzen, jawohl. Kollege Hübner ist unverheiratet. Gut und schön. – Kollegen, hört doch endlich einmal auf zu lachen! Es ist schade, dass er nicht hier ist, oder ist er schon gekommen? Nein? Wenn einer nicht da ist … Na schön. Was aber hat die Hand des Kollegen Hübner auf der verheirateten Rückseite – Kollegen, ihr macht es einem aber wirklich schwer. Wir sind doch hier nicht im Kabareh! Nein, verdammt noch mal! Der Kollege Hübner, der nicht hier ist, und es ist schwer, Kollegen, einem Kollegen zu helfen, wenn er nicht da ist. Und wir sollten die ganze Schose lieber aufheben, bis er kommt. Ja, gut. Aber ich will ja auch nur kurz bis zum Kern vorstoßen. Der Kollege Hübner kennt ja die Schose soweit bereits. Kollegen, jetzt ist mir auch noch meine Seite verlorengegangen. Auch der Schmerz noch! Einer von euch hier vorne muss sie ja haben. Macht keine Witze, Kollegen. So eine Seite kann sich ja schließlich nicht verkrümeln! Aber vielleicht kriege ich es auch im Stegreif zusammen. Ihr habt euch zu früh gefreut, Kollegen. Der Kollege Hübner also hat – was? Ach, Kollege Hübner, guten Tag. Fein, dass du noch gekommen bist. Ich bin nämlich kein Mensch, der es hinter fremden Rücken sagt. Meine Devise lautet: Immer feste ins Gesicht! Ruhe bitte, Kollegen! Also, Kollege Hübner, pass auf. Die Kollegin Kalte Mamsell Schultze lässt dir ausrichten, dass du gestern vergessen hast, die vier Flaschen Bier zu bezahlen, alter Schlingel! Also: nicht wieder vergessen, ja. – Und nun wollen wir dieses unrentable Thema verlassen, Kollegen, einverstanden, ja? Und wenden wir uns nun den Brigadeplänen zu«, sagte Förster und trank einen kleinen kühlen Schluck Wasser.

John Stave

Geschichten von unseren Werktätigen

Kollege Mumm

Heutzutage, liebe Kollegen, sagt der Pförtner zu seinem Direktor »Kollege« oder »Kollege Fritze«. Es kann auch sein, dass er nur »Fritze« sagt. Das kommt ganz auf die Beschaffenheit des Kollegen Pförtner an. Und was, geschätzte Kollegen, kann man schon gegen diese Gepflogenheiten sagen? Hauptsache, der Pförtner hütet sein Tor, und Direktor Fritz ist mit den Gewerkschaftsbeiträgen nicht im Rückstand.

Kollege – das ist so eine Art allgemeinverständlicher Vorname, der immer passt. Es soll aber auch Kollegen geben, die ihren Vorgesetzten mit schönen und bunten Reden ins Ohr kriechen. Ewald Mumm, der zweite Mahnbuchhalter des VEB Pustekuchen, machte es besser. Er kroch mit seiner ganzen Person. Eddi Mumm war ein Mann, der seinem Namen widersprach. Er hatte kein bisschen. Er hatte ein breites Kreuz und verfügte über eine Schreibhand, in der sich jeder Kopierstift verlor. Im Gesicht trug Mumm stets ein breites Lächeln. Ja, man sah es dem guten Mumm nicht an, dass ihm das Rückgrat fehlte. Bloß nicht anecken, lautete sein Wahlspruch, und immer freundlich. Nur so wirst du was, zum Beispiel erster Mahnbuchhalter! Eddi Mumm stieß nie an; er mahnte postwendend und scharf, und seine Kollegen Mitmahner mochten ihn nicht sehr.

Hauptbuchhalter Grimm war sein vorgesetzter Kollege. Mumm hatte ihn sich nicht selbst vorgesetzt, Grimm saß schon da, als Eddi lächelnd in die Buchhaltung eintrat. Der erste Mahnbuchhalter – eine erfahrene Kraft, die stark rauchte – hieß Köppen. Mumm rauchte verhalten und auch nur Pfeife.

Letzten Donnerstag kam Hauptbuchhalter Grimm verärgert zur Arbeit. Er brachte eine Stinkwut mit, die außerbetriebliche Wurzeln hatte. Man wird verstehen, dass er sich Luft machen musste. Köppen paffte, und Mumm hielt seine Pfeife im Mund. Grimm geriet an Mumm, und Mumm lächelte.

»Sie sollten langsamer qualmen und schneller mahnen, Kollege!«, sagte Grimm. Eddi Mumm schäumte unter der glatten Oberfläche. »Die Mahnungen«, erwiderte er leise, »sind alle raus, Kollege Hauptbuchhalter.« Wenn Mumm »Kollege Hauptbuchhalter« sagte, so hörte sich das wie »Euer Gnaden« an. Mumm hatte eine tiefe Verbeugung in der Stimme. Lächelnd klopfte Ewald Mumm seinen Knösel aus. Seine Zähne blitzten, und durch die Zähne quetschte er das Wort »Hundesohn!« Mumm quetschte es in Gedanken. Worauf Grimm beruhigt abging und Eddi seinen Kollegen die Frage »Na, wie habe ichs dem Grimm wieder gegeben?« stellte. »Gar nicht«, sagte Köppen.

»Du Pfeife!«, meinte Registrator Hinz. »Der Grimm zieht dir einen über, und du küsst ihm noch den Stock!« Und Fräulein Ulrike, der Lehrling, rief aus: »In meinen Augen sind Sie kein Mann, Kollege Mumm!« Ewald Mumm lächelte. Bis zwei böse Silben fielen. Köppen sagte: »Kriecher!« Was Mumm mit unbewegtem Gesicht verdaute.

Doch dann mussten Überstunden gemacht werden. Wer sollte sie machen?

»Ja, wenn keiner kann ...«, überlegte Ewald Mumm. Und Hauptbuchhalter Grimm freute sich: »Ja, auf unseren guten Mumm ist immer Verlass. Er ist – ein Vorbild!« Ewald strahlte, und beinahe hätte er vor Freude laut gebellt. Doch dann fiel ihm ein, dass er mit seiner großen Liebe Trudchen verabredet war. Und Mumm lächelte seiner großen Liebe eine kleine Träne nach.

Zwei Tage später stürmte Abteilungsleiter Matt die Mahnbuchhaltung. Der Mahnbetrag für einen Doppelzentner Windbeutel war zu hoch veranschlagt. Um 17 Mark 90! »Wer hat sich hier vermahnt, Kollegen?« Hauptbuchhalter Grimm hatte nur gegengezeichnet. Köppen wars! Und Mumm verteidigte seinen vorgesetzten Kollegen: »Kollege Köppen hat doch nur im

Interesse unseres Betriebes gehandelt – nein, verrechnet hat er sich bestimmt nicht!«
Mumm legte sein freundlichstes Lächeln hin. Doch Köppen legte er nicht hinein.
»Wird sofort geändert«, sprach der erste Mahner. Und der Abteilungsleiter mahnte: »So was darf aber nicht wieder vorkommen!« Eddi Mumm ergriff die passende Gelegenheit, sich bei seinem Abteilungsleiter ins rechte Licht zu setzen.
»Gewiss, Herr Chef ...«, setzte er an.
»Wir sind Kollegen!«
»Sehr richtig, Kollege Chef!«
»Ich bin kein Chef!«
»Wie Sie wünschen, Herr Genosse!«
Dem Abteilungsleiter verschlugs die Sprache. Er holte tief Luft.
»Kollege Mumm«, sagte er dann, »mit Ihnen kann man nicht reden.« Mumm lächelte zustimmend und hielt sein Mundwerk still.
Abteilungsleiter Matt erkundigte sich, was dieser Mumm für ein Kollege sei.
»Er ist willig«, berichtete Grimm, »und durchaus flexibel in der Zusammenarbeit.«
»Er kriecht, Kollege Grimm, und warum kriecht er? Weil Sies ihm leicht machen. Daraus muss ich einige Rückschlüsse auf Ihre Tätigkeit als Leiter ziehen!«
Eine Stunde darauf stellte der Hauptbuchhalter seinen zweiten Mahner.
»Weshalb biedern Sie sich an, Kollege Mumm? Sie haben mir damit bereits Sorgen gemacht, Mann!«
»Aber Kollege Hauptbuchhalter ...« In Mumms Ton schwang das Schwanzwedeln des angepfiffenen Hundes mit.
»Himmelkreuz, Mumm – wo leben Sie denn?« Eddi war fix und fertig. Er zog ein verzeihendes Lächeln auf.
»Grienen Sie nicht so infam!« Mumms Züge erstarrten. Er hatte die Nase voll und ging nach Hause. Unterwegs traf er einen kleinen Hund. Mumm sah sich um: die Straße war leer und die Gelegenheit günstig. Da trat Ewald Mumm dem Hund ins Hinterteil. Und als der Hund den Schwanz einkniff, trat Kollege Mumm nach.

Peter Gauglitz

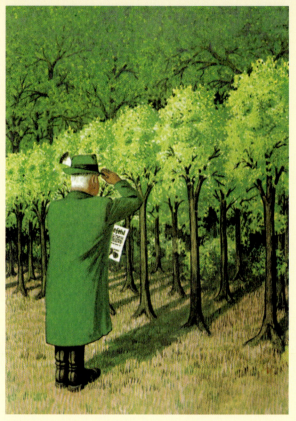

»In Anerkennung ausgezeichneten Wachstums befördere ich das gesamte Unterholz vom Jagen 512 zum Oberholz.«

Das Schein-Gefecht

Es half alles nichts, ich musste den schweren Gang zur Werkstatt antreten: Ich brauchte das Auto so schnell wie möglich. Jeder braucht sein Auto so schnell wie möglich. In der Reparaturannahme schilderte ich meinen Fall, das heißt meinen Unfall, und zwar einen Auffahrunfall, bei dem mir ein Golfpilot im Geschwindigkeitsrausch hinterrücks das Heck meiner Trabantlimousine demoliert hatte. Der Unfallsachbearbeiter hieß, einem Pappschildchen zufolge, Kollege Schwampe, und ihn langweilte meine Geschichte außerordentlich. Missvergnügt blätterte er in seinem Auftragsbuch und fiel mir schließlich ins Wort: »Kommse am 20.!« Den 20. fand ich akzeptabel, denn wir hatten immerhin schon den 5. Dann aber präzisierte Kollege Schwampe: »Am 20. Oktober.« Das war schon weniger schön, wir hatten nämlich gerade erst den Juli angebrochen. Und der 20. Oktober war sowieso nur der Vorstelltermin und nicht etwa das Datum der Reparatur, wo denken Sie hin!

Geschichten von unseren Werktätigen

Wir waren beide allein im Büro, und ich hatte durchaus nicht zufällig einen schönen Batzen Bargeld bei mir. Auf ein paar Mark sollte es mir nicht ankommen, wenns drauf ankam. War ich etwa ein Geizhals, ein Trinkgeldmuffel? Keineswegs. Aber! Durfte ich es überhaupt wagen, diesem Manne mit schnödem Mammon zu kommen, von der Währung gar nicht zu reden? Lief ich nicht Gefahr, ihn zu verletzen? Ja, ihn aufs Tödlichste zu beleidigen? War er nicht, wie er da saß, von der Stirnglatze bis zur Sohle ein Ehrenmann, ein Sinnbild der Rechtschaffenheit, ein Garant der Korrektheit? Es war nicht auszuschließen, dass er eine finanzielle Annäherung als plumpen Bestechungsversuch missdeutete!

Allerdings ... als er kurz aufsah, schien sein Blick ein konspiratives Einverständnis zu verraten, das mir ein wenig Mut machte. Oder sollte ich mich getäuscht haben? Jedenfalls deutete sein Zeigefinger nach wie vor auf die Eintragung im Terminkalender: 20. Oktober. Oho, dachte ich schwungvoll, an mir solls nicht liegen, Schwampe! Vorsorglich hatte ich in meiner linken Hosentasche einen lila Fünfzigmarkschein bereitgelegt – einen halben Schein, wie der Kenner diese Banknote nennt. Doch genau in diesem verheißungsvollen Augenblick traten Kunden ein. Der Schein blieb, wo er war, der Termin blieb, wie er war. Nachdem ich am 20. Oktober mein Auto oder das, was davon noch übrig war, vorgestellt hatte, versuchte Kollege Schwampe seinem Kalender durch unermüdliches Blättern einen Reparaturtermin abzutrotzen. Wieder waren wir beide allein, wieder knisterte der halbe Schein in der Hosentasche. Noch war kein Termin genannt, ich brauchte den kleinen Stimulator nur herauszuziehen. Doch seltsam – meine Hand war wie gelähmt. Dummerweise schien Schwampe ebensowenig frei zu sein von Hemmungen und Komplexen. Seine Miene verfinsterte sich. Eine blöde Situation! Warum gab er mir, wenn er schon scharf war auf meinen Zaster, nicht endlich das erlösende Zeichen? Warum hielt er den Mund? Warum hielt er nicht statt dessen die Hand auf? Warum schob er mir nicht einfach seinen Terminkalender rüber – ich hätte ihm den Schein anstandslos als Lesezeichen zur Verfügung gestellt. Himmelherrgottnochmal, er hatte doch die größere Erfahrung! Er war es doch, der sich was einfallen lassen musste, wenn ein blutiger Anfänger vor ihm stand.

In diesem Augenblick strömte wieder Kundschaft ins Büro, was natürlich nicht dazu angetan sein konnte, die Frist der Reparatur kurz zu halten. Kollege Schwampe legte sie erbarmungslos auf acht Wochen fest. Ich ergab mich zähneknirschend in mein Schicksal, was denn sonst. Auf alle Fälle hatte ich einen lila Fünfzigmarkschein gespart. Nun gab es wahrhaftig keinen Grund mehr, Schwampe zu beflügeln.

Am 20. Dezember brachte ich mein Auto in die Werkstatt. Kurz angebunden notierte sich Schwampe Autonummer, Motornummer, Fahrgestellnummer, Telefonnummer und eine Menge anderer Angaben und sagte beiläufig: »Die Sache wird zehn Werktage in Anspruch nehmen. Wenn wir die ganzen Feiertage zurechnen, kommt leider der 5. Januar raus. Bis nach Neujahr also.« Er hielt mir die Hand hin. Ich ergriff sie und sagte: »Guten Rutsch!«

Erst später ging mir ein Licht auf. Ich Rindvieh! Das war es gewesen, das Zeichen! Ich hätte das Auto schon vor den Feiertagen haben können, doch ich hatte seine Hand zu einem lächerlichen Handschlag missbraucht. Ich hatte es einfach nicht drauf! Woher denn auch? In der Schule hatte es mir keiner beigebracht. Auch in der Betriebsakademie stand es nicht auf dem Lehrplan, nicht mal unter dem Deckmantel der Psychologie. In mieser Stimmung schlich ich am nächsten Morgen zur Arbeit. Der Meister hielt mir schon den Telefonhörer entgegen. Am anderen Ende Schwampe: »Wollte Ihnen nur mitteilen, dass Ihr Wagen zur Abholung bereitsteht.«

Ich küsste den Telefonhörer und zischte ab in Richtung Werkstatt. Das war schnelle Arbeit! Obwohl ich den todsicheren Schwampe-Trick von vorn bis hinten durchschaute, überreichte ich von Herzen gern meinen halben Schein. Schwampe steckte ihn weg wie etwas, das ihm von Rechts wegen schon lange zustand, und sagte leutselig: »Aber stell dir nächstet Mal nicht wieder so blöd an, Kumpel!«

Eine Unverschämtheit! Der Blödmann war also ich, ich ganz allein. Die Werkstatt hielt sich raus. Das war wieder mal typisch! Alles wälzen sie auf den Kunden ab.

Ernst Röhl

Geschichten von unseren Werktätigen

»Die Lösung der Ersatzteilfrage reift wieder mächtig heran!«

Die Wandzeitung

Unser Betrieb ist klein, und deshalb haben wir auch keine Betriebs-, sondern nur eine Wandzeitung. Die Wandzeitung war das letzte vom Traurigen, das wir im Betrieb hatten, und wurde nur von jedem Nullkommanullsiebenten gelesen. Eppelhaus, der für die Wandzeitung verantwortlich war, traute sich schon nicht mehr, sie am Tage aufzuhängen. Er machte es während der Nachtschicht im Dunkeln. Weil er sowieso bloß Zeitungsausschnitte aufklebte, fiel es am anderen Tag nicht auf, dass eine neue Wandzeitung da war. Schließlich kam Eppelhaus auf die Idee, überhaupt keine Wandzeitung mehr zu machen, sondern die alte dranzulassen, und das wäre auch nie rausgekommen, hätte nicht eines Nachts Meckerbach vom Betriebsschutz aus Langeweile einen Artikel mit der Taschenlampe gelesen.

Meckerbach las etwas über die Auszeichnung unseres Betriebes mit der Wanderfahne, und weil er sich erinnern konnte, dass das neun Monate her war, machte er am anderen Tag ein Fass auf. Da zerrte die Werkleitung Eppelhaus ans Licht der Betriebsöffentlichkeit und fragte ihn, was er sich als Wandzeitungsredakteur so denke.

Eppelhaus sagte, er denke, dass es keinen Sinn hat, eine Wandzeitung zu machen, die sowieso keiner liest. Sie sagten, es wäre nie die Rede davon gewesen, dass er eine machen soll, die keiner liest, sondern eine, die gelesen wird. Eppelhaus antwortete, er wüsste einen, der es besser könnte, und er zeigte auf mich.

Es traf mich wie ein Blitz. »Was habe ich dir getan?«, schrie ich ihn an, aber es war schon zu spät, denn alle fragten mich, ob ich nicht auch der Meinung wäre, dass ich es machen müsste, und sie versprachen mir, mich dabei zu unterstützen.

»Das habt ihr bei Eppelhaus auch gesagt!«, erinnerte ich sie, aber das war kein gutes Argument, denn es nahm ihnen jedes Gefühl für Mitleid. Der Chef sagte, er persönlich würde mir helfen, und behielt mich gleich bei sich, um festzulegen, was zu schreiben wäre. Ich schrieb, und eine Menge von meiner Erbitterung floss in die Artikel ein. Ich legte sie dem Chef vor, und er merkte es sofort und strich alles heraus, was mir schaden konnte. So machte ich die Wandzeitung an und wartete gespannt, was die Kollegen dazu sagen würden. Aber sie sagten überhaupt nichts, sondern gingen vorbei.

»He!«, sprach ich sie an. »Wollt ihr nicht die Wandzeitung lesen?«

»Muss man das jetzt?«, fragten sie.

»Ich muss sie machen, folglich müsst ihr sie auch lesen!«, sagte ich. »Das gebietet der Anstand mir gegenüber.«

Da stellten sie sich murrend hin und lasen und sagten, ich hätte ihnen mit meinen Artikeln direkt aus dem Herzen des Chefs geschrieben. Ich ging gleich hin zum Chef, aber er fand gerade die Zeit, mir ausrichten zu lassen, dass alle im Betrieb stolz auf mich und die neue Wandzeitung wären. Bei der zweiten Ausgabe ließ ich gleich alles weg, was irgendjemanden hätte aufregen können: Der Chef ließ mir sagen, wenn er nur solche Mitarbeiter mit Fingerspitzengefühl für die betrieblichen Belange hätte wie mich, könnte er seinen Herzspezialisten vergessen. Bei der dritten und vierten Wandzeitung las der Chef überhaupt gar nicht erst nach, was ich geschrieben hatte, und die anderen taten es ihm nach. Wenn ich einen an sein Versprechen erinnerte, mir zu helfen, sagte er, dass er immer dazu bereit wäre, bloß eben im Augenblick nicht.

Lustlos machte ich mich an die fünfte Wandzeitung,

Geschichten von unseren Frauen

»Wozu braucht man so'n Ding?«
»Keine Ahnung. Aber die Kunden sind listig; die kriegen es raus.«

und nachdem ich angefangen hatte, vor Wut zu kochen, schrieb ich folgenden Artikel:
»Vorher denken! Obwohl Elefanten sicher nicht die dümmsten Tiere sind, gehen sie nie ins Theater. Das kann seine Gründe haben. Aber auch umgekehrt ist es wie beim Wetter. Erst die Statistik belehrt uns darüber. Wenn man Feinfrostspinat beim Camping isst, fällt es einem nicht auf, weil man da sowieso Sand zwischen den Zähnen hat. Betrachtet man es insgesamt, geht viel verloren, weil die Leute früher mehr Zeit hatten. Brigadier Löffelmann ist dof.«
Die Wandzeitung hing schon drei Wochen, als Mekkerbach vom Betriebsschutz eines Nachts wieder zu lesen anfing. Erst dachte er, es läge an der Dunkelheit oder an seiner Taschenlampe, und so ließ er es sein und las den Artikel am anderen Morgen noch mal. Weil er mit weit aufgerissenem Mund vor der Wandzeitung stand, blieben auch die anderen stehen und lasen, und schließlich kam Brigadier Löffelmann, der sonst nie etwas las, sondern Skat spielte, las ebenfalls und wurde feuerrot im Gesicht. Er sagte, er verhaut jeden, der lacht. Meckermann sagte, es gäbe überhaupt nichts zu lachen, weil es die reine Wahrheit sei, dass Löffelmann doof ist, wenn er persönlich auch nicht begriffe, was Elefanten damit zu tun haben. Das war auch den anderen unklar, und sie lasen noch mal und diskutierten und meinten schließlich, Löffelmann wäre ja auch so etwas ähnliches wie ein Elefant und gehe nie ins Theater. Kurz, der Artikel gab ihnen was zu grübeln.
Bei der Betriebsleitung hingen sie am Fenster und verfolgten, was sich vor der Wandzeitung abspielte. Fünf Minuten später ließen sie mich kommen. Alle saßen am langen Tisch und starrten mich an. »Das hat es noch nicht gegeben!«, sagte der Chef. »So eine Wandzeitung hat es bei uns noch nicht gegeben!« – »Ich weiß«, sagte ich trotzig, »aber hat mir einer geholfen?« – »Wie man sieht, war es bis auf eine kleine Starthilfe auch nicht nötig«, fuhr der Chef fort, »aber wir haben alle mit eigenen Augen gesehen, wie die Wandzeitung von den Kollegen sozusagen verschlungen wurde. Um was handelt es sich denn überhaupt?« »Der Artikel heißt ›Vorher denken‹«, sagte ich wahrheitsgemäß.
»Genau, was ich immer sage!«, freute sich der Direktor. »Also: Mach weiter so!«
Erst wollte ich ihn noch fragen, ob das wirklich seine Meinung sei, aber dann dachte ich, Hauptsache, man wird gelesen.

Heli Busse

Die Rätsel der weiblichen Seele

Ein Betriebsausflug ist eine Sache, aber die Frauen sind eine andere Sache; das ist nun mal ganz sicher. Verwirrung schon bei der Omnibusfahrt! Wer lässt wen sitzen? Erstens lässt ein anständiger Mann überhaupt eine Frau nicht sitzen, sage ich immer, und zweitens müssten die Frauen mit Recht beleidigt sein, wenn man ihnen solche mittelalterlichen Höflichkeiten anbieten würde. Unsere Frauen stehen ihren Mann, in der Bahn neben diesem. Walter, dieser Fatzke aus der Dreherei, fing an, mit den Frauen übers Wetter zu reden, in einer Weise, als wären wir, seine Kollegen, überhaupt nicht vorhanden: Hugo und ich nahmen uns gleich mal vor, diesem Affen nachher Asche ins Bier zu tun. Wir sind nicht gewillt zuzusehen, wie Walter durch sein Flirten das Geschlechtliche betont: Wir sind für eine saubere Atmosphäre, auch auf einem Betriebsausflug.
Hugo erzählte ein paar Dinger von einem gewissen Mikosch und die Geschichte, wie er im Krieg mal mit einem sogenannten Donnerbalken durchgekracht ist; es war eine sehr gemütliche Omnibusfahrt.
Auf dem Waldweg zeigten Hugo, Bruno und ich den andern erst mal, was wir für einen Schritt am Leibe haben. Die Kolleginnen beklagten sich über unser Tem-

po; so was soll man nun Kolleginnen nennen! Dabei beeilten wir uns doch in ihrem Interesse, um im Wirtshaus Plätze für alle zu belegen. Dafür, dass die Plätze dann bloß für uns Männer reichten, konnten wir doch nichts. Schließlich waren wir nicht wie die Irren durch den Wald gerannt, um nachher unser Bier im Stehen zu trinken. Außerdem waren noch mehr Gaststätten in der Nähe, da würden die schon Platz finden; muss man sich denn bei einem Betriebsausflug zu einem großen Klumpen zusammenballen? »Lieber die Weiber ein bisschen weg«, sagte Hugo, »die trinken egal Malzbier und Kirschlikör, das kann ich nicht riechen.« Wir nahmen Biere und Körner, welche Mischung dem Manne eine herbe und würzige Ausstrahlung verleiht. Der Wirt sagte, wir könnten kegeln, bloß es wäre kein Kegeljunge da. Bruno lief sich die Hacken ab, bis er im vierten Restaurant am Orte endlich den Fatzken Walter und ein paar Frauen fand; aber keine wollte herüberkommen und uns die Kegel aufstellen. Ich hatte bei den vergreisten Weibern von vornherein kein sportliches Interesse vermutet, und ich ging auch rüber, um ihnen das zu sagen, aber sie waren inzwischen in den Wald gelaufen. In den Wald! Wie die Schulmädels. Hugo schmiss noch eine Lage Bier und Körner, und als wir ein bisschen in Stimmung kamen, schlichen wir den Waldläuferinnen nach und überfielen sie, aus einem Gebüsch hervorbrechend, mit lustigem Indianergebrüll. Frau Billecke fiel vor Schreck der Länge nach hin; sie war über eine Baumwurzel gestolpert und hatte sich das Knie aufgeschrammt – es sah wahnsinnig ulkig aus. Auf den Schreck gingen Hugo, Bruno, ich und noch ein paar Kumpels, die Spaß verstehn, erst mal wieder ein paar Tropfen einnehmen.

Als wir den brennendsten Durst gestillt hatten, fiel Bruno ein, dass der Betriebsausflug planmäßig am Abend mit einem Tänzchen beschlossen werden sollte. Also los, gehn wir tanzen! Wir waren nicht etwa vergnügungssüchtig (wir sind ja keine Weiber, nicht wahr?), aber Hugo sagte sehr richtig, ein bisschen Bewegung würde den ganzen Schnaps verdampfen lassen, welchen wir tagsüber, aus Kummer über diese sogenannten Kolleginnen, in uns hineingegossen hatten. Die größte Unverschämtheit kommt erst noch: Wie wir sie endlich finden, haben die Kolleginnen Damen – aber Damen in Anführungsstrichen, sage ich euch bloß – doch schon zu tanzen angefangen, und zwar – jetzt kommt überhaupt das Tollste – mit irgendwelchen fremden Männern in dem Lokal. Auf uns zu warten, war ja nicht nötig, wir sind ja Dreck. Wir haben ihnen ja bloß die Gleichberechtigung geschenkt, und nun kriegen wir's mit Nackenschlägen und Dolchstößen heimgezahlt. Trotzdem waren wir so anständig und haben uns noch mit denen abgegeben. Immerzu Gemecker, warum man die Damen nicht nach jedem Tanz an den Platz bringt: Das werde ich doch nicht bei den ollen Weibern machen! Wie Hugo der jungen Schrödern einen aufdrückte, dass es nur so knallte, tat die auch noch beleidigt. Wir wären keine Kavaliere! Küssen Kavaliere nicht?

Was wollen die Frauen denn eigentlich – als wir uns nicht um sie gekümmert haben, damit sie mal 'n bisschen ausspannen konnten, waren sie unzufrieden; ist man galant, passt es ihnen auch nicht.

Ich sage euch, eines lehrt so ein Betriebsausflug, dass nämlich – wie schon der Dichtermund sagt – die Seele des Weibes voller dunkler Rätsel ist, falls man diese Empfindlichkeit Seele nennen will. Ich ziehe mir eine hübsche Herrenpartie vor; da bist du unter lauter Männern, und Männer haben Herz. Gemüt. Takt und Humor, verstehst du?

Lothar Kusche

Keine Bange, wir kaufen von der Stange!

Ein stattlicher Feiertag stand vor der Tür. Mit Feierstunden, Orden und Ehrenspangen. Auch aus Keller zwo, wo unser Exportbier reift, sollte wieder einer die Hand und das Jackett hinhalten. Ihr kommt nicht drauf, wer!

Allerdings, ein neuer Anzug musste her. Mein gutes altes Fischgrätenkostüm, Baujahr sechsundsechzig, war nicht mehr salonfähig. Der Arsch beispielsweise, der sogenannte Hosenboden, glänzte wie eine Speckschwarte.

Na schön, ein Anzugkauf ist heutzutage überhaupt kein Problem. Für mich schon gar nicht. Ich kleide mich schlicht und geschmacklos, um die Konfektionsindustrie nicht zu brüskieren. Hauptsache man tritt nicht wie der letzte Bahnhofspenner vor die feierlich versammelte Belegschaft hin.

Wie ich mirs schon gedacht hatte: Das Modehaus ADRETT stand voll im Stoff. Die Sache musste also

Geschichten von unseren Frauen

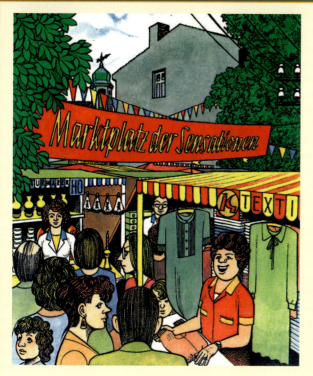

»Wieso Ladenhüter? Hier ist doch gar kein Laden.«

nicht unbedingt lange dauern. Ehrlich gesagt, ich fühl mich in der kleinsten Kneipe immer noch wohler als im größten Modehaus. Wer weiß, vielleicht liegt es an der Dekoration. Ich komme mir jedenfalls ganz klein und ganz hässlich vor, wenn mich von einer Riesenmonumentalfotografie so ein unverschämt schlanker junger Mensch anlacht, der aussieht wie der Tenor Michael Hansen, bloß ohne Nänzies. Das Modehaus ADRETT hat ihn fein gemacht. Nun ist er haargenau die adrette Erscheinung, nach der die Disco-Veranstalter lechzen. Kurz gesagt, ein Vorbild. Na, und wenn. Man muss ja nicht jedem Popkameraden nacheifern. Ich für meine Person schnappte mir kurz und schmerzlos irgendeinen mausgrauen Anzug der Untersetztenklasse, kam mir aber in meiner neuen Kluft verflucht unsymmetrisch vor, fast missgebildet. Sicherlich lag das nur an dem lügnerischen Kabinenspiegel, der die Wirklichkeit verzerrt wiedergab. Unerschrocken zog ich den Vorhang zurück und trat an die Öffentlichkeit.

»Ach, du meine Güte«, stöhnte eine Verkäuferin mütterlichen Typs. »Haben Sie unterschiedlich lange Arme, mein Herr?« – »Nicht, dass ich wüsste …« »Dann sinds wieder die Ärmel. Auch die eine Tasche sitzt, glaub ich, höher als die andere.« – »Hab ich gar nicht bemerkt …«

»Müssen Sie ja nicht. Gehört gar nicht zu Ihren Tätigkeitsmerkmalen. Was sind Sie von Beruf, wenn ich fragen darf?«

»Brauer … also Bierbrauer.«

»Daher der kleine Mollenfriedhof. Na ja, für mich sind Sie Kunde. Und ich sag Ihnen, was Ihnen steht.« Sie lächelte schelmisch. »Dieser Fummel jedenfalls ist verschnitten, und Verschnitt nehmen wir höchstens der Schnapsfabrik ab.«

Ich hatte jetzt ganz stark das Gefühl, dass sie meine Sache zu ihrer Sache machte. Ein gutes Gefühl! Eine Verkäuferin modernen Typs, der man volles Vertrauen entgegenbringen konnte. Wie war es doch noch vor gar nicht allzu ferner Zeit gewesen? Triumphierte da etwa nicht das kompromisslose Umsatzdenken? Wurden dem Kunden etwa keine Ladenhüter angedreht? Lief er, wenn er einer skrupellosen Verkaufskraft in die Hände gefallen war, anschließend etwa nicht rum wie eine Vogelscheuche, so dass selbst Polizeihunde vor ihm zurückschreckten? Auch Pferde! Na, und ob! Von der angenehmen Begegnung beschwingt, griff ich nach dem nächsten Anzug.

»Den«, sagte sie, »lassen Sie ruhig hängen. Die Hose ist dummerweise als Hüftose gearbeitet. Ihre knubblige Hüfte würde sozusagen einen Überhang bilden.« Geduldig deutete ich auf ein drittes Exemplar.

»Schachbrettkaros«, rügte sie. »Das allerletzte Design. Für immer und ewig aus der Mode. Oxfordkaros gut! Aber Schach …«

»Die Mode«, bekannte ich, »ist mir piepe.«

Oh, was hatte ich angerichtet. Ihr liebes, mütterliches Antlitz verdüsterte sich. »Leute wie Sie hab ich gern«, sagte sie so laut, dass jeder es hören musste. »Die Bedürfnisse unserer Kunden wachsen und wachsen. So sehr, dass die Industrie gar nicht Schritt hält. Und da kommen Sie mit Ihrer jämmerlichen Anspruchslosigkeit. Bierbraucr sind Sie?« – »Ja.« – »Liefern Sie Ihrer Kundschaft Qualitätserzeugnisse oder nicht?« – »Exportbier«, murmelte ich. – »Sehnse! Hier steht Berta Henneberg …« Sie klopfte sich eindrucksvoll an die Brust. »… und wo Berta Henneberg steht, da ist der Kunde geschützt. Mit Pfusch kommt die Industrie bei mir nicht durch!«

Der vierte Anzug war rein äußerlich ohne Makel, aber er enthielt den Hinweis NICHT CHEMISCH REINIGEN! Der fünfte war nicht strapazierfähig. Er knitterte angeblich, lud sich elektrisch auf und hielt die Bügelfalte nicht.

Geschichten von unseren Frauen

»Nee, den verleih ich Ihnen nicht, den hab ich ja selbst nicht mal!«

So nach und nach erfasste mich ein Sehnen. »Liebe Frau Henneberg«, sagte ich mit allem gebotenen Respekt, »hier hängen fast tausend Anzüge. Darunter muss doch einer – ein einziger! – sein, der Ihnen zusagt!«

»Aber nicht in Ihrer Größe! – Gestern hatten wir sogar zwei. Daran sieht man wieder mal: Es geht. Wenn nur der gute Wille da ist.«

Diese ewige Wahrheit half mir nicht weiter. Mir stand eine Ehrung bevor. Ich brauchte einen Anzug. Bange war ich noch nie gewesen; ich fürchte weder Männertränen noch Weiberfäuste. Energisch entriss ich der Stange einen ganz passablen Zweireiher.

»Der, mein Lieber, ist mit der heißen Nadel gearbeitet.« Es ging weiter wie gehabt. Die Nähte, hieß es, zögen Fäden, die Knöpfe seien nicht angenäht, sondern angenährt … Ich hörte gar nicht mehr hin.

»Den oder keinen!«, sagte ich. »Schreiben Sie bitte den Kassenzettel aus.«

»Ich denke nicht daran. Mit diesem Faschingskostüm lass ich Sie nicht auf die Menschheit los, junger Mann. Ich könnte Ihre Mutter sein …«

Ich verlangte das Kundenbuch. Sie reichte es mir ohne Zögern, erkundigte sich allerdings pikiert, was ich einschreiben wolle.

»Die Wahrheit«, sagte ich hämisch, »nichts als die Wahrheit.«

Ich zog den Kugelschreiber aus der Tasche. Sie räusperte sich und diktierte: »Also, schreiben Sie: Die Verkäuferin Soundso hat mich ausführlich und mit zeitgemäßem Verantwortungsbewusstsein beraten …«

Sie hatte ja recht. Ich klappte das Buch zu. Hilflos seufzte ich: »Und wie nun weiter?«

»Hats noch drei Tage Zeit?«

»Drei Tage«, sagte ich, »zur Not.«

»Na bitte!« Sie griff nach dem Maßband und fuhr fort: »Ich hab noch einen prima Stoff liegen; in Katastrophenfällen schneidere ich selbst.«

Der Vollständigkeit halber bleibt nachzutragen: In der Machart war der neue Anzug dann den zurückgewiesenen Konfektionsexemplaren zwar deutlich überlegen, dafür blieb er im Preis aber, ehrlich gesagt, ein bisschen hinter ihnen zurück.

Ernst Röhl

Der Geheimnisvolle in der »Glücksquelle«

Am Stammtisch der Eckkneipe »Glücksquelle« saßen die unverheiratete Aushilfskellnerin Erni Knabe, eine stattliche, brünette Vierzigerin mit etwas Damenbart, und ihr Freund, der Invalidenrentner Karl Gutebrecht, einer der wahrscheinlich magersten Menschen, die je auf unserem Planeten wandelten, beide leicht angeduselt, vor sich die Molle und den Klaren. Gerade hatte Karl Gutebrecht der interessiert lauschenden Erni Knabe das komplizierte Muster seines selbstgestrickten Pullovers erklärt, und jetzt sprachen sie über den im Augenblick wegen Übelkeit spinatgrün zur Toilette wankenden und seit zwei Wochen geschiedenen Kleindarsteller Egon Krampe.

Es war Donnerstagabend. Die Kneipe war ziemlich voll. Einige Gäste auch. Berge von Buletten nach Art des Hauses gingen den Weg allen Fleisches, und über dem gedämpften Stimmengemurmel hing ein blaugrauer Himmel aus Mostrichgeruch, Bierdunst und Zigarettenqualm, eine angenehm gesunde Atmosphäre eben, denn wie sagt doch der Kenner: Der Tod des Oberkellners sind frische Luft und Brause!

Melancholisch nickend, kippte der Invalidenrentner Karl Gutebrecht seinen Korn in den spitzen Mund, und die romantisch veranlagte Erni Knabe rief gerade: »Egon ist ein leichter Hund, eine Künstlernatur eben, ein Bohämienk oder wie man das nennt, aber er wird es schon meistern, er darf eben nur nicht dauernd den ollen Magenfusel saufen, die Klapsrübe!«, da betrat dieser braungebrannte Hüne die Kneipe.

Es war ein Kerl wie aus Jack Londons gesammelten

Geschichten von unseren Frauen

Werken: das khakifarbene Hemd über der behaarten Brust geöffnet, unter den Ärmeln der Wildlederjacke wölbten sich die zweiköpfigen Oberarmmuskeln wie riesenhafte Eierpflaumen, er trug nagelneue Schuhe mit Porokreppsohle und hatte die modische Schiffermütze in den Nacken geschoben. Federnd durchquerte er die Kneipe, stützte sich auf den Tresen, ließ sich von Otto ein Bier herüberschieben und trank – trank wie ein Mann aus der Putzerbrigade oder aus dem Kleinen Mahagonny von Brecht: nachdenklich, genießerisch, vielleicht sogar etwas schwermütig, wobei er die kantige Nase wölfisch witternd nach vorn schob und die Augen abwesend ins Weite richtete – hellblaue, durchdringende Augen, Augen von der Farbe des Aquamarin, wie man ihn in Transbaikalien findet, Augen wie Grönlandeis, die wohl schon so manche Frau blödsinnig vor Liebe gemacht hatten.
Der Kerl stank förmlich nach der fernsten Ferne: nach den Kapverdischen Inseln, nach Alaskas Wäldern und der Tundra, nach Sumatra-Nashörnern und einem herben Rasierwasser FOR MEN aus Importrohstoffen. Der war keine Zimmerpflanze! Erni Knabe nickte ihrem Freund Gutebrecht bedeutungsvoll zu und lachte mit einem glitzernden Blick auf den Fremden papageienhaft auf.
Der Invalidenrentner Karl Gutebrecht schüttelte den Kopf und musterte den weitgereisten Kerl verächtlich. Der Weitgereiste bemerkte nichts davon. Er trank sein Bier, weiter nichts. Vielleicht war er Korrespondent der NBI in Sibirien oben, am wildschäumenden Jenissei, oder in Südamerikas orchideenreichen Dschungeln? Niemand konnte das sagen, denn in der Eckkneipe »Glücksquelle« verkehrte sonst nur die nächste Umgebung, nicht so einer vom Amazonas. Schweigend trank der Fremde seinen halben Liter. Schweigend warf er sich eine Importzigarette der Marke Pall Mall zwischen die blendendweißen Zähne, schweigend und nachlässig, wobei sich die harten Lippen zu einem spöttischen Lächeln kräuselten. Erni Knabe nickte nachdenklich. Ein Schweiger! Vielleicht hatte er gestern noch in einem der atlantiküberquerenden Riesenbrummer der Aeroflot gesessen und den von einer katzenäugigen Stewardess kredenzten Wodka oder einen sogenannten Whisky on the Rocks mit Eiswürfeln in sich hineingeschlürft, der keifenden Bambusbären in irgendwelchen grauenhaften Gebirgswäldern gedenkend?
Erni Knabe warf den Kopf in den Nacken und produzierte erneut ihr Papageienlachen, von dem sie annahm, es hätte eine ungemein erotische Wirkung auf Männer aller Altersgruppen. Erstaunt blickte der Invalidenrentner Karl Gutebrecht sie an, schüttelte den Kopf über die Treulosigkeit der Weiber und überhaupt und bestellte zwei neue Mollen und zwei Klare bei der Kellnerin. »Zwee Mollen mit Kompott, Herta!«, brummte er und nickte bitter, weil er zu gutmütig war. Er war eine Seele von Mensch, verflucht noch mal! Warum setzte er nicht auch mal ein diabolisches Grinsen auf und pfiff eiskalt auf seine spendablen Gesten? »Ich bin ein schwacher, guter Mensch, ich Rindvieh!«, dachte der Invalidenrentner Karl Gutebrecht traurig. Der fremde Kerl hatte sich inzwischen auch ein neues Bier herüberschieben lassen. Dabei lächelte er wie ein Kind vor sich hin. »Vielleicht denkt er jetzt an seine braunhäutige, süßbrüstige Geliebte von den Kleinen Antillen«, dachte Erni Knabe und stellte sich vor, die Süßbrüstige wäre sie. Erneut lachte sie papageienhaft auf. Der Fremde beachtete weder Erni Knabes Lachen noch die bewundernden Blicke der anderen Frauen. Selbst das gehässige Grinsen einiger Schmerbäuche ignorierte er. Er stand an der Theke und trank sein Bier, ein geheimnisumwitterter Leuchtturm aus Yokohama.
»So«, dachte der Leuchtturm, »so, denn hätt ick also bis jetzt zweehundat plus dreihundat plus zweehundatfuffzig plus einhundertdreißig Piepen extra je-

macht, det macht außa det Krankenjeld – warte mal! –, det macht achthundatachtzig blanke Eia off de Hand; und jetzt werd ick zahln! – Und denn«, dachte er, wobei erneut ein kindliches Lächeln sein scharfgeschnittenes Gesicht überzog, »und denn vakrümle ick mir in meine Bude und reiß mir die vadammten neuen Salamandakähne von die heißen Knochen, det drückt ja wie die Pest! Und denn steigste in deine Filzpantoffeln, Williken, mein Kleena, wa? Denn ziehste dir det Nachthemde von Papan üba die Ohren und brätst dir een anständijen Otto Hausmachablutwurst! Dazu wärm ick mir den Sauakohl von jestan uff. Det wird ein Jöttafraß, Mann! Und denn hau ick mir in meine Koje offs Ohr und penn scheen, wa, damit ick die nächsten Tage richtig fit bin, wenn ick die vadammte Fundamentjrube für den vadammten Mehnert ausschachte und det vadammte Fundament für die vadammten Schüppers jieße, denn ab Montag bin ick wieda jesundjeschrieben, denn kann ick wieda Fliesen lejen, lauta vadammte kleene Fliesen, lauta dämliche Fliesen, oh, Mann!« Hierbei verfinsterte sich sein hartes, schönes Menschenantlitz. Es war wie ein Wolkenschatten über dem Erzgebirge.

»Jetzt denkt er sicher an eines seiner erbarmungslosen Erlebnisse in der sibirischen Taiga, vielleicht an einen Kampf mit einer menschenfressenden Tigerin, mit so einer Bestie, wie sie kürzlich von der BZA in Indien erlegt wurde, wer weiß? Oder errichtet er gar als leitender Diplomingenieur irgendwelche Chemiegiganten in exotischen Ländern und hat was vermurkst?«, dachte Erni Knabe, welche sich gar nicht satt sehen konnte an seiner Männlichkeit. »Mit dem möcht, ich schon mal Buschwindröschen pflücken gehen!«, dachte sie und fraß den Kerl mit Blicken auf. Der Kerl ignorierte das. Schweigend zahlte er und tippte mit dem Zeigefinger an die modische Schiffermütze.

»Zwei Mark achtzig Trinkjeld für zwee halbe Litaa! Ein Varrückta! Ein Krösus!«, stöhnte Otto hinter dem Tresen, obwohl er auch nicht schlecht verdiente, sondern im Gegenteil – und besonders an den harten Getränken. Schweigend verließ der Fremde die Eckkneipe »Glücksquelle«. Quietschend pendelte die Schwingtür ins Schloss.

»Ein geheimnisvoller Mensch!«, flüsterte Erni Knabe mit geweiteten Nasenlöchern und schwimmenden Augen. »Eine vagantische Natur!«, flüsterte sie.

»Der kann mir mal!«, sagte der Invalidenrentner Karl

»Das war früher. Da gehörte das Klappern zum Handwerk.«

Gutebrecht und kippte erregt seinen Korn hinunter, der Zeiten gedenkend, wo er noch den Doppelsalto drehte, wo er Jonny Calvados hieß und Flieger bei den »Vier Fandangos« war und Speck auf den Rippen nebst einer muskulösen Ausstrahlung hatte. Da konnte er noch auf treulose Aushilfskellnerinnen pfeifen, aber kräftig! Jetzt war er ein spindeldürrer Hänfling mit einem Rückenschaden und hockte jeden zweiten Abend in der »Glücksquelle« – schönes Glück! »Der kann mir mal!«, sagte er noch einmal eifersüchtig, worauf Erni Knabe gutmütig »Oller Sufflkopp« brummte und sich vorstellte, wie sie dieser geheimnisvolle Athlet aus Klondike brutal in seine sehnigen Arme riss. Da breitete sich eine unheimlich süße Gänsehaut auf Erni Knabes gesamtem stattlichem Körper aus, und der Invalidenrentner Karl Gutebrecht machte ein beleidigtes Mäusegesicht, und von der Toilette her grölte der magenbitterberauschte Kleindarsteller Egon Krampe: »Wie ein Stern in einer Sommernacht …«

Johannes Conrad

Bevorzugte Abfertigung

Nachdem der letzte private Grünkramfritze unseres Stadtteils gestorben war und HO- sowie Gemüsekonsum geschlossen Urlaub machten, stellten eines Tages Techniker eine kleine, grüne Bude aus Hartplast direkt neben der Kaufhalle auf – einen Obststand.

Klar, dass die Leute nun Schlange standen, besonders wenn herrliche bulgarische Pfirsiche mit ihren samtenen Pfirsichwangen angeboten wurden.

Nun ist es ja nicht unbedingt das schönste Vergnügen, bei 25 Grad im Schatten in der Sonne anzustehen. Und selbst wenn der ganze Anstehvorgang nur zwanzig Minuten dauert, kommt es einem doch wie eine Ewigkeit vor. Schlimm wird die Angelegenheit, wenn immer wieder verantwortungslose Bürger, die etwas anderes als das Allgemeinwohl im Kopf haben, versuchen, durch Vordrängeln Zeit herauszuschinden! Solange ich noch weiter hinten stand, war mir ja infolge meiner Kurzsichtigkeit entgangen, welche Ungerechtigkeiten sich vorne abspielten. Aber je näher ich heranrückte, desto verdächtiger kam mir die Sache vor. Und jetzt, als ich den fünften oder sechsten Platz einnahm, fiel es mir plötzlich wie Schuppen von den Augen!

»He, junges Frollein!«, blökte ich sofort los. »So geht es aber nicht! Jawohl, Sie mit dem blonden Zopf oder was das vorstellen soll. Wir haben unsere Zeit genausowenig gestohlen wie Sie! Das ist ja eine Unverschämtheit sondergleichen. Drängelt sich einfach vor. Wenn's geht, dann geht's!«

»Sie hat einen Ausweis«, erklärte mir die an vierter Stelle anstehende Dame.

»Ich habe hundert Ausweise«, meckerte ich unverdrossen weiter. »Wenn es danach geht, wer heutzutage alles Ausweise hat, da könnte man sich gleich aufhängen. Ausweise, he! Wir sind ältere Bürger, aber die jungen Bürger sollen das Alter trotzdem ehren. In der Bahn stehen sie nicht auf, und hier drängeln sie sich vor!«

»Sie ist schwanger«, wurde die vor mir stehende Dame jetzt eine Spur deutlicher.

Donnerwetter – ich kriegte natürlich sofort einen ungeheuer roten Kopf. Junge, Junge, das war mir vielleicht peinlich, weil die Sache schon gut zu erkennen war, wenn man genau hinsah. Ich holte tief Luft.

»Fräuleinchen, entschuldigen Sie schon. Aber das hatte ich ja gar nicht gesehen gehabt, dass Sie sich in einem sogenannten gesegneten Zustand befinden. Das tut mir aber richtig leid, tut mir das. Nein, nein, da ist es schon richtig und ja auch zugelassen, dass Sie gleich vorne drangehen, schon wegen der Vitamine ...«, so rettete ich mich einigermaßen aus der Schlinge.

Aber kaum war die kleine Blonde mit dem Zopf abgefertigt, tauchte bereits am Horizont die nächste werdende Mutter auf, diesmal rothaarig.

»Hier, Fräulein!«, rief ich galant. »Immer gleich vorne heranspaziert! Es gibt Pflaumen, Tomaten, Weintrauben und wunderschöne bulgarische Pfirsiche, das Kilo zu dreizwanzig. Da wird sich das zukünftige Kleinchen aber freuen. Wie soll's denn heißen, Fräuleinchen?«

Natürlich freuten sich auch alle umstehenden Anstehenden, weil ein bisschen Freundlichkeit und Entgegenkommen auch im Sozialismus nicht schaden kann.

Aber zurück zum Horizont! Diesmal erschien ein schwarzhaariges Fräulein. Sehr hübsch anzusehen, aber, wie gesagt, in freudiger Erwartung. Als Mann hat man ja bekanntlich einen Blick dafür ...

Na ja, jedenfalls schneite es an diesem bewussten Tag an dem neuen Obststand lauter Fräuleins, die in guter Hoffnung waren beziehungsweise ein Kind direkt unter dem Herzen trugen. Und kurz bevor ich dran war, trudelte noch so ein längliches blondes Fräulein ein, bei der man ebenfalls ganz deutlich erkennen konnte, dass der Klapperstorch wie ein Damoklesschwert über ihrem Kopf rumschwirrte. Leider waren dann hinterher die schönen bulgarischen Pfirsiche alle.

Trotzdem kann man getrost zusammenfassend ausrufen, dass es bevölkerungspolitisch – wenigstens in unserem Wohngebiet – ganz zügig vorwärtsgeht, am Obststand hingegen entsprechend langsamer.

John Stave

Wie wir Timurhelfer wurden

In meiner frühen Kindheit, das ist jetzt vielleicht zwei Jahre her, hab ich das Buch »Timur und sein Trupp« von Arkadi Gaidar gelesen. Es gefiel mir sehr gut. Deshalb dachte ich, wir müssten auch so einen Timurtrupp gründen. In der Pionierzeitung standen auch schon Berichte darüber, aber in unserer Klasse wussten nur wenige, wer Timur war. Der lange Schücht meinte, vielleicht ein Held der Berge, welcher Bauern, alte Leute, einsame Witwen und Jungfrauen aus den Klauen der Unterdrücker befreite.

So ähnlich dachten viele. Schweine-Sigi, der wenig Bücher liest und wenn, dann nur welche über Tiere, stellte sich unter Timur einen Jäger oder Wildschützen vor. Sonja Zunder glaubte an einen Waldgeist, »der Gutes tut und so«. Nur die Bärbel Patzig, die Jule Bock und mein Freund Harald wussten Bescheid.

Die brave Bärbel hat den Timur und seinen Trupp sogar mit den Heinzelmännchen verglichen. Der Harald war damit nicht ganz einverstanden und sagte zur Bärbel: »Im Prinzip hast du ja recht, aber politisch ist es falsch. Dann müsstest du schon sagen: die sozialistischen Heinzelmännchen!« Die Bärbel ärgerte sich nach dieser Berichtigung und erwiderte mit schmolligem Mund: »Das weiß ich selber.«

Der Harald schlug vor: »In Auswertung dieses Zustandes halte ich es für bedeutend wichtig, selbst einen Timurtrupp zu bilden. Als Erstes muss jeder das Buch lesen.« Wir haben auch eine schöne Losung für unseren Trupp gefunden, nämlich: »Einer für alle, alle für einen! Vorwärts zu guten Taten!« Das fetzt ein, meinte der lange Schücht, und damit war die Diskussion über die Rolle und Bedeutung beendet. Dann ging es um die Anwendung der Rolle.

Zuerst mussten wir einen Hauptmann, also den Timur, wählen. Einige waren für den langen Schücht, weil er der größte und stärkste in der Gruppe ist. Ich ergänzte: »Und dumm ist er auch.« Der lange Schücht war mir deshalb nicht böse, weil er dachte, jetzt braucht er das Buch nicht mehr zu lesen.

Mein Vorschlag lautete: »Harald soll den Timur machen, weil der alles am besten politisch erklären kann.« Einige waren für die brave Bärbel, weil sie die meisten Einsen hat, aber die Jule Bock, die auf Bärbel immer ein bisschen eifersüchtig ist, meinte: »Der Schweine-Sigi ist der richtige. Der hat einen dicken Kopp, und wenn er mal was anfängt, dann lässt er nicht locker bis zum guten oder schlechten Ende.« Dagegen waren aber die meisten Mädchen, und die sind in unserer Klasse leider noch in der Mehrzahl. Zum Schluss hieß es, ich soll den Timur machen, und da waren sich wieder alle einig. Wer eine Idee hat und einen Vorschlag macht, muss damit rechnen, dass er gleich eine Funktion dafür bekommt. So ist das im Leben.

Mir war es trotzdem recht. Ich verteilte auch gleich

Funktionen: Der Harald wurde mein Politstellvertreter, der lange Schücht Stabschef, der Schweine-Sigi Aufklärer, die Sonja Zunder Propagandistin. Einige sagten: »Die Sonja ist doch eine Tratsche!« Ich antworte: »Das ist genau richtig. Durch ihr Getratsche lernt sie Viele kennen, und dadurch erfahren wir auch Timurfälle.« Das sahen die meisten ein, auch Sonja, nachdem ich es ihr zehnmal erklärt habe. Die Jule Bock war bereit, den Schreib- und Telefondienst zu übernehmen. Die brave Bärbel wurde verantwortlich gemacht für Lernpatenschaften bei faulen Kindern, und damit waren alle glücklich und zufrieden.

Daran kann man erkennen, dass wir uns vom richtigen Timur und seinem Trupp etwas unterscheiden. Naja, damals war noch Krieg, und jetzt haben wir schon lange Frieden. Das Hauptquartier befindet sich auch nicht in einem alten Schuppen mit selbstgebastelter Alarmanlage, sondern im Kabuffchen vom Pilei Alfons. Der ist als Pionierleiter sowieso meistens bei Besprechungen und Sitzungen, und er hat auch ein eigenes Telefon.

Wenn es also Alarm gibt, dann geht das so vor sich: Die Jule ruft den Harald an, dieser pfeift auf zwei Fingern nach mir, ich flitze mit meinem Fahrrad zum Schweine-Sigi, der lässt die Sau los, mit der er sich gerade beschäftigt, und läuft zum langen Schücht, der holt seine Schiedsrichterpfeife und fährt den Weg entlang, wo meistens alte Leute wohnen. Sie regen sich furchtbar über den Lärm auf. Das zwingt den Schücht, schneller zu fahren, bis er ohne Luft vor Bärbels Haus steht. Und die benachrichtigt die Sonja Zunder, welche gleich um die Ecke wohnt. Wir haben das System schon ein paarmal ausprobiert, in 15 Minuten sind alle versammelt, wenn sie zufällig zu Hause waren. Wenn nicht, dann nicht.

Jetzt könnte einer fragen, was bei der Timurhilfe eigentlich herauskommt? Also eine ganze Menge, im letzten Monat folgendes:

32 Einkäufe für alte oder kranke Leute
17 Geschirrspülungen bei denselben
2 Kinder von Lehrerinnen beaufsichtigt
12 Straßenfegungen vorm Altersheim und Schulhort
4 Betrunkenen aus der Straßenbahn geholfen
47 Kilo Altpapier gesammelt
1 rumlaufenden Hund beim Besitzer abgeliefert
1 Kraftfahrer den Weg erklärt
6 Nachhilfestunden für faule Säcke
1 Geburtshilfe durch Anruf im Krankenhaus
13 Sitzplatzanbietungen und
1 Geburtstagsständchen bei Frau Zibbenzahn zu ihrem 80. Geburtstag.

Summe: 137 Prozent Planerfüllung

Vom Geld fürs Altpapier kauften wir uns Toilettenpapier, damit wir nicht dauernd darum betteln müssen. Dieses verwaltet die dicke Mia. Leider ist sie sehr geizig. Sie verteilt das Papier nicht nach der Losung »Jedem nach seinen Bedürfnissen«, sondern nach der Losung »Jedem nach seinem Appetit«. Wenn die Bärbel diese Funktion hätte, wäre es noch schlimmer. Die würde nach der Losung »Jedem nach seinen Zensuren« verteilen.

Gestern hab ich die Jule Bock beim Telefondienst mal abgelöst. Kaum war sie weg, klingelte es, und eine alte Stimme fragte: »Ist dort Herr Timur?« Ich sagte nein, hier ist der diensthabende Ottokar. Die alte Stimme entschuldigte sich und hing auf.

Auch daran kann man gut erkennen, wie berühmt der Timur ist. Wenn ich gesagt hätte, hier ist der Timur persönlich, dann hätten wir der alten Stimme vielleicht helfen können. Manchmal ist man einfach zu blöd.

Ottokar Domma

Unser Freundschaftstreffen

Eines Tages sagte unsere Russischlehrerin, Frau Katharina Pitthuhn, dass sie sich zum Tag der Befreiung was Schönes ausgedacht hat, nämlich ein Freundschaftstreffen mit einer sowjetischen Schulklasse. Sie kommt aus unserer Kreisstadt, und es sind die Kinder von sowjetischen Soldaten und Offizieren, die uns zusammen mit der Volksarmee beschützen. Frau Pitthuhn hat alles mit den Freunden ausgemacht, und wir sollen jetzt überlegen, wie wir sie empfangen und unterhalten.

Wir waren gleich freudig aufgeregt und sagten der Frau Pitthuhn, wie wir uns das Treffen denken. Das Beste dachte sich mein Freund Harald aus, indem er vorschlug: Man kann ja mit den sowjetischen Freunden einen Wettbewerb ausrufen, zum Beispiel im Gedichtaufsagen und Theaterspielen – und die Mädchen im Singen und Tanzen, damit sie auch was zu tun haben. Frau Pitthuhn rief, das ist eine feine Sache, und sie möchte noch mehr solche Gedanken hören. Die Wally schlug jetzt eine Handarbeitsausstellung vor, der Schweinesigi einen Schachkampf und Wettrechnen, die Bärbel Patzig eine Gemäldegalerie, die dicke Mia eine Sitzung mit Schlagsahne und Torte, der lange Schücht ein Fußballspiel, und die Mädchen müssen uns anfeuern und jubeln. Der Pillenheini sagte, man kann auch einmal zeigen, wie man gebrochene Beine und Köpfe schnell verbindet; denn junge Sanitäter gibt es überall. Wer siegt, ist Sieger. Jetzt meldete ich mich und sprach, dass ich das auch alles vorschlagen wollte, und man muss unterstreichen, was meine Vorredner unterstrichen haben.

Auch könnte man vielleicht einmal probieren, wie wir uns miteinander in der anderen Sprache unterhalten. Wer von uns am längsten Russisch spricht, bekommt einen Orden. Frau Pitthuhn antwortete, sie ist von mir enttäuscht, und die anderen Vorschläge waren besser. Auch wird sie alles so besprechen und vorbereiten.

Als es soweit war und wir uns vor der Turnhalle aufgestellt hatten, kam endlich der Omnibus mit unseren sowjetischen Freunden. Sie mussten erst antreten, danach marschierten sie vor uns hin, indem ein sowjetischer Pionier auf Deutsch rief: »Wir grüßen unsere Freunde mit Freundschaft.« »Freundschaft« schrien jetzt alle sowjetischen Pioniere. Unsere Frau Pitthuhn war auf einmal mächtig aufgeregt und fragte leise, ob das von uns auch einer kann, und sie hat gar nicht an einen russischen Begrüßungssatz gedacht. Weil wir auch nicht daran gedacht haben, rief jetzt Frau Pitthuhn diesen Satz selbst auf Russisch, und wir schrien danach »Druschba«. Wir haben uns erst noch ein biss-chen gegenseitig beklatscht und darauf gewartet, wer zuerst aufhört. Wir hörten zuerst auf, und unsere Freunde waren Sieger.

Dann setzten wir uns an die Kuchentafel. Neben mir saß ein Mädchen mit einem schönen gelben Zopf. Ich fragte sie auf Russisch, wie sie heißt. Sie hat meine Frage ziemlich schnell erraten und antwortete: »Walja.« Jetzt fragte sie auf Deutsch: »In wie viel Klasse Sie gähen, bittä?« Ich sprach stolz: »Pjät klass.« Sie hat es auch ziemlich richtig verstanden und sagte einen langen Satz auf Russisch. Ich antwortete sehr sicher: »Nepanjemaju.« Danach fragte ich auf Deutsch, warum Walja »Sie« zu mir sagt. Walja antwortete darauf: »Nix värstäh, bi'ttä.« Sie war immer sehr höflich, und ich sagte, dass wir jetzt mit dem Kakao Brüderschaft trinken müssen. Als ich ausrief »Nastrowje!«, musste Walja mächtig lachen, und sie hatte schöne große Zähne. Nachher zählte ich zusammen, und es stellte sich heraus, daß ich schon halber Sieger war. Denn Walja sagte nur siebenmal »Nix värstäh«, wogegen ich fünfzehnmal »Nepanjemaju!« ausrief.

Wie wir mit dem Kuchenessen fertig waren, ging es los. Die Lehrer wählten eine Schüri, und die sollte sagen, wer der Beste im Wettbewerb ist. Zuerst sprach unsere Tanja Schulze ein russisches Gedicht. Sie ist unsere beste Russischschülerin. Die sowjetischen Pioniere und Lehrer wollten gar nicht mehr aufhören mit Klatschen. Danach sprach der sowjetische Pionier Kolja ein deutsches Gedicht, es hieß »Gefunden«, von Johann Wolfgang Goethe. Jetzt klatschten wir wie verrückt, aber die Schüri meinte, die Tanja ist Sieger. Das ist keine Kunst, weil Tanjas Mutter Russischlehrerin ist.

Nachher sangen wir Lieder. Zuerst klatschten unsere Lehrer bei unseren Liedern mit, später nicht mehr, sondern nur noch bei den russischen. Auch bekam der Herr Burschelmann Ohrensausen, wenn wir sangen, und er stopfte sich die Finger hinein. Danach zeigten die Tänzer ihre Kunst. Bei den sowjetischen Pionieren tanzten die Knaben und Mädchen, bei uns nur die Mädchen, weil wir Knaben den Anblick noch mehr versaut hätten. Aber es hat trotzdem nichts genutzt. Die Leninpioniere siegten, weil sie schneller waren und sich schöner wiegten, besonders in den Hüften. Unsere Mädchen waren zuerst ein bisschen traurig, und der Herr Burschelmann sprach zu ihnen, sie sollen nicht weinen, und es war ein schöner deutscher Stampfer, den ein anderer auch nicht so leicht nachmachen kann. Jetzt mussten die Mädchen wieder lachen.

Zum Schluss rechnete unser Schweinesigi die Sieger zusammen. Wir siegten: im Gedichtaufsagen, im Fußballspiel, in weiblichen Handarbeiten, welche eine DFD-Frau anleitet; auch im Hochsprung und im Sack-hüpfen waren wir die Besten, und unser Klassenlehrer meinte, im Lärmmachen waren wir auch gut. Aber das wurde nicht mitgerechnet. Die Leninpioniere siegten: im Schachspiel, im Singen und Tanzen, im Laufen, Tauziehen und Weitsprung und in der Disziplin, was ebenfalls nicht mitgerechnet wurde.

Nach dem Sport hieß es, jetzt kommt das Sprachspiel, aber es läuft außer Kongurenz. Das Spiel ging so: Zwei Schüler sind die Spieler, und sie müssen sich ein Gespräch ausdenken und spielen, sagen wir am Postschalter, im Geschäft, auf dem Bahnhof, beim Arzt usw. Sie müssen dabei miteinander in der fremden Sprache sprechen, bis ihnen nichts mehr einfällt. Und die Schüri schaut auf die Uhr, wie lange es jeder aushält. Meine Freundin Walja spielte mit ihrem Klassenfreund Aljoscha Vater und Tochter. Der Vater fragte, was die Tochter den ganzen Tag gemacht hat, und Walja antwortete oder umgekehrt. Und zwar alles in Deutsch. Als sie nicht mehr weiterkonnten, sagte die Schüri, dass sie acht Minuten ge-

Geschichten von unseren Kunstschaffenden

sprochen haben und die Besten der sowjetischen Mannschaft sind.

Danach spielte ich mit meinem Freund Harald das Stück »Lehrer und Schüler«. Ich war der Lehrer und fragte den Harald: »Tschto äto?« Harald antwortete: »Äto stol.« Ich fragte wieder: »Tschto äto?« Harald antwortete: »Äto lampa.« Ich zeigte meinen Federhalter und fragte: »Tschto äto?« Harald sprach: »Äto penal.« Danach biss ich in eine Stulle und fragte: »Tschto äto?« Harald rief: »Äto Buterbroat« usw. Es war sehr lustig, und die sowjetischen Lehrerinnen mussten vor Freude weinen, wogegen die Schüri nach zehn Minuten rief, wir sollen aufhören, es reicht. Und unser Herr Burschelmann meinte, wenn wir so weitermachen, wird er das Ende nicht mehr erleben. Das stimmt.

Es war ein sehr schönes Fest, und unser Herr Direktor Keiler hielt eine Rede und rief, wir haben alle gewonnen. Wir begleiteten danach unsere Freunde zum Omnibus. Ich sagte »Doswidanja, Walja«, wogegen sie sprach: »Aufwiddersähn, Oodookarr.« Auch hätte ich sie gern ein bisschen gedrückt, aber das ging nicht, weil die anderen dabei waren. Und man soll nicht nur eine Walja lieben, sondern alle Freunde. Druschba!

Ottokar Domma

Film und Ökonomie

Wie die werktätigen Menschen bei uns über Kunst, speziell über die Film- und Fernsehkunst reden, das ist manchmal direkt ein bisschen fläzig. Wenn sie nicht vor Begeisterung vom Sessel gefallen sind, wollen sie immer gleich wissen, was das nun wieder gekostet hat und ob die Flimmerfritzen noch bei Troste sind.

Dabei geht es bei den Film- und Fernsehleuten nicht anders zu als bei der restlichen werktätigen Bevölkerung auch. Es gibt vorbereitende Planbesprechungen, richtige Planbesprechungen und Diskussionen über die fertigen Pläne. Und hier, wie überall, ist fleißig die Rede von Ökonomie der Zeit, Prinzip der strengsten Sparsamkeit und natürlich von der pünktlichen Erfüllung der Pläne. Und erst dann geht die Filmkurbelei los. Nun ist es allerdings mit der Kunst nicht so leicht wie beispielsweise mit der Produktion von Küchenmessern. Geschmacksfragen fallen da schon mal flach, und auch politische Missverständnisse sind nicht möglich. Wenn die Dinger ordentlich schneiden und nicht gleich aus den Griffen brechen, ist die Sache geritzt. Ganz anders bei der Film- und Fernsehkunst!

Ich hatte neulich Gelegenheit, der Vorführung eines künstlerischen Halbfertigprodukts beizuwohnen. Der Regisseur und die übrigen künstlerischen Kader zeigten einem Gremium von Leitungskadern ihren neuesten Film. Ein richtiger Film war's noch nicht, sondern erst der sogenannte Rohschnitt. Das sollte nun noch mal ganz fein auseinandergeschnitten, neu zusammengeklebt, mit Sprache, Musik und anderen menschlichen Geräuschen versehen und erst dann den Konsumentenkadern gezeigt werden. Aber man bekam auch so schon einen schönen Eindruck. Es handelte sich um die Geschichte einer großen Familie, die wie Pech und Schwefel zusammenhält. Natürlich gab's auch Konflikte, aber in der kinderreichen Keimzelle ging alles seinen ordentlichen Gang.

Anschließend hatten die Leitungskader mit den Künstlerkadern eine fruchtbare Diskussion. Jeder Einzelne sagte noch einmal, was er gesehen bzw. was er gemeint hatte, und alle fanden, dass unser neues Lebensgefühl und auch die Probleme der Kinderreichen sehr schön zum Ausdruck gekommen seien. Eigentlich war schon alles in Tüte und Papier, und die Künstler hätten nun mit der sogenannten Endfertigung ihres Films beginnen können. Da meldete sich der stellvertretende Studiodirektor noch einmal zu Wort.

Geschichten von unseren Kunstschaffenden

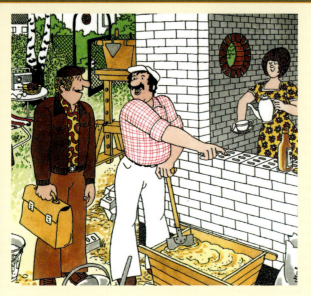

»Seit wann machst'n krank?« – »Von da an!«

»Ich weiß nicht recht«, sagte er, »ich glaube, es könnte nicht schaden, wenn die Solidarität innerhalb dieser Familie noch deutlicher herausgearbeitet würde. Zum Beispiel könnte ich mir eine Szene denken, in der sich die ganze Truppe auf die Suche macht, als der jüngste Sohn nach dem Sandmännchen noch immer nicht zu Hause ist. Was meint ihr?«
Die übrigen Leitungskader blickten auf die Uhr und fanden, dies sei ein beherzigenswerter Vorschlag. Dann brachen sie auf, um wenigstens bis zum Sandmann zu Hause zu sein.
Der Regisseur und seine künstlerischen Kader waren ziemlich bedeppert. Immerhin verfügte ihre Film-Familie über neun Kinder im Alter von drei bis einundzwanzig Jahren sowie über Vater, Mutter, Oma und Opa. Das waren sechs Erwachsene, zwei Jugendliche und fünf Kinder. Drei der Erwachsenen hatten Engagements an Berliner Theatern, die Oma-Darstellerin wirkte still, aber dafür allabendlich an den Parchimer Bühnen, der Opa tingelte freiberuflich, und die älteste Tochter war hauptberuflich Friseuse sowie Gattin des Oberbeleuchters. Die Jugendlichen gingen in die Lehre, die Kinder teils in den Kindergarten, teils in die Schule. Dieses bunte Völkchen, das nach offiziellem Drehschluss seinen gewohnten Tätigkeiten oblag, erneut für zwei Drehtage loszueisen, konnte nur durch Zuhilfenahme eines göttlichen Wunders gelingen und wurde dem 1. Aufnahmeleiter übertragen. Als der es nach vierzehntägigen Telefonaten, Besprechungen, Versprechungen, Schwüren, Tobsuchtsanfällen und Zahlungen verschiedenster Konventionalstrafen geschafft hatte, musste er für vier Wochen zur Kur nach Bad Liebenstein.
Nicht geringer waren die Schwierigkeiten, die der technische Stab zu bewältigen hatte. Zunächst musste ein Atelier freigemacht werden, in dem die bereits abgebaute Dekoration, das Wohnzimmer der Familie, wieder aufgestellt wurde. Da der 3. Kameramann inzwischen die große Hellerau-Schrankwand käuflich erworben und in seine im 24. Stockwerk gelegene Neubauwohnung bugsiert hatte, erwuchsen allein aus dieser Bagatelle ungeahnte Ärgernisse, Kosten und Mühen. Sodann war ein halbfertiger Wohnblock ausfindig zu machen, in dessen Treppenhaus der vermisste Knabe von seiner besorgten Familie wieder aufgefunden werden konnte. Der 2. Aufnahmeleiter, der Regieassistent und schließlich gar der Produktionschef hatten die größte Not, den VEB Hochbau von der Wichtigkeit dieses künstlerischen Vorhabens zu überzeugen. Aber auch das gelang.
Endlich mussten Schienen für den Kamerawagen verlegt, ein Aggregat für die Stromversorgung aufgestellt, eine fahrbare Unterkunft mit Kaffee- und Bockwurstausschank installiert und von anderen Produktionen Beleuchter, Maskenbildner, Kinderbetreuerinnen und eine Ateliersekretärin ausgeliehen werden. Die Kraftfahrerbrigade war Tag und Nacht im Einsatz, wofür sie eine größere Prämiensumme beantragte und auch erhielt. Ich ließ es mir nicht nehmen, die bewundernswerten Leistungen des Drehstabes pausenlos mit Stenogrammblock und Kugelschreiber zu verfolgen. Als die letzte Aufnahme im Kasten war, fühlte auch ich mich wie der Sieger in einer harten Produktionsschlacht, die allen Beteiligten das Äußerste abverlangt hatte. Man sieht daran, dass die Leute oft oberflächlich urteilen, wenn sie glauben, beim Film würde nicht hart gearbeitet.
Gestern war übrigens die Vorführung des nunmehr fertigen Films vor denselben Leitungskadern. Diesmal konnte sogar der Studiodirektor begrüßt werden, der es seinerseits sehr begrüßenswert fand, dass ein so schönes, optimistisches Werk zum Problem der Kinderreichen entstanden war.
»Ich habe nur einen kleinen Einwand, liebe Freunde«, sagte er, »diese Rumhampelei von Kleinstkindern und gebrechlichen Alten nachts auf einer gefahrenreichen Baustelle setzt uns nur unnützen Diskussionen aus. Die paar Meter schneidet ihr einfach raus.«

Renate Holland-Moritz

Geschichten von unseren Kunstschaffenden

Die Jury

Die Jury hatte Platz genommen: Dr. Wagnerwitz vom Ministerium für heitere Muse, Frau Weißbecker, freischaffend, und Professor Marmorstein, Intendant der komischen Operette, Magdeburg. Heute ging der Ausscheid für die zentrale Leistungsschau weiter mit Musikgruppen. Zuerst gab's Kaffee und dann die Gruppe »Schmalz und Brot«. Die Bühne betraten 4 Männer, deren jüngster etwa wie 85 aussah. Er trug einen langen, dünnen, blonden, hässlichen Vollbart, der sich in Schulterhöhe mit dem strähnigen Haupthaar mischte. Der Zweite trug ebenfalls einen Vollbart, aber hohe Stirn, im Volksmund auch Glatze genannt. Der Drummer sah etwa wie Rasputin aus, trug ein Kreuz an einer langen Kette um den Hals. Es schaukelte ihm recht unfromm in Höhe einer wenig verborgenen Männlichkeit hin und her. Der Vierte war vielleicht ein Mädchen, denn er trug das Haar etwas kürzer und sang auch später nicht so hoch und so hässlich – wie Lakomy. Jedenfalls machte die Jury finstere Gesichter und erste negative Notizen. Die Musik übertraf aber alles bisher Gehörte. Das Dantesche Inferno in Musik umgesetzt. Es raste, raste, raste! Frau Weißbecker hielt sich die Ohren zu. Es schien das Schlimmste, wo je über eine DDR-Bühne geschrien, gejault, geheult und gewinselt wurde. Marmorstein brüllte Wagnerwitz ins Ohr, welcher Agent diesen Provokateuren einen Berufsausweis ausgestellt habe. Sie spielten ihre Instrumente nicht mehr, sie schlugen sie, sägten sie, traten sie, würgten sie. Frau Weißbecker trug in ihre Kladde ein: Verbieten! Wenn nötig, mit der Polizei. Das erzeugt Rowdytum!

Und dann geschah etwas Überraschendes. Marmorstein hörte es als Erster. Einen – wie soll ich sagen – menschenähnlichen Laut, einen gedämpften, gepressten Schrei. Und dann ein zweites Mal. »Habt ihr das gehört?«, fragte er seine Kollegen. Sie hatten es nicht gehört; aber sie wurden ganz wachsam. Und als sie schon die Hoffnung aufgaben, diesen menschenähnlichen Schrei aus dem totalen Kapellenlärm noch ein drittes Mal herauszuhören, da kam er gegen Ende der Darbietung noch einmal. Und es war genau zu hören, der Schrei in diesem teuflischen Instrumentengekreisch hieß: SOLIDARITÄT!

Ja. Es wurde nun Gewissheit. Einer aus dieser entsetzlichen Gruppe hatte »Solidarität« geschrien.

Und die Jury trug in ihren Bewertungsbogen ein: Gruppe »Schmalz und Brot« – Ausgezeichnet – Delegiert!

Edgar Külow

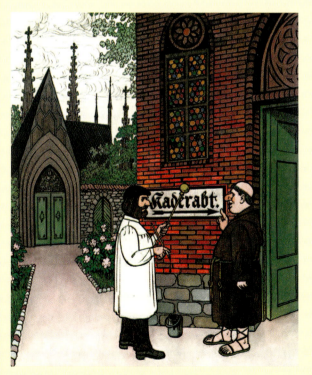

»In diesem Fall ohne Punkt, mein Sohn!«

Lyrik, du Himmel auf Erden

Er wusste natürlich, dass Gedichte, besonders ernste, schwer abzusetzen sind, aber immer nur Romane und Dramen wollte der junge Autor Johann Wolfgang Goethe partout nicht schreiben. Und so dichtete er:

Wanderers Nachtlied

Über allen Gipfeln
ist Ruh,
in allen Wipfeln
spürest du
kaum einen Hauch.
Die Vöglein schweigen im Walde.
Warte nur, balde
ruhest du auch.

Johann Wolfgang Goethe

Auf Anraten des Weimarer Kulturbund-Kreissekretärs schickte Goethe das Gedicht zuerst an den »Sonntag«. Der schrieb zurück:

Geschichten von unseren Kunstschaffenden

Sehr geehrter Herr Goethe! Wir haben uns über Ihre talentierten Verse sehr gefreut. Obwohl wir einen entsprechenden Hinweis Ihrerseits vermissen, sind wir fest davon überzeugt, dass Sie das Gedicht als Beitrag zum »Sonntag«-Preisausschreiben um die Goldene Note 1961 aufgefasst wissen wollen. Unter diesem Aspekt und nach Aussprache mit dem vermutlichen Komponisten Ihres Textes schlagen wir Ihnen eine etwas schlagergetreuere Formulierung Ihres Tanzlieds vor. Etwa so:

Notturne

Über allen Gipfeln, du,
ist, mein Liebling, Ruh, ja Ruh.
Und in allen Wipfeln, Schatz,
spürst du nicht den kleinsten Fatz usw.

Indem wir Sie, sehr geehrter Herr Goethe, in diesem Sinne um Neufassung (am besten mit Orientierung auf die spätere gesangliche Interpretation durch Lutz Jahoda) ersuchen, verbleiben wir mit Sonntagsgruß Ihr »Sonntag«.

Goethe, nicht gewillt, auf Anhieb nachzugeben, schickte sein Poem an die »BZ am Abend«. Dieselbe war ebenfalls nicht abgeneigt, das Gedicht zu veröffentlichen. Sie antwortete Goethe:

Lieber Herr Goethe! Wir sind sehr für Lyrik, haben als Berliner Abendblatt aber besonderes Augenmerk auf Lokalkolorit zu legen. Wir bitten Sie deshalb höflichst um Ihr Einverständnis, das in Frage stehende Gedicht folgendermaßen abdrucken zu dürfen:

Nantes Nachtjesang

Üba allen Jipfeln is Ruh
in allen Wipfeln
spürest du
kaum eenen Hauch.
Die Vöjel schweijen im Walde.
Wartema, balde
ruhest du ooch.

J.W. Jöthe

PS Und bitten wir, den Reim am Schluss noch irgendwie hinzubiegen.
Mit Abendgruß
Ihre »BZ am Abend«.

Jetzt wandte sich Goethe an die »Tribüne«. Die Antwort ließ nicht länger als fünf Wochen auf sich warten:

Lieber Kollege! Ihrem Schreiben ist leider nicht zu entnehmen, ob Sie schreibender Arbeiter sind. Falls nicht, steht die Frage des Abdrucks Ihres Gedichts im Moment nicht so sehr. Wir würden es trotzdem ermöglichen, doch wollen unsere Werktätigen keine Gedichte mit Wipfeln, Hauch und so. Mit Tribünengruß Ihre »Tribüne«.

Die nächste Redaktion, der Goethe seine Verse sandte, war die »Weltbühne«. Ihr Chefredakteur urteilte so:

Sehr geschätzter Herr Goethe! Eigentlich sind wir mehr eine Streitschrift – jedenfalls dem Hörensagen nach –, aber da Ihr Gedicht immerhin so eine Art Drohung enthält (»Warte nur!«), kann man es fast als Polemik auffassen, und wir sind einem Abdruck in unserem roten Heftchen durchaus zugeneigt. Allerdings verabscheuen wir lyrische Arbeiten generell und erwägen die Publikation Ihres Manuskripts in folgender Weise:

Aufgewacht!

Über allen Gipfeln ist Ruh. Höchste Zeit für eine neue Gipfelkonferenz. In allen Wipfeln spürt man kaum einen Hauch. Politische Windstille bringt uns aber keinen Schritt weiter. Die Vöglein schweigen im Walde. Mögen sie. Wir Deutschen indessen sollen miteinander sprechen, und zwar bald. Das gilt für die Ruhrkumpel auch.
Jowogo

Ihrer Entscheidung mit Interesse entgegensehend, verbleiben wir mit Weltbühnengruß Ihre »Weltbühne«.

Die »Berliner Zeitung«, an die Goethe seine Verse sodann schickte, hatte, wie üblich, Platzmangel, wollten den jungen Dichter jedoch nicht vor den Kopf stoßen und veröffentlichte eine Kurzfassung des Gedichts:

Wandrers

Über allen
in allen
Die Vöglein
auch

Goe

Sofort nach dieser Veröffentlichung meldete sich der Dichter Karl Stitzer in einer bedeutenden Wochenzeitung zur Wort und verdammte den jungen Goethe unter der Überschrift »Zerhackte Rhythmen«.

Der VEB Friedrich Hofmeister Verlag zu Leipzig, der das Gedicht dann erhielt, ließ es durch Werner Lindemann für die Volkskunst bearbeiten. Nämlich so:

Vorwärtsschreiters Tageslied

Über allen Gipfeln
geht man ran.
In allen Wipfeln
spürt jedermann
Kraft und Elan.
Die Vöglein zwitschern im Walde.
Warte nur, balde
singst auch du im Laienzirkel I. Sopran.

Goethe (VK)

Aber dagegen hatte Goethe gewisse Einwände. Die »Wochenpost«, der er sein Gedicht schließlich übermittelte, reagierte hinhaltend:

Lieber Leser Goethe! Ihre Verse sind ordentlich, aber es gibt im Augenblick keinen Gedenktag, auf den sie sich aktuell beziehen lassen. Leider ist auch Ostern vorüber, sonst hätten wir aus »Vöglein« »Osterhäslein« gemacht und das so redigierte Gedicht zum Abdruck gebracht. Aber so, na ja, vielleicht ein andermal. Mit Wochengruß Ihre »Wochenpost«.

Nach fruchtloser Korrespondenz mit weiteren vierundsechzig Zeitungen, Zeitschriften und Almanachen (siebenunddreißig antworteten überhaupt nicht) weinte Johann Wolfgang bitterlich und beschloss, einer Arbeitsgemeinschaft Junger Lyriker beizutreten, um solidarsch mit anderen Lyrik-Leidensgenossen für Recht und Ehre der Lyrik zu kämpfen. Aber die Lyriker-Arbeitsgemeinschaft hatte sich längst aufgelöst, denn alle zeitgenössischen Lyriker, von Wiens bis Gerlach und von Kunert bis Kahlau, waren längst zur DEFA abgewandert. Da begab sich auch Goethe nach Babelsberg und schrieb sein erstes Film-Drehbuch. Er nannte es sarkastisch »Götz von Berlichingen«.

Hansgeorg Stengel

»Hübsches Häuschen!«
»Kein Wunder! Sie hat jahrelang in einer Keksfabrik gearbeitet.«

Opa war drüben

Wissen Sie, was Fakt ist?
Fakt is, ich war drüben.
Und hier in dem Spee-Karton sind meine Hemden drinne und meine Unterwäsche. So bin ich schon rübergefahren.
Ich hätte natürlich ooch mein' Lederkoffer oder mein' Reiselord nehmen können.
Aber als ich gesehn habe, wie die immer hier bei uns ankomm, da habe ich mir gedacht: Nee, mit'n normalen Koffer kannste nich fahrn. Wenn de nich gleich als Ostopa auffalln willst, musste mit'n Pappkarton kommen. Pappe ist poppig. Deshalb hab ich zu Spee gegriffen.
Hat anfangs auch ganz gut geklappt. Denn als ich in München aus'm Zug stieg, schlug mir son riesiger bayrischer Holzhacker die Pranke aufs Kreuz und schrie: »Ja, grüß di Gott, alter Speezi!« Doch als er dann meinen Dialekt hörte, hat er mich als Saupreuß beschimpft und wollte mir 'ne Watschen geben.
Also, das ist mir als Sachse hier noch nich passiert. Das ist Fakt. Zum Glück kam dann mein Neffe und hat mich rausgehaun.

Geschichten von unseren Veteranen

Mein Neffe ist zwar nicht besonders kräftig, aber er hat sich gefreut, dass er ein bissel was zu tun hatte. Es war nämlich gerade Streik!
Deswegen gab's auch gleich Streit. Zwischen meinem Neffen und mir.
Er sagt nämlich: »Warum streiktn ihr nicht? Bei uns streiken die Angestellten, in England die Bergarbeiter, in Frankreich die Eisenbahner, in Italien die Automobilbauer und so weiter. Bloß bei euch tut sich nix. Woran liegt'n das?«
»Ich weiß auch nicht«, sage ich. »Vielleicht liegts am System. Bei uns fehlen die Leute.«
»Na, Mensch«, sagt er, »ihr habt doch auch Arbeiter. Warum unternehmen die nichts?«
»Weil die Unternehmer fehlen. Irgendwas fehlt immer.«
Da hat er mich ganz mitleidig angeguckt und gesagt: »Ich glaube, du kommst aus 'ner ganz andern Welt.«
Ich hab nicht widersprochen.
Da hat er sich gefreut und gab mir zehn Mark. Für die Straßenbahn. Ich sage, »Robert«, sag ich. »Für die paar Tage brauch ich doch keine Monatskarte!«
War er schon wieder sauer.
»Du wirst doch wenigstens zweimal quer durch die Stadt fahrn!«, sagt er. »Oder willste dir überhaupt nichts ansehen?«
»Doch, doch«, hab ich gesagt.
»Na siehste«, sagt er. »Übrigens, kannste Karate oder wenigstens Judo?«
»Nee«, sage ich.
»Also. Dann kommste immer schön nach Hause, bevors dunkel wird. Klar?«
»Ich wollte ja eigentlich abends mal ins Kino gehen«, sage ich.
»Das ist Quatsch«, meint er. »Für die Pornofilme biste schon zu alt, und die Horrorfilme sind mehr für die Jugend. Übrigens, du schläfst bei Tante Gusti. Bei uns gehts nich. Wir haben nämlich gerade die Handwerker. Ich lass die Ölheizung rausreißen und stelle auf Kohle um. Das ist meine Rache an den Ölscheichen. Die könn mich mit ihren Preisen nich in die Knie zwingen.«
Da sag ich: »Die Preise machen aber eigentlich ganz andere. Schon mal was gehört von Shell oder Texaco und so?«
Ich kann nämlich im Zug nicht schlafen, und da habe ich während der Fahrt dreimal von vorne bis hinten das ND gelesen. Ich hätte noch ganz andre Korken draufgehabt. Den ganzen Krisencharakter hätt ich ihm hinblättern können.
Mein Neffe war ganz blass. Er sagt: »Opa, was ist bloß aus dir geworden! Ich kenn dich nicht wieder.«
Ich sage: »Ja, ich weiß ooch nich. Es muss am System liegen. Aber lass uns aufhörn mit der Politik. Ich soll dich übrigens grüßen von Onkel Richard.«
»Onkel Richard«, schreit er. »Was macht'n die alte Flasche? Der muss doch auch bald Rentner sein.«
»Quatsch«, sage ich. »Der ist immer noch munter auf'm Bau. Der ist übrigens ausgezeichnet worden. Hat Banner der Arbeit gekriegt.«
»Banner der Arbeit?«, sagt da mein Neffe. »Was is'n das? Ick kenne bloß Banner gegen Körpergeruch.«
»Das liegt am System«, sage ich, hab mich rumgedreht und bin mit'm nächsten Zug nach Hause gefahren.
Ich dachte mir: Wenn du hier noch weiter agitierst, denken die, ich bin vom ZK geschickt als Unterwanderer. Außerdem hat der Lenin mal gesagt: Man kann die Revolution nicht exportieren. Und an solche Weisungen muss man sich halten. Ooch als Rentner.

Jochen Petersdorf

Meine nassen Flecken

Eine tragische Lebensgeschichte

Als wir die neue Wohnung im fünften Stock bekamen, sah man sie noch nicht. Es war Juni, und meine nassen Flecken kamen erst im nächsten Frühjahr durch. Wir maßen der Sache zunächst keinerlei Bedeutung bei, denn so ein Neubau ist in der ersten Zeit immer ein bißchen feucht hinter den Ohren.

Dann kam der nächste Winter und das nächste Frühjahr. Es tropfte von den Wänden. Die Küche sah aus, als wäre sie zwanzig Jahre nicht renoviert worden. Das konnte aber nicht sein, weil das Haus erst anderthalb Jahre alt war.

Als wir nur noch mit dem Regenschirm ins Bett gehen konnten, fing ich an, mir Gedanken zu machen. Ich begab mich zur Kommunalen Wohnungsverwaltung, die sich den Schaden anhörte.

»Neubau, wie?«, sagte der Verwalter.

Einige Tage später suchte ein Bauleiter meine Frau heim. Der Herr war mit Recht empört, dass man so hohe Häuser ohne Fahrstuhl baut. Da das Haus unter seiner Leitung entstanden war, fassten wir seine entsprechende Äußerung später als Selbstkritik auf.

Nun besah der Bauleiter sich vom Korridor aus recht gründlich alle nassen Flecken. Sein fachmännisches Urteil lautete, dass es von innen käme. Er verbot uns das Kochen in der Küche und das Baden im Bad. Für ein Verbot des Schlafens im Schlafzimmer reichten seine Argumente nicht aus.

Da ich als Querulant bekannt bin, reichte ich eine Beschwerde beim Stadtbezirksbauamt über den Bauleiter ein. Das Stadtbezirksbauamt entsandte eine Kommission, die erschüttert vor meinen nassen Flecken stand. »Hier muss etwas geschehen«, sagte der Kommissionsleiter. Daraufhin versetzten sie den Bauleiter, womit mir sehr geholfen war.

Nun brach eine Kommissionsinvasion an. Die Kommissionen kamen und gingen, die nassen Flecken aber blieben. Meine Frau kränkelte leicht und bekam vom Arzt eine Kaltwasserkur verschrieben, die sie entschieden ablehnte. Wir kauften uns Gummischlafanzüge. Ich ersteigerte im Fundbüro eine Anzahl Regenschirme und wurde wegen Verdachts des wilden Handelns zu vier Monaten Bewährungsfrist verurteilt. Als die zweihundertvierzigste Besichtigungskommission anrollte, war meine Frau gerade gestorben.

Die Kommission fand das sehr unpassend. Schließlich hätte sie sich doch drei Tage vorher angemeldet.

Die Sache – mit den Flecken – würde jetzt in gute Hände gelegt, tröstete man mich trotzdem. In der Deutschen Bauakademie der Deutschen Demokratischen Republik würde mein Fall verhandelt. Als ich nicht gleich Bescheid erhielt, ging ich fünfeinhalb Jahre später hin zur Akademie. »Nun, Väterchen«, sagten sie zu mir, »wo brennts denn?« Ich durfte mich setzen und schilderte meine nassen Flecken. Zu meiner großen Überraschung teilte man mir mit, dass gerade ein Beschluss gefasst würde, wonach feuchte Neubauwohnungen unverzüglich gegen trockne umzutauschen seien und die Umzugskosten übernommen würden. »In welchem Jahr wurde Ihr Haus gebaut?«, fragte der Mitteiler der Ordnung halber.

Ich holte mit zitternden Fingern meine Wohnungszuweisungsurkunde heraus und schob meine Brille auf die Stirn. »Neunzehnhundertsechzig«, las ich.

»Dann tut es mir allerdings leid«, sagte der Akademiker. »Der Beschluss bezieht sich auf Neubauten. Ihr Haus ist aber schon vierzig Jahre alt: Dann fallen Sie leider nicht darunter«

Als ich mir keine neue Schwimmweste mehr leisten konnte, verkaufte ich meine Möbel als Schwammholz und meldete mich beim Feierabendheim »Gustav Müller« an.

»Nun, Opachen«, sagte die freundliche Schwester zu mir, »ich hoffe, Sie werden sich hier bei uns sehr wohl fühlen, Essen und Trinken sind gut, und jeden Mittwoch tritt unser Betriebskabarett auf. Das Rauchen in den Zimmern ist nicht gestattet!«

»Ich hätte nur eine Bitte«, sagte ich. »Wenn es geht, dann möchte ich nicht so weit oben im Heim untergebracht werden, sondern mehr unten. Am liebsten wäre mir Parterre. Sie müssen nämlich wissen«, setzte ich vorsichtshalber hinzu, »dass ich mein ganzes Leben lang unter nassen Flecken zu leiden hatte. Und keiner konnte mir helfen.«

Die freundliche Schwester verzog für einen Augenblick ihr hübsches Gesicht, trug mich dann kalt lächelnd in die Bettnässerkartei ein und schob mich in den Seitenflügel ab, wo die unbequemen Fälle liegen. Und wenn ich nicht gestorben bin, dann leb ich dort noch heut.

John Stave

Geschichten von unseren Veteranen

Der Weihnachtsmann

Es war Ende November, als sich die Veteranenkommission der Partei unweit des Alexanderplatzes zur routinemäßigen Sitzung zusammenfand. Der ständig nörgelnde Genosse Emil Sundermann wollte den Geburtstag von Wilhelm Pieck wegen seiner Goldenen Hochzeit vorverlegen, und Werner Bolle – mit dem Spitznamen »Stalinorgel« – verlangte die Überwachung seiner Schwiegertochter, weil sie im Kirchenchor sänge, und zwar sehr hoch, und nicht im DSF eintreten wolle.

Der Vorsitzende aber war der Meinung, dass jetzt wie jedes Jahr die Weihnachtsmanndiskussion Vorrang hätte. »Die Betriebe«, meinte Eugen, »sollen sich an die Gewerkschaft wenden, da sitzen doch bekanntlich die meisten Weihnachtsmänner.«

»Der VEB Einheitssack fordert zum Fest einen Weihnachtsmann. Wie ist es mit dir, Zecke?«

Zecke Kaschke sauste hoch: »Fünfzig Jahre habe ich gegen das Gift der Kirchenlehre gekämpft, und nun soll ich den Weihnachtsmann für diese Arschlöcher machen? Rotfront!« Und damit verließ er türknallend den Raum.

»Wie ist es denn mit dir, Otto? Du hast doch am wenigsten Rente!« Otto wand sich wie ein verletzter Wurm, warf ein, dass sein Brief an Erich Honecker wegen seiner defekten Dachrinne nach vier Wochen noch nicht beantwortet wäre und dass sie sich den Genossen Minetti holen sollten.

Als er aber hörte, dass es fünfzig Mark gäbe, willigte er ein.

Der große Tag bei Einheitssack kam heran. Otto Wuttke hatte sich prima verkleidet und war vom Parteisekretär schon eine Stunde vorher zu Kaffee und Kuchen eingeladen worden. Dann aber marschierte er in den weihnachtlich drapierten Saal. Die Kinder riefen »ah« und »oh«, und Otto setzte sich neben den Weihnachtsbaum. Der BGLer reichte ihm einen Schnaps. Nachdem er den weggeputzt hatte, fragte er die Kinder noch, ob sie auch immer artig gewesen seien. Die Kinder riefen: »Ja!«

Der BGLer reichte ihm den zweiten Schnaps.

Danach fragte er die Kinder schon, wo und wann Clara Zetkin gelebt hätte. Nach dem dritten Glas wollte er von einem Mädchen wissen, ob sie die Internationale singen könne. Das Kind fing an zu heulen und lief zu seiner Mutter. Der vierte Schnaps leitete das Chaos ein. Otto stieg auf seinen Stuhl, brüllte: »Paschli, towarischtschi, paschli!« Dabei fiel er vom Stuhl und riss den Weihnachtsbaum um. Sofort fing die Gardine Feuer. Die Kinder kreischten und rannten heulend zu ihren Müttern.

Der Betriebsschutz konnte mit Handfeuerlöschern das Feuer ersticken.

Otto lallte noch einmal »paschli!«, als er herausgetragen wurde, und wollte sich von seinem Sack nicht trennen, obwohl auch dieser ganz schön angesengt war. Der Betriebsfunk dudelte »gnadenbringende Weihnachtszeit«.

Die kleine Putzfrau Thea Savic flüsterte: »Gott lässt sich nicht lästern! Er straft mit Feuer und Schwert.«

Als der Vorsitzende der Veteranenkommission von den Vorgängen bei »Einheitssack« erfuhr, entschuldigte er sich beim Parteisekretär schriftlich mit dem entscheidenden Schlusssatz: »Dieser Otto Wuttke macht keinen Weihnachtsmann mehr!«

Postwendend erhielt er ein Telegramm von Einheitssack mit diesem Wortlaut: »Der Genosse Wuttke soll nächstes Jahr unbedingt wiederkommen. Politisch war er einwandfrei.«

Edgar Külow

Geschichten von unseren Besten

Das Vorbild ist Piepe

Hubert Pieperella, von seinen Kollegen einfach Piepe genannt, fährt einen Barkas.
Falls es jemand nicht wissen sollte: Das ist ein Auto. Größer als ein Trabant. Und das ist gut für Piepe. Denn Piepe, der privat auch einen Trabant fährt, hat einen sehr großen Garten. In Hangelsberg. Das ist außerhalb Berlins, Richtung Fürstenwalde.
Der Garten bescherte dem Kollegen Piepe in diesem Jahr eine gewaltige Apfelschwemme. Im Geräteschuppen türmten sich unlängst Säcke und Kisten voller köstlicher Äpfel aller Farben und Geschmacks-varianten.
Piepes Frau will einen beträchtlichen Teil davon zu Mus zerkochen und die restlichen Zentner unter den Betten der Pankower Wohnung für den Weihnachtsteller frischhalten.
Piepe sagte sich: Mit dem Trabant muss ich mindestens dreimal hin- und herjuckeln. Das haut spritmäßig ganz schön in die Äppel. Der Barkas bewältigt das Transportproblem auf einen Ritt – und tankt aus der allgemeinen Kasse.
Piepe hatte am vergangenen Dienstag eine Betriebsfahrt nach Königs Wusterhausen. Von dort aus kann man – wenn man will – über Neu-Zittau und Erkner quer rüberstoßen und kommt auf die Fürstenwalder Strecke, also auch nach Hangelsberg in Piepes Garten.
Gleich hinter Erkner bot sich dem Kollegen Piepe ein Bild des Jammers.
Der Jammer bestand aus einem ziemlich neuen Wartburg und einem etwas älteren Herrn.
Der ältere Herr war Piepes ökonomischer Direktor, Kollege Strickmüller. Auf seiner Stirn wölbten sich einige prächtige Beulen. Die Stirn des Wartburgs war von großen Sorgenfalten zerklüftet.
»Plötzlich schlug es mir das Lenkrad aus der Hand«, sagte Strickmüller, »und dieser blöde Chausseeapfelbaum gab nicht nach.«
»Hauptsache, Sie selbst sind okay«, sagte Piepe. »Und die Karre wollte der Direktor ja sowieso umspritzen lassen, weil er einen einheitlichen Fuhrpark haben möchte. – Na schön, da werde ich Sie mal abschleppen.«
»Nicht nötig«, sagte Strickmüller. »Habe schon angerufen. Alwin und Herbert müssen jeden Moment hier sein. – Wo fahren Sie denn überhaupt hin?«

»Zum ewigen Ruhme der Landschaftsumgestalter sowie als Orientierungshilfe für Karawanen.«

»Nach – nach – nach Fürstenwalde«, antwortete Piepe, »wegen Reifen!«
»Menschenskinder!«, rief Strickmüller. »Das trifft sich ja wunderbar. Tun Sie mir bitte einen Gefallen und nehmen Sie hier den Kühlschrank mit. Der ist nämlich für meine Schwiegermutter in Fürstenwalde. Betty Nackelmann, Dr.-Puhlmann-Straße 5. Sie wissen ja, wie's ist. Verkaufen kann man so 'ne historische Schmette nicht mehr, aber 'ne olle Dame freut sich. Und Alwin muss ja auch nicht unbdingt mitkriegen, warum ich hier in dieser Gegend rumgekutscht bin. Obwohl ich natürlich auch dienstliche Gründe hatte. Logisch.«
»Logisch«, meinte Piepe. Er hievte den Kühlschrank in den Barkas, sagte dem Kollegen Strickmüller noch ein paar tröstende Worte und brauste los.
»Blöder Mist«, knurrte er hinter der nächsten Kurve. »Extra noch nach Fürstenwalde.« Diese Flitzpiepe Strickmüller! Warum schleppt'n der den Kühlschrank nicht am Wochenende mit seinem eigenen Lada nach Fürstenwalde? Da steh ich stundenlang rum, und meine Äppel muss ich nach Feierabend im Dunkeln verladen!«
Die alte Dame war zu Hause, und Piepe war dann bald in seinem Garten in Hangelsberg und hatte auch bald den Apfelberg hinter sich – im Barkas.

Geschichten von unseren Besten

Kurz vor Erkner bot sich dem Kollegen Piepe ein Bild des Jammers. Der Jammer bestand aus einem verbeulten Herrn und einem zerknautschten Auto.

»Alwin und Herbert sind immer noch nicht hier«, rief Strickmüller. »Ich fahre mit Ihnen mit. Wir müssen denen ja unterwegs begegnen. Dann kriegen sie die Schlüssel und können den Dampfer zum Betrieb schleppen. Ich kann ja hier nicht stundenlang meine Arbeitszeit im Straßengraben absitzen!«

»Logisch«, meinte Piepe.

Strickmüller kletterte in den Barkas. Er schnupperte, kuckte, runzelte die Stirn samt Beulen und sagte streng: »Nanu? Keine Reifen, sondern Äppel? Wie darf ich das verstehen?«

Apfelpiepes Kopf bekam Tomatenfarbe.

»Tja«, sagte er nach einer Weile. »Mit den Reifen, das war 'ne Fehlinformation. Falscher Termin. Aber wie's der Teufel so will, heute ist wirklich die Hölle los. Mitten in Fürstenwalde ein Fahrzeug von der GHG mit Federbruch. Und die Jungs betteln mich, dass ich die Äppel mitnehme nach Köpenick zur Kaufhalle in der Lindenstraße. Sie kämpfen um den Titel, und da wolln sie Termintreue halten und so. Konnte ich natürlich nicht abschlagen. Logisch.«

»Logisch«, meinte Strickmüller.

Er half sogar beim Abladen vor der Kaufhalle.

»Komisch, dass keiner rauskommt und mit anpackt«, sagte er.

»Wahrscheinlich kämpfen die nicht um den Titel«, sagte Piepe.

Als Strickmüller wieder im Barkas saß, winkte Piepe einen halbwüchsigen Jungen heran.

»Iss soviel Äpfel wie du willst«, sagte er, »aber pass auf, dass kein anderer rangeht.«

»Geht klar«, sagte der Junge. »Aber ich rauche seit Kurzem auch wieder. Neue Juwel.«

»Schäm dich«, sagte Piepe und gab ihm vier Mark für Club. Dann fuhr er Strickmüller zum Betrieb, weil der noch nach Alwin und Herbert forschen wollte, um den zerknautschten Wartburg von der Landstraße zu bergen.

Beim Abschied sagte Strickmüller: »Etwas Gutes hatte die ganze Sache. Durch den Kühlschrank und die Äpfel hatten Sie keine Leerfahrt. Weder hin noch zurück. Und so soll es ja wohl auch sein, nicht wahr?«

»Logisch«, antwortete Piepe.

Dann fuhr er wieder zur Kaufhalle.

Der Junge spendierte ihm eine Club, und als sie aufgeraucht hatten, machten sie sich daran, die Apfelkisten wieder in den Barkas zu laden.

»Bleiben Sie mal stehen, Herr Pieperella!« rief plötzlich eine fistelige Männerstimme.

Die Stimme gehörte dem Abendblatt-Fotoreporter Birnstiehl, einem Haus- und Flurnachbarn von Piepe.

»Das ist ja 'ne Wucht«, rief Birnstiehl, »wie Sie, Herr Pieperella, als Kleingärtner den Bevölkerungsbedarf mit absichern helfen. Das bringe ich groß raus! Locker stehn! Danke!«

Der Reporter half dann noch beim Ausladen der Kisten.

»Ich nehme Sie mit nach Hause«, sagte Piepe, »dann ist es keine Leerfahrt.«

»Wirklich vorbildlich«, krähte Birnstiehl. »So soll es ja auch sein!«

Jochen Petersdorf

Sie trafen sich im Moskau

Was heißt: Sie trafen sich? Sie saßen schon geraume Zeit an einem längeren Tisch mit acht weiteren Personen. Plötzlich hatte eine der acht Personen gezahlt, und dann waren alle aufgestanden und gegangen. Die Tafel sah aus wie ein Schlachtfeld, aber an jedem Ende war einer übrig geblieben: Kostümjow und Schulze.
Kostümjow erhob sein Wodkaglas und prostete dem etwas traurig dreinblickenden Schulze freundlich zu. Schulze ergriff sein Bierglas und dankte zaghaft.
»Ich: Kostümjow, Boris«, sagte Kostümjow.
»Schulze, angenehm«, sagte Schulze.
Zwei Kellner räumten schweigend ab. Kostümjow rückte näher an Schulze heran: »Ich aus Moskwa, Moskau. Kostümjow!«
Schulze sagte: »Ich aus Berlin, Berlino, verstehen?«
»Oh, Berlin – gute Stadt. Gute Stadt. Schön!«
»Moskau«, sagte Schulze, »auch gut, auch schön? Ich kenne dasselbe noch nicht.«
»Du musst kennen Moskwa! Wunderschön. Grooooß!«
Schulze hatte nur nebelhafte Vorstellungen von Moskau. Den Kreml kannte er natürlich von Bildern her, das Lenin-Mausoleum, den Roten Platz, die Basilius-Kathedrale.
»Roter Platz«, sagte Kostümjow, »wunderschön. Lenin-Mausoleum, Basilius-Kathedrale, Kreml, Lomonossow-Universität, Kalininprospekt, Bjelorussischer Bahnhof …«
»Warenhaus GUM«, ergänzte Schulze nicht ohne Stolz.
»Wollen wir trinken ein wenig«, sagte Kostümjow und umarmte Schulze.
»Brandenburger Tor«, fuhr Kostümjow fort, »Alexanderplaaaatz, Marktchaaale, Tierpark, Karl-Marx-Allee – Berlin gut, gut!«
Der Kellner brachte etwas Wodka und etwas Bier. Kostümjow küsste Schulze: »Trinkenszeit!«
»Ä – Theater in Berlin und Moskau – gut?«, fragte Schulze.
»Guuuuut, guuuuut«, sagte Kostümjow überschwänglich. »Bolschoi-Theater, wunderschön. Schwanensee, Tschaikowski – ich liebe Tschaikowski! Bolschoi-Theater – groß Theater!«
»Wir auch groß Theater«, sagte Schulze, »Friedrichstadtpalast, sehr bolschoi, sehr bolschoi! Ich liebe den Friedrichstadtpalast!«

»Lesense hier nicht Zeitung, sondern die Schilder. Da haben Sie alle Informationen, die Sie als Gast brauchen.«

»Gut, alles gut«, sagte Kostümjow und ließ noch was kommen. Eine Weile war Schweigen. Die Themen schienen erschöpft. Boris Kostümjow grübelte. Man sah es ihm an. Schulze hingegen sah ein wenig hilflos aus. Er war in seinem Leben nicht weit herumgekommen. In Prag war er mal, aber das war auch das Weiteste. Alles andere lag für ihn in unerreichbarer Ferne. Schulze fühlte sich recht unsicher. Der Wodka kam, das Bier kam.
»Nasdarowje, Genosse Schulze Angenehm«, sagte Boris Kostümjow. »Trinkenszeit!«
»Prosit, Herr Gospodin«, sagte Schulze, dem zwei bis drei russische Brocken geläufig waren. Die kleine Tochter hatte das wohl im polytechnischen Unterricht drangehabt oder durchgenommen gehabt.
Kostümjow hatte einen Einfall: »Fernsehturm!«, rief er aus. »Fernsehturm sehr gut!« Er umarmte Schulze.
»In Moskau«, fragte Schulze kläglich, »Fernsehturm auch gut?«
»Moskau Fernsehturm sehr, sehr gut. Fünfhundert Kilometer hoch! Nein. Fünfhundert Meter hoch – Ostankino. Trinken wir einen Wodka auf unsere Fernsehtürme – gut?«
Sie tranken. Sie tranken zuerst Wodka auf den Moskauer Fernsehturm, dann Bier auf den Berliner

Fernsehturm. Zum Wohl! Nasdrowje! Zum Wohl! Nasdrowje! Trinkenszeit!

»Du kannst weit, weit sehen, Genosse Schulze Angenehm«, sagte Kostümjow. »Du kannst sehen den Kreml, du kannst sehen Kalininprospekt, Lomonossow-Universität, Basilius-Kathedrale, Bjelorussischer Bahnhof ...«

»Warenhaus GUM nicht zu vergessen, Genosse Kostümjow«, sagte Schulze, der jetzt langsam etwas kregel wurde. Kostümjow küsste seinen neuen Freund auf die Wange. »Vom Telespargel«, sagte Schulzes Volksmund, »können Sie alles sehen, vom Telecafé aus, weil sich das dreht! Musst du wissen!«

»In Moskwa Telecafé dreht sich auch. Immerzu, immerzu! Vierhundert Meter hoch! Du kannst sehen weit, weit!«

»Und ich kann sehen«, sagte Schulze eifrig, »Brandenburger Tor, Alexanderplatz, Markthalle, Hotel Stadt Berlin, Müggelberge, Karl-Marx-Allee ...«

»Ja gut, karascho«, sagte Kostümjow und stieß an. »Du kannst sehen. Ich kann sehen und du kannst sehen. Wir können sehen!« Die beiden umarmten sich erneut. Es trat wiederum eine Pause ein.

Jetzt sah Kostümjows Boris ein wenig hilflos aus, während Schulze offensichtlich scharf nachdachte. Dann hellte sich sein Gesicht auf ...

»Wie ist es denn so mit dem Moskauer Fernsehcafé, wenn – Nebel ist?«, fragte Schulze lauernd. »Naaaa?« Kostümjow sah seinen Freund erstaunt an. »Wenn Nebel ist ...« Kostümjow grübelte. Schließlich gab er sich geschlagen: »Wenn Nebel ist – kannst du nicht sehen.« – »Kannst du nicht den Kreml sehen?« – »Nein.« – »Den Bjelorussischen Bahnhof?« – »Nein.« – »Kalininprospekt?« – »Nein! Auch das Warenhaus GUM kann ich nicht sehen. Wenn Nebel ist, Genosse Schulze! Aber du kannst auch nicht sehen Brandenburger Tor, Tierpark, Müggelberge, Karl-Marx-Allee.« – »Nich mal den Friedrichstadtpalast, Genosse Kostümjow, reene nicht«, gab Schulze nun seinerseits zu.

Kostümjow bekam wieder Oberwasser: »Du kannst nicht sehen, wenn Nebel ist, Kulturpalast von – Warschau!«

Das hatte gesessen. Schulze schluckte. »Du kannst nicht sehen den schiefen Turm von Pisa!« Das war etwas unsachlich, zugegeben.

Kostümjow schlug die gleiche Klinge: »Wenn Nebel ist, kannst du nicht sehen – Eiffelturm von Paris!«

»Wenn Nebel ist – von Berlin wieder mal aus betrachtet – kannst du den Moskauer Fernsehturm überhaupt nicht – erblicken!«

»Und du kannst von Moskwa, nein, ich kann von Moskwa den Berliner Fernsehturm, Spargetegel, genau nicht sehen. Wenn Nebel ist.«

»Erst recht nicht«, sagte Schulze. Er blickte auf die Uhr. »Au, Mann, halb sieben. Zahlen, Ober! Jetzt muss ich aber dringendst nach Hause. Wenn ich um sieben nicht zu Hause bin, dann macht meine Frau Theater, bolschoi Theater, verstehen?«

Die beiden erhoben sich, umarmten und küssten sich. »Doswidanie, mein lieber Kollege Kostümi. Hat mich sehr gefreut!«

»Und auf Wiedersehen, Genosse Schulze Angenehm. Du siehst, alles ist gut, mit Nebel, ohne Nebel!«

»Aber eins noch zum Abschied, Genosse Kostümi: Wenn Nebel ist am Moskauer Fernsehturm, vierhundert Meter hoch das Café – unseres zweihundert Meter hoch, dann könnt ihr da, äh, jetzt mal ohne Flachs – könnt ihr aber viel weiter nicht sehen als wir ...« Sie nahmen wieder Platz. Draußen indessen war von Nebel keine Spur.

Es ist ja auch wirklich nicht so leicht, mit einem wildfremden Menschen ein Gespräch anzuknüpfen. Aber wenn es erst einmal läuft, dann läuft es.

John Stave

Ein ehrloser Mensch

Es muss wirklich mal gesagt werden – dieser Neue ist ein Stachel im Fleisch unseres Kollektivs. Hätten wir den bloß nicht genommen! Aber was blieb uns übrig, mit drei Kellnern kommt eine exklusive Bar wie unsere einfach nicht aus.

Also, der Kerl hat gerade die Fachschule mit Glanz und Gloria absolviert, sieht gut aus und hat gesunde Füße. Alles noch kein Beinbruch. Aber schon sein Name hätte uns stutzig machen sollen. Jochen Flitzer – ist das vielleicht ein Name für einen Kellner? Das klingt ja schon wie Verächtlichmachung. Aber gut, wir sehen drüber weg. Im Gegenteil, wir sind nett, kollegial, alles, und Gisela, unsere Barfrau, macht dem Affen noch schöne Augen. Jetzt möchte sie ihm seine am liebsten auskratzen.

Heute in der Gewerkschaftsversammlung ist er dran. Wurde auch Zeit. »Also, Kollegen«, sagt unser Küchenleiter Franz, der den BGL-Vorsitzenden macht, »also, wir müssen uns über die weitere Entwicklung des Kollegen Flitzer einig werden. So gehts jedenfalls nicht weiter. Der Mensch bringt unser ganzes Lokal auf den Hund. Erst gestern macht er mir einen Riesenzoff, weil der Geflügelsalat seiner Ansicht nach ein Apfelsalat ist. Ich frage euch, wo kämen wir denn hin, wenn wir pfundweise Hühnerfleisch verarbeiten wollten? Es ist ja nicht meine Schuld, wenn die Leute unbedingt in einer Nachtbar essen müssen. Sollen sie sich doch Stullen mitbringen.«

»Was der Kollege Franz sagt, möchte ich unterstreichen«, ruft Erna, die Beiköchin, dazwischen. »Mich ödet das Gemecker von diesem Flitzer über den Räucheraal langsam an. Ihr wisst genau, dass es selten welchen gibt und wie scharf mein Alter auf Räucheraal ist. Ich meine, ein bisschen menschliches Verständnis unter Kollegen kann man schon erwarten, oder?«

»Die Erna hat recht. Aber was ist von so einem Versager wie dem Flitzer schon anderes zu erwarten? Neulich, es war kurz vor Feierabend, also gegen vier, bestellen ein paar angetüterte Provinzonkels drei Scotch. Es versteht sich wohl von selbst, dass der Barkeeper Cottbuser Whisky eingießt. Da kommt dieser Lump auch schon angeflitzt und verlangt, dass die Bestellung korrekt ausgeführt wird. Wie hoch der Verlust für den Keeper war, könnt ihr euch selbst ausrechnen. Ich meine, da hört doch irgendwie der Spaß auf!«

»Richtig«, sagte Gerhard, der Oberkellner, »ich bin dir dankbar, dass du dieses Thema anschneidest. Der Fall ist nämlich nicht nur einmal, sondern des Öfteren vorgekommen. Könnt ihr euch noch an die Nacht besinnen, wo ich der Dame in dem verschnittenen Brokatkleid den Kokeltaler serviert habe? Gut, sie wollte Blaustengler, aber dass die kein Weinkenner war, hätte selbst ein blinder Kellner mit den Hühneraugen gesehen. Aber nein, der liebe Kollege Flitzer erklärt vor der Dame, ich müsste mich wohl vergriffen haben, so was könnte schon mal vorkommen, und ich würde die Karaffe sofort umtauschen. Ich kann euch versichern, in dieser Nacht habe ich ernsthaft überlegt, ob ich nicht kündigen soll.«

Entsetzen und Zustimmung spiegeln sich auf den Gesichtern der Anderen. Gisela, unsere Barfrau, fängt sogar an zu heulen. »Wenn der Kerl nicht fliegt, gehe ich. Ich habe das nämlich nicht nötig, mir jeden Cinzano nachmessen zu lassen. Schließlich hat man auch seinen Stolz.«

»Nun reg dich nicht auf«, sagt Franz, der BGL-Vorsitzende, »wenn du gehst, gehen wir alle. Und das dürfte wohl nicht im Sinne der Direktion sein. Also schlage ich vor, dass wir uns vom Kollegen Flitzer trennen. Wer ist dafür? Einstimmig angenommen – ich danke euch, Kollegen!«

Obwohl alles, was hier steht, die lautere Wahrheit ist, hat sich unsere Gewerkschaftsversammlung doch ein bisschen anders zugetragen. Nachdem unser Küchenleiter Franz, der den BGL-Vorsitzenden macht, über die weitere Verbesserung der gastronomischen Betreuung gesprochen hatte, sagte er: »Nun, liebe Kollegen, möchte ich ein Wort zur Entwicklung unseres jungen Kollegen Flitzer sagen. Wie wir in den wenigen Wochen seiner Anwesenheit feststellen konnten, ist er ein besonders fleißiger, ehrlicher und pflichtbewusster Kellner, der es auf Grund seiner vielfältigen Talente, wozu auch Fremdsprachen gehören, auf dem Gebiet der internationalen Gastronomie noch weit bringen kann. Deshalb schlage ich in Anerkennung seiner hervorragenden Leistungen vor, ihn der Direktion für die Arbeit in einem der uns befreundeten sozialistischen Länder zu empfehlen. Ich bin überzeugt davon, dass er sich dieser Ehre würdig erweisen wird.«

Renate Holland-Moritz

Fragen eines lesenden Arbeiters

~ 208 ~

Erinnerungs- und Wissensquiz

Fragen eines lesenden Arbeiters*

1. Von wem stammt der Ausspruch »Den Sozialismus in seinem Lauf hält weder Ochs noch Esel auf«?

- Ⓐ Erich Honecker
- Ⓑ Herbert Wehner
- Ⓒ Walter Ulbricht
- Ⓓ August Bebel

2. Was sollte die Gründung der DDR nach Auffassung Stalins sein?

- Ⓐ ein Bollwerk gegen den Imperialismus
- Ⓑ ein Pfahl im Fleische des Abendlands
- Ⓒ ein Wendepunkt in der Geschichte Europas
- Ⓓ ein Sieg der Ideen von Marx und Lenin

3. Wo fand der symbolische Handschlag von Wilhelm Pieck und Otto Grotewohl zur Vereinigung von KPD und SPD statt?

- Ⓐ im Schloss Cecilienhof in Potsdam
- Ⓑ im Admiralspalast in Berlin
- Ⓒ in der Stadthalle Gotha
- Ⓓ vor den Ruinen des Berliner Stadtschlosses

4. Was sagte Bundeskanzler Helmut Kohl 1989 zu seinem Amtschef Rudolf Seiters, als er in Dresden mit »Helmut-Helmut«-Rufen empfangen wurde?

- Ⓐ Rudi, früher oder später kriegen wir sie.
- Ⓑ Rudi, die Sache ist gelaufen.
- Ⓒ Rudi, verstehst du die?
- Ⓓ Rudi, das ziehen wir durch.

5. Wie viel Mark durfte ein erwachsener DDR-Bürger bei der Währungsumstellung 1990 im Verhältnis 1 : 1 umtauschen?

- Ⓐ 2000
- Ⓑ 4000
- Ⓒ 6000
- Ⓓ alles, was er hatte

6. Welches Gebiet bezeichnete man auch als »Kornkammer der DDR«?

- Ⓐ Mecklenburg-Vorpommern
- Ⓑ Magdeburger Börde
- Ⓒ Leipziger Tieflandsbucht
- Ⓓ Sächsische Schweiz

7. 1970 kam die erste von 13 dänischen Krimikomödien mit einem beliebten Gaunertrio in die Kinos. Wie hieß das Trio?

- Ⓐ die Drei von der Tankstelle
- Ⓑ die Glatzkopfbande
- Ⓒ die Olsenbande
- Ⓓ die Gladowbande

8. Wegen ihrer frechen Verse saßen 1961/62 Mitglieder eines Leipziger Studentenkabaretts im Gefängnis. Wer war Kabarettchef?

- Ⓐ Peter Sodann
- Ⓑ Peter Ensikat
- Ⓒ Gunther Emmerlich
- Ⓓ O. F. Weidling

9. Welches Exponat bekam 1969 einen Ehrenplatz im »Museum für Geschichte« im Berliner Zeughaus?

- Ⓐ die Fahne von Kriwoi Rog
- Ⓑ die Staatskarosse von Wilhelm Pieck
- Ⓒ Ernst Thälmanns Mütze
- Ⓓ Stalins Pfeife

10. Welches war »die erste sozialistische Stadt« der DDR?

- Ⓐ Karl-Marx-Stadt (heute Chemnitz)
- Ⓑ Wilhelm-Pieck-Stadt Guben
- Ⓒ Stalinstadt (heute Eisenhüttenstadt)
- Ⓓ Halle-Neustadt

11. Zum 100. Todestag welches ehemaligen Mitbürgers eröffnete 1988 in einem spätgotischen Fachwerkhaus in Heiligenstadt ein Literaturmuseum?

- Ⓐ Theodor Fontane
- Ⓑ Theodor Storm
- Ⓒ Gottfried August Bürger
- Ⓓ Friedrich Schiller

12. Welches war die erste Gemeinde auf späterem DDR-Gebiet, die von der Sowjetarmee befreit wurde?

- Ⓐ Kienitz
- Ⓑ Seelow
- Ⓒ Zollbrücke
- Ⓓ Heringsdorf

* Lösungen auf Seite 223

Fragen eines lesenden Arbeiters

13. Welche Sportart übte Walter Ulbricht gern gemeinsam mit seiner Frau Lotte aus?

Ⓐ Eiskunstlauf (Paartanz) Ⓑ Offiziersskat Ⓒ Tischtennis Ⓓ Tontaubenschießen

14. Welcher Ort auf DDR-Gebiet war der älteste, 704 erstmals urkundlich erwähnte?

Ⓐ Arnstadt Ⓑ Annaberg-Bucholz Ⓒ Saalfeld Ⓓ Eisenach

15. Drei Städte der DDR standen im UNESCO-Katalog als denkmalgeschützte Städte. Quedlinburg, Görlitz und ...?

Ⓐ Wernigerode Ⓑ Potsdam Ⓒ Wittenberg Ⓓ Stralsund

16. Bis 1961 wurde im offiziellen Sprachgebrauch »Republikflucht« benutzt. Welcher Begriff wurde dann eingeführt?

Ⓐ Verletzung der Staatsgrenze Ⓑ Verstoß gegen das DDR-Passgesetz Ⓒ ungesetzliches Verlassen der DDR Ⓓ Ausreise

17. Welche drei europäischen Hauptstädte verband die Friedensfahrt in der Regel?

Ⓐ Berlin – Prag – Budapest Ⓑ Berlin – Prag – Warschau Ⓒ Berlin – Warschau – Bukarest Ⓓ Berlin – Prag – Wien

18. Welchen Zusatz durften Spitzenbetriebe auf den Etiketten ihrer Produkte anbringen?

Ⓐ Betrieb der ausgezeichneten Qualitätsarbeit Ⓑ Sozialistischer Meisterbetrieb Ⓒ Meine Hand für mein Produkt Ⓓ Alles zum Wohl des Volkes

19. Welche Zeichentrickfiguren agierten, wenn der Ruf »Nu pogadi« erklang?

Ⓐ Lolek und Bolek Ⓑ Hase und Wolf Ⓒ Artur der Engel Ⓓ Pittiplatsch und Schnatterinchen

20. Welcher Pfarrer ließ anlässlich eines Kirchentages 1983 ein Schwert zu einer Pflugschar umschmieden?

Ⓐ Manfred Stolpe Ⓑ Friedrich Schorlemmer Ⓒ Rainer Eppelmann Ⓓ Markus Meckel

21. Das Palais Bülow in Berlin wurde nach dem Krieg sowjetisches Offizierskasino, dann Künstlerklub. Wie hieß er?

Ⓐ »Die Elster« Ⓑ »Die Lerche« Ⓒ »Die Assel« Ⓓ »Die Möwe«

22. Wie schätzte Ernesto Che Guevara die DDR-Führung ein?

Ⓐ als revolutionäre Avantgarde Ⓑ als geschickte Taktierer Ⓒ als sozialdemokratische Weichlinge Ⓓ als Phantasten

23. Von welcher Art Denkmale gab es in der DDR mehr als irgendwo sonst auf der Welt?

Ⓐ Marx-Büsten (324) Ⓑ Rolande (17) Ⓒ Fontane-Standbilder (9) Ⓓ »Den Gefallenen zweier Weltkriege« (207)

24. Wie lautete die richtige Fortsetzung des Werbeslogans »Stets dienstbereit zu ihrem Wohl, ist immer ...«?

Ⓐ der Minol-Pirol Ⓑ Arbeitskleidung aus Dederol Ⓒ das Waschpulver Gemol Ⓓ Aubi ohne Alkohol

~ 211 ~

Fragen eines lesenden Arbeiters

25. In der Ulbricht-Ära gab es eine sehr erfolgreiche massensportliche Aktivität. Welche war das?

- (A) Schwimmen wie Mao
- (B) Tischtennisturnier der Tausende
- (C) Trimm dich!
- (D) Dein Herz dem Sport

26. Welcher Ort auf DDR-Terrain war für seine Fastnachtsumzüge bekannt?

- (A) Kirchenworbis
- (B) Ronneburg
- (C) Wasungen
- (D) Finsterwalde

27. Was geschah 1986 mit dem gesamten Dorf Basedow im Kreis Malchin?

- (A) wurde bei einem NVA-Manöver versehentlich zerstört
- (B) wurde unter Denkmalschutz gestellt
- (C) musste einem Stausee weichen
- (D) brannte komplett ab

28. Welches berühmte Produkt wurde im VEB Fahrzeugbau Waltershausen produziert?

- (A) Multicar
- (B) Zekiwa-Kinderwagen
- (C) Diamant-Fahrräder
- (D) Trabant

29. Nach umfangreichen bergmännischen Sicherungsarbeiten wurde am 30. November 1968 die Marienglashöhle wiedereröffnet. Wo liegt sie?

- (A) bei Weißwasser
- (B) bei Friedrichroda
- (C) bei Saalfeld
- (D) bei Wernigerode

30. Was wurde aus der Weberin Frida Hockauf, nachdem sie 1953 ihre Initiative »Wie wir heute arbeiten, werden wir morgen leben« gestartet hatte?

- (A) sie wurde Rentnerin
- (B) sie setzte sich in den Westen ab
- (C) sie wurde Betriebsdirektorin
- (D) sie wurde Volkskammerabgeordnete

31. Welcher Betrieb stellte »Erwa – gekörnte Brühe« her?

- (A) Konsum Nährmittelwerke Erfurt
- (B) Dauermilchwerke Stendal und Genthin
- (C) Nahrungsmittelwerke Halle
- (D) Suppina Nahrungsmittelwerke Auerbach

32. In welchem TV-Mehrteiler mit hoher Einschaltquote spielte Armin Mueller-Stahl 1973 den Brigadier einer Großbaustelle?

- (A) »Wege übers Land«
- (B) »Die sieben Affären der Doña Juanita«
- (C) »Das unsichtbare Visier«
- (D) »Gewissen in Aufruhr«

33. Wo entstand 1962 Europas größte Zuckerfabrik?

- (A) in Wolmirstedt
- (B) in Jüterborg
- (C) in Güstrow
- (D) in Eilenburg

34. Was war die von Chruschtschow propagierte »Wurst am Stengel«?

- (A) Mais
- (B) Bockwurst am Stiel
- (C) genmanipuliertes Getreide
- (D) Schaschlyk

35. Welches war der längste Fluss der DDR?

- (A) Elbe
- (B) Oder-Neiße
- (C) Spree
- (D) Mulde

36. In welchen Bereich flossen die meisten »Zuwendungen für die Bevölkerung aus dem Staatshaushalt«?

- (A) stabile Preise für Waren des Grundbedarfs
- (B) stabile Preise im Personen- und Nahverkehr
- (C) für Mieten und das Wohnungswesen
- (D) für kulturelle Angebote

Fragen eines lesenden Arbeiters

37. Was sind Pirk und Pöhl?

- (A) zwei Inseln im Greifswalder Bodden
- (B) zwei Comicfiguren aus dem »Mosaik«
- (C) zwei Talsperren im Vogtland
- (D) zwei Figuren des Kinderfernsehens

38. In welcher Stadt produzierte der VEB Zentronik-Optima Büromaschinen?

- (A) Jena
- (B) Erfurt
- (C) Staßfurt
- (D) Eisenach

39. Welches war 1949/50 der erste Messeneubau in Leipzig?

- (A) Specks Hof in der Reichsstraße/Nikolaistraße
- (B) Messehof in der Petersstraße/Neumarkt
- (C) Hansahaus in der Grimmaischen Straße
- (D) Messehaus am Ring

40. Was war der volkswirtschaftlich bedeutendste Bodenschatz des Landes?

- (A) Braunkohle
- (B) Erdöl
- (C) Kali
- (D) Bauxit

41. Wo stand der mit 38,6 Metern höchste Leuchtturm der DDR?

- (A) auf der Insel Hiddensee
- (B) auf der Insel Oie im Greifswalder Bodden
- (C) auf Kap Arkona auf der Insel Rügen
- (D) in Ahrenshoop auf dem Darß

42. Von wem stammten Buch und Dokumentarfilm »Das russische Wunder«?

- (A) Annelie und Andrew Thorndike
- (B) Karl Gass
- (C) Walter Heynowski und Gerhard Scheumann
- (D) Kurt Maetzig

43. Welches Bauwerk auf DDR-Gebiet wurde 1976 als technisches Denkmal von internationalem Rang in die Zentrale Denkmalliste aufgenommen?

- (A) die Gasbehälter im Berliner Prenzlauer Berg
- (B) der Frohnauer Hammer
- (C) das Schiffshebewerk Niederfinow
- (D) die Windmühle im Park von Sanssouci

44. Wer unterzeichnete 1990 den deutsch-deutschen Einigungsvertrag?

- (A) Bundeskanzler Helmut Kohl und Ministerpräsident Lothar de Maizière
- (B) Bundesinnenminister Wolfgang Schäuble und Staatssekretär Günther Krause
- (C) Bundespräsident Richard von Weizsäcker & Staatsratsvorsitzende Sabine Bergmann-Pohl
- (D) Außenminister Genscher und Bürgerrechtlerin Bärbel Bohley

45. Für das VII. Turn- und Sportfest in Leipzig wurde ein »weltgrößtes« Ding hergestellt. Was war das?

- (A) ein hohler Medizinball, in dem zwölf Sportler Platz fanden
- (B) ein Rhönrad, das 75 Sportler bewegten
- (C) ein Teppich für den Rasen des Stadions
- (D) eine Flagge mit Picassos Friedenstaube

46. Was beschloss der (West-)Berliner Senat am 22. September 1959?

- (A) die S-Bahnlinien abzubauen
- (B) den Gebrauch des Wortes »DDR« zu vermeiden
- (C) Flugblätteraktionen für ein einheitliches Berlin
- (D) ein Begrüßungsgeld für jeden, der aus Ostberlin nach Westberlin kam

47. Welcher prominente Gast der Schiller-Ehrung 1955 hielt seine Rede zum 150. Todestag zweimal, in Stuttgart und in Weimar?

- (A) Arnold Zweig
- (B) Heinrich Mann
- (C) Bernhard Kellermann
- (D) Thomas Mann

48. Wie hieß der DDR-Unterhändler für humanitäre Fragen gegenüber der Bundesrepublik?

- (A) Wolfgang Vogel
- (B) Kurt Hager
- (C) Friedrich Wolff
- (D) Friedrich Karl Kaul

Fragen eines lesenden Arbeiters

49. Welche Stadt ernannte 1989 Erwin Strittmatter zu ihrem Ehrenbürger?

Ⓐ Spremberg   Ⓑ Stavenhagen   Ⓒ Lübbenau   Ⓓ Schulzenhof

50. Welches war das einzige zweisprachige Theater in der DDR?

Ⓐ das russisch-deutsche Ensemble der Roten Armee in Karlshorst
Ⓑ das deutsch-sorbische Theater in Bautzen
Ⓒ das deutsch-tschechische Puppentheater Spejbel in Bad Schandau
Ⓓ das polnisch-deutsche Arbeitertheater »Wilhelm Pieck« in Guben

51. Wie lautete die offizielle Anrede unter den Gewerkschaftsmitgliedern des FDGB?

Ⓐ Kamerad/in   Ⓑ Gewerkschaftsfreund/in   Ⓒ Kollege/Kollegin   Ⓓ Bruder/Schwester

52. Wer schrieb das Gedicht »Fragen eines lesenden Arbeiters«?

Ⓐ Erich Weinert   Ⓑ Louis Fürnberg   Ⓒ KuBa   Ⓓ Bertolt Brecht

53. Welches Maskottchen hatte die Leipziger Messe?

Ⓐ den Messeteufel   Ⓑ das Messemännchen   Ⓒ den Leipziger Löwen   Ⓓ ein Doppel-M

54. Wo war das Hauptquartier der Sowjetischen Streitkräfte?

Ⓐ Pankow   Ⓑ Karlshorst   Ⓒ Strausberg   Ⓓ Wünsdorf

55. Welches war die größte Brauerei der DDR?

Ⓐ VEB Vereinigte Brauerei Dessau
Ⓑ VEB Radeberger Exportbierbrauerei
Ⓒ VEB Berliner Brauereien
Ⓓ VEB Brauerei Köstritz

56. Wie wurden die Spitzensportler von der Parteiführung gern tituliert?

Ⓐ Helden des Sports   Ⓑ Kämpfer an der Sportfront   Ⓒ Diplomaten im Trainingsanzug   Ⓓ Kader der Kraft und Schnelligkeit

57. Was war die DDR quasi bis 1971?

Ⓐ militärisch neutral   Ⓑ schuldenfrei   Ⓒ importfrei   Ⓓ drogenfrei

58. Was war »Erichs Krönung«?

Ⓐ Honeckers Wahl zum Staatsratsvorsitzenden
Ⓑ Gratulation Erich Mielkes für den Fußballmeister BVC Dynamo
Ⓒ eine minderwertige Kaffeesorte
Ⓓ Honeckers BRD-Reise und Empfang durch Bundeskanzler Kohl

59. Wie hieß der frühere und heutige Leipziger Augustusplatz zu DDR-Zeiten?

Ⓐ Sachsenplatz   Ⓑ Marx-Engels-Platz   Ⓒ Karl-Marx-Platz   Ⓓ Universitätsplatz

60. Wie hieß die Nationale Vertretung der Sorben?

Ⓐ Duma   Ⓑ Serbske Dom   Ⓒ Domowina   Ⓓ Sowjet

~ 214 ~

Fragen eines lesenden Arbeiters

61. Welche europaweit größte Einrichtung ihrer Art wurde im Magdeburger Zoo gebaut?

Ⓐ Giraffenhaus Ⓑ Elefantenhaus Ⓒ Robbenhaus Ⓓ Aquarium

62. Welcher berühmte Arzt arbeitete maßgeblich an der Ausarbeitung der DDR-Verfassung von 1949 mit?

Ⓐ Rudolf Virchow Ⓑ Theodor Brugsch Ⓒ Ferdinand Sauerbruch Ⓓ Friedrich Wolf

63. Was produzierte der VEB »riled« in Ribnitz-Damgarten?

Ⓐ Fleischkonserven Ⓑ Täschnerwaren Ⓒ Fischkonserven Ⓓ Bernsteinschmuck

64. Mit welcher Produktneuheit wurde der VII. Parteitag der SED gefeiert?

Ⓐ Nordhäuser Doppelkorn (45 Vol.%) Ⓑ Club Cola Ⓒ Schmelzkäse pikant aus Altentreptow Ⓓ Redukal – kalorienarme Nahrung

65. Der Ort Quilitz wechselte viermal seinen Namen. 1814 in Neuhardenberg umbennant, heißt er nach der Wende wieder so. Wie hieß er ab 1949?

Ⓐ Marxleben Ⓑ Marxhauen Ⓒ Marxwalde Ⓓ Marxroda

66. Welche Farbe hatte die NVA-Uniform?

Ⓐ olivgrün Ⓑ stahlblau Ⓒ braun Ⓓ grau

67. Welche Farbe hatte die Uniform der Volkspolizei?

Ⓐ grün Ⓑ dunkelblau Ⓒ grau Ⓓ schwarz

68. Mit welchem Namen ging das SED-Plenum von 1965 in die Geschichte ein?

Ⓐ Mikroelektronik-Plenum Ⓑ Ideologieplenum Ⓒ Konsumgüterplenum Ⓓ Kahlschlagplenum

69. Wie war der vollständige Name des VEB Schwarze Pumpe?

Ⓐ VEB Gaskombinat »Fritz Selbmann« Schwarzepumpe Ⓑ VEB Energiekombinat »Hermann Matern« Schwarze Pumpe Ⓒ VEB Kohlekombinat »Energie« Schwarze Pumpe Ⓓ VEB Erdölverarbeitendes Werk »Juri Gagarin« Schwarze Pumpe

70. Wie hieß die Wochenzeitung der Pionierorganisation?

Ⓐ Trommel Ⓑ Bummi Ⓒ ABC-Zeitung Ⓓ Frösi

71. Nach wem erhielt der Berliner Alexanderplatz seinen Namen?

Ⓐ nach der Schriftstellerin Alex Wedding Ⓑ nach dem russischen Zaren Alexander I. Ⓒ nach Alexander von Humboldt Ⓓ nach dem hier 1948 aufgetretenen Alexandrow-Ensemble

72. Wie viele Menschen besuchten den Palast der Republik von 1976 bis zu seiner Schließung?

Ⓐ rund 1 Million Ⓑ rund 10 Millionen Ⓒ rund 40 Millionen Ⓓ rund 70 Millionen

Fragen eines lesenden Arbeiters

73. Welche beliebte und traditionsreiche Buchreihe, die 1912 ins Leben gerufen wurde, erschien in der DDR und kostete pro Band 1,25 Mark?

(A) Reclams Universalbibliothek
(B) Proletarisches Lesebuch
(C) Insel-Bücherei
(D) Bibliothek deutscher Klassiker

74. Welchen Namen bekam das 1952 im ehemaligen Reichsgericht Leipzig entstandene Museum?

(A) Max Klinger
(B) Georgi Dimitroff
(C) Fritz Heckert
(D) Pawel Kortschagin

75. Wie lautete eines der Grundgesetze der Dialektik?

(A) Einheit und Kampf der Gegensätze
(B) die Idee wird zur materiellen Gewalt, wenn sie die Massen ergreift
(C) Eigentum verpflichtet
(D) Der Weg ist das Ziel

76. Welche in ganz Deutschland einzigartige Einrichtung wurde 1985 in Freiberg geweiht?

(A) ein christlich-moslemisches Gemeinschaftsgotteshaus
(B) ein Mormonentempel
(C) ein buddhistisches Kloster
(D) eine religionsoffene Wanderpredigerschule

77. Welcher Maler schuf wo Europas größtes Deckengemälde?

(A) Sighard Gille im Leipziger Gewandhaus
(B) Wolfgang Peuckert im Sommersaal des Bosehauses in Leipzig
(C) Ronald Paris im Palast der Republik
(D) Albert Ebert im Dresdner Kulturpalast

78. Mit welchem Superlativ konnte das Nähmaschinenwerk in Wittenberge aufwarten?

(A) man stellte die kleinste funktionierende Nähmaschine der Welt her
(B) im Werksgelände befand sich die größte Uhr der DDR
(C) ein Betrieb mit 100% Frauenbelegschaft
(D) mit einer international ausgezeichneten Werksküche

79. Wer war »Korbine Früchtchen«?

(A) eine Werbefigur der Obsternte aus der Zeitschrift »Frösi«
(B) eine typisch Berliner Range in der Kinderzeitschrift »Bummi«
(C) Markenzeichen, unter dem frische Erdbeeren angeboten wurden
(D) eine Auszeichnung für den besten Altstoffsammler

80. Für wen wurde im Mai 1981 in Berlin-Pankow in seinem letzten Wohnhaus eine Gedenkstätte eröffnet?

(A) für Johannes R. Becher
(B) für Arnold Zweig
(C) für Ernst Busch
(D) für Walter Ulbricht

81. Wie hieß der Betrieb, der die beliebten Wurzener Kekse – von Spekulatius bis Butterkeks – herstellte?

(A) VEB Dauerbackwaren »Joachim Ringelnatz«
(B) VEB Nahrungsmittelkombinat »Albert Kuntz«
(C) VEB Kekswerk Wurzen
(D) Konsum-Waffelspezialbetrieb Konsü

82. In welcher Leipziger Kirche fanden die Gebete statt, aus denen im Herbst 1989 die Montagsdemonstrationen hervorgingen?

(A) Thomaskirche
(B) Stötteritzer Kirche
(C) Versöhnungskirche
(D) Nikolaikirche

83. Was wurde im Chemiefaserwerk Premnitz entwickelt?

(A) Wolpryla
(B) Malimo
(C) Dederon
(D) Präsent 20

84. Worin trugen die DDR-Bürger meist ihre Einkäufe aus der Kaufhalle nach Hause?

(A) in einer Papiertüte
(B) in einem Dederon-Beutel
(C) in einem Jute-Säckchen
(D) in einer Plaste-Tüte

Fragen eines lesenden Arbeiters

85. Bruno Apitz' Roman »Nackt unter Wölfen« erschien 1958 und wurde in 18 Sprachen übersetzt. Schauplatz war:

Ⓐ das KZ Buchenwald bei Weimar
Ⓑ der Kessel von Stalingrad
Ⓒ der Grabenkrieg vor Verdun
Ⓓ die Schlacht im Teutoburger Wald

86. Was waren die »Drei Gleichen«?

Ⓐ die Führungsspitze der SED
Ⓑ distanzierende Bezeichnung für die Alliierten USA, England und Frankreich
Ⓒ eine Affenskulptur im Leipziger Zoo
Ⓓ drei Burgen in Thüringen

87. Der ägyptische Präsident Gamal Abdel Nasser verlieh einer DDR-Bürgerin das »Große Band des Ordens der Vollkommenheit«. Wem?

Ⓐ Lotte Ulbricht
Ⓑ Nina Hagen
Ⓒ Bärbel Bohley
Ⓓ Gisela May

89. Unter welchem Namen wurde 1961 in Dresden ein Kabarett eröffnet?

Ⓐ Herkuleskeule
Ⓑ Pfeffermühle
Ⓒ Distel
Ⓓ Kneifzange

89. Was schenkte Braunschweig 1989 seiner Partnerstadt Magdeburg?

Ⓐ ein Konrad-Adenauer-Denkmal
Ⓑ ein Lebensbaumkruzifix
Ⓒ eine Dokumentation zum Wirken Ernst Thälmanns in Braunschweig
Ⓓ eine Altkleidersammlung

90. Aus welchem Ort wurde die Unterhaltungssendung »Hafenbar« übertragen?

Ⓐ Stralsund
Ⓑ Wismar
Ⓒ Rostock
Ⓓ Boizenburg

91. Mit welchem Pkw-Typ fuhren die meisten Taxen?

Ⓐ Volvo
Ⓑ Lada
Ⓒ Tatra
Ⓓ Wolga

92. Welches Prinzip galt für die Volkswirtschaft?

Ⓐ Primat der Politik vor der Ökonomie
Ⓑ Prinzip der Volkskontrolle
Ⓒ Prinzip der wirtschaftlichen Rechnungsführung
Ⓓ Sowjetmacht plus Elektrifizierung

93. Wo stand das Mahnmal »Isenschnibbler Feldscheune« im Gedenken an 1000 Häftlinge des KZ Dora, die am 13. April 1945 in dieser Scheune verbrannten?

Ⓐ bei Nordhausen
Ⓑ bei Gardelegen
Ⓒ bei Zella-Mehlis
Ⓓ bei Weimar

94. In welchem Zusammenhang wurde die Losung »Aus Stahl wird Brot« gebraucht?

Ⓐ stand am Werkstor des Edelstahlwerks »8. Mai« in Freital
Ⓑ Motto eines Fünfjahrplanes
Ⓒ bei freiwilligen Aufbauschichten für das Brandenburger Stahl- und Walzwerk
Ⓓ beim Nationalen Aufbauwerk

95. Welcher war der erste auf DDR-Gebiet gebaute Fernsehturm?

Ⓐ Richtfunkturm Kyffhäuser
Ⓑ der UKW-Turm in Zippendorf bei Schwerin
Ⓒ der UKW-Turm in Dequede, Kreis Osterburg
Ⓓ der Fernsehturm auf dem Alexanderplatz

96. Wohin reisten Dig und Dag aus dem »Mosaik«, nachdem sie ihre Reise durch das Altertum im Jahre 1958 beendet hatten?

Ⓐ in den Thüringer Wald
Ⓑ nach Venedig
Ⓒ nach Amerika
Ⓓ in den Weltraum

Fragen eines lesenden Arbeiters

97. Welches war der größte Zoologische Garten der DDR?

- Ⓐ der Leipziger Zoo
- Ⓑ der Berliner Tierpark
- Ⓒ der Dresdner Zoo
- Ⓓ der Erfurter Tierpark

98. Warum kann das Rathaus zu Stolberg im Harz als Kuriosum gelten?

- Ⓐ weil keine Fenster in den Wänden sind
- Ⓑ weil keine Treppen im Gebäude sind
- Ⓒ weil es das einzige runde Rathaus der Welt ist
- Ⓓ weil es ohne Straßenanschluss auf einem Felsen steht

99. Wie kam der Berliner Stadtkommandant Generaloberst Bersarin am 16. Juni 1945 ums Leben?

- Ⓐ durch einen Heckenschützen
- Ⓑ er ertrank in der Spree
- Ⓒ durch einen Blindgänger
- Ⓓ er verunglückte mit seiner Harley-Davidson

100. Was waren die Farben der Spielkleidung der Fußballnationalelf?

- Ⓐ blau/weiß
- Ⓑ rot
- Ⓒ schwarz/rot/gelb
- Ⓓ grün/weiß

101. Welches war mit 91 Metern Höhe das höchste Denkmal auf dem Territorium der DDR?

- Ⓐ das Kyffhäuser-Denkmal
- Ⓑ das Völkerschlachtdenkmal in Leipzig
- Ⓒ der Soldat des Treptower Ehrenmals in Berlin
- Ⓓ Ernst-Thälmann-Denkmal im Thälmannpark Berlin

102. Welche sowjetische Erfindung wurde in den sechziger Jahren in der Landwirtschaft übernommen?

- Ⓐ Rinderoffenstall
- Ⓑ Dreifelderwirtschaft
- Ⓒ genmanipuliertes Getreide
- Ⓓ Kreuzung von Hack- und Hülsenfrüchten

103. Verstöße gegen die Straßenverkehrsordnung ahndete die Volkspolizei mit Geldstrafen und ...

- Ⓐ Punkten in der Karl-Marx-Städter Verkehrssünderdatei
- Ⓑ gemeinnütziger Arbet
- Ⓒ Benzinrationierung
- Ⓓ Stempeln

104. Welches war die größte Buchhandlung des Landes?

- Ⓐ »Das internationale Buch« in Berlin
- Ⓑ »Erich Weinert Buchhandlung« in Magdeburg
- Ⓒ Buchhandlung im Leipziger Franz-Mehring-Haus
- Ⓓ »Haus des sowjetischen Buches« in Berlin

105. Wo befand sich das mit 56000 Quadratmetern größte Blumenbeet der DDR?

- Ⓐ auf der iga in Erfurt
- Ⓑ im Rosarium in Sangerhausen
- Ⓒ im Rosengarten in Forst
- Ⓓ im Wörlitzer Park

106. Wer waren Mauz und Hoppel?

- Ⓐ Figuren des Kinderfernsehens
- Ⓑ Spitznamen für das Schlagerduo Hauff/Henkler
- Ⓒ für die Diplomatenjagd gezüchtete Hasen
- Ⓓ Titelhelden eines Comics

107. Welches war mit 11000 Kilometern die längste Fluglinie der INTERFLUG?

- Ⓐ Berlin-Kapstadt
- Ⓑ Berlin-Singapur
- Ⓒ Berlin-Wladiwostock
- Ⓓ Berlin-Habana

108. Welches galt mit 8,2 Millionen Exemplaren als das meistgedruckte Buch der DDR?

- Ⓐ Marx/Engels, »Das kommunistische Manifest«
- Ⓑ Lenin, »Staat und Revolution«
- Ⓒ Joachim Wohlgemuth, »Egon und das achte Weltwunder«
- Ⓓ Christa Wolf, »Der geteilte Himmel«

Fragen eines lesenden Arbeiters

109. Welches war der größte Frauenbetrieb der DDR?

- Ⓐ Baumwollspinnerei in Leinefelde
- Ⓑ Filmfabrik ORWO in Wolfen
- Ⓒ Strumpfkombinat »ESDA« in Thalheim
- Ⓓ Kombinat Industrielle Mast

110. Welche Radsportfamilie verfügte über Olympische Medaillen durch Vater und Sohn?

- Ⓐ die Ludwigs
- Ⓑ die Amplers
- Ⓒ die Adlers
- Ⓓ die Schurs

111. Was vor allem kennzeichnete Bannerschuhe?

- Ⓐ die durchgängig aus Plaste gegossene Sohle
- Ⓑ der modische Chic
- Ⓒ die Elastizität beim Tragen
- Ⓓ ein aufgeklebter Salamander

112. Mikis Theodorakis gehörte zu den Künstlern, die ihre DDR-Gagen wegen Devisenknappheit manchmal in Naturalien erhielten. Was wählte er?

- Ⓐ Havanna-Zigarren
- Ⓑ eine Stradivari-Geige
- Ⓒ Eberswalder Würstchen
- Ⓓ Nordhäuser Doppelkorn

113. Welcher Betrieb rief nach dem VIII. Parteitag DDR-weit zu »Planmäßig produzieren – klug rationalisieren – uns allen zum Nutzen« auf?

- Ⓐ Kombinat Carl Zeiss Jena
- Ⓑ Überseehafen Rostock
- Ⓒ VEB Stahlgießerei »Elstertal« Silbitz
- Ⓓ VEB Schwarze Pumpe

114. Welcher DEFA-Kriminalfilm von 1954 mit Erwin Geschonneck und Ulrich Thein spielte im geteilten Berlin?

- Ⓐ »Ein Lord am Alexanderplatz«
- Ⓑ »For eyes only«
- Ⓒ »Die Glatzkopfbande«
- Ⓓ »Alarm im Zirkus«

115. Was war der »Rügener Badejunge«?

- Ⓐ eine Schwimmhalle in Sassnitz
- Ⓑ Bademoden aus Bergen/Rügen
- Ⓒ ein Camembert
- Ⓓ Mineralwasser

116. Was war der Bitterfelder Weg?

- Ⓐ eine Anleitung zur Erzielung höherer Ernteerträge
- Ⓑ eine Umgehungsstraße von Leipzig nach Halle
- Ⓒ eine kulturpolitische Initiative
- Ⓓ ein chemisches Verfahren zur Herstellung von Plaste

117. Wie lautete innerhalb der Nationalen Volksarmee die offizielle Bezeichnung für Infanteristen?

- Ⓐ Landkämpfer
- Ⓑ mot. Schütze
- Ⓒ Grenadier
- Ⓓ Fußsoldat

118. Wie bezeichnete man die Volkswirtschaft der DDR?

- Ⓐ als umgekehrte Marktwirtschaft
- Ⓑ als sozialistische Planwirtschaft
- Ⓒ als neues ökonomisches System
- Ⓓ als ökonomisches System der Bedürfnisbefriedigung

119. Welche Sparte der Kleintierzüchter im »Verband der Kleingärtner, Siedler und Kleintierzüchter« war die mitgliederstärkste?

- Ⓐ die Rassekaninchenzüchter
- Ⓑ die Imker
- Ⓒ der Terrarienverband
- Ⓓ die Rassegeflügelzüchter

120. Wie hieß das letzte der insgesamt drei FDGB-Urlauberschiffe?

- Ⓐ Völkerfreundschaft
- Ⓑ Titanic
- Ⓒ Arkona
- Ⓓ Fritz Heckert

Fragen eines lesenden Arbeiters

121. Was beschloss die Stadtverordnetenversammlung von Karl-Marx-Stadt 1967?

(A) die Einrichtung einer Fritz-Heckert-Gedenkstätte
(B) den Aufbau des alten Stadtkerns
(C) die Errichtung eines Karl-Marx-Denkmals
(D) den Ausbau der Eissporthalle

122. Welches war das erste Industriemuseum der DDR?

(A) das Schiffshebewerk Niederfinow
(B) der Plastik-Park bei Leuna
(C) das Halloren-museum in Halle
(D) das Ofenmuseum in Velten

123. Was war »Liebeszauber«?

(A) eine Serie des DDR-Fernsehens
(B) die Sexual-Kolumne der »Jungen Welt«
(C) eine Weinsorte
(D) ein Tourneeprogramm von Dagmar Frederic

124. Welches Potsdamer Bauwerk wurde 1986 durch die Werkstätten der Denkmalpflege der Volksrepublik Polen wiederhergestellt?

(A) das Nauener Tor
(B) die Neuen Kammern in Sanssouci
(C) der Ruinenberg
(D) das Holländische Viertel

125. Wie hieß die seit 1975 durchgeführte Solidaritätsaktion des Deutschlandsenders?

(A) Dem Frieden die Freiheit
(B) Soli-Beat
(C) Rock für den Frieden
(D) Brot für die Welt

126. Was stand auf der Leuchtreklame an der Autobahn (Berlin-Nürnberg) an der Elbebrücke bei Dessau?

(A) Vorwärts zu neuen Ufern
(B) Wartburgwagen: formschön und zuverlässig
(C) Plaste und Elaste aus Schkopau
(D) DDR – unser Vaterland!

127. Was verpfändete die DDR für die bundesdeutschen Kredite von 1983 und 1984?

(A) den Dresdner Zwinger und die Schätze des Grünen Gewölbes
(B) ihren vertraglichen Anspruch auf die Transitpauschale
(C) ihre Leistungssportler
(D) die Trabantproduktion

128. Was war »Sprelacart«?

(A) Kartenspiel aus Spremberg
(B) Plastebeschichtung zur Oberflächenveredelung
(C) Spreefähre in Berlin
(D) Fischgericht (Spree-Langusten à la carte)

129. Welches war der erste große Krankenhausbau, der in der DDR realisiert wurde?

(A) Zentralklinik Bad Berka
(B) das Klinikum Berlin-Buch
(C) Universitätsfrauenklinik in Leipzig
(D) Charité in Berlin

130. Mit dem Angebot welcher Ware wurde 1971 der »neue Kurs« der Partei- und Staatsführung sinnfällig?

(A) mit der Einführung von Nudossi
(B) mit zahlreichen Lizenz-Platten
(C) mit der Einführung der Volkswagen aus Wolfsburg
(D) mit dem Angebot von Levis-Jeans

131. Wer wurde als erster mit dem Titel »Held der DDR« ausgezeichnet?

(A) Radsportweltmeister Täve Schur
(B) FDJ-Chef Egon Krenz
(C) Adolf Hennecke
(D) Armeegeneral Heinz Hoffmann

132. Wer wurde am häufigsten zum »Fußballer des Jahres« gewählt?

(A) Bernd Bransch
(B) Hans Jürgen (Dixie) Dörner
(C) René Müller
(D) Jürgen Sparwasser

Fragen eines lesenden Arbeiters

133. Wer äußerte den vielfach persiflierten Anti-Perestroika-Satz, dass man selber nicht tapezieren muss, nur weil der Nachbar es tut?

Ⓐ Erich Mielke Ⓑ Kurt Hager Ⓒ Konrad Naumann Ⓓ Erich Honecker

134. Wer gewann das erste Olympiagold für die DDR im Eiskunstlaufen?

Ⓐ Gaby Seyfert Ⓑ Kati Witt Ⓒ Anett Pötzsch Ⓓ Christine Errath

135. Was gehörte nicht zu den drei theoretischen Quellen des Marxismus-Leninismus?

Ⓐ die klassische deutsche Philosophie Ⓑ der Konfuzianismus aus Altchina Ⓒ die englische Ökonomie Ⓓ der französische utopische Sozialismus

136. Wer sagte nach dem Mauerfall am 9. November 1989: »Nun wächst zusammen, was zusammengehört«?

Ⓐ Walter Momper Ⓑ Helmut Kohl Ⓒ Lothar de Maizière Ⓓ Willy Brandt

137. Welcher Berliner Grenzkontrollpunkt war am 9. November 1989 der erste, den Bürger der DDR passierten?

Ⓐ Invalidenstraße Ⓑ Bornholmer brücke Ⓒ Friedrichstraße Ⓓ Checkpoint Charlie

138. Wie hatten Armeesportler bei einer Medaillenübergabe auf Glückwünsche zu antworten?

Ⓐ Hurra, hurra, hurra! Ⓑ Danke im Namen meiner Genossen! Ⓒ Ich diene der Deutschen Demokratischen Republik! Ⓓ Unser Dank gilt der Partei!

139. Was passierte 1953 mit der Güstrower Gertruden Kapelle?

Ⓐ es wurde eine Barlach-Gedenkstätte eingerichtet Ⓑ sie wurde eingeebnet Ⓒ sie wurde in ein Wohnhaus umfunktioniert Ⓓ sie wurde als ökumenische Kirche geweiht

140. Wie hieß das in Wernigerode ansässige Werk, das Füllhalter produzierte?

Ⓐ VEB Füllhalterfabrik »Heiko« Ⓑ VEB Schreibtechnik »Markant« Ⓒ VEB Faber-Castell Ⓓ VEB Blaue Tinte

141. Wie erfolgte die Tankanzeige beim Trabant?

Ⓐ durch Digitalanzeige am Armaturenbrett Ⓑ durch elektronisches Lautsprechersignal Ⓒ durch Einführen eines Meßstabs in den Benzintank Ⓓ durch eine sogenannte Benzinuhr

142. In welchem DDR-Betrieb arbeitete die größte Dampfmaschine Europas?

Ⓐ in der Maxhütte Unterwellenborn Ⓑ im VEB Bergmann-Borsig Berlin Ⓒ in der Baumwollspinnerei Leinefelde Ⓓ in der Chemiefabrik in Leuna

143. In welcher Angelegenheit schrieben die evangelischen Bischöfe im März 1960 an Grotewohl?

Ⓐ sie forderten staatliche Auszeichnungen für kirchliche Würdenträger Ⓑ sie protestierten gegen Zwangsmaßnahmen bei den LPG-Gründungen Ⓒ sie forderten mehr Geld für den Erhalt der Kirchen Ⓓ sie regten die 10 Gebote der sozialistischen Moral an

144. Welches war das größte künstliche Gewässer auf DDR-Gebiet?

Ⓐ der Kulkwitz-See bei Leipzig Ⓑ der Barleber See bei Magdeburg Ⓒ der Senftenberger See Ⓓ der Oder-Spree-Kanal

Fragen eines lesenden Arbeiters

145. In welchem Bezirk wurde ab 1959 europaweit erstmals das Trinkwasser fluoridisiert?

Ⓐ Berlin Ⓑ Cottbus Ⓒ Karl-Marx-Stadt Ⓓ Leipzig

146. Wie hieß der im Fernseh-Fischkoch, der auch Initiator der Restaurantkette »Gastmahl des Meeres« war?

Ⓐ Rudolf Kroboth Ⓑ Heinz Quermann Ⓒ Karl-Eduard von Schnitzler Ⓓ Kurt Drummer

147. Welcher Film war der erste DEFA-Farbfilm?

Ⓐ »Das kalte Herz« von Paul Verhoeven Ⓑ »Affaire Blum« von Erich Engel Ⓒ »Die Buntkarrierten« von Kurt Maetzig Ⓓ »Die Mörder sind unter uns« von Wolfgang Staudte

148. In welcher Stadt wurden Zündhölzer produziert?

Ⓐ Prenzlau Ⓑ Zschopau Ⓒ Bischofferode Ⓓ Riesa

149. Mit welchem Autotyp fuhren in den 80er Jahren die meisten Politbüromitglieder?

Ⓐ Opel Ⓑ Volvo Ⓒ Mercedes Ⓓ Wartburg

150. Was förderte die Bergbaugesellschaft Wismut?

Ⓐ Kali Ⓑ Gold Ⓒ Braunkohle Ⓓ Uran

151. Welche Burg hieß seit 1951 »Jugendburg Ernst Thälmann« und war die größte Jugendherberge der DDR?

Ⓐ Burg Scharfenstein bei Leinefelde Ⓑ Creuzburg bei Eisenach Ⓒ Burg Hohnstein bei Sebnitz Ⓓ Burg Bodenstein bei Wintzingerode

152. Welche Neubaugroßsiedlung lieferte den Hintergrund für Brigitte Reimanns Roman »Franziska Linkerhand«?

Ⓐ Hoyerswerda Ⓑ Erfurt-Rieth Ⓒ Berlin Marzahn Ⓓ Halle-Neustadt

153. Was eröffnete 1978 auf der Peißnitzinsel Halle?

Ⓐ Freizeitzentrum Park der Jugend Ⓑ Raumflugplanetarium »Sigmund Jähn« Ⓒ Einkaufscenter »Peißnitzkauf« Ⓓ Pionierrepublik »Wilhelm Pieck«

154. Was symbolisierten Hammer, Zirkel und Ährenkranz im Staatsemblem?

Ⓐ die Einheit von Arbeiterklasse, Intelligenz und Genossenschaftsbauern Ⓑ die drei Eckpfeiler der sozialistischen Wirtschaft Ⓒ um uns selber müssen wir uns selber kümmern – alle machen mit Ⓓ die Brüderlichkeit mit der Sowjetunion

155. Wer sprach bei der TV-Reihe »Der Staatsanwalt hat das Wort« die belehrenden Kommentare?

Ⓐ Prof. Albert Norden Ⓑ Prof. Jürgen Kuczynski Ⓒ Dr. Peter Przybilski Ⓓ Prof. Flimmrich

156. Wer war auf dem letzten gültigen 100-Mark-Schein der DDR abgebildet?

Ⓐ Thomas Müntzer Ⓑ Ernst Thälmann Ⓒ Karl Marx Ⓓ Johann Wolfgang von Goethe

Antworten

Seite 214		Seite 217		Seite 220	
49.	A	85.	A	121.	B
50.	B	86.	D	122.	C
51.	C	87.	A	123.	C
52.	D	88.	A	124.	B
53.	B	89.	B	125.	A
54.	D	90.	C	126.	C
55.	A	91.	D	127.	B
56.	C	92.	A	128.	B
57.	B	93.	B	129.	A
58.	C	94.	C	130.	D
59.	C	95.	C	131.	D
60.	C	96.	D	132.	B

Seite 210		Seite 212		Seite 215		Seite 218		Seite 221	
1.	D	25.	B	61.	A	97.	B	133.	B
2.	C	26.	C	62.	B	98.	B	134.	C
3.	B	27.	B	63.	B	99.	D	135.	B
4.	B	28.	A	64.	B	100.	A	136.	D
5.	B	29.	B	65.	C	101.	B	137.	B
6.	B	30.	D	66.	D	102.	A	138.	C
7.	C	31.	C	67.	A	103.	D	139.	A
8.	A	32.	B	68.	D	104.	C	140.	A
9.	A	33.	C	69.	A	105.	A	141.	C
10.	C	34.	A	70.	A	106.	A	142.	A
11.	B	35.	A	71.	B	107.	B	143.	B
12.	A	36.	A	72.	C	108.	A	144.	C

Seite 211		Seite 213		Seite 216		Seite 219		Seite 222	
13.	C	37.	C	73.	C	109.	B	145.	C
14.	A	38.	B	74.	B	110.	D	146.	A
15.	D	39.	B	75.	A	111.	A	147.	A
16.	C	40.	A	76.	B	112.	A	148.	D
17.	B	41.	B	77.	A	113.	C	149.	B
18.	A	42.	A	78.	B	114.	D	150.	D
19.	B	43.	C	79.	A	115.	C	151.	C
20.	B	44.	B	80.	C	116.	C	152.	A
21.	D	45.	C	81.	B	117.	B	153.	B
22.	C	46.	B	82.	D	118.	B	154.	A
23.	B	47.	D	83.	A	119.	D	155.	C
24.	A	48.	A	84.	B	120.	C	156.	C

Einkaufen im Internet:
www.weltbild.de

Genehmigte Lizenzausgabe
für Verlagsgruppe Weltbild GmbH,
Steinerne Furt, 86167 Augsburg
Copyright © 2002 by Eulenspiegel –
Das neue Berlin Verlagsgesellschaft mbH & Co. KG
Umschlagentwurf: Peperoni Werbeagentur, Berlin;
überarbeitet von Atelier Seidel, Teising
Gesamtherstellung: Firmengruppe APPL, aprinta druck, Wemding
Printed in the EU
ISBN 978-3-8289-0901-4

2012   2011   2010   2009
Die letzte Jahreszahl gibt die aktuelle Lizenzausgabe an.

Alle Rechte vorbehalten.